本书系国家社会科学基金一般项目"区域外大国参与湄公河地区合作策略的调整研究"(项目批准号:12BGJ012)成果。

云南大学
周边外交研究丛书

毕世鸿 等 著

区域外大国参与湄公河地区合作策略的调整

中国社会科学出版社

图书在版编目（CIP）数据

区域外大国参与湄公河地区合作策略的调整/毕世鸿等著.—北京：中国社会科学出版社，2019.3

（云南大学周边外交研究丛书）

ISBN 978-7-5203-4268-1

Ⅰ.①区… Ⅱ.①毕… Ⅲ.①湄公河—流域—国际合作—区域经济合作—研究 Ⅳ.①F114.46 ②F125.533

中国版本图书馆CIP数据核字（2019）第060547号

出版人	赵剑英
责任编辑	王 茵 马 明
责任校对	胡新芳
责任印制	王 超
出 版	中国社会科学出版社
社 址	北京鼓楼西大街甲158号
邮 编	100720
网 址	http://www.csspw.cn
发行部	010-84083685
门市部	010-84029450
经 销	新华书店及其他书店
印 刷	北京明恒达印务有限公司
装 订	廊坊市广阳区广增装订厂
版 次	2019年3月第1版
印 次	2019年3月第1次印刷
开 本	710×1000 1/16
印 张	24.75
插 页	2
字 数	393千字
定 价	98.00元

凡购买中国社会科学出版社图书，如有质量问题请与本社营销中心联系调换
电话：010-84083683
版权所有 侵权必究

云南大学周边外交研究中心
学术委员会名单

主任委员： 郑永年

副主任委员： 邢广程　朱成虎　肖　宪

委　　员：（按姓氏笔画排序）

王逸舟　孔建勋　石源华
卢光盛　刘　稚　许利平
李一平　李明江　李晨阳
杨　恕　吴　磊　陈东晓
张景全　张振江　范祚军
胡仕胜　高祖贵　翟　崑
潘志平

《云南大学周边外交研究丛书》
编委会名单

编委会主任：林文勋

编委会副主任：杨泽宇　肖　宪

编委会委员：（按姓氏笔画排序）
　　　　　　孔建勋　卢光盛　刘　稚
　　　　　　毕世鸿　李晨阳　吴　磊
　　　　　　翟　崑

总　序

　　近年来，全球局势急剧变化，国际社会所关切的一个重要议题是：中国在发展成为世界第二大经济体之后，其外交政策是否会从防御转变为具有进攻性？是否会挑战现存的大国和国际秩序，甚至会单独建立自己主导的国际体系？的确，中国外交在转变。这些年来，中国已经形成了三位一体的新型大外交，我把它称为"两条腿，一个圈"。一条腿是"与美、欧、俄等建立新型的大国关系，尤其是建立中美新型大国关系"；另一条腿为主要针对广大发展中国家的发展倡议，即"一带一路"；"一个圈"则体现于中国的周边外交。这三者相互关联，互相影响。不难理解，其中周边外交是中国外交的核心也是影响另外两条腿行走的关键。这是由中国本身特殊的地缘政治考量所决定的。首先，周边外交是中国在新形势下全球谋篇布局的起点。中国的外交中心在亚洲，亚洲的和平与稳定对中国至关重要，因此能否处理好与周边国家关系的良性发展，克服周边复杂的地缘政治环境将成为影响中国在亚洲崛起并建设亚洲命运共同体的关键。其次，周边外交是助推中国"一带一路"主体外交政策的关键之举。"一带一路"已确定为中国的主体外交政策，而围绕着"一带一路"的诸多方案意在推动周边国家的社会经济发展，考量的是如何多做一些有利于周边国家的事，并让周边国家适应中国从"韬光养晦"到"有所作为"的转变，并使之愿意合作，加强对中国的信任。无疑，这是对周边外交智慧与策略的极大考验。最后，周边外交也是中国解决中美对抗、中日对抗等大国关系的重要方式与途径。中国充分发挥周边外交效用，巩固与加强同周边国家的友好合作关系，支持周边国家的发展壮大，提升中国的向心力，将降低美日等大国在中国周边地区与国家中的影响力,并化解美国在亚洲同盟与中国对抗的可能性与风险,促成周边国家自觉地对中国的外交政策做出适当的调整。

从近几年中国周边外交不断转型和升级来看,中国已经在客观上认识到了周边外交局势的复杂性,并做出积极调整。不过,目前还没能拿出一个更为具体、系统的战略。不难观察到,中国在周边外交的很多方面既缺乏方向,更缺乏行动力,与周边国家的关系始终处于"若即若离"的状态。其中导致该问题的一个重要原因是对周边外交研究的不足与相关智库建设的缺失,致使中国的周边外交还有很大的提升和改进空间。云南大学周边外交中心一直紧扣中国周边外交发展的新形势,在中国周边外交研究方面有着深厚的基础、特色定位,并在学术成果与外交实践上硕果颇丰,能为中国周边外交实践起到智力支撑与建言献策的重要作用。第一,在周边外交研究的基础上,云南大学周边外交中心扎实稳固,发展迅速。该中心所依托的云南大学国际问题研究院从20世纪40年代起就开始了相关研究。进入21世纪初,在东南亚、南亚等领域的研究开始发展与成熟,并与国内外相关研究机构建立了良好的合作关系,同时自2010年起每年举办的西南论坛会议成为中国西南地区最高层次的学术性和政策性论坛。2014年申报成功的云南省高校新型智库"西南周边环境与周边外交"中心更在中央、省级相关周边外交决策中发挥着重要作用。第二,在周边外交的研究定位上,云南大学周边外交中心有着鲜明的特色。该中心以东南亚、南亚为研究主体,以大湄公河次区域经济合作机制(GMS)、孟中印缅经济走廊(BCIM)和澜沧江—湄公河合作机制(LMC)等为重点研究方向,并具体围绕区域经济合作、区域安全合作、人文交流、南海问题、跨界民族、水资源合作、替代种植等重点领域进行深入研究并不断创新。第三,在周边外交的实际推动工作上,云南大学周边外交中心在服务决策、服务社会方面取得了初步成效。据了解,迄今为止该中心完成的多个应用性对策报告得到了相关部门的采纳和认可,起到了很好的资政服务作用。

云南大学周边外交中心推出的"云南大学周边外交研究丛书"系列与"云南大学周边外交研究中心智库报告"等系列丛书正是基于中国周边外交新形势以及自身多年在该领域学术研究与实践考察的

深厚积淀之上。从周边外交理论研究方面来看，该两套丛书力求基于具体的区域范畴考察、细致的国别研究、详细的案例分析，来构建起一套有助于建设亚洲命运共同体、利益共同体的新型周边外交理论，并力求在澜沧江—湄公河合作机制、孟中印缅经济合作机制、水资源合作机制等方面有所突破与创新。从周边外交的具体案例研究来看，该套丛书结合地缘政治、地缘经济的实际情况以及实事求是的田野调查，以安全合作、经济合作、人文合作、环境合作、边界冲突等为议题，进行了细致的研究、客观独立的分析与思考。从对于国内外中国周边外交学术研究与对外实践外交工作的意义来看，该丛书不仅将为国内相关研究同人提供借鉴，也将会在国际学界上起到交流作用。与此同时，这两套丛书也将为中国周边外交实践工作的展开提供智力支撑与建言献策的积极作用。

郑永年

2016 年 11 月

摘　　要

冷战后,具有"地缘经济—地缘政治"特点的湄公河地区成为国际社会关注的新热点。不仅区域内各国及其他东盟国家积极开展合作,美国、日本、印度、澳大利亚、俄罗斯和欧盟等区域外大国和地区组织(区域外大国)对其"兴趣"也日益浓厚,各方不同程度地调整了与湄公河地区有关的政策或方针,积极参与湄公河地区的发展合作,这使其与柬埔寨、老挝、缅甸、泰国和越南(湄公河国家)的政治、经济和安全保障关系有了新的发展,形成了难得的合作局面。由于区域外大国对湄公河国家的战略投入呈现与日俱增的态势,合作机制众多,凸显了湄公河地区发展合作由"外部主导"的问题,呈现出"机制拥堵"的特点,增加了湄公河地区合作的复杂性。而这一区域格局的任何变动,都会对中国周边乃至整个国际格局产生重要影响。

如何根据各大国的不同利益结构,重新审视中国在这一地区的战略部署,掌握主动权,是中国不得不持续考虑的战略性问题。本书的主要目的是,在厘清区域外大国参与湄公河地区发展合作的类型和进程的基础上,探究其利益所在,并思考中国如何制定新的湄公河战略,与各大国和湄公河国家在该地区开展协调,以实现该地区的稳定与发展。

据此,本书在分析和总结美国、日本、印度、澳大利亚、欧盟和俄罗斯对参与湄公河地区合作策略的调整背景、调整过程、实施绩效等分别进行论述的基础之上,阐明了区域外大国调整其参与湄公河地区合作对湄公河地区形势、湄公河国家对华政策以及中国的影响,探讨了围绕该地区发展合作的外部主导与合作"机制拥堵"之间的相互关联。根据对当前形势的研究，本书按如何深化湄公河地区合作、如何进一步加强与湄公河国家关系、如何应对区域外大国的介入三个层次，提出了具有可操作性的对策建议。

总体而言，中国与区域外大国在湄公河地区的竞争态势不可避免。区域外大国试图通过对湄公河国家的制度建设和推进民主化进程等深层领域的战略投入，迫使湄公河国家"远离"中国，以牵制中国。据此，区域外大国积极介入湄公河地区合作，通过加强政治对话，扩大安保合作，借助贸易、投资和援助三位一体的方式拉拢湄公河国家，对中国与湄公河国家的合作造成了一定困难。湄公河国家虽然得到了一些区域外大国的支持，但无法选择与中国为邻，同时在经济上高度依赖中国，这一基本事实也框定了中国与湄公河国家关系的上限与下限。湄公河国家都希望与中国深化合作关系，共同维护地区和平、促进本国发展。中国仍然有诸多机会和条件深化与湄公河国家间的合作，并与区域外大国开展协调，避免激烈对抗。

未来，中国要继续坚持"睦邻、富邻、安邻"的周边外交政策，做负责任的大国；积极推进顶层设计和制度创新，实现各种合作机制间的互联互通；并根据形势发展和现实要求提出新的合作理念；将"澜湄合作"打造成为周边外交和次区域合作的亮点，服务"一带一路"；打造 GMS 合作升级版，为湄公河地区各国提供适当的地区公共产品；与东盟共同努力打造 CAFTA 升级版，加快 RCEP 谈判进程。针对湄公河国家，中国要正确认识和对待湄公河国家的疑虑，推动与周边国家的整体崛起；进一步加强中国与湄公河国家政府间的信任和相互支持；坚持上下并重和内外结合，注重顶层设计与公众参与的无缝链接；大力发展产能合作伙伴关系，不断推出并实施"早期收获"项目，扩大与湄公河国家合作的成果；大力加强人文交流和公共外交，加大对柬老缅越四国的援助力度；妥善处理南海主权争端，深化非传统安全合作；加强人才培养，深化对湄公河地区和国家的研究与交流。针对区域外大国，中国要以开放和包容的姿态应对区域外大国的介入，处理好与美国在湄公河地区的竞争性关系，开展选择性合作；避免与日本在湄公河地区开展"撒钱外交"竞争，尝试竞争性合作；与印度落实并共同促进孟中印缅经济走廊建设；与俄罗斯在湄公河地区开展战略协调，树立新型大国关系的样板；与欧盟探索在多边、双边和跨区域层次上的互利共赢；并加强与湄公河委员会的合作，建立湄公河流域水资源综合利用协调机制。

目　录

导　论 ……………………………………………………………… (1)
　一　背景、意义 ………………………………………………… (1)
　二　研究综述 …………………………………………………… (3)
　三　相关理论与研究方法 ……………………………………… (19)

第一章　美国参与湄公河地区合作的策略调整 ……………… (22)
　第一节　美国对湄公河地区合作策略调整的主要内容
　　　　　及其特点 …………………………………………… (22)
　　一　美国参与湄公河地区合作策略调整的背景 ……………… (23)
　　二　从"重返亚太"到倡建"美湄合作"新机制的
　　　　策略调整 …………………………………………………… (26)
　　三　美国湄公河地区合作策略调整的特点 …………………… (33)
　第二节　美国与湄公河国家关系的新进展 …………………… (37)
　　一　积极参与乃至主导相关多边合作机制 …………………… (37)
　　二　全面提升与湄公河国家的双边关系 ……………………… (40)
　　三　高调介入南海问题 ………………………………………… (60)
　第三节　湄公河国家对美国"重返湄公河地区"的
　　　　　政策因应 …………………………………………… (62)
　　一　越南对美国：从"不共戴天的仇敌"到
　　　　"全面合作伙伴" …………………………………………… (63)
　　二　泰国对美国：政治上虽有龃龉，但盟国关系
　　　　依旧密切 …………………………………………………… (64)
　　三　缅甸对美国：以美国缓解对缅制裁为契机亲近美国 …… (66)

四　老挝对美国：从"不温不火"到实现元首互访 ……… (67)
　　五　柬埔寨对美国：积极接触，加强大国平衡 …………… (67)
　　六　美国试图夺取湄公河地区合作的领导权面临挑战 ……… (68)

第二章　日本参与湄公河地区合作的策略调整 ……………… (70)
第一节　日美协调下的"日湄合作"机制的常态化 ………… (70)
　　一　日本调整湄公河地区合作策略的背景 ……………… (70)
　　二　日本参与湄公河地区合作策略的调整历程 ………… (78)
　　三　日本参与湄公河地区合作的相关机制 ……………… (85)
　　四　日本调整湄公河地区合作策略的战略考量 ………… (93)
第二节　日本与湄公河国家关系的新进展 …………………… (96)
　　一　日本与柬埔寨关系 …………………………………… (96)
　　二　日本与老挝关系 ……………………………………… (101)
　　三　日本与缅甸关系 ……………………………………… (104)
　　四　日本与泰国关系 ……………………………………… (108)
　　五　日本与越南关系 ……………………………………… (112)
第三节　日本调整湄公河地区合作策略的绩效分析 ………… (117)
　　一　取得的成效 …………………………………………… (118)
　　二　日本在湄公河地区的"软实力"日益凸显 ………… (123)
　　三　存在的问题 …………………………………………… (124)

第三章　印度参与湄公河地区合作的策略调整 ……………… (127)
第一节　从"东向"到"东向行动"下的"印湄接近" …… (127)
　　一　印度提出"东向"政策的背景 ……………………… (128)
　　二　"东向"政策下印度与湄公河国家的合作历程 …… (132)
　　三　"东向行动"政策的出台 …………………………… (135)
第二节　印度与湄公河国家关系的新进展 …………………… (137)
　　一　双边关系的新进展 …………………………………… (138)
　　二　印度与湄公河国家的主要合作机制 ………………… (156)
第三节　印度对湄公河地区合作策略调整的绩效分析 ……… (161)
　　一　经贸合作领域 ………………………………………… (161)

二　能源合作领域 …………………………………………（163）
　　三　安全合作领域 …………………………………………（165）

第四章　澳大利亚参与湄公河地区合作的策略调整 …………（169）
第一节　从"摇摆不定"到"接近亚洲"的战略调整 ………（170）
　　一　澳大利亚参与湄公河地区合作策略调整的背景 ……（170）
　　二　澳大利亚参与湄公河地区合作策略调整的过程 ……（173）
　　三　不同时期澳大利亚参与湄公河地区合作策略的
　　　　主要内容 …………………………………………………（176）
第二节　澳大利亚与湄公河国家关系的新进展 ………………（181）
　　一　政治安全 ………………………………………………（182）
　　二　经济合作 ………………………………………………（188）
　　三　文化和教育 ……………………………………………（199）
　　四　非传统安全 ……………………………………………（204）
第三节　澳大利亚参与湄公河地区合作的绩效分析 …………（212）
　　一　对澳大利亚 ……………………………………………（212）
　　二　对湄公河国家 …………………………………………（215）
　　三　影响澳大利亚调整湄公河地区合作策略的
　　　　制约因素 …………………………………………………（219）

第五章　欧盟参与湄公河地区合作的策略调整 ………………（221）
第一节　欧盟对湄公河地区合作策略的演变历程 ……………（221）
　　一　以经济合作为重点阶段（1991—2001 年）…………（222）
　　二　突出政治安全阶段（2001—2006 年）………………（223）
　　三　社会文化合作渐受重视阶段（2007 年至今）………（224）
第二节　欧盟与湄公河国家关系的新发展 ……………………（225）
　　一　政治关系 ………………………………………………（225）
　　二　经济援助 ………………………………………………（230）
　　三　贸易和投资 ……………………………………………（232）
　　四　科技文化教育 …………………………………………（239）
第三节　欧盟调整湄公河地区合作策略的绩效分析 …………（241）

一　对欧盟 ………………………………………………（241）
　　二　对湄公河地区 ………………………………………（243）
　　三　欧盟与湄公河国家关系存在的问题 ………………（245）

第六章　俄罗斯参与湄公河地区合作的策略调整 …………（246）
第一节　从湄公河地区的最大军火商到新的大国平衡者 …（246）
　　一　俄罗斯成为湄公河地区新的大国平衡者的背景 …（246）
　　二　俄罗斯在湄公河地区从军火商到大国
　　　　平衡者的演变 ………………………………………（252）
　　三　俄罗斯成为湄公河地区新的大国平衡者的
　　　　主要政策 ……………………………………………（255）
第二节　俄罗斯与湄公河国家关系的新进展 ………………（258）
　　一　俄罗斯与越南关系 …………………………………（258）
　　二　俄罗斯与缅甸关系 …………………………………（266）
　　三　俄罗斯与泰国关系 …………………………………（269）
　　四　俄罗斯与老挝关系 …………………………………（272）
　　五　俄罗斯与柬埔寨关系 ………………………………（275）
第三节　俄罗斯调整湄公河地区合作策略的绩效分析 ……（278）
　　一　湄公河国家对俄罗斯的政策因应 …………………（279）
　　二　对俄罗斯的作用及影响 ……………………………（282）
　　三　对湄公河国家的作用及影响 ………………………（284）

第七章　湄公河国家与区域外大国关系取得新进展的影响 …（287）
第一节　对湄公河地区形势的影响 …………………………（287）
　　一　"外部主导"引发"机制拥堵" ……………………（288）
　　二　政治互信不足导致合作成本提升 …………………（291）
　　三　美日印、美澳印、美日澳等三边合作可能引发
　　　　相互矛盾 ……………………………………………（293）
第二节　对湄公河国家对华政策的影响 ……………………（294）
　　一　对柬埔寨对华政策的影响 …………………………（295）
　　二　对老挝对华政策的影响 ……………………………（297）

三　对缅甸对华政策的影响 ………………………………… (298)
　　　四　对泰国对华政策的影响 ………………………………… (300)
　　　五　对越南对华政策的影响 ………………………………… (302)
　　　六　总体评价 ………………………………………………… (304)
　第三节　对中国的影响 ………………………………………………… (307)
　　　一　给中国深化与湄公河国家的政治互信合作关系
　　　　　造成压力 …………………………………………………… (307)
　　　二　使中国周边安全面临更多的挑战 ……………………… (308)
　　　三　使中国实施"一带一路"的周边环境更加复杂 ……… (309)
　　　四　使中国对该地区经济外交的既有优势受到削弱 ……… (311)
　　　五　使中国面临激烈的经济竞争 …………………………… (312)
　　　六　使中国在解决南海问题上受到诸多牵制 ……………… (313)
　　　七　危中有机，中国仍可力挽狂澜 ………………………… (315)

第八章　中国进一步加强湄公河地区合作的对策思考 …………… (318)
　第一节　中国深化湄公河地区合作的对策 ………………………… (319)
　　　一　继续坚持"睦邻、富邻、安邻"的周边外交政策，
　　　　　做负责任的大国 …………………………………………… (319)
　　　二　积极推进顶层设计和制度创新，实现各种合作机制间的
　　　　　互联互通 …………………………………………………… (321)
　　　三　根据形势发展和现实要求提出新的合作理念 ………… (322)
　　　四　将"澜湄合作"打造成为周边外交和次区域合作的
　　　　　亮点，服务"一带一路" ……………………………… (323)
　　　五　发挥既有优势，打造 GMS 合作升级版 ……………… (326)
　　　六　加强安全合作，维护地区稳定，实现和谐共生 ……… (327)
　　　七　为湄公河地区各国提供适当的地区公共产品 ………… (328)
　　　八　与东盟共同努力打造 CAFTA 升级版，加快 RCEP
　　　　　谈判进程 …………………………………………………… (330)
　第二节　中国进一步加强与湄公河国家关系的对策 ……………… (332)
　　　一　正确认识和对待湄公河国家的疑虑，努力推动与
　　　　　周边国家的整体崛起 ……………………………………… (333)

二　坚持正确义利观，加强中国与湄公河国家政府间的
　　　　信任和相互支持 ………………………………………（335）
　　三　坚持上下并重和内外结合，注重顶层设计与公众
　　　　参与的无缝链接 ………………………………………（336）
　　四　坚持合作共赢，大力发展产能合作伙伴关系 …………（337）
　　五　不断推出并实施"早期收获"项目，扩大与湄公河
　　　　国家合作的成果 ………………………………………（339）
　　六　坚持心心相印，大力加强人文交流和公共外交 ………（340）
　　七　坚持共存共荣，加大对柬、老、缅、越四国的
　　　　援助力度 ………………………………………………（342）
　　八　因应形势的改变，重振中国话语体系，妥善处理
　　　　南海主权争端 …………………………………………（343）
　　九　坚持守望相助，深化非传统安全合作 …………………（346）
　　十　坚持知彼知己，加强人才培养，深化对湄公河地区和
　　　　国家的研究与交流 ……………………………………（347）
　第三节　中国应对区域外大国的介入的对策 …………………（348）
　　一　以开放和包容的姿态应对区域外大国的介入 …………（349）
　　二　处理好与美国在湄公河地区的竞争性关系，
　　　　开展选择性合作 ………………………………………（352）
　　三　避免与日本在湄公河地区开展"撒钱外交"竞争，
　　　　尝试竞争性合作 ………………………………………（354）
　　四　以共识促合作，与印度落实并共同促进孟中印缅
　　　　经济走廊建设 …………………………………………（357）
　　五　与俄罗斯开展战略协调，树立新型大国关系的样板 …（358）
　　六　与欧盟探索在多边、双边和跨区域层次上的
　　　　互利共赢 ………………………………………………（359）
　　七　加强与湄公河委员会的合作，建立湄公河流域
　　　　水资源综合利用协调机制 ……………………………（360）

参考文献 ………………………………………………………（363）
　一　中文文献 …………………………………………………（363）

二　外文文献 …………………………………………（369）
　　三　主要网站 …………………………………………（372）
后　记 ……………………………………………………（373）

导 论

一 背景、意义

自20世纪90年代以来，随着冷战的结束、国际和地区形势的缓和、全球化和区域化的迅速发展以及柬埔寨和平的实现，湄公河地区各国获得了一个能够实现可持续发展的宝贵的战略机遇期。湄公河地区在陆上连接东北亚、东南亚和南亚地区，海上连通太平洋和印度洋，是两大洲间的"十字路口"，战略位置非常重要。湄公河地区具有的"地缘经济—地缘政治"特点，在全球地缘政治经济格局发生大转变之际，这一区域成为国际社会关注的新热点。该地区形势的任何变动，都会对亚太地区格局产生重要影响。不仅区域内各国及其他东南亚国家积极开展合作，发达国家和国际组织机构也寻找机会积极参与，形成了难得的合作局面。随着湄公河地区实现了"由战场向市场"的转变，使得美国、日本、印度、澳大利亚、俄罗斯和欧盟等区域外大国和地区组织对其"兴趣"日益浓厚，各方不同程度地调整了与湄公河地区有关的政策或方针，通过开展大国协调以及提供一些地区公共产品，积极参与湄公河地区的开发活动，这使其与柬埔寨、老挝、缅甸、泰国和越南（以下简称"湄公河国家"）的政治、经济和安全保障关系有了新的发展。由于美、日、印等区域外大国和相关国际组织对湄公河国家的战略投入呈现与日俱增的态势，合作机制众多，呈现出"机制拥堵"（Mekong Congestion）的特点，也凸显了湄公河地区合作"外部主导"的问题，加大了湄公河地区合作的复杂性。而这一区域国际格局的任何变动，都会对其周边乃至整个国际格局产生重要影响。

湄公河国家是中国的近邻，自1992年以来，中国与湄公河国家共同参与大澜公河次区域（Greater Mekong Subregion, GMS）合作，历经20余年，成功修建了昆明—曼谷公路和中缅油气管道等旗舰项目，取得了诸多成效。但受地缘政治和地缘经济的影响，特别是近年来区域外大国的积极介入，湄公河地区形势的发展变化对中国西南地区的国家安全、稳定和发展产生了极其重要的影响。20世纪90年代以来，中国与湄公河国家的政治、经济联系日益紧密。但自"9·11"事件以来，湄公河地区政治经济安全形势发展出现了一些新的变化。区域外大国构建名目不同的湄公河地区合作机制，使该地区呈现出"合作机制拥堵"的局面。区域外大国不断加强同湄公河国家的政治经济关系，其"防范和牵制"中国的战略考量增加，影响了该地区的地缘政治和地缘经济，使得中国与湄公河国家合作前景的不可预知性大大增加。湄公河国家已经意识到，美日等区域外大国与中国在该地区的竞争能给它们带来利益最大化，据此，湄公河国家运用"大国平衡"战略，在大国博弈中谋求利益最大化。湄公河地区已成为中国西南周边地区中国际政治、安保和经济合作的竞争热点地区。竞争和博弈的增加就意味着风险也在不断增加，湄公河国家在运用"大国平衡"战略两边受惠的同时，也增加了在该地区出现紧张局势的可能性。

2009年7月，时任中国国家主席胡锦涛提出了"要使云南成为我国面向西南开放的重要桥头堡"的要求，这是中国在新的国际国内形势下提升沿边开放的重要战略部署，也是完善中国全方位对外开放的必然选择。在"桥头堡"建设过程中，相邻地区的国际环境和国际关系是我们重点考察的问题之一。2013年，中国国家主席习近平先后在哈萨克斯坦和印度尼西亚提出建设"丝绸之路经济带"和"21世纪海上丝绸之路"的"一带一路"倡议（The Belt and Road Initiative）。"一带一路"倡议是中国参与国际合作以及构建全球治理新模式的重大举措。湄公河国家是中国实施"一带一路"倡议的重要国家，中国与湄公河国家关系的发展，直接关系到"一带一路"倡议的落实。2015年11月，中国和湄公河国家宣布启动澜沧江—湄公河合作机制（澜湄合作）。

而伴随着"一带一路"倡议的实施、中国—东盟自由贸易区（CAFTA）的升级和GMS合作不断深化以及澜湄合作机制的正式启动，中国与湄公河国家的关系将会更加密切，合作更加紧密，对其影响力也会越来越大。与此同时，在全球化和区域化的背景下，不仅湄公河国家间的双边或多边关系错综复杂，以美、日、印、澳、欧、俄为代表的区域外主要大国和地区组织，同样也在湄公河地区有着诸多利益和利害关系。从中国的角度看，湄公河地区是连接中国西南地区与印度洋的一个重要战略基点，中国与湄公河国家友好合作关系的不断加深，将不可避免与上述国家或地区组织的利益出现交叉，乃至某种程度的冲突。在区域外大国积极参与湄公河地区合作的情形下，如何根据各大国参与湄公河地区合作的不同利益结构，重新审视中国在这一地区的战略部署，掌握主动权，服务于国家的战略部署，是中国不得不持续考虑的战略性问题。

但由于目前国内外对"区域外大国参与湄公河地区合作策略的调整及其对 GMS 合作的影响"这一领域尚处于研究起步状态，或者是仅研究其中的某一方面，未能很好地将二者结合起来分析，因此该项目具有很高的学术价值。通过开展该课题的研究，可以深化对国际关系学科中的博弈论、地区主义、地缘政治、地缘经济等基本理论的认识，并对中国提出的互利共赢、和谐周边、和谐世界等理论研究提供案例和途径支撑，也有利于促进和丰富中国东南亚研究和边疆研究的发展。同时，认真分析湄公河地区国际关系的发展变化，把握区域外大国与湄公河国家关系的新发展及其对中国的影响的途径、因素及态势，对于维护中国的安全与稳定，推进和谐周边建设有着极为重要的现实意义。因此，本书能为中国进一步加强与湄公河国家的政治和经济关系提供对策建议，具有很强的现实参考价值。

二 研究综述

关于湄公河地区的国际关系以及区域外大国参与该地区的合作，学界已做了一些有益的探索，可大致分为以下三类。

第一类从一般性对外战略的角度来论述东亚地区的政治安全与经济合作，并在次区域合作的理论建构上做了一些探讨。如李益波《泰国对美中日三国外交的再平衡》分析了美中日与泰国在政治、经济和文化方面的外交情况，认为泰国维持的是一种平衡外交状态，中国应对现有东南亚政策做出调整。① 此外还有：张蕴岭主编《中国与周边国家：构建新型伙伴关系》②、张蕴岭和沈铭辉主编《东亚、亚太区域合作模式与利益博弈》③、曹云华等《新中国—东盟关系论》④、丁斗《东亚地区的次区域经济合作》⑤、李一平和庄国土主编《冷战以来的东南亚国际关系》⑥、马孆《区域主义与发展中国家》⑦、王子昌和郭又新《国家利益还是地区利益——东盟合作的政治经济学》⑧、汪新生主编《中国—东南亚区域合作与公共治理》⑨、李志斐《东亚安全机制构建：国际公共产品提供与地区合作》⑩、张云《国际政治中"弱者"的逻辑——东盟与亚太地区大国关系》⑪、沈铭辉《应对"意大利面条碗"效应——兼论东盟在东亚合作中的作用》⑫、木村福成和石川幸一编著《中国南进及对东盟的影响》⑬、陈奕平《依赖与抗争：冷战后东盟国家对美战略》⑭、U Nyunt Tin《构建地区全面发展：从合作到整合》⑮、

---

① 李益波：《泰国对美中日三国外交的再平衡》，《当代世界》2013年第4期。
② 张蕴岭主编：《中国与周边国家：构建新型伙伴关系》，社会科学文献出版社2008年版。
③ 张蕴岭、沈铭辉主编：《东亚、亚太区域合作模式与利益博弈》，经济管理出版社2010年版。
④ 曹云华等：《新中国—东盟关系论》，世界知识出版社2005年版。
⑤ 丁斗：《东亚地区的次区域经济合作》，北京大学出版社2001年版。
⑥ 李一平、庄国土主编：《冷战以来的东南亚国际关系》，厦门大学出版社2005年版。
⑦ 马孆：《区域主义与发展中国家》，中国社会科学出版社2002年版。
⑧ 王子昌、郭又新：《国家利益还是地区利益——东盟合作的政治经济学》，世界知识出版社2005年版。
⑨ 汪新生主编：《中国—东南亚区域合作与公共治理》，中国社会科学出版社2005年版。
⑩ 李志斐：《东亚安全机制构建：国际公共产品提供与地区合作》，社会科学文献出版社2012年版。
⑪ 张云：《国际政治中"弱者"的逻辑——东盟与亚太地区大国关系》，社会科学文献出版社2010年版。
⑫ 沈铭辉：《应对"意大利面条碗"效应——兼论东盟在东亚合作中的作用》，《亚太经济》2011年第2期。
⑬ [日]木村福成、石川幸一编著：《中国南进及对东盟的影响》，日本贸易振兴机构，2007年。
⑭ 陈奕平：《依赖与抗争：冷战后东盟国家对美战略》，世界知识出版社2006年版。
⑮ U Nyunt Tin, "Building of All-Round Development in the Region: Cooperation to Integration", *South Asian Survey*, Vol. 13, No. 2, 2006.

Bart Gaens《欧洲与亚洲地区间关系》①等。

  第二类专门论述各区域外大国、地区组织和国际组织对湄公河地区的战略以及参与该地区合作的策略、机制、进程等，如贺圣达《大湄公河次区域合作：复杂的合作机制和中国的参与》②、王士录《大湄公河次区域经济合作的国际关系学意义解读》③、马燕冰和张学刚《湄公河次区域合作中的大国竞争及影响》④、沈铭辉《大湄公河次区域经济合作：复杂的合作机制与中国的角色》⑤、李文志和萧文轩《大湄公河流域争霸战：大湄公河经济合作的推展及其战略意涵》⑥、王庆忠《大湄公河次区域合作：域外大国介入及中国的战略应对》⑦、白雪峰《冷战后美国对东南亚的外交：霸权秩序的建构》⑧、付瑞红《亚洲开发银行与湄公河次区域经济合作》⑨、白石昌也《日本对印度支那·湄公河地区政策的变迁》⑩、野本启介《围绕湄公河地区开发的区域合作现状及其展望》⑪、森园浩一《印度支那地区（大湄公圈）合作的现状

---

 ① Bart Gaens, *Europe-Asia Interregional Relations: A Decade of ASEM*, UK: The International Political Economy of New Regionalisms Series, 2008.
 ② 贺圣达:《大湄公河次区域合作：复杂的合作机制和中国的参与》,《南洋问题研究》2005 年第 1 期。
 ③ 王士录:《大湄公河次区域经济合作的国际关系学意义解读》,《当代亚太》2006 年第 12 期。
 ④ 马燕冰、张学刚:《湄公河次区域合作中的大国竞争及影响》,《国际资料信息》2008 年第4 期。
 ⑤ 沈铭辉:《大湄公河次区域经济合作：复杂的合作机制与中国的角色》,《亚太经济》2012 年第 3 期。
 ⑥ 李文志、萧文轩:《大湄公河流域争霸战：大湄公河经济合作的推展及其战略意涵》,《台湾东南亚学刊》2005 年第 1 期。
 ⑦ 王庆忠:《大湄公河次区域合作：域外大国介入及中国的战略应对》,《太平洋学报》2011 年第 11 期。
 ⑧ 白雪峰:《冷战后美国对东南亚的外交：霸权秩序的建构》,厦门大学出版社 2011 年版。
 ⑨ 付瑞红:《亚洲开发银行与湄公河次区域经济合作》,《东南亚研究》2009 年第 3 期。
 ⑩ [日] 白石昌也:《日本对印度支那·湄公河地区政策的变迁》,《亚洲太平洋讨究》2011 年第 17 期。
 ⑪ [日] 野本启介:《围绕湄公河地区开发的区域合作现状及其展望》,《开发金融研究所报》2002 年第 12 期。

与课题——以我国的地区发展合作为视点》①、澳大利亚国际开发署《GMS：澳大利亚促进一体化与合作的战略（2007—2011）》②、Man Mohini Kaul《地区分组：环孟加拉湾经济合作组织与湄公河—恒河倡议概述》③ 等。

对于美国和湄公河国家的关系，尹君《后冷战时期美国与湄公河流域国家的关系》对湄公河国家在美国亚太战略中的地位、美国与湄公河国家的双边关系及多边合作、美湄关系对地区和相关国家的影响等进行了探讨，认为中美两国应寻求在该地区的合作。④ 陈乔之《美国重返东南亚及其对中国的影响》分析了自 "9·11" 事件以来美国在政治、经济上，尤其在军事上重返东南亚的种种表现，进而研究美国重返东南亚的主要原因，最后指出美国重返东南亚将对中国所造成的负面影响是最直接的，也是最重要的。⑤ 马燕冰《当前美国与东盟国家的关系及其影响》强调，美国对东南亚政策的调整，主要表现在与东盟国家的安全合作的增强和积极参与东亚地区经济合作方面，对中国产生的影响负面大于正面，可是对中国的影响依然有限。⑥ 夏立平《美国 "重返东南亚" 及其对亚太安全的影响》认为美国 "重返东南亚" 的战略企图，是为了加强其在亚太地区的主导地位、扩大反恐战果和防范中国崛起。⑦ 曹云华和陈奕平《美国对东盟经贸政策新动向及其对中国的影响》分析了美国对东盟的新经贸政策出台的动因、主要内容及对中国的影响，并针对性地提出了一些对策。⑧ 唐昊《美国的东盟政策

---

① ［日］森园浩一：《印度支那地区（大湄公圈）合作的现状与课题——以我国的地区发展合作为视点》，JICA，2002 年。

② The Australian Agency for International Development, *The Greater Mekong Sub-region: Australia's Strategy to Promote Integration and Cooperation 2007 - 2011*, Canberra, September, 2007.

③ Man Mohini Kaul, "Regional Groupings: an Overview of BIMSTEC and MGC", *South Asian Survey*, Vol. 13, No. 2, September 2006.

④ 尹君：《后冷战时期美国与湄公河流域国家的关系》，社会科学文献出版社 2017 年版。

⑤ 陈乔之：《美国重返东南亚及其对中国的影响》，《东南亚纵横》2003 年第 2 期。

⑥ 马燕冰：《当前美国与东盟国家的关系及其影响》，《亚非纵横》2007 年第 3 期。

⑦ 夏立平：《美国 "重返东南亚" 及其对亚太安全的影响》，《现代国际关系》2002 年第 8 期。

⑧ 曹云华、陈奕平：《美国对东盟经贸政策新动向及其对中国的影响》，载李一平、庄国土主编《冷战以来的东南亚国际关系》，厦门大学出版社 2005 年版。

解析》主要分析和评估了美国在"9·11"事件后对东南亚政策的特点和成效。①

韦红《美国因素对中国与东盟关系的影响》认为，中国与东盟关系的演变与美国东亚政策的调整、中美关系的好坏有着密切联系。② 马嬷《中美东南亚政策比较研究》认为中美两国的东南亚政策本质不同，在东南亚实施各自的战略及政策时必然产生互动，既有矛盾也有合作。③ 马嬷《美国—东盟关系与奥巴马政府的政策调整》也认为，长期以来美国没有制定对东盟的整体战略，由于只重视老东盟国家而忽视东盟新成员国，对美国与东盟的关系造成负面影响，为应对新形势下的挑战，奥巴马政府开始着手调整对东盟的政策。④ 许梅《美国东南亚安全政策的主要影响因素分析》认为，美国对东南亚安全政策的制定与确立是多种因素综合作用的结果，其中美国自身的利益因素、中国因素和东盟因素等是决定性的。⑤ 白雪松《美国对东南亚外交的未来趋势》认为，美国在东南亚地区的外交，将会继续延续以双边同盟关系为主、区域组织（包括东盟）合作为辅的趋势，而且奥巴马当选总统之后，这种走向将更加明显。⑥ 李益波《浅析奥巴马政府的东南亚外交》认为，奥巴马政府上台以来，为确保美国在东南亚战略利益和战略目标基本不变，在"巧实力"外交理念的指导下，全面介入该地区的各项事务，此番外交政策的调整必将对该地区的权力格局演变以及地区安全秩序的塑造产生重大影响。⑦ 马燕冰的《奥巴马政府的东南亚政策》认为奥巴马政府将加大对东南亚的战略投入，增强对东盟内部事务的干预程度，还可能冲击东盟在地区合作中的主导地位。⑧ 詹姆斯·A. 特纳（James A. Tyner）《美国的东南亚战略》认为，美国的东

---

① 唐昊：《美国的东盟政策解析》，《国际问题研究》2005 年第 5 期。
② 韦红：《美国因素对中国与东盟关系的影响》，《南洋问题研究》2006 年第 1 期。
③ 马嬷：《中美东南亚政策比较研究》，《国际问题研究》2006 年第 3 期。
④ 马嬷：《美国—东盟关系与奥巴马政府的政策调整》，《国际问题研究》2009 年第 4 期。
⑤ 许梅：《美国东南亚安全政策的主要影响因素分析》，《东南亚研究》2007 年第 3 期。
⑥ 白雪松：《美国对东南亚外交的未来趋势》，《东南亚纵横》2009 年第 1 期。
⑦ 李益波：《浅析奥巴马政府的东南亚外交》，《东南亚研究》2009 年第 6 期。
⑧ 马燕冰：《奥巴马政府的东南亚政策》，《和平发展》2010 年第 1 期。

南亚战略是试图将该地区构建成遏制共产主义和反对恐怖主义的前沿，目的是遏制其他大国对东南亚地区的控制和影响，确保美国获取东南亚地区资源和市场的合法性。① 麦克·J. 格林（Michael J. Green）等《民主和美国的亚洲大战略》评估了美国在亚太地区实施的东南亚民主扩张战略。② 罗伯特·萨特（Robert Sutter）《奥巴马争取与美国对亚洲政策》认为，尽管东南亚地区形势存在着不确定性，但是国家利益要求奥巴马政府应该采取积极态度，主动介入东南亚事务。③

叶海林《特朗普当选美国总统后的中美南海互动》从美国的政策走向、南海周边相关国家反应等分析了在美国大选之后的未来南海局势的演进情况，认为在中美围绕"自由航行"问题上的对抗性加大，南海管控难度进一步增加。④ 李向阳《特朗普政府的亚洲政策及其影响》展望了2016—2017年的亚洲局势，从特朗普政府奉行的价值理念入手，分析了特朗普的亚洲政策选择，认为美国对地区的政治、经济、安全政策调整将会对该地区造成前所未有的影响。⑤ 杜兰在《中美在中南半岛的竞争态势及合作前景》中通过美国奥巴马时期的在中南半岛政策、中美在中南半岛的竞争态势、中美竞争对中南半岛的影响、中美合作前景分析，认为中美互动已成为影响亚太形式的重要因素，美国对地区的投入会对中国的利益形成威胁，同时给地区局势带来不稳定因素，中南半岛可能成为未来两国亚太合作的新领域和"试验田"。⑥ 朱陆民、田超男《泰、新、越对中美的对冲战略比较研究》通过对泰国、新加坡、越南对中美现状的认知、对冲战略特点及对冲战

---

① James A. Tyner, *America's Strategy in Southeast Asia*, Rowman & Littlefield Publishers, INC. 2007.

② Michael J. Green & Daniel Twining, "Democracy and American Grand Strategy in Asia: The Realist Principles Behind an Enduring Idealism", *Contemporary Southeast Asia*, Vol. 30, No. 1, 2008, pp. 1–28.

③ Robert Sutter, "The Obama Administration and US Policy In Asia", *Contemporary Southeast Asia*, Vol. 31, No. 2, 2009, pp. 189–216.

④ 叶海林:《特朗普当选美国总统后的中美南海互动》，载李向阳主编《亚太地区发展报告（2017）》，社会科学文献出版社2017年版。

⑤ 李向阳:《特朗普政府的亚洲政策及其影响》，载李向阳主编《亚太地区发展报告（2017）》，社会科学文献出版社2017年版。

⑥ 杜兰:《中美在中南半岛的竞争态势及合作前景》，《南洋问题研究》2016年第3期。

略的评析进行比较，认为一个国家越少依赖大国，越会让人知道自身拥有更大的活动空间。① Amna Ejaz Rafi《东南亚和美国的"再平衡"政策》对东南亚的经济一体化、美国参与东南亚合作的目的、TPP 对美国加强与东盟经济合作的意义以及中国对美国霸权的挑战进行了论述，认为从美国的角度来看，除了该地区的经济意义和战略意义，该地区与中国进一步接触已提高了中国在美国政策中的关注度。在这种大背景下，美国希望提高其在该地区的国家自信。② 罗圣荣《近年来美国对湄公河地区合作的介入及影响》对美国介入湄公河地区合作的背景及其目标、近年来美国介入湄公河地区合作的进展情况及其成效、美国介入湄公河地区合作对中国的影响以及美国介入湄公河地区合作的发展趋势进行了论述，认为美国的高调介入进一步加剧了湄公河地区合作的竞争态势，使地区形势进一步复杂化，对中国与 GMS 各国之间的关系造成不利影响，给中国做好周边地区外交工作、维护西南周边安全带来一定的挑战。③

关于印度与湄公河地区的关系，马燕冰《印度"东向"战略的意图》认为，随着地区局势的发展尤其是南海问题的升温，印度"东向"战略中地缘政治和安全战略将占据重要地位，给中国的安全和恢复中国在南海地区的领土主权和维护海洋权益带来新的战略压力。④ 马孆《当代印度外交》认为，印度"东向"政策重心在东南亚，但东南亚国家对印度的军事力量也存有戒心，特别是与印度接壤的湄公河国家。⑤ 孙士海《二战后南亚国家对外关系研究》认为无论从地缘战略、经济利益和政治利益考虑，东盟地区都是印度对外政策的重点。陈继东《当代印度对外关系研究》⑥ 认为，随着印度成为东盟全面对话的

---

① 朱陆民、田超男：《泰、新、越对中美的对冲战略比较研究》，《重庆社会主义学院学报》2015 年第 2 期。
② ［巴基斯坦］Amna Ejaz Rafi：《东南亚和美国的"再平衡"政策》，载王灵桂主编《国外智库看 TPP》，社会科学文献出版社 2015 年版。
③ 罗圣荣：《近年来美国对湄公河地区合作的介入及影响》，载刘稚主编《大湄公河次区域合作发展报告（2012—2013）》，社会科学文献出版社 2013 年版。
④ 马燕冰：《印度"东向"战略的意图》，《和平与发展》2011 年第 5 期。
⑤ 马孆：《当代印度外交》，上海人民出版社 2007 年版。
⑥ 陈继东：《当代印度对外关系研究》，巴蜀书社 2005 年版。

伙伴国，印度已成为影响东盟地区各种经济力量的平衡因素之一。① 侯松岭《印度"东向政策"与印度—东盟关系的发展》认为"东向政策"在 2003 年进入第二阶段后，显示出两个新的特点：一是"东向"定义延伸，二是合作领域扩大。② 张力《印度迈出南亚——印度"东向政策"新阶段及与中国的利益关联》认为，印度政府在"东向"政策的第二个实施阶段中，将逐步实现地缘范围、涉及领域、机制性质等方面的升级。中国目前正积极参与并深化与东盟及在整个亚太框架内的全面合作，印度的进取姿态势必在新的层面形成与中国的战略互动，并增强相互在不同领域的利益关联。③

任佳《印度"东向"政策及其发展》认为印度正积极向东亚拓展，重视与中国和日本的关系，在其发展过程中"东向政策"在加快与东盟合作步伐有一些问题值得中国关注。④ 张立《印度东向战略：进展、影响及应对》认为，印度"东向"的地域和合作范围正在扩大，并呈现出朝着政治安全和战略制衡的方向发展的趋势，而与东盟的合作是其"东向"政策的核心部分。⑤ 葛红亮《"东向行动政策"与南海问题中印度角色的战略导向性转变》认为，"东向行动政策"由"东向政策"强化而来，但其地缘政治内涵并未改变，彰显了莫迪政府对印度在马六甲海峡以东地区政策的重新规划，是印度寻求适应亚太地区与全球形势和遵循其国内发展与对外政策逻辑的结果。⑥ 拉贾·雷迪（K. Raja Reddy）《印度与东盟》提出印度在 1992 年实行"东向"政策，印度从经济合作开始，逐步与东盟进行政治、军事、文化方面的合作，并通过"恒河—湄公河"合作机制，开展了与所有湄公河国家

---

① 孙士海：《二战后南亚国家对外关系研究》，方志出版社 2007 年版。
② 侯松岭：《印度"东向政策"与印度—东盟关系的发展》，《当代亚太》2006 年第 5 期。
③ 张力：《印度迈出南亚——印度"东向政策"新阶段及与中国的利益关联》，《南亚研究季刊》2003 年第 4 期。
④ 任佳：《印度"东向"政策及其发展》，《南亚研究季刊》2007 年第 4 期。
⑤ 张立：《印度东向战略：进展、影响及应对》，《南亚研究季刊》2012 年第 1 期。
⑥ 葛红亮：《"东向行动政策"与南海问题中印度角色的战略导向性转变》，《太平洋学报》2015 年第 7 期。

的合作，合作的内容将会日益加深。① 印度外交事务委员会《"东向"政策20年：回顾与展望》认为印度与东盟已建立起了和平伙伴的关系，在现今全球力量向东亚地区转移的国际大背景下，这在无形中增加了印度在国际社会中的话语权。② 威廉·陶（William T. Tow）等《印度、东盟与澳大利亚》主要从地区安全、能源安全、气候变化、打击海盗等方面来阐述印度与东盟间在传统安全与非传统安全之间的合作。③

孙倩《印度与湄公河五国经济关系的发展及发展前景》对印度与GMS五国经济现状、与五国经济关系发展前景进行分析，认为虽然印度与湄公河五国经济合作依旧存在诸多制约因素，但未来双方的经济关系前景广阔。王宏坤《论印度"东进"政策对亚太国际关系的影响》在论述了印度东进政策的发展历程的基础上，剖析了印度东进政策对亚太国际关系的影响。并提出中国务必客观地评估印度在亚太地区的中长期影响寻求与印度建立共赢关系的可能性。④ 朱翠萍《"一带一路"倡议的南亚方向——地缘政治格局、印度难点与突破路径》对南亚地缘政治格局的主要特征、南亚在"一带一路"倡议中的战略地位、"一带一路"倡议在南亚方向的主要进展、"一带一路"倡议的印度难点与合作困境以及"一带一路"倡议中印度难点的突破路径等方面进行了论述，认为只要中印双方愿意付出努力并采取行动，加强人文领域的沟通，寻求在经济与安全领域的合作，则合作产生的红利就一定能够外溢到政治领域并成为政治互信的润滑剂，最终推动中印关系向前发展。⑤

---

① K. Raja Reddy, *India and ASEAN: Foreign Policy Dimensions for the 21st Century*, India New Century Publications, 2005.

② Indian Council of World Affairs, *Two Decades of India's Look East Policy: Partnership for Peace, Progress and Prosperity*, India Manohar Publishers & Distributors Publications, 2012.

③ William T. Tow and Kin. Wah. Chin, *ASEAN, India, Australia: Towards Closer Engagement in a New Asia*, Institute of Southeast Asian Studies, 2009.

④ 王宏坤：《论印度"东进"政策对亚太国际关系的影响》，《华章》2013年第36期。

⑤ 朱翠萍：《"一带一路"倡议的南亚方向——地缘政治格局、印度难点与突破路径》，载汪戎主编《印度洋地区发展报告（2017）》，社会科学文献出版社2017年版。

吴兆礼《从"向东看"到"向东干"——印度亚太战略与中国"一带一路"倡议》对印度亚太战略的驱动力量、印度亚太战略的目标定位、印度实施亚太战略的路径、印度亚太战略与中国倡议：战略对冲还是战略对接、中印关系近期趋势等方面进行了探讨，认为自莫迪政府以来，印度实施亚太战略的总体思路趋于务实，路径选择趋于多样。近期，稳定中求发展是中印关系的基调，构建更为紧密的发展伙伴关系成为双边重要共识，合作发展的理念未来将更为突出，莫迪政府在对华政策上仍将继续奉行"双轨政策"。[1] 俞家海《印度对外关系》分析了2016年印度同美国、中国、俄罗斯、法国、日本等大国及与东南亚、非洲和一些国际组织的对外关系情况，认为莫迪上台后，印度的外交表现出了明显的积极性。[2] 谢静《"一带一路"与中国—东盟互联互通中的印度因素》通过分析中国的东盟政策、印度的东向政策情况，认为现今中印两国在战略上存在很多利益关联，应对印度的东南亚政策进行关注。[3] 丁明文《印度"东向政策"的演进及其影响研究》通过对印度"东向政策"背景、演变、特点和成效影响进行分析，认为应理性看待"东向政策"，在各个层面上采取积极措施化解对华不利影响，实现中印两国共同崛起。[4] 杨晓萍《印度"东向"中的东北部与次区域合作》对印度"东向"政策、影响因素、新态势和机遇及挑战前景进行论述，认为未来次区域合作仍需要核心国家更高层次政治共识的达成。[5] 胡娟在《印度与大湄公河次区域国家合作的进展及影响》中通过对印度与大湄公河次区域国家合作背景、进展、面临问题、关系发展趋势及其关系对中国的影响进行介绍，认为随着印度对大湄公河次区域合作的纵深发展，可能会对中国在该地区发展的国

---

[1] 吴兆礼：《从"向东看"到"向东干"——印度亚太战略与中国"一带一路"倡议》，载张洁主编《中国周边安全形势评估（2016）》，社会科学文献出版社2016年版。

[2] 俞家海：《印度对外关系》，载吕昭义、林延明主编《印度国情报告（2016）》，社会科学文献出版社2016年版。

[3] 谢静：《"一带一路"与中国—东盟互联互通中的印度因素》，《东南亚纵横》2015年第10期。

[4] 丁明文：《印度"东向政策"的演进及其影响研究》，硕士学位论文，山东大学，2014年。

[5] 杨晓萍：《印度"东向"中的东北部与次区域合作》，《亚太经济》2014年第4期。

际环境造成一定影响。①

关于日本与湄公河地区的关系，白如纯《"一带一路"背景下日本对大湄公河次区域的经济外交》对日本对大湄公河次区域经济外交的演变、"一带一路"背景下日本的次区域经济外交以及"澜湄合作"机制将助推"一带一路"构想等进行了论述，认为日本针对中国加强与东盟特别是与大湄公河次区域经济合作带来的挑战，也相应加大投入力度。因此围绕大湄公河次区域的开发与合作，中日两国的竞争成为常态。②白如纯《"东盟共同体"节点上的日本对东南亚外交》对东盟共同体或成为地区合作新动力、日本对东盟一体化的认知与参与、日美介入南海争端无助东盟整合等方面进行了探讨，认为日本图一己私利拉帮结伙式的地区政策，有碍东亚乃至亚太区域合作，并成为中国和平崛起进程中的重大挑战。③白如纯《日本对缅甸经济外交的演变、动向与特点》对日本的缅甸经济外交特点和安倍政府对缅甸援助的动向进行了探讨，并提出中国在处理与缅甸以及其他湄公河流域国家的关系时，日本是重要的考虑因素之一。④白如纯《日本对湄公河次区域的经济外交——"一带一路"背景下的政策调整》分析了"一带一路"背景下日本次区域经济外交，并认为中国在巩固周边外交的同时可以增进与日本的协调与合作。⑤

张继业等《试析安倍政府的湄公河次区域开发援助战略》着重分析了安倍的战略目标、实施路径以及相关影响，并指出中国应该加强对区域共同利益的认识与拓展并加强中日两国间的战略合作。⑥刘华的

---

① 胡娟：《印度与大湄公河次区域国家合作的进展及影响》，载刘稚主编《大湄公河次区域合作发展报告（2012—2013）》，社会科学文献出版社 2013 年版。
② 白如纯：《"一带一路"背景下日本对大湄公河次区域的经济外交》，《东北亚学刊》2016 年第 3 期。
③ 白如纯：《"东盟共同体"节点上的日本对东南亚外交》，载杨伯江主编《日本研究报告（2016）》，社会科学文献出版社 2016 年版。
④ 白如纯：《日本对缅甸经济外交的演变、动向与特点》，载张季风主编《日本经济与中日经贸关系研究报告（2017）》，社会科学文献出版社 2017 年版。
⑤ 白如纯：《日本对湄公河次区域的经济外交——"一带一路"背景下的政策调整》，载叶琳、刘瑞、张季风主编《日本经济与中日经贸关系研究报告（2016）》，社会科学文献出版社 2016 年版。
⑥ 张继业、钮菊生：《试析安倍政府的湄公河次区域开发援助战略》，《现代国际关系》2016 年第 3 期。

《日本海洋战略的政策特点及其制约因素——以日本介入南海问题为例》提出日本在南海地区的海洋战略主要源于地缘战略展开,并且以间接入围的主要手段依托美日同盟推行长时间的海洋战略,并提出中国可以通过"一带一路"建设削弱日本在该地区的经济手段对政治手段的支撑作用。① 卢昊《日本的亚太政策:构筑地区伙伴网络和"对华包围网"》探讨了日本亚太政策的基本动向、基本特征并提出日本的亚太政策存在很大的中国因素。② 白如纯《东盟共同体时代日本的东南亚外交》认为,东南亚一体化进程中内部矛盾以及大国博弈带来的影响,日本对东盟政策也在不断调整,而中国因素继续成为其重要的政策考虑。③

关于澳大利亚与湄公河地区的关系,侯敏跃《中澳关系史》将东南亚作为第三方因素来研究中澳关系。④ 曹云华《东南亚国家联盟:结构、运作与对外关系》通过对战后东盟与澳大利亚关系发展的两个阶段,即初步接触(1974—1991年)和全面接触(1991年至今)阶段的描述,探讨了东盟成员国与澳大利亚的双边关系。⑤ 程晓勇、曹云华《澳大利亚的东盟政策解析》通过对澳大利亚东盟政策的演变过程的梳理,分析了澳大利亚这个具有特殊地理位置与政治文化背景的国家如何试图在东南亚地区发挥作用及澳大利亚东盟政策的背景。⑥ 格里格·谢里丹(Greg Sherdan)《与龙共舞:澳大利亚在亚洲的未来》从国家利益、经济利益、移民利益、人权和语言文化因素五个方面,强调了亚洲对澳大利亚未来的重要性。⑦ 萨布哈米塔·

---

① 刘华:《日本海洋战略的政策特点及其制约因素——以日本介入南海问题为例》,载杨伯江主编《日本研究报告(2017)》,社会科学文献出版社2017年版。
② 卢昊:《日本的亚太政策:构筑地区伙伴网络和"对华包围网"》,载李向阳主编《亚太地区发展报告(2017)》,社会科学文献出版社2017年版。
③ 白如纯:《东盟共同体时代日本的东南亚外交》,载林昶、吕耀东、杨伯江主编《日本研究报告(2017)》,社会科学文献出版社2017年版。
④ 侯敏跃:《中澳关系史》,外语教学与研究出版社1999年版。
⑤ 曹云华:《东南亚国家联盟:结构、运作与对外关系》,中国经济出版社2011年版。
⑥ 程晓勇、曹云华:《澳大利亚的东盟政策解析》,《当代亚太》2007年第8期。
⑦ Greg Sherdan, *Living with Dragon: Australia's Confronts Its Asian Destiny*, Allen & Unwin, 1995.

达斯（Shubhamitra Das）《澳大利亚的防务政策与东南亚》探讨了后冷战时代澳大利亚的防务安全政策、外交贸易政策、澳与东南亚的军事和外交关系等，揭示了澳大利亚防务安全政策对于东南亚的意义。①

Chin Kin Wah 等《澳大利亚—新西兰与东南亚的关系：加强紧密合作的议题》②和冈本次郎《澳大利亚对外经济政策与东盟》③对澳大利亚的亚太地区战略、对东盟政策实施及实现双边贸易自由化等方面进行了较为深入的研究。《澳大利亚对东盟国家关系研究》阐述了东盟成立前澳大利亚与东南亚国家关系，并且在此基础上，以冷战的结束为分界点论述的冷战前后，澳大利亚与东盟国家的关系。其他还有一些澳大利亚政府出台的纲领性文件和政府工作报告，诸如《澳大利亚和国际劳工组织在亚太地区的伙伴关系（2006—2015）》、《GMS：澳大利亚促进融合和合作的战略（2007—2011年）》（澳大利亚国际发展署，2007年9月）、《2007—2011年湄公河战略报告》、《亚洲世纪中的澳大利亚白皮书》（2012年10月28日）、《澳大利亚2013年国防白皮书》（2013年5月3日）。

尼克·毕斯利《2016年澳大利亚外交政策分析与展望》对该政策背景、政策在变化下的连续性以及特恩布尔政府的不同之处进行了论述，得出结论认为重要政策的延续趋势大于变化，这不仅因为两位总理均来自同一个党派，两个政府的外交部长是同一个人，而且因为在外交和国防政策的许多问题上，中等强国没有讨价还价的资格。④大卫·沃克《澳大利亚与亚洲关系现状》从与亚洲的自由贸易协定，

---

① Shubhamitra Das, *Australia's Defence Policy and South-East Asia*, National Organization, New Delhi, 2005.

② Chin Kin Wah and Michael Ri chardson, *Australia-New Zealand & Southeast Asia Relations*, *An Agenda for Closer Cooperation*, Institute of Southeast Asia Studies, Singapore, 2004.

③ Jiro Okamoto, *Australia's Foreign Economic Policy and ASEAN*, Institute of Development Economies (JapanExternal Trade Organization), Institute of Southeast Asian Studies, Singapore, 2010.

④ ［澳］尼克·毕斯利：《2016年澳大利亚外交政策分析与展望》，载李建军、韩峰主编《澳大利亚发展报告（2015—2016）》，社会科学文献出版社2016年版。

特恩布尔总理和阿博特总理不同的发展道路,澳大利亚与印度尼西亚、越南、马来西亚、新加坡、菲律宾、泰国等的关系以及促进澳大利亚与亚洲关系的组织等方面进行了论述,从而深入地分析澳大利亚与亚洲地区主要国家的关系现状。①

关于俄罗斯与湄公河地区的关系,宋效峰《亚太格局视角下俄罗斯的东南亚政策》分析了俄罗斯与东南亚关系构建的背景、成效、政策、合作及影响,认为俄罗斯对中国在东南亚的利益构成了影响,中国应妥善处理好各方关系。② 张旭东《从建构主义视角看冷战后俄罗斯对东南亚地区的外交》从冷战后国际体系的变化、俄罗斯国内政治变化以及冷战后俄罗斯对东南亚地区的外交变化三个方面进行了论述,认为随着冷战后国际体系结构和俄罗斯国内政治变化,俄罗斯对东南亚地区的外交也发生了变化,在体系结构和施动者的相互影响下,俄罗斯对东南亚地区的外交会更加积极和深入。③ 柳丰华《俄罗斯的"东进"政策:成就、问题与走势》对俄罗斯实施"东进"政策的国内外背景、俄罗斯的"东进"政策及其成果、俄罗斯"东进"政策面临的问题以及俄罗斯"东进"政策的前景进行了探讨,认为未来俄罗斯将继续推行"东进"政策,更加深入地参与亚太地区一体化。④

富景筠《后危机时代俄罗斯与亚洲国家的经济关系——基于俄罗斯经济发展战略调整的分析》对危机前后俄罗斯与亚洲国家经济关系的变化、后危机时代俄罗斯经济发展战略调整的方向与前景、俄罗斯经济发展战略调整对其与亚洲国家经济关系的影响进行了论述,认为俄罗斯与亚洲国家经济关系的深化发展仍将体现于能源领域的合作,其中构建由俄罗斯参与的亚洲地区能源生产和消费网络具有重要

---

① [澳]大卫·沃克:《澳大利亚与亚洲关系现状》,载李建军、韩峰主编《澳大利亚发展报告(2015—2016)》,社会科学文献出版社2016年版。
② 宋效峰:《亚太格局视角下俄罗斯的东南亚政策》,《东北亚论坛》2012年第2期。
③ 张旭东:《从建构主义视角看冷战后俄罗斯对东南亚地区的外交》,《亚非研究》2016年第1期。
④ 柳丰华:《俄罗斯的"东进"政策:成就、问题与走势》,《俄罗斯学刊》2013年第1期。

意义。① 黄登学《普京新任期俄罗斯外交战略析论》在分析了普京新任期俄罗斯外交战略所面临的内外部环境的基础上，分析了普京新任期俄罗斯外交战略的特点和趋势，并指出当前的中俄关系是处于历史上的最高点，俄罗斯的强国梦与中国梦实现了进一步的对接与融合。②

第三类则紧紧围绕与湄公河地区合作有关的某一问题展开深入论述，其关注的重点涉及经济合作、机制建设、资源开发、非传统安全等诸多领域。例如，卢光盛《区域性国际公共产品与 GMS 合作的深化》指出当前制约 GMS 合作深化的障碍是国际公共产品的缺失，并提出中国发挥在 GMS 基础设施建设中传统公共产品的优势之外，也应发挥在区域性的规则和制度方面的作用。③ 卢光盛《澜沧江—湄公河合作机制与中国—中南半岛经济走廊建设》在分析了澜沧江—湄公河合作机制与中国中南半岛经济走廊之间的关系的基础上，提出中国应该实现三个协调与对接，并加强各国高层间的沟通和顶层设计。④ 李晨阳《澜沧江—湄公河合作：机遇、挑战与对策》分析了澜沧江—湄公河合作的机遇和挑战并提出应充分发挥云南的辐射中心作用。⑤ 童天齐《试析欧盟对亚洲战略》分析了欧盟调整对亚洲战略的背景、欧盟对亚洲战略的特点，说明了欧盟战略的措施并指出欧盟近年来会对亚洲采取温和的方针，力推贸易投资自由化。⑥

该类研究成果还有：任娜和郭延军《大湄公河次区域合作机制：问题与对策》⑦、汪新生主编《中国—东南亚区域合作与公共治理》⑧、

---

① 富景筠：《后危机时代俄罗斯与亚洲国家的经济关系——基于俄罗斯经济发展战略调整的分析》，《俄罗斯东欧中亚研究》2013 年第 2 期。
② 黄登学：《普京新任期俄罗斯外交战略析论》，《俄罗斯东欧中亚研究》2014 年第 2 期。
③ 卢光盛：《区域性国际公共产品与 GMS 合作的深化》，《云南师范大学学报》（哲学社会科学版）2015 年第 4 期。
④ 卢光盛：《澜沧江—湄公河合作机制与中国—中南半岛经济走廊建设》，《东南亚纵横》2016 年第 6 期。
⑤ 李晨阳：《澜沧江—湄公河合作：机遇、挑战与对策》，《学术探索》2016 年第 1 期。
⑥ 童天齐：《试析欧盟对亚洲战略》，《和平与发展》1996 年第 2 期。
⑦ 任娜、郭延军：《大湄公河次区域合作机制：问题与对策》，《战略决策研究》2012 年第 2 期。
⑧ 汪新生主编：《中国—东南亚区域合作与公共治理》，中国社会科学出版社 2005 年版。

卢光盛《国际公共产品与中国—大湄公河次区域国家关系》①、黎尔平《非传统安全视角下云南参与大湄公河次区域合作研究》②、Abigail Makim《资源的安全性和稳定性？湄公河地区合作的政治（1957—2001）》③、Vannarith Chheang《湄公河地区的环境和经济合作》④、Oliver Hensengerth《跨境河流合作与地区公共产品：以湄公河为例》⑤、Richard Cronin 和 Timothy Hamlin《湄公河的转折点：共享共同的河流》⑥、Timo Menniken《中国在国际资源政治中的表现：湄公河的教训》⑦等。

　　上述成果主要研究了区域外大国与湄公河国家关系或中国与湄公河国家的关系，使本书课题组各位成员受益颇多，也为本书的写作提供了诸多素材。总体而言，尽管有诸多论著面世，但就冷战后区域外大国参与湄公河地区合作策略的调整和博弈及其所呈现的"机制拥堵"现象，以及对中国国家安全以及中国与湄公河国家关系的影响等问题，尚未开展深入研究。概括而言，在中国实施"建设面向西南开放重要桥头堡"战略过程中，对中国国家安全、稳定构成直接威胁的因素主要还是来自湄公河地区。因此，有必要组织人力，研究区域外大国参与湄公河地区合作策略调整及其对湄公河国家对华政策的影响。而这些正是本书的努力方向。本书的主要目的是，在厘清区域外大国参与湄公河地区合作政策调整进程的基础上，探究其利益所

---

　　① 卢光盛：《国际公共产品与中国—大湄公河次区域国家关系》，《创新》2011 年第 3 期。

　　② 黎尔平：《非传统安全视角下云南参与大湄公河次区域合作研究》，《云南财经大学学报》2006 年第 3 期。

　　③ Abigail Makim, "Resources for Security and Stability? The Politics of Regional Cooperation on the Mekong, 1957 – 2001", *The Journal of Environment Development*, Vo. 11, No. 1, March 2002.

　　④ Vannarith Chheang, "Environmental and Economic Cooperation in the Mekong Region", *Asia Europe Journal*, Vol. 8, November 2010.

　　⑤ Oliver Hensengerth, "Transboundary River Cooperation and the Regional Public Good: The Case of the Mekong River", *Contemporary Southeast Asia*, Vol. 31, No. 2, August 2009.

　　⑥ Richard Cronin & Timothy Hamlin, *Mekong Turning Point: Shared River for a Shared Future*, Washington, DC: The Henry L. Stimson Center, 2012.

　　⑦ Timo Menniken, "China's Performance in International Resource Politics: Lessons from the Mekong", *Contemporary Southeast Asia*, Vol. 29, No. 1, 2007.

在，论述围绕该地区开发合作的外部主导与合作"机制拥堵"之间的相互关联，尝试从维护有利于中国和平发展的周边环境的角度来展开论述，以强调在新的形势下，中国有必要认真考虑深化湄公河地区合作的必要性和重要性，并思考中国如何制定新的湄公河战略，以实现大国在该地区的战略协调，从而进一步推动湄公河地区的发展合作，进而实现该地区的稳定与发展。

三　相关理论与研究方法

现实主义认为，国家存在于无政府状态的国际体系中。"每个国家都以用权力术语界定的国家利益为基础制定政策。国际体系的结构取决于国家间的权力分配。"[①] 本书主要从现实主义角度分析湄公河国家在区域外大国湄公河地区合作策略调整过程中的地位与作用，同时运用博弈论来分析各国在该地区的角力，穿插运用相互依存理论，分析中国与湄公河国家和区域外大国开展合作的必要性和可能性。

（一）博弈论

博弈论是科学行为主义学派极为推崇的一种理论框架。约翰·纽曼和摩根斯坦认为，博弈论是关于运用数学方法研究处于利益冲突的双方在竞争性活动中制定最优化的胜利策略的理论，博弈方法即根据游戏规则选择处理竞争、冲突或危机的最佳方案。20世纪50年代以后，国际关系学者在运筹学的博弈概念基础上综合运用心理学、统计学、社会学和策略学等原理，逐步形成了国际关系学的博弈论。他们强调指出：博弈论既是研究国际冲突的策略理论，又是处理国际关系的实际手段，其目的是为行为者在面临冲突和危机时设计各种合理选择和理性行为。西方学者从不同角度对博弈论下过定义，尚没有定论。本书主要运用博弈理论分析印度和湄公河国家合作中如何能使自身的国家利益得到最大化。

（二）国家利益论

国家利益是国际关系理论研究的核心概念之一，它是指国家在复

[①] ［美］卡伦·明斯特、伊万·阿雷奎恩·托夫特：《国际关系精要》，潘忠岐译，上海世纪出版集团2012年版，第3页。

杂的国际关系中维护免受外来侵略的一些基本原则。它是国家制定对外目标的重要依据和决定因素。汉斯·摩根索曾对国家本国和本民族利益的概念做出明确的界定："国家利益应当包括三个重要的方面：领土完整、国家主权和文化完整。"摩根索认为，在这三个方面中，最本质的问题就是一个国家的生存问题，其余方面都是次要的问题。"国家利益是国际政治的本质，是决定国家行为的最基本的要素，国家以追求国家利益为目标。"[1] 但在不同的历史阶段和不同的国家内，国家利益的含义是不同的。因此，国家利益是因时因地而变化的，这个概念和一个国家之间的联系是一个历史的联系，国家利益也是一个历史的概念，是一个抽象的定义，国家利益的概念并不具有一个永久固定的含义。本书应用国家利益论来分析印度与湄公河国家关系的转型及各自的战略考量。

（三）相互依存论

相互依存被视为"现代国际关系的根本特征"；相互依存理论则被推崇为国际关系的重要原则。基欧汉和奈把相互依存定义为"彼此之间的依赖"，并认为相互依存意指"敏感性"和"脆弱性"。基欧汉和奈认为，相互依存是指国际社会中不同角色之间相互的影响和制约关系，这种互动的影响和制约关系可以是对称和不对称的，其程度取决于角色对外部的"敏感性"和"脆弱性"的大小。本书运用相互依存论来分析印度和湄公河国家合作的必要性和可能性。

（四）经济外交

经济外交是主权国家元首、政府首脑、政府各个部门的官员以及专门的外交机构，围绕国际经济问题开展的访问、谈判、签订条约、参加国际会议和国际经济组织等多边和双边的活动。在和平与发展成为时代主题的今天，经济外交成为了各国开展对外活动的重点。一方面，为实现经济目标，各国以外交为手段，积极为国家谋求经济上的利益，例如加入国际组织，扩大对外贸易，引进外国技术和资金等。另一方面，为实现外交目标，如在政治领域或经济领域提高本国的国

---

[1] Hans Morgenthau, "Another 'Great Debate': The National Interest of the United States", *American Political Science Review*, Vol. 46, No. 4, 1952, pp. 981–988.

际地位等，某些国家会以经济为手段，通过开展对外经济活动来为国家谋求对外关系上的利益，例如通过对发展中国家提供经济技术援助来提升两国关系。①

本书将综合运用国际关系学、政治学、经济学的研究方法，采用文献研究法、历史研究法、案例研究法、定性和定量分析法，将文献研究法贯穿全文，并注重文本研究与实证研究相结合，在尽量占有中外文资料的基础上，遵循历史唯物主义的基本原理，综合运用上述方法对区域外大国参与湄公河地区合作策略的调整展开较为系统的研究。

在研究冷战后区域外大国参与湄公河地区合作策略的调整情况时，主要采用历史研究法描述和分析区域外大国参与湄公河地区合作政策的历史变化与现状；在研究区域外大国参与湄公河地区合作对该地区局势的影响时，主要采用文献研究法和案例研究法来分析区域外大国当前政策对该地区局势的影响；在研究区域外大国参与湄公河地区合作对中国的影响及中国的对策时，主要采用定性、定量分析法，力求用数据来展现区域外参与湄公河地区合作对该地区形势以及中国的影响，用文献研究法来分析中国针对相关影响的应对措施。

---

① 崔绍忠：《论中国经济外交》，《思想战线》2012 年第 1 期。

第 一 章

美国参与湄公河地区合作的策略调整

自奥巴马政府以来,美国改变了以往过于重视欧洲和中东的政策,将战略重心转移至亚太地区,通过和区域性机构、联盟以及新生伙伴合作来实施"前位外交"(forward deployed)①,从而巩固美国在亚太地区的领导地位。其中,原来不为美国所重视的湄公河国家一跃成为美国需要争取的重要对象。作为调整和加强与湄公河国家关系的重要内容,奥巴马政府宣布"重返亚太",积极参与以东盟为核心的一系列地区合作机制,与湄公河国家的交往议程从以安全为主转为发展和安全并重,以因应亚太地区形势出现的新变化。在此背景下,湄公河地区成为美国外交的"新天地",美国提出"湄公河下游倡议"(Lower Mekong Initiative, LMI)合作机制,并加大对湄公河国家的战略投入力度,湄公河地区在美国亚太战略中的重要性随之上升,介入湄公河地区事务也随之成为美国实现"重返"的一个重要突破点。

第一节 美国对湄公河地区合作策略调整的主要内容及其特点

乔治·沃克·布什时期,"9·11"事件促使美国全力应对恐怖主

---

① 美国国务卿希拉里在夏威夷发表的《关于美国亚太政策讲话》中认为,前位外交的含义就是美国采取了进取型立足点,把其最高级别的官员和专家以及团队派遣到亚太地区的各个角落,同时加快与区域性机构、伙伴和盟友以及民间本身接触的步伐和范围,以便努力促进共同目标。参见《参考资料》2010 年第 206 期。

义、核武器扩散和所谓"邪恶轴心",并采取"先发制人"战略,实施单边主义政策,在东南亚地区开辟第二个反恐战场,以维持美国的霸权地位。其结果,使得美国在湄公河地区影响力受到削弱。为挽回颓势,奥巴马上台后即推出"重返亚太"战略,进入其第二届执政期后又提出"亚太再平衡"战略,倡导建立"湄公河下游倡议"合作机制,高调"重返"湄公河地区,继而搭建了以美国为主导、湄公河下游国家参与的"美湄合作"框架,积极开展与湄公河国家的多边合作。

一 美国参与湄公河地区合作策略调整的背景

(一)亚太地区局势发生巨大变化

冷战结束伊始,苏联解体,美国部分收缩其在东南亚地区的军事力量,这使得东南亚地区出现权力真空,使得东南亚国家担心由此引发新一轮的角逐。在湄公河地区,随着越军撤出柬埔寨以及柬埔寨和平进程促成权力的平稳过渡,冷战时期表现在湄公河地区的"热战"宣告终结,湄公河地区迎来了难得的和平时期。湄公河国家在实现了国内政局的稳定之后,各自调整了其内外战略,开始集中资源和精力谋求经济和社会的发展。湄公河地区也从"战场变为商场",成为全球经济发展较快的地区之一,并引起了以美国为首的各大国的关注,继而重新审视该地区的重要性。同时,由10个东南亚国家组成的地区组织——东盟,其作为一个整体在地区事务中发挥的作用也不容低估。特别是在安全、经济、气候变化与能源安全等领域,东盟与美国的共同利益在增加,双方的合作也在增加。

与此同时,中国综合国力的快速提升,引起了湄公河地区格局的变化。中国对该地区的影响力开始超出美国,而美国在该地区的影响力却日渐式微。自1992年以来,中国积极参与由亚洲开发银行主导建立的大湄公河次区域(GMS)合作机制,积极参与对湄公河国家的经济外交,并将其作为中国与东盟共建中国—东盟自由贸易区(CAFTA)和加强周边外交的重要组成部分,不断提升与湄公河国家的经济合作水平,促进了湄公河国家的经济和社会发展,并有效推动了湄公河地区的一体化进程。随着中国实力和影响力的迅速增强,以美国为首的区域外大国和湄公河国家也加深了对中国和平发展的怀疑,并为此加强对中国的防范。湄公河国家对中国的强大抱有怀疑心理,它们害怕强大的中国会对地缘位置接近的国家表现出权力欲，况且越南与中国还存在南海争端，所以湄公河国家采取大国平衡战略，在中美之间左右逢源，以获取最大利益。①

出于维护美国在亚太地区的"领袖"地位，以及推广美式民主和价值观的目的，小布什政府在 2001 年"9·11"事件以后采取单边主义政策，以维护美国的国家安全利益。而在奥巴马政府 2008 年上台以后，采取接触加遏制的方式以维持美国在亚太地区的霸权又成为美国的重要抓手。美国改变了既有政策，开始在欧洲与中东地区实行战略收缩，加大对亚太地区的战略投入，而湄公河地区尤其成为美国外交的"新天地"。

（二）军事上维护美国的超级大国地位

从美国的角度来说，"9·11"事件改变了美国的全球战略，小布什政府上台后以打击恐怖主义为战略目标，东南亚地区成为美国全球反恐的"第二战场"，美国在军事领域对湄公河国家的需求上升。虽然布什政府宣称东南亚是反恐"第二战场"，但美国是"有限地重返"，只重视安全和反恐，对地区其他问题视而不见，并将双边关系置于多边关系之上。双方互相的认知存在巨大反差，使东盟倍感冷落。②

奥巴马上台之后，美国战略重心转移到亚太地区，湄公河国家一跃成为美国需要争取的重要战略地区，这使得美国对湄公河国家的战略需求急剧增强。美国需要运用其强大的军事力量在湄公河地区乃至东南亚地区获得更多的军事权力，这使得湄公河国家自然而然成为其利用的对象。

而对于试图维持其"领袖"地位的美国来说，其对包括湄公河地区在内的东南亚地区的利益关切，与在世界其他地区的关切——通过外交和前沿部署的军事存在维持该地区有利于美国的和平与稳定；维持对美国贸易与投资的开放的经济环境；捍卫航行自由，确保连接印度洋和太平洋的海上航道及海上要塞的安全，反对任何一个敌对国家控制该地区或封锁海上运输线；促进民主和人权；打击恐怖主义等——是

---

① 毕世鸿：《机制拥堵还是大国协调——区域外大国与湄公河地区开发合作》，《国际安全研究》2013 年第 2 期。

② 马嫕：《希拉里访问印尼有多层目的》，2009 年 2 月 20 日，新浪网（http://news.sina.com.cn/w/2009-02-20/082215192816s.shtml）。

一样的。加之近年来亚太地区的安全形势也不容乐观。亚太地区虽有多个多边组织或机制，但在安全领域没有真正具有可信约束力的多边组织，区域内各国之间的纷争一直存在，且有恶化之势。美国认为，亚太地区未来的安全形势存在不确定性，机遇和挑战都需要它投入更多的资源和精力。①

对于湄公河国家而言，冷战结束后，美国拥有无可匹敌的军事力量，并且可以在全世界范围内投放。为应对中国等大国有可能构成的威胁，越南和泰国等湄公河国家与美国加强军事合作，可以得到美国的扶持，一定意义上还可以得到潜在的保护。在美国的保护和扶持中，发展壮大自身的军事力量，是小国争取更多军事权力的理想途径。因此，越南和泰国等湄公河国家程度不同地采取"拉住"美国的军事安全战略，如让美国使用其军事设施，与美国举行联合军事演习等。②

（三）经济上获取更多的经济权力

冷战后，美国实施"国家出口战略"和"新兴市场战略"，积极争夺东南亚大市场。通过实施"国家出口战略"，美国扩大其对外投资和出口援助，并通过经济合作与发展组织（OECD）等机构极力反对其他国家采取官方发展援助（ODA）和优惠贷款措施，以增强美国企业的竞争力。美国"国家出口战略"最大的举措是提出了"新兴市场战略"。③ 针对十大新兴市场之一的东盟，美国经贸政策的重点放在了市场开发及促进关键产品的出口方面。通过上述举措，美国与东盟各国经贸关系迅速发展，同时也增进了美国与柬埔寨、老挝、泰国和越南四国的经济关系，上述四国出于对美国的需要也相应地改变了政策，使得美国与湄公河地区国家的经济关系有了长足的发展。

特别是在奥巴马上台之际，正值美国遭受严重的金融危机之际，金融危机对美国长期以来引以为自豪的金融业和实体经济造成了严重的冲击，甚至危及美元自1944年布雷顿森林体系以来所确立的霸权地位。面对如此严重的金融危机，奥巴马政府采取了一系列措施来进行

---

① 仇朝兵：《2013年美国与东南亚关系发展及中国面临的挑战》，载郑秉文、黄平主编《美国研究报告（2014）》，社会科学文献出版社2014年版，第60页。
② 尹君：《后冷战时期美国与湄公河流域国家的关系》，社会科学文献出版社2017年版，第37页。
③ 李秋恒：《美国参议员首次会晤缅甸领导人丹瑞》，《环球时报》2009年8月15日。

补救，全力遏制经济危机的蔓延。对于国内方面，奥巴马政府重点调整国家发展模式，改变了以往重视虚拟经济而轻视实体经济的经济发展理念，实施"再工业化"战略，加大政府对经济的宏观调控，积极推进绿色革命，提倡发展新能源，着力打造国家新的经济增长点。在对外方面，美国将经济外交放在国家整体外交的重要位置。而湄公河地区资源丰富、人口众多，经济发展潜力巨大，蕴含着广阔的市场前景。这对于急于摆脱金融危机影响的美国而言，可谓不可多得的经济合作伙伴。[①]

对于美国而言，增进其与柬埔寨、老挝、泰国和越南四国的经济合作，获取更多的利益只是初级目标，在湄公河地区获取更多的经济权力继而为美国长远的国家战略和国家利益负责，才是其终极目标。据此，美国需要有效提升其与湄公河国家间的经贸合作水平，推动多边合作，加强与湄公河国家间的经济相互依赖关系，继而为其维持在亚太地区的霸权夯实基础。[②] 对此，湄公河国家亦有相同的需求，希望借助与美国的经济合作来推动本国的经济和社会的快速发展。

二 从"重返亚太"到倡建"美湄合作"新机制的策略调整

对于湄公河地区，奥巴马政府奉行现实主义外交理念，最终实现"维护美国在东南亚的战略利益，保持在该地区的主导地位"的目的。

（一）高度重视合作机制的建设

自奥巴马上台以来，美国先后提出了"重返亚太""亚太再平衡"战略，并着力加强与湄公河国家的多边合作机制建设。在2009年第16届东盟地区论坛期间，时任美国国务卿希拉里与泰国、柬埔寨、越南、老挝召开五国外长会议，探讨美国与上述四国建立多边合作机制的设想。希拉里提出"湄公河下游倡议"，与四国探讨了在环境、教育、卫生及传染病对策方面开展合作。对于美国与湄公河国家而言，美国倡议的这一合作机制具有特殊意义，这是美国明确提出的

[①] 罗圣荣：《奥巴马政府介入湄公河地区合作研究》，《东南亚研究》2013年第6期。

[②] 尹君：《后冷战时期美国与湄公河流域国家的关系》，社会科学文献出版社2017年版，第20、39、40页。

专门针对湄公河国家的合作机制,并且很快得到实施,可见美国对该地区的重视程度以及想要扩大其影响力的决心。①

在"亚太再平衡"战略和"湄公河下游倡议"合作机制的双重驱动之下,美国以低级政治领域为切入点,采取了一系列重大外交行动,美国积极参加东盟峰会,强化和日本、泰国等传统盟国的关系,拓展对越南、柬埔寨、老挝的关系,调整对缅政策,从而在湄公河地区构建起亚太战略的新前沿,以遏制其认为的"潜在威胁"。

2009年,美国提出"湄公河下游行动计划",拨专款用于环境、卫生、教育和基础设施等合作领域。其中,环境外交已成为美国参与湄公河合作政策的重要内容。美国强调与湄公河国家一起,"以可持续的方式使用森林和水资源,保护湄公河流域的生物多样性",共同应对气候变化威胁。2010年5月,美国密西西比河委员会和湄公河委员会签署了合作协定,②双方正式启动"姊妹河伙伴关系计划",NGO——"美国河流协会"也参与进来。这表明,包括水资源、气候变化在内的环境政治以及渔业、粮食等相关的具体议题,已成为湄公河地区博弈中可能产生"溢出效应"的因素。③

目前,美国—湄公河下游国家外长会议是双方最重要的合作机制和双边援助渠道,自2009年7月以来已举行了6届。其次,2011年7月启动的"湄公河下游之友"(Friends of the Lower Mekong)外长会议是美国主导的另一相关多边机制,其域外成员还有日本、澳大利亚、新西兰、韩国和欧盟。两个机制的外长会议同期举行,美国试图以此协调其西方盟国对湄公河地区的援助政策,而这也恰是"美湄合作"框架中对中国进行极力排挤的呼应。

2011年11月,美国首次参加东亚峰会,奥巴马高调宣扬"美国是太平洋强国"。对于缅甸,美国对缅政策由长期的制裁转变为接触和制裁双管齐下的"双轨政策"。2011年12月,希拉里访问缅甸,

---

① 毕世鸿:《区域外大国围绕中国西南周边国家合作的博弈》,载林文勋、郑永年主编《中国向西开放:历史与现实的考察》,社会科学文献出版社2014年版,第236页。

② 密西西比河委员会成立于1879年,其宗旨为促进开发治理规划、防洪和改善美国最大河流的状况。湄公河委员会成立于1995年,柬埔寨、老挝、泰国和越南是其成员国,其宗旨为促进地区合作和可持续的水资源管理。

③ 宋晓峰:《湄公河次区域的地缘政治经济博弈与中国对策》,《世界经济与政治论坛》2013年第5期。

称"美将考虑逐步减少或取消对缅经济制裁,并考虑恢复大使级外交关系等"。2012年11月,奥巴马更是历史性地访问缅甸。对于柬埔寨和老挝,2010年11月希拉里访柬时,更劝诫柬埔寨不要"过分依赖"中国。①继2012年7月希拉里访问老挝后,奥巴马又在11月访问柬埔寨并参加东亚峰会。美国领导人如此马不停蹄地在湄公河国家举行"环华游",这无疑预示着美国将更重视湄公河国家。

概言之,美国通过与湄公河国家开展合作的名义,与湄公河下游各国建立了多种合作交流机制。从2009年开始至今,奥巴马政府已经与湄公河下游各国建立了"美国—湄公河下游四国外长会议""湄公河下游倡议""湄公河下游之友外长会议""湄公河委员会与密西西比河合作"四个交流及合作机制,基本完成了在湄公河地区合作机制的建设,形成了美国对湄公河下游地区宽领域、多层次、网络化的合作伙伴框架,为其在湄公河地区进一步施展影响力奠定了基础。②随着美国在湄公河地区多个交流机制的建立以及资金的不断投入,美国在湄公河地区开展的合作博得了湄公河下游各国政府不同程度的认同,美国在一定程度上改变了以往"口惠而实不至"的形象,扭转了美国参与湄公河地区事务的不利局面,进一步提升了美国在湄公河地区的软实力。

(二)灵活运用"软实力"外交,践行"巧实力"外交理念

美国积极展开同东盟组织、湄公河国家的高层往来,广泛接触NGO,重视民间交往,以维持美国在湄公河地区的影响力和地位。通过介入湄公河地区国家的人权、卫生、教育、环保、扶贫、宗教等各个领域,在湄公河地区大力营造"民主化"的软环境。同时,借机捏造中国肆意破坏环境、过度开发资源的事实,极力灌输"中国威胁论",鼓吹"美国稳定论",挑拨离间中国与湄公河国家间关系。首先,加强与东盟组织的合作,积极参与东盟多边机制建设。美国将在打击伊斯兰极端势力、处理缅甸问题、应对东南亚地区海上航道安全等方面,积极同东盟进行协商合作。

---

① 林家旭:《希拉里"离间"中柬关系,劝柬埔寨"别依赖中国"》,《环球时报》2010年11月2日。
② 任远喆:《奥巴马政府的湄公河政策及其对中国的影响》,《现代国际关系》2013年第2期。

其次，继续推进双边关系，寻求全面接触。在巩固与泰国等传统盟友和战略伙伴关系的同时，适时弥补美国对东盟政策的缺陷，平衡新老成员国的失重关系，重点加强与越南以及与老挝的双边关系，注重加强对越南等新"战略支点"国家的扶持力度。同时，不失时机地缓和与缅甸的关系，以点带面，整体推进，扩大与整个东盟成员国的关系。对于缅甸，奥巴马政府迫于急切和东盟达成双边自由贸易协定，很有可能向东盟摆出妥协姿态，在贸易上减少或停止制裁缅甸，同时加大对缅甸的接触力度。尽管美国对缅甸政策的调整受制于多种客观因素，但美国会继续以"巧实力"外交理念[①]为指引，对缅甸实施经济制裁的同时，还将采取接触等灵活手段，制定更加务实有效的策略，切实增强干预缅甸事务的能力。然而，美缅双方的诉求相去甚远，美国对缅甸的"胡萝卜加大棒"新政策能否奏效，还有待观察。

再次，突出"民事力量"[②]，加强外交的同时逐步重视"民事力量"的发展。为应对中国在东南亚地区日益增长的软实力，奥巴马政府将综合利用外交人员、发展专家和援助工作者的力量，力图在"粮食安全、全球健康、气候变化、可持续经济增长、民主和治理以及人道援助方面发挥最大的影响力"。美国势必要通过集中投资、支持创新和评估结果来提升和改善在东南亚的发展工作，尤其要加大调整对缅甸、老挝和柬埔寨等大陆东南亚国家的经济援助的力度和援助制度，同时兼顾经济刺激和文化交流，夯实在该地区的战略软实力。

具体而言，自2010年9月以来，美国和湄公河下游国家展开了下游管理的协作工作。美国政府先后邀请柬埔寨、老挝、泰国和越南四国的专业技术人员和政府官员访问美国，收集有关密西西比河的管

[①] 按照小约瑟夫·奈的解释，"巧实力"既不是"硬实力"，也不是"软实力"，而是一种综合运用"硬实力"和"软实力"实现美国目标的整体战略、资源基地和"工具箱"，它既强调强大军事力量的必要性，同时也极其关注联盟、伙伴关系和各个层次的协调机制，目的就是扩大美国的影响力和建立美国行为的合法性。简言之，"巧实力"外交理念，就是通过"软硬兼施"达到目的，是手段与目标的高度统一，"巧"则在于针对具体情况灵活运用各种手段。

[②] ［美］斯蒂芬·考夫曼：《克林顿发布"四年外交和发展工作评估报告"结果》，《参考消息》2010年12月23日。该报告把民事力量定义为：外交人员、发展专家和援助工作者。

理信息,参观美国相关机构,演示评估拟议的湄公河干流水电站对环境的影响。① 美国这种以河流治理和环保为载体,以只是交流和范本学习为途径,以实现影响湄公河地区合作为目的的"姊妹河伙伴关系计划",凸显了美国以"巧实力"和"软实力"积极介入湄公河国家发展事务的态势与政策特点。在美国于2010年向湄公河下游国家提供的1.87亿美元援助中,主要包括以下内容。在环保领域,美国为湄公河下游流域的环境项目拨款2200余万美元,用以支持"湄公河下游倡议"项目的开展,其内容包括:开展一个为期三年的项目,协助四国制定合作发展战略,应对气候变化对水资源、粮食保障和居民生计的影响;资助四国相关大学研究湄公河下游流域长期存在的有机污染源。② 在卫生和健康领域,美国为湄公河下游各国的健康项目提供总资金超过1.47亿美元的援助,重点集中在提高湄公河下游各国应对流行性传染疾病有关的培训、研究能力等建设方面。在教育领域,美国为四国提供的教育援助总额超过1800万美元,并邀请四国专业人士访问美国和参与相关培训。

(三)大力增强在湄公河地区的军事影响力

军事关系能够最准确、最直接地反映国家间关系的基本状态和实质。深化与东南亚国家的军事关系,增加在东南亚地区的军事存在,是美国亚太"再平衡"战略的重要组成部分。在美国实力相对下降、中国综合国力逐步增强的情况下,美国正借助更多他国力量来牵制中国这一"潜在对手"的发展,而不去理会它所借助的这些力量与美国有着多大的意识形态差异。奥巴马政府进一步深化与泰国和越南等东南亚国家的军事合作,巩固其在东南亚地区的军事存在,同时借机介入南海争端遏制中国。在南海问题上,美国由"间接介入"转向"积极介入,偏向东盟"。对此,奥巴马政府将继续提升与东盟国家的政治、安全关系,加大同越南和泰国等国在防务方面的合作力度,尤其将越南作为切入南海问题的着力点,鼓动越南在南海宣示主权,

---

① Nancy L. Pontius, *U. S. , Southeast Asian Nations Collaborate on Lower Mekong River*, U. S. Department of State, 15 September 2010, http://iipdigital.usembassy.gov/st/english/article/2010/09/20100915160626frnedloh0.3903009.html#axzz3pSwG5RON.

② Bureau of Public Affairs of the U. S. Department of State, *The U. S. and the Lower Mekong: Building Capacity to Manage Natural Resources*, January 2010, http://www.america.gov/st/energy-chinese/2010/January/2010010751756eaifas0.6362813.html.

继续在南海及其周边海域进行军演,以威胁牵制中国。奥巴马政府在谋求与越南开展军事、安全交流与合作的过程中,希望越南同意开放金兰湾港口,为美军舰船提供服务。同时美国与东盟在军事合作中将重视软实力的投射。①

自印度洋海啸发生以来,军队在抗灾与人道主义救援中发挥了至关重要的作用,这备受东南亚国家的重视。为迎合这一趋势,美国近年来在与东南亚盟友的军事演习中,不断增大抗灾与人道主义救援等科目的比重。对于美国而言,通过采取投射军事软实力,既改变了小布什政府一心反恐的功利做法,又收买了当地民心和改善了美国在东南亚地区的形象,还能够避免过分刺激中国。鉴于东南亚地区自然灾害多发的现实,奥巴马政府将会继续加大军方在东南亚地区的软实力投射力度,以作为美国在该地区军事存在的新手段。

美国虽然在经济上面临财政紧缩,但仍竭力扮演领导角色。2010年7月,时任美国国务卿希拉里在东盟地区论坛(ARF)外长会议上表示南海涉及美国的"国家利益"。同年9月,美国与东盟举行第二次峰会并发表声明,强调"海上安全""自由航行"的重要性。2011年7月,美越两国在南海举行了首次联合军演和首次高层防务对话。2012年6月,美国国防部长访问越南,强调要加强美越军事合作。同年11月,美泰两国国防部长签署了《2012年美泰防务联盟共同愿景声明》,表示将继续加强两国联盟关系。

在中美两国首脑实现互访后,尽管双方做出了两国关系不错的姿态,但自2015年初以来,围绕中国在南沙岛礁开展的填海造陆活动,美国又开始大肆炒作所谓"南海军事化"问题。2015年5月13日,美国助理国防部长施大伟在国会参议院外交关系委员会提及"南海军事化"问题。8月初,美国国务卿克里在马来西亚吉隆坡举行的东盟系列外长会上也提到中国在人工岛屿上建造设施用于"军事目的",正在加剧紧张局势并可能导致地区其他国家在南海采取军事化措施。7月1日,美国国防部发布《国家军事战略》报告,将中国列为对美国安全保障构成威胁的国家,称中国在南海岛礁扩建活动加剧亚太紧张局势,要求中国遵守国际法,共同为地区和平做出努力。②

---

① 王梦平:《美国政府的东南亚政策》,《国际资料信息》2010年第1期。
② 《美新版国家军事战略点名称中国是威胁》,《日本经济新闻》2015年7月2日。

10月27日，美国海军贸然擅自闯入中国南海人工岛礁12海里内，以罕见的直接挑战中国领海主权的方式强硬表达了自己的意愿。

在对华警惕乃至敌意的支配下，美国不会理会南海人工岛礁上的夜间导航等民用设施，只对中国在南海空中、海上作战的前进基地猛地向前推进了1050公里感到忧心忡忡，只会把中国颇有诚意的"永不称霸""和平崛起""建立新型大国关系"当作忽悠，甚至把"一带一路"看成是当年日本提倡的"大东亚共荣圈"。在这种"超前遏制战略"指导下，美国在南海"填海造岛"问题上与越南和菲律宾等国，持双重标准、蛮横压制中国。① 同年11月21日，美国总统奥巴马在马来西亚的东亚首脑峰会上发表讲话，要求声索主权的各方为了地区稳定，在南海"停止在争议地区填海造岛、新建工程以及军事化"。美国大肆渲染"南海军事化"的主要目的在于，一是对中国的后续岛礁建设施加压力，二是指责中国破坏现状，违反规则，损害中国的国际和地区形象。②

美国之所以在南海问题上对中国取咄咄逼人的姿态，其实是在向包括湄公河国家的东亚国家表明：虽然在乌克兰问题上受到俄罗斯的牵制，且在中东和北非地区搞得一团糟，但在东亚地区自己仍然是当然的霸主。不管使用何种理由，美国的这种做法都严重损害了中国的尊严和主权完整，并带有赤裸裸的欺凌和侮辱成分，因而让中国难以忍受。但在南海问题上，美国也并非一味偏袒越南。2015年5月13日，在参议院外交关系委员会，美国国防部主管亚太安全事务的部长助理施大伟称，越南在南海有48个前哨，而菲律宾8个，中国8个，马来西亚5个，中国台湾1个。后来美国防部长卡特在香格里拉对话中也重申了这个数字。③

（四）积极扩大与湄公河国家的经济合作

经济上，全面加强与湄公河国家的经济合作，奉行重点突出、兼顾双边、多边及地区发展的方针。双边层面，冷战后，美国即不断增

---

① 倪乐雄：《崛起的中国必须忍辱负重，中美冲突暂时无解》，《新民晚报》2015年11月23日。
② 刘琳：《美国炒作南海"军事化"，意图何在》，《世界知识》2015年第20期。
③ 知远：《美媒：越南才是南海"侵略者"，中国立场获同情》，2015年7月9日，环球网（http://mil.huanqiu.com/observation/2015-07/6951778.html）。

加对泰国、越南等新兴国家的拉拢力度,通过实施"国家出口战略""新兴大市场战略"等政策,推出"通向东盟""美国—东盟共同增长同盟"等计划,① 同时施以"发展援助",从而带动双边经济合作,以争夺湄公河地区这一日益活跃的市场。多边层面,奥巴马政府不遗余力地争取地区经济秩序主导权,利用诸如TPP等机制,联合更多的东盟成员国与之配合,以分享亚洲经济红利。美国试图借签署《跨太平洋战略经济伙伴关系协定》(TPP)重塑亚太经济秩序,这也是美国"重返亚太"战略的经济组成部分。越南已于2009年正式参加TPP谈判。2012年11月奥巴马访泰期间,泰国也曾表示有兴趣加入TPP谈判。借助TPP这一公共产品,美国试图将TPP作为扩大太平洋地区周边贸易关系的模式,使其成为覆盖范围广的新时代协定,并以TPP为杠杆掌握其在亚太地区的主导权。② 通过上述经济合作措施,美国希望在与湄公河国家的经济合作中掌握主导权,避免在东亚一体化进程中被边缘化。

受美国国内政治斗争的影响,尽管奥巴马希望国会在2016年11月新总统选举后批准这一协定,以挽救自己的"亚太再平衡"政策遗产,但TPP的命运掌握在美国国会手中,无论谁入主白宫,在推行经济或贸易政策时,都会受到国会参众两院或至少一院的阻挠。③

三 美国湄公河地区合作策略调整的特点

通过梳理美国参与湄公河地区合作策略的调整过程,其特点可总结如下。

第一,战略思路更加清晰,政策制定更加配套。在小布什两届任期内,美国对东南亚政策明显缺乏一种全面战略,加之,小布什政府一味专注非传统安全,坚持反恐优先的政策主题,这导致了美国在东南亚地区的软、硬实力明显失衡。而奥巴马执政以来,一改前任模糊混乱的东南亚战略和政策,出台和制定了全面性接触的东亚战略和务

---

① 陈奕平:《依赖与抗争——冷战后东盟国家对美国战略》,世界知识出版社2006年版,第236—239页。
② 刘晨阳:《"跨太平洋战略经济伙伴协定"发展及影响的政治经济分析》,《亚太经济》2010年第3期。
③ 《选情混沌,美国"亚太再平衡"何去何从》,2016年11月2日,新华网(http://news.xinhuanet.com/world/2016-11/02/c_1119835813.htm)。

实灵活的东南亚政策。从外交上看,奥巴马政府在以"巧实力"理念为指引,在东南亚实施"前位"外交。从发展上看,奥巴马政府更加关注经济、民主和人权。从防务上看,新政府将美国在东南亚的军事活动视为其全面接触战略的一个关键部分。这充分体现出奥巴马执政以来,美国把外交、发展和防务视为对东南亚政策的三大基石。而从战略和政策实施的手段看,美国新政府在东南亚地区通过盟国、合作伙伴以及多边机构为接触工具,最终要实现"保持和加强美国在亚洲太平洋地区的领导能力,改善安全,扩大繁荣,促进美国的价值观"[①] 的战略目的。

第二,积极参与东盟多边机制建设,整体上更加重视东南亚。与前国务卿赖斯缺席东盟对话伙伴会议和东盟论坛不同,国务卿希拉里出席了东盟地区论坛及签署《东南亚友好合作条约》,奥巴马参加了两次东盟峰会和美国—东盟领导人会议。这足够说明美国更加重视东南亚和东盟组织在诸多政治、经济和战略问题上所发挥的作用:积极参与东盟多边机制建设;坚持"大多边"与"小多边"并举,借助东盟峰会、东盟地区论坛、东盟外长会议、美国—东盟领导人会议等东盟多边机制,讨论重大的政治、经济和安全问题。

第三,继续加大双边关系的投入力度,范围更全面布局更合理。奥巴马执政时期,为平衡与新、老东盟国家成员或者大陆东南亚国家、海岛东南亚国家间的失重关系,明确将东南亚国家划归为"正式盟友""战略伙伴"和"可预期的战略伙伴"三个类别,分别采取措施达到取得全面接触的目的。具体表现为,加强了与菲律宾和泰国的长期盟友关系,深化了与新加坡的伙伴关系,并与印度尼西亚、越南等国建立了新的战略伙伴关系。美国不仅重视发展与老东盟国家印尼的关系,而且更加重视发展与新东盟国家越南、老挝的关系,不过于强调彼此间的意识形态差别,而务实地发展双边的经济关系,并谋求开展军事、安全方面的交流和合作。对于东南亚地区的老冤家缅甸,美国也没有一味对其制裁和打压,反而将缅甸作为美国重返东南亚的一个关键突破口,并向其开启了接触之门。凭借这些措施,美国不仅拓宽了同东盟国家双边关系的发展空间和改善余地,而且进一步

---

① Hillary Clinton, *America's Engagement in the Asia-Pacific*, the U. S. State Department, October 28, 2010, http://www.state.gov/secretary/20092013clinton/rm/2010/10/150141.htm.

优化了其对东南亚政策的战略资源配置。

第四，更加关注湄公河地区的发展问题。小布什时期东南亚政策偏重安全，反恐优先，而不太看重经济、气候变化、教育、卫生和环保等发展问题。相反，为应对非传统安全的挑战，奥巴马主政美国后，把推进经济复苏和应对气候变化等发展问题也作为美国对东南亚政策的重要目标。为遏制中国在湄公河流域的发展势头，美国主动介入到了东南亚次区域经济合作当中，通过启动《湄公河下游行动计划》，同时对湄公河国家采取政府间高层往来、NGO 合作、民间交往等多种广泛接触形式，逐步加大对该地区的援助力度。2010 年底，希拉里在访问柬埔寨期间，曾鼓动柬埔寨不要在经济上过分依赖中国，怂恿其就湄公河水坝问题向中国发难。可以看出，湄公河国家不仅是美国在东南亚地区破解发展问题的示范区，还将可能成为其在该地区推行新战略的桥头堡。

第五，多边主义色彩明显。奥巴马执政以来，美国在外交上比较注重对话、倾听和合作，表现出明显的多边主义，重视与湄公河国家以及盟国的政策协调和沟通，相比小布什的单边主义，它更加低调、务实和灵活。例如，美国主导建立的"湄公河下游倡议""美国—湄公河下游国家外长会议""湄公河下游之友"等合作机制，虽然美国在其中占据主导地位，但美国不仅与相关各国密切协商，且在各机制之间保持密切的沟通与合作，相互促进。此外，美国对缅甸实施的"接触和制裁"政策，也是一个很典型的例证，已经体现得淋漓尽致。面对最棘手的缅甸问题，奥巴马政府独辟蹊径，不再奉行单一制裁的强硬路线，而是和盟国及东盟合作伙伴保持密切磋商，更有耐心地倾听各方的各种不同建议。

第六，推行美国式的价值观手段更灵活。自奥巴马执政以来，美国逐步认识到东南亚地区的经济和民族宗教差异巨大，情况复杂，而强制推行统一的美国式价值观是不现实的。所以，美国逐步改变一刀切的做法，对东盟国家的民主、人权问题，采取分清主次和区别对待的策略，态度更温和，手段更灵活：对待泰国、印尼，美国帮助其巩固民主成果；对于越南、老挝，美国推动其加快民主化进程；而对"暴政前哨"缅甸，则重点攻关，打拉并举，同时借助东盟（尤其是印尼）和联合国等多边机制，合力推动缅甸的民主化进程。

第七，安全合作常态化。在湄公河国家中，泰国是美国的传统盟国，美国与越南的军事关系也在迅速升温。美国发展与东南亚诸国的军事关系，目标主要有三个：一是增加美国的军事存在；二是体现美国对东南亚诸国的安全承诺；三是促进东南亚诸国自身国防能力的建设。为此，美国向东南亚有关国家提供了大量军事援助、军事培训，有针对性地开展了联合军事演习。① 据此，美国与部分湄公河国家的联合军演常态化，军演频率高。2010 年，美国主导的联合军演一半以上在亚太地区举行。2011 年，美国在亚太地区进行的军演达到 172 次，几乎平均每两天就有一次。军演从双边向多边扩展；"金色眼镜蛇""卡特拉"和"肩并肩"等这些常规军演都引入了多边参与机制，军演涉及的国家和范围扩大。②

当然，美国参与湄公河地区合作策略无论如何调整，其政策的重点都是为了维护美国的战略利益，确保美国在该地区乃至整个东南亚地区的主导地位。而美国"重返东南亚"之目的，就是要扭转其在该地区影响力不断下降的颓势，防止其他崛起大国或者地区集团威胁美国的霸主地位。这并没有从根本上触及和改变美国对外政策的霸权主义的本质。但从实施效果而言，美国"亚太再平衡"战略并不成功，缺乏坚实的经济、军事和政治基础。奥巴马政府没有足够的资源来进一步发展美国与湄公河国家的关系，加之湄公河国家与美国在主权、人权、发展观等根本性问题上分歧明显，况且湄公河国家还奉行大国平衡战略，显然，美国"重返"东南亚绝不会一蹴而就。相反，奥巴马政府要想大幅提升美国在该地区的影响力，势必还要采取更多的行动和投入更多的资源。对奥巴马政府而言，对湄公河国家采取稳步发展战略将是上上策，这比较符合湄公河地区目前整体相对稳定的实际，除非南中国海发生大规模冲突或者缅甸出现严重宗教冲突等地区危机事件，否则美国将不大可能大幅调整其对湄公河地区的政策。因此从各方面来观察，奥巴马政府对湄公河地区的政策实质上是美国对外战略调整的一个缩影，它对前任的政策路线没有全盘否定，而是

---

① 仇朝兵：《2013 年美国与东南亚关系发展及中国面临的挑战》，载郑秉文、黄平主编《美国研究报告（2014）》，社会科学文献出版社 2014 年版，第 63 页。

② 尹君：《近年来美国与湄公河流域国家多边关系的发展及影响》，载刘稚主编《大湄公河次区域合作发展报告（2015）》，社会科学文献出版社 2015 年版，第 99 页。

既延续又变革，延续的部分大于变革部分。

第二节　美国与湄公河国家关系的新进展

2009年以来，美国"重返亚太"的总体战略已迈出了实质性的步伐。首先，美国加强了与东盟组织以及湄公河地区多边框架下的合作，积极参与多边合作机制建设。其次，美国通过"大多边""小多边"与双边多头并举，提升了与湄公河国家的关系。

一　积极参与乃至主导相关多边合作机制

2009年2月，希拉里就任国务卿伊始，就专门访问了位于雅加达的东盟秘书处，成为首位访问东盟秘书处的美国国务卿。她宣布，"美国将'重返东南亚'，启动与东盟签署《东南亚友好合作条约》进程，全面加强与东盟的合作，并考虑调整对缅甸的政策"。希拉里还高度评价了东盟的战略价值，"美国加强与东盟关系是解决全球经济危机、全球安全等问题的关键出路"，"东盟对全球未来至关重要，美国必须与东盟建立强有力的关系，必须强有力地存在于东盟"[1]。这与前国务卿赖斯缺席东盟对话伙伴会议和东盟地区论坛明显不同，凸显了奥巴马政府对东南亚的高度重视。东盟秘书长素林高度评价希拉里对东盟秘书处的访问，"希拉里的访问有着重要的历史性意义，显示了奥巴马政府对其前任东盟外交疏忽的弥补，以及美国'新的外交'和使用'软实力'外交的开始，东盟非常高兴可以成为这个新的开始的一部分"[2]。

2009年7月，希拉里出席第16届东盟地区论坛外长会议，宣布"美国正在重返东南亚，将完全致力于在东南亚的伙伴关系"，并与东盟签署了《东南亚友好合作条约》（TAC）。同时承诺美国将在东盟秘书处派驻常设外交机构，还将任命一位驻东盟秘书处常任大使。

---

[1] 杜丁丁：《美国以"巧实力"促东南亚战略"重返"》，《当代世界》2009年第9期。

[2] 马嫛：《美国—东盟关系与奥巴马政府的政策调整》，《国际问题研究》2009年第4期。

此举打破了美国长时间游离于该条约之外的状态，彻底改观了布什政府期间对东盟的冷漠态度，标志着美国以"巧实力"对东南亚进行"深入接触"迈出实质性步伐。当然，美国此次主动加入该条约，最直接的意图是为其加入东亚峰会扫清最后一个障碍。①

其间，希拉里还与泰国、越南、老挝、柬埔寨四国外长举行第一届"美国—湄公河下游国家外长会议"，提出了"湄公河下游倡议"，主动介入湄公河地区合作。2010 年，美国正式启动与柬埔寨、老挝、泰国和越南的"湄公河下游倡议"计划。该计划以环境、卫生、教育和基础设施建设为重点，具体包括加强对河水的管理，加强湄公河委员会与密西西比河委员会的伙伴关系、保护森林、科技合作以及推动发展清洁能源项目等。根据美国务院公布的数据，2009 年美投资 700 万美元用于湄公河的环境合作项目，同时奥巴马政府还在积极向国会争取额外的 1500 万美元准备用于改善上述四国的食品安全。② 在 2011 年 12 月希拉里访缅期间，邀请缅甸以观察员身份加入"湄公河下游倡议"。同时，美国也在倡导湄公河委员会与密西西比河委员会的合作构想。美国专门提出针对湄公河地区的政策，足见其对该地区的重视程度以及想要扩大其影响力的决心。

2009 年 11 月 14 日，奥巴马出席在新加坡召开的亚太经合组织（APEC）会议，宣布将邀请东盟 10 国领导人于 2010 年访问美国。15 日，奥巴马与东盟 10 国领导人出席首届"美国—东盟领导人会议"，双方就反恐、打击跨国犯罪、防扩散、削减武器、应对气候变化等议题达成共识，发表美国与东盟《加强持续和平与繁荣伙伴关系的联合声明》，确定于 2010 年举行第二届"美国—东盟领导人会议"和"美国—东盟能源部长会议"，这一系列活动和宣言，将美国与东盟关系互动推向高潮。③ 2010 年 9 月，美国与东盟 10 国领导人在纽约举行第二届东盟—美国领导人会议。双方会后发表《联合声

---

① 东盟提出参加东亚峰会必须满足三项基本条件：是东盟的全面对话伙伴；已加入 TAC；与东盟组织具有实质性政治经济合作关系。而美国仅仅作为东盟全面对话伙伴并与东盟保持着实质性政治经济合作关系，显然没有资格直接参加东亚峰会。参见杜丁丁《美国以"巧实力"促东南亚战略"重返"》，《当代世界》2009 年第 9 期。

② Anonymous, "Singapore Paper Views 'Renewed' US Attention in Southeast Asia", BBC Monitoring Asia Pacific, Aug. 12, 2009.

③ 马燕冰：《奥巴马政府的东南亚政策》，《和平与发展》2010 年第 1 期。

明》，强调加强经贸、社会文化及教育合作，并成立"名人小组"就制订未来5年东盟—美国战略关系行动计划（2011—2015年）提出建议。同年10月，希拉里提出美国要在亚太地区采取"前位外交"，以保持和加强美国在亚太地区的影响力。美国把其在湄公河地区的援助称之为通过"小多边"（与多边相对而言）方式加强同东盟成员国的关系，同时发挥美国在湄公河地区的领导作用。①

2010年11月，柬埔寨、老挝、越南、泰国与美国举行第二届"美国—湄公河下游国家外长会议"，四国共获1.87亿美元援助，②用于加强在湄公河地区的环境、卫生、教育和基础设施等领域的合作。值得注意的是，美国提供的上述援助，并非来自国会批准的预算，而是源于美国国务院和情报机构的相关经费。2011年，美国对"湄公河下游倡议"的投入增长到约2.12亿美元。③

对于缅甸，美国则以缅甸的政治转型为契机，不断调整对缅政策，并于2012年吸收缅甸为"湄公河下游倡议"成员国，以此改善了美缅关系。2012年12月，奥巴马在柬埔寨首都金边出席东亚峰会期间，与"湄公河下游倡议"成员国即柬埔寨、老挝、泰国和越南以及缅甸领导人举行了会晤，这是2009年奥巴马政府介入湄公河地区合作以来举行的最高级别会议，奥巴马承诺将加强与湄公河下游五国的交流与合作。④ 截至2016年9月，作为穿插在东盟与对话伙伴国外长会议期间的正式会议，"美国—湄公河下游国家外长会议"前后举办了9届，并实现了定期化和机制化。

在军事安全方面，美国也试图体现出"小多边"机制的功效性。2010年5月，第16次美国—文莱"卡拉特"军事演习在文莱举行，文莱、菲律宾、泰国、印度尼西亚、马来西亚、柬埔寨等国参加演

---

① 张洁主编：《中国周边安全研究》第1卷，社会科学文献出版社2015年版，第192页。
② 《东南亚形势：2010—2011年回顾与展望——专家访谈录》，《东南亚纵横》2011年第1期。
③ 美国国务院发言人办公室：《希拉里·克林顿国务卿在美国—湄公河下游部长级会议上的讲话》，2011年7月22日（http：//iipdigital.usembassy.gov/st/chinese/texttrans/2011/07/20110722171527x0.75341.html）。
④ *President Obama Meets with Lower Mekong Initiative Leaders*, LMI, November 20, 2012, http：//www.lowermekong.org/Partners.

习。6月底至8月初,印度尼西亚、马来西亚、新加坡、泰国参与了第22次"环太平洋"联合军事演习。2011年2月7日至18日,来自美国、泰国、印度尼西亚、新加坡、日本、韩国、马来西亚的约1.1万名军事人员,在泰国北部清迈展开了年度例行的"金色眼镜蛇"联合军事演习。①

值得一提的是,为整合亚太经济合作,同时制衡中国和分化东盟,奥巴马执政时期一直大力推动"跨太平洋战略经济合作伙伴协定"(TPP)谈判。在美国的鼓励下,迄今越南已加入该协议的谈判进程,泰国也表示有意加入。这将有利于美国深入介入湄公河地区的经济合作,还可能激化各战略力量在地区合作主导权和模式上的激烈竞争。但在特朗普上台之后,采取了与前任奥巴马截然不同的应对方式。2017年1月23日,特朗普签署行政命令宣布退出TPP,转而倾向于采取双边谈判与合作的方式来推动与湄公河国家的合作。其效果如何,尚待进一步观察。

美国现任总统特朗普在竞选期间曾表示,他只对美国国内感兴趣,对全球事务不感兴趣,并呼吁地区盟友对自身安全承担更多责任。他还有可能限制移民,湄公河地区对他而言可能就更远了。在经济方面,他曾说过投资主要在国内进行,担忧投资外流。因此,他可能会减少对湄公河国家的投资,还可能会削弱对湄公河国家的援助力度,尽管特朗普政府在经济政策上存有很多新创意和新想法,但在对待湄公河地区的合作政策上,美国与湄公河国家之间的交往在政治和经济上可能会采取维持现状的政策,或许他也很难摆脱"萧规曹随"的窠臼。概言之,美国对湄公河地区的合作政策不会因特朗普担任总统而产生明显的变化。②

二 全面提升与湄公河国家的双边关系

2010年5月,美国国防部发表的《四年防务评估报告》明确将东南亚国家归为三个类别:"正式盟友""战略伙伴"和"可预期的

---

① 何祖德:《逐渐变异的美泰"金色眼镜蛇"例行联合军演》,2011年2月18日,凤凰网(http://news.ifeng.com/mil/4/detail_ 2011_ 02/18/4737083_ 0.shtml)。

② Bi Shihong, "China-Myanmar Engagement may Deepen in Trump Era", *Global Times*, January 28, 2017.

战略伙伴"。① 显然，美国准备让东盟所有国家成为美国的盟友或伙伴。对此，美国分别采取措施加强和改善与所有东盟国家的双边关系，以达到全面接触的目的。在巩固与菲律宾和新加坡等传统盟友和战略伙伴关系的同时，奥巴马政府适时弥补美国对东盟政策的缺陷，平衡新老成员国的失重关系，加强与越南以及与老挝的双边关系，同时不失时机地缓和与缅甸关系，并注重加强对越南、缅甸等新"战略支点"国家扶持力度。

（一）美泰关系喜忧参半

泰国是美国的传统盟友，美国一直将泰国视为其在东南亚地区重要的传统战略伙伴。美国认为，在新的国际形势下，泰国对美国"亚太再平衡"战略的实施更显重要。在地缘政治与军事层面，泰国作为美国在东南亚多边军事合作的核心协调平台，地位无可替代。泰国处于湄公河地区地理中心，与缅甸、老挝、柬埔寨、马来西亚相连，是东南亚海上国家与陆地国家交流的重要连通国家之一。在海洋战略性日益上升的时代，泰国对美国地区战略布局的重要性更加凸显：泰国湾面向南海，泰国南部地区的西侧面向马六甲海峡和印度洋。因此，同泰国巩固双边同盟关系是东南亚地区稳定与安全的关键。②

基于以上考量，从"正式盟友"的层面，美国就更加广泛的政治、经济、环境以及安全问题同泰国进行了密切合作。2009年10月，美国悄无声息地将国际开发署的援助资金拨给泰国。2010年夏天，美国与泰国启动了《创造性伙伴合作关系协议》。根据该协议，泰美两国大学和企业将共同促进泰国经济中的创新行业。2011年2月，美泰联合印度尼西亚、新加坡等国举行代号"金色眼镜蛇"的军事演习，再次表明美泰两国的亲密战略伙伴关系。同时，美国也试图依托泰国等传统盟国，来拓展新的双边关系。例如，在湄公河水资源争端中，美国从上到下一致支持泰国、越南等国内NGO的观点，认为中国对湄公河下游的干旱负有主要责任，要求中国就在澜沧江的

---

① 王鸣鸣:《展望2011年：美国全力推行"重返亚洲"战略》，2011年1月26日，中国新闻网（http://www.chinanews.com/gj/2011/01-26/281）。

② 宋清润:《"亚太再平衡"战略背景下的美国与东南亚国家军事关系（2009—2014）》，社会科学文献出版社2015年版，第131页。

水资源开发做出回应。如此,美国紧紧抓住水资源争端引发的对中国的不满和猜疑,以泰国为中心,稳步推进与越南、老挝和柬埔寨的关系,大力发展合作伙伴关系。①

然而,2014年泰国发生军事政变,亲美英拉政府被以巴育为首的军政府推翻,美国对此表示强烈不满。2015年1月,美国助理国务卿拉塞尔表示,泰国军政府应尽早解除戒严令,否则会在国际社会中失去信誉。同年2月举行"金色眼镜蛇"联合军事演习的规模也因此大大缩水。2016年8月,泰国新宪法草案获得通过,美国国务院随即发表声明,认为泰国新宪法草案起草过程不够包容,敦促泰国军政府尽快还政于民。泰国军事政变给美国"亚太再平衡"战略的实施造成障碍,美国自然对此要进行"惩罚"。② 但即便如此,考虑到泰国在湄公河地区的重要性,美国不太可能与泰国军政府完全断绝关系。

面对中泰战略合作的积极态势,美国开始有意识地改变对泰策略。一方面对泰国军政府继续保持高压态势,努力强化"经济上依靠中国,安全上依赖美国"基本格局;另一方面则鼓励日本等盟国加大对泰经济合作力度,利用技术转让和贷款融资等问题大做文章,试图阻碍中泰铁路合作等战略性基础设施建设项目的发展进程。从美国的策略选择来看,并未超脱"将泰国作为遏制中国的亚洲樊篱"的零和式冷战思维。③

关于美泰贸易,如表1—1和图1—1所示,2004年到2016年除2009年、2010年外,美国对泰国的进口都处于稳步增长的态势,2016年进口额达到最大值304.73亿美元而出口情况的变化也相对平稳。由于美国对泰国存在贸易逆差,2017年3月底,美国总统特朗普签署了两份行政命令,试图借此解决贸易逆差,泰国部分对美出口商品将会受到影响。④

---

① 张洁主编:《中国周边安全研究》第1卷,社会科学文献出版社2015年版,第193页。
② 邹春萌、王闯:《2015年泰国形势及对大湄公河次区域合作的参与》,载刘稚主编《大湄公河次区域合作发展报告(2016)》,社会科学文献出版社2016年版,第243页。
③ 周方冶:《泰国走什么路,美国不必焦虑》,2015年3月13日,环球网(http://opinion.huanqiu.com/opinion_world/2015-03/5896226.html)。
④ 《美国贸易保护措施或影响泰对美出口1/5产品》,2017年4月21日,泰国中华网(http://thaizhonghua.com/2017/04/21/47755.html)。

表1—1　　　　　　美国对湄公河国家贸易情况　　（单位：百万美元）

		柬埔寨	老挝	缅甸	泰国	越南
2004	进口	1591.48	3.64	—	18645.61	5726.83
	出口	58.81	5.86	11.64	6362.81	1163.45
2005	进口	1874.62	4.48	0.08	21034.78	7206.08
	出口	69.48	9.81	5.46	7233.10	1191.75
2006	进口	2328.27	9.36	0.01	23684.86	9265.02
	出口	74.50	6.96	7.54	8152.47	1100.21
2007	进口	2599.41	21.14	—	23792.96	11425.32
	出口	138.84	13.36	8.71	8444.88	1902.67
2008	进口	2545.83	44.38	—	24608.98	13853.63
	出口	154.13	18.35	10.76	9066.83	2789.93
2009	进口	2004.67	45.80	0.09	19863.86	13038.31
	出口	127.22	20.45	6.97	6920.20	3107.59
2010	进口	2402.00	61.87	—	23624.24	15888.13
	出口	153.83	12.64	9.65	8976.30	3705.55
2011	进口	2807.10	60.37	—	25751.27	18456.99
	出口	186.57	26.08	48.95	10929.77	4315.22
2012	进口	2799.68	25.73	0.04	26992.18	21371.33
	出口	226.40	33.49	65.77	10887.76	4622.88
2013	进口	2870.58	32.43	31.23	27070.80	25904.26
	出口	241.23	24.40	145.83	11797.15	5036.14
2014	进口	2951.40	34.61	95.90	28026.52	32011.18
	出口	327.93	28.48	92.86	11809.68	5734.36
2015	进口	3145.60	47.68	150.13	29627.42	39692.69
	出口	391.05	24.58	227.14	11230.09	7087.52
2016	进口	2914.51	57.17	253.39	30473.23	43772.80
	出口	361.64	30.88	193.52	10572.50	10151.32

资料来源：United Nations Commodity Trade Statistics Database，https：//comtrade.un.org/data.

```
35000.00
30000.00
25000.00
20000.00
15000.00
10000.00
 5000.00
      0
       2004 2005 2006 2007 2008 2009 2010 2011 2012 2013 2014 2015 2016  （年份）
```
■ 进口　■ 出口

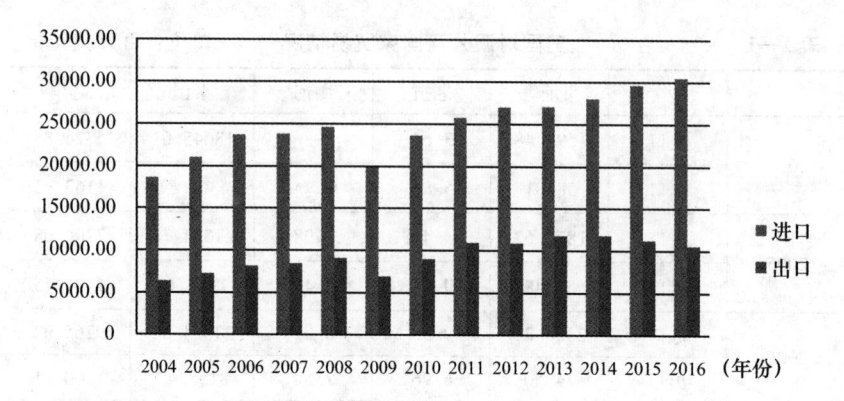

图1—1　2004-2016年美国对泰国贸易情况（单位：百万美元）

资料来源：United Nations Commodity Trade Statistics Database，https：//comtrade.un.org/data.

投资方面，如表1—2和图1—2所示，美国对泰国的直接投资是湄公河国家中最多的，2012年更是达到了近6年的最大值，直接投资为39.67亿美元，不过随后的几年直接投资额大幅下降，2015年开始有所上升。2015年，美国是泰国第四大投资国。泰国企业和美国谷歌、万事达、可口可乐建立了合作伙伴关系。

表1—2　　　　美国对湄公河国家的直接投资额（流量）

（单位：百万美元）

	2010	2011	2012	2013	2014	2015
柬埔寨	16.22	17.16	16.06	33.87	50.33	40.65
老挝	1.24	0.05	0.00	0.00	0.21	8.93
缅甸	0.00	103.20	0.00	0.00	0.00	0.00
泰国	1431.05	143.41	3966.52	857.17	471.09	1029.49
越南	927.09	129.95	82.10	51.64	130.54	118.08

资料来源：ASEAN Sectretariat-ASEAN FDI Database as of 5 October 2016，https：//data.aseanstats.org/fdi_by_country.php.

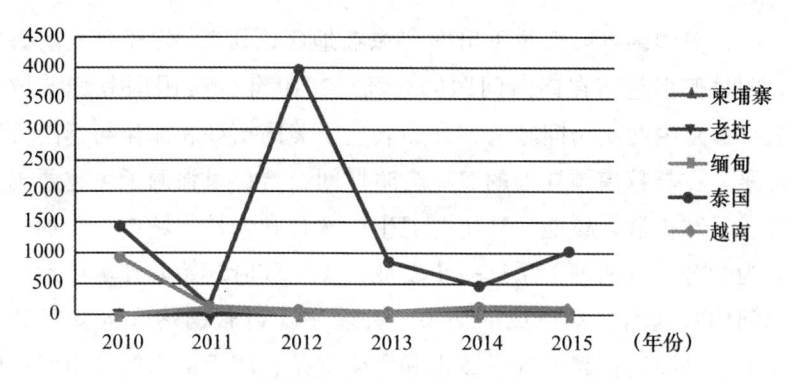

图 1—2　2010—2015 年美国对湄公河国家的
直接投资额（流量）（单位：百万美元）

资料来源：ASEAN Sectretariat-ASEAN FDI Database as of 5 October 2016, https://data.aseanstats.org/fdi_by_country.php.

（二）美越关系全面发展

美国非常看好越南的经济发展和制衡中国向东南亚地区渗透的战略作用，将越南视为一个日益密切的伙伴和新生的地区领导力量，在注重发展与新东盟国家尤其是越南关系的时候，不过于强调两国在意识形态上的区别，务实地发展两国经济关系，并谋求开展军事、安全方面的交流和合作。

政治上，美越两国高层领导人互动频繁，合作效果明显。自 2000 年以来，越美两国高级代表团互访频繁，2005 年、2007 年、2008 年和 2013 年，两国高层领导已通过四项联合声明，越南国家主席张晋创与奥巴马所发表越美关于建立全面伙伴关系的联合声明已确定 9 个合作领域，开启了两国合作新的实质性发展阶段。截至目前，两国已建立了包括政治、安全、国防对话、国防政策对话、亚太对话和人权对话等重要对话机制在内的 10 个对话机制。[1] 2009 年 6 月，在美国首都华盛顿，越南和美国举行了有关全球和区域环境安全、国际安全问题、人道主义问题和国防合作的第二次战略对话。2010 年 7

---

[1]《范平明副总理兼外长：越美建交 20 周年来取得长足发展》，2015 年 7 月 11 日，越通社（http://cn.vietnamplus.vn/Home/20157/50528.vnplus）。

月，时任美国国务卿希拉里出席"东亚地区论坛"，公开介入南海争端并明显偏袒越南在南海问题的立场。2010年，美国国务卿希拉里在三个多月内两次访问越南，强烈表达了美国拓展和深化与越南关系的意愿。在与越南领导人的双边会晤期间，希拉里强调了美越两国将在安全、防扩散、核能、环境、卫生、教育和贸易领域进一步加强合作。为配合美越两国关系进一步发展，美国政府开始公开承认越战化学剂问题对越南民众造成的伤害，并着手探讨救助落叶剂受害者事宜。奥巴马政府向越南提供技术和资金支持，用于清除岘港市残存的毒剂，同时还制订相关行动计划，规定美方在未来10年拨款3亿美元用于为受害者提供医疗帮助和环境改善。①

2015年7月，越共中央总书记阮富仲访问美国，这是越共中央总书记在越南南方解放40年后、越美关系正常化20年后以及两国建立全面伙伴关系3年之后首次正式访美。其间，双方在各个领域签署了14项文件和协议，并通过《越美共同愿景联合声明》，为双边关系的发展指明了方向，不断深化和丰富两国全面伙伴关系内涵。② 同年8月，美国国务卿克里访问越南，并表示美越两国关系正处于全面发展阶段，"我们已证明敌人可以成为伙伴"③。2016年5月，奥巴马总统首次对越南进行访问。奥巴马同越南新任国家主席陈大光、新任总理阮春福、越共中央总书记阮富仲都举行了会谈，内容涉及TPP谈判、地区安全、海事安全与灾难应对、教育企业合作等议题。奥巴马还明确指出"要彼此尊重政治制度"，并宣布全面解除美国对越南的武器禁运，体现了美方欲借此访展现两国关系"重大升级"的意图。④ 2017年5月底，越南总理阮春福成为特朗普上台后首个访美的东南亚国家领导人，两国领导人同意共同推进于2013年建立的越美

---

① 陈航辉、李杰：《美越强化军事合作初探》，《国际资料信息》2010年第12期。
② 《越共总书记历史性访美传递和平、团结与合作的信息》，2015年7月14日，越通社（http：//cn.vietnamplus.vn/Home/20157/50611.vnplus）。
③ 杨宁、林思含：《克里访越给甜头也施压力，美越关系能热到啥程度？》，《人民日报》（海外版）2015年8月11日。
④ 衣远：《越南与美国关系的演变》，载王勤主编《东南亚地区发展报告（2015—2016）》，社会科学文献出版社2016年版，第237页。

全面伙伴关系,以及继续在双边、地区和全球三个层面扩大务实合作。这凸显了越南在东盟的火车头作用以及越南作为美国重要经贸伙伴的地位。①

在安全保障方面,在美国从"重返亚太"到"亚太再平衡"战略调整过程中,越南是重要的拉拢对象。这不仅是因为越南拥有东南亚最重要的军港金兰湾,更重要的是越南保持着东盟最庞大的军事力量,且与邻国在南海问题上存在分歧。如果能将越南拉进美国的"地区安全体系",美国就可以在战略层面上控制南海,从而在西太平洋继续扮演地区主导者的角色。美国着手放开对越军售,还希望从越南身上获得更多战略利益。2014年8月,美国参谋长联席会议主席邓普西访问越南岘港,该地曾是美军介入越南战争的第一个桥头堡。而在2012年6月,时任美国国防部长帕内塔访问了越南金兰湾。这被媒体称之为美军试图寻找一切机会重返南海的"战略支点"②。2017年5月,美国将一艘二手汉密尔顿级巡逻舰转赠给越南,以加强越南的海上执法能力。在同月底阮春福访美期间,双方还就美国航母访问越南港和进一步加强两国海军力量、安全、情报、反恐、打击跨国犯罪等合作达成了一致。③ 其间,阮春福在美国传统基金会发表演讲,强调"越美两国对亚太地区的安全与繁荣拥有共同利益,主张加强与美国全面长期的合作",并高度评价美国"不得单方面改变南海现状、军事化,敦促尽早达成'南海行为准则'"的主张。由此可知,拉住美国、继续在军事和南海问题上制衡中国,是越南的一个重要目标。④

在核能方面,美越也加强了合作。据美国《华尔街日报》网站

---

① 《阮春福总理访美凸显越南在东盟的火车头作用》,2017年6月3日,越通社(http://zh.vietnamplus.vn/阮春福总理访美凸显越南在东盟的火车头作用/66038.vnp)。
② 罗山爱:《外媒评美解禁对越军售:欲借助越南力量控制南海》,《新民晚报》2014年10月24日。
③ 《越南副外长何金玉:阮春福访美取得丰硕结果》,2017年6月2日,越通社(http://zh.vietnamplus.vn/越南副外长何金玉阮春福访美取得丰硕结果/66009.vnp)。
④ 岳平:《越南大国平衡外交呈现新特点》,《世界知识》2017年第13期。

2010年8月4日报道,奥巴马政府正与越南就分享核燃料和核技术事宜举行高级谈判,美国将允许河内自己进行铀浓缩活动。① 如果谈判顺利结束,美国将与越南分享核燃料与核技术,并允许越南进行铀浓缩活动。这意味着美国可能默许甚至支持越南拥有核武器,以对抗中国。美国对越南在核问题上的让步折射出奥巴马政府拉拢越南的急切心态,同时也体现出美越两国关系的特殊性。可见,奥巴马政府加大了美越关系重建的力度。当然在发展与越南伙伴关系的同时,美国没有忘记促进其自由民主的核心价值,在人权和宗教领域继续与越南进行对话,同时鼓励越南推行政治改革。

奥巴马执政时期,两国的经贸关系也不断改善。2001年,在越美双边贸易协定尚未生效时,两国双向贸易额仅达15.1亿美元,但2002年,上述协定生效后,两国双向贸易额大幅增长为28.9亿美元。如表1—1和图1—3所示,2014年,两国贸易额突破了350亿美元大关。2016年,越南对美出口437.7亿美元,进口101.5亿美元,贸易顺差336.2亿美元,是近十几年来贸易的最高峰。总体而

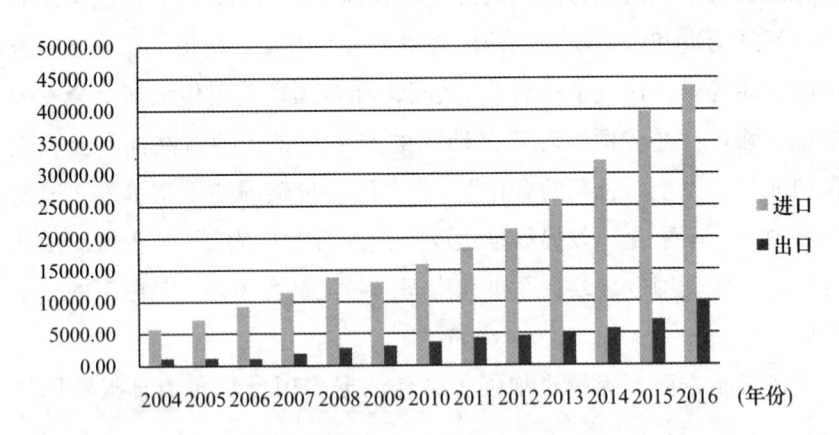

图1—3 2004—2016年美国对越南贸易情况(单位:百万美元)

资料来源:United Nations Commodity Trade Statistics Database, https://comtrade.un.org/data.

---

① 《美越核谈判醉翁之意不在"核"》,2013年8月7日,新华网(http://news.xinhuanet.com/world/2010-08/07/c_12420069.htm)。

言,美国对越贸易进口远大于出口,美国对越贸易逆差比较大。美国已成为越南第二大贸易伙伴和第七大投资来源国。越南是美国第16大贸易伙伴,两国双边贸易额年均增长20%。越南超越泰国、马来西亚、印度尼西亚成为东盟国家中对美出口第一大国,越南占东盟地区对美国出口额的22%。越南主要向美国出口服装、鞋类、木材和木制产品、电脑、电子产品及其零部件、水产品、农产品、电话零件等。① 其中,美国是越南纺织品和服装最大的出口市场。

除了贸易之外,美国企业对开拓越南市场也非常感兴趣。如表1—2和图1—2所示,尤其在2010年直接投资额达9.27亿美元,是近6年来的最高值,投资领域包括了工业、商业、农业、文化等多个行业。金融危机爆发后,世界经济需求低迷,美国对越南的投资大幅度减少。但是,随着当时TPP谈判的逐渐推进,越南对美国的投资吸引力又逐渐增强。新加坡美国商会2013年公布的2014年东盟经营展望考察报告显示,越南已经成为东南亚国家中最受美国企业关注的投资目的地之一。② 截至2017年5月,美国以投资总额102亿美元的835个投资项目成为越南最重要的投资伙伴之一。③

美越双边自由贸易协定被视为两国经贸关系快速发展的重要基础,而《跨太平洋伙伴关系协议》(TPP)的成功签署将为越美经济关系更加全面发展创造便利条件,越南有望成为TPP的最大受益者。越南美国商会(AmCham)预计,至2020年越南对美出口额可达570亿美元。在参加TPP后,越南纺织服装、皮革、水产等出口商品可享受零关税的待遇。2015年7月越共中央总书记阮富仲在访问美国期间强调,越南将积极促进TPP谈判进程。此外,越南在美国"总统国家出口计划"(National Export Initiative)中占据"第二层"市场

---

① 《2016年越南对美贸易顺差近300亿美元》,2017年2月4日,中华人民共和国商务部(http://www.mofcom.gov.cn/article/i/jyjl/j/201702/20170202509937.shtml)。
② 颜洁:《越南与美国建立外交关系20周年回顾与展望》,载谢林城、罗梅、李碧华、陈红升主编《越南国情报告(2016)》,社会科学文献出版社2016年版,第292页。
③ 《越南政府总理阮春福:欢迎美国企业对越南投资》,2017年5月31日,越通社(http://zh.vietnamplus.vn/84/65896.vnp)。

的地位，这也进一步证明了美越两国经济关系的改善。① 但在 2017 年 1 月美国总统特朗普宣布退出 TPP，这对全力调整国内经济发展思路和行政改革方向以迎合 TPP 要求的越南来说，无疑造成"特朗普冲击"。对此，2016 年 11 月，越南政府决定暂缓提交国会审议 TPP。同时，越南也试图与美国谈判签署双边自贸协议，以取代 TPP。2017 年 5 月底，越南总理阮春福访美，双方一致同意，继续将经贸合作视为两国关系的核心和动力，注重对两国企业合作开展投资经营活动提供便利条件。②

（三）美缅关系从制裁走向正常化

针对缅甸，奥巴马政府开始对缅甸实施接触和制裁并举的新政策。长期以来，缅甸问题是美国与东盟关系中的一个"死结"。缅甸军政府执政后，美国对缅甸长期实行孤立和制裁政策，美缅关系一直处于紧张状态。1989 年，美国政府以缅甸劳工权利无法得到保障为由终止缅甸的贸易优惠待遇。1997 年，美国开始对缅甸实施限制出口金融服务和限制企业在缅甸投资等多项制裁。小布什政府时期，美国依然对缅甸采取了孤立和制裁政策，美缅关系持续恶化。

奥巴马入主白宫后，美国重新评估了对缅甸政策，开始采取接触和制裁并举的新政策。2009 年 2 月，希拉里访问日本时表示，美国政府正在审视对缅政策，准备努力采取更有效的方法，更好地帮助缅甸人民并促进缅甸在政治、经济领域的变革。8 月，美国参议员韦布访问缅甸，会见了缅甸最高领导人丹瑞，美缅关系开始出现解冻迹象。9 月，国务卿希拉里公开表示美国将检讨和调整对缅政策，尝试与缅甸高层直接接触；美国负责东亚与太平洋事务的助理国务卿坎贝尔与缅甸科技部长吴当在纽约举行了美缅两国政府间的首次高级别对话。随后，美国解除了对缅高官的签证禁令，缅甸外交部长被允许到

---

① 《克林顿国务部长 2010 年 10 月 29—30 日访问越南》，2010 年 10 月 29 日，美国国务部国际信息局（http://www.america.gov/mgck）。
② 《越南副外长何金玉：阮春福访美取得丰硕结果》，2017 年 6 月 2 日，越通社（http://zh.vietnamplus.vn/越南副外长何金玉阮春福访美取得丰硕结果/66009.vnp）。

访华盛顿，缅甸总理吴登盛得以赴纽约出席联合国大会。之后不久，坎贝尔率领美国政府代表团对缅甸进行访问，得到缅方最高规格的接待。① 该代表团在缅甸访问期间除了获得缅甸主要领导人丹瑞和吴登盛接见外，还与昂山素季及其领导的政党举行了会谈。11月，奥巴马在日本发表的亚洲政策演讲中提出对缅政策新思维，随后奥巴马赴新加坡出席APEC会议并会见了缅甸总理吴登盛，敦促缅政府释放昂山素季，并举行自由、公正、透明的大选，称如果缅甸进行民主改革，释放政治犯（共2000多名），美愿与缅甸发展更为"友好的关系"。这是两国领导人几十年来最高级别的外交接触，同时也意味着美国最高层公开确认对缅政策的转变。②

2010年初，美国启动了美缅高层直接对话，其议题主要涉及缅甸国内的民主和人权问题。美国表示，为了促进缅甸军政府与主要反对派达成和解，美国将在外交上给予缅甸军政府提供帮助。为此，国务卿希拉里参加了联合国秘书长潘基文召集的缅甸之友小组会议。在缅甸一方，总理吴登盛和外长吴年温相继访美，并与美官员举行了会谈。然而奥巴马政府在与缅甸军政府直接对话和接触的同时，并没有解除对缅甸的制裁。奥巴马政府于2009年5月宣布将于5月20日到期的对缅甸经济制裁延长一年。③ 而在签署TAC前不久，希拉里还曾建议东盟，如果缅甸军政府不释放反对派领导人昂山素季，东盟应考虑驱逐缅甸出盟。

2010年11月，缅甸政府释放了昂山素季。对此，美国表示将评估对缅甸的制裁，并计划与缅甸得到的军方支持的新统治者举行会谈。可是，美国国务院发言人克劳李却说："我们将在几周后举行会谈，同时华盛顿将密切关注缅甸政府是如何对待昂山素季的。我们准

---

① Hillary Clinton, "Remarks at United Nations After P-5+1 Meeting", Secretary of State of US, September 23, 2009, http://www.state.gov/secretary/20092013clinton/rm/2009a/09/129539.htm; David I. Steinberg, "Out of the Cold: Burma and US Take Tentative Steps", *Yale Global*, November 4, 2009. 转引自刘阿明《美国对缅甸政策的调整及其前景》，《现代国际关系》2010年第2期。

② 马燕冰：《奥巴马政府的东南亚政策》，《和平与发展》2010年第1期。

③ 杜丁丁：《美国以"巧实力"促东南亚战略"重返"》，《当代世界》2009年第9期。

备与缅甸建立不同的关系，但缅甸还需要采取一些行动，而单单一个行动并不能使我们改变政策。"①2010年11月缅甸成功举行了20年的首次大选，可是依然遭到美国激烈抨击。美国总统奥巴马指责"大选欠缺自由和公正，未满足任何国际标准"，国务卿希拉里表示"对大选较为失望"，认为缅甸失去推动民主转型的机遇。②尽管如此，美国还是逐步放松了对缅甸的制裁。2012年2月，美国国务卿希拉里签署豁免令，不再反对美国将世界银行、亚洲开发银行（亚开行）及国际货币基金组织等国际金融机构赴缅甸进行"评估工作"，或对缅甸提供有限的技术援助。美国财政部4月17日宣布允许美国人在缅甸从事非营利性的发展援助、教育、宗教、民主建设和改善政府治理等活动，涉及这些活动的金融交易将免受制裁。7月，22年来美国首任驻缅大使米德伟向吴登盛总统递交了国书，标志着美缅关系的正常化迈出了最重要的一步。同一天，美国总统奥巴马宣布进一步放松对缅甸的经济制裁，准许美国企业负责任地在缅甸从事投资活动，投资领域包括石油和天然气。11月，美国政府宣布取消对缅甸长达数十年的产品进口限制，但矿产品和珠宝产品仍在禁止商品之列。美国总统奥巴马11月成为首位访缅的美国在任总统。奥巴马与吴登盛举行了会晤，双方表示要加强两国合作、促进双边关系发展。美国上述的一系列行动向缅甸传达了推动民主改革、改善美缅关系的信号。

尽管缅甸的民主化进程取得重要进展，但美国并不会轻易解除对缅甸的制裁。2015年5月，美国政府宣布，美国国会决定对缅经济制裁再延期一年。2016年9月，缅甸国务资政昂山素季访美之时，奥巴马明确表示将解除对缅甸制裁。2016年10月，奥巴马签署行政命令，宣布美国终止实施针对缅甸的《国家应急法》，基本解除了美国长期以来针对缅甸的经济制裁。这次制裁解除的主要是针对上百家缅甸军方和前军政府官员下属企业，以及一些缅甸大型企业，美国针

---

① 《外媒称美国正考虑与缅甸建立新关系》，2010年11月17日，新华网（http://news.xinhuanet.com/world/2010-11/17/c_12783682.htm）。
② 宋清润：《缅甸大选：迈出国家转型的重要一步》，《国际资料信息》2010年第12期。

对缅甸翡翠和红宝石的进口禁令也被撤销。美国还免除其他针对缅甸的金融制裁,缅甸经由美国使用美元向海外汇款将被解禁。尽管很多缅甸企业现在享有低关税进入美国市场的待遇,但奥巴马政府此次并非完全解除对缅制裁,美国针对缅甸的毒品贸易和洗钱等领域,尚保留了针对部分个人和企业的制裁。美国财政部官员表示,将继续与缅方合作,执行强有力的反洗钱措施以保证缅甸金融系统安全。

解除制裁是奥巴马政府打出的一张有用牌。通过全面解除对缅甸经济封锁,或者是解除对有关企业的经济制裁,会拉近美国和缅甸的关系,特别是美国政府和缅甸军队之间的关系,以便进一步提升美国对缅甸事务的影响力。同时,与美国有意巩固"亚太再平衡"、夯实"美湄合作"的基础也不无关系,从而成为奥巴马"重返亚太"战略的重要外交遗产。维持在亚太地区的主导地位是目前美国"重返亚太"战略的首要考虑,也是对缅政策的核心目标。尽管美国政要多次在各种场合强调美国重返亚太并不是为了"遏制中国",但美国绝对不愿意看到中国在亚太地区挑战美国的主导地位。①

尽管美国认可缅甸正在进行的政治经济改革,但正在缅甸所发生的冲突以及缅甸违反人权的部分行为令人担忧,美国政府将不断观察缅甸经济政治改革的进展,并对制裁加以检讨。② 正如希拉里指出的,制裁依然是美对缅政策的重要部分,而接触成为在缅甸实现民主这一目标的"工具"。③ 美国对缅甸新政策的更深层次的目的则不仅仅是"支持一个统一、和平、繁荣和民主的缅甸,敦促缅尊重其公民的人权和基本自由以及国际规范"④,而且是蓄意在缅甸打入一个楔子,企图利用缅甸问题牵制中国和东盟,甚至还可以防止朝鲜核武

---

① Bi Shihong, "Myanmar won't Abandon China Post-sanctions", *Global Times*, October 11, 2016.

② Office of the Press Secretary, *Message -Continuation of the National Emergency with Respect to Burma*, The White House, May 15, 2015, http://www.whitehouse.gov/the-press-office/2015/05/15/message-continuation-national-emergency-respect-burma.

③ 刘阿明:《美国对缅甸政策的调整及其前景》,《现代国际关系》2010年第2期。

④ Kurt M. Campbell, *U. S. Policy Toward Burma*, Statement Before the House Committee on Foreign Affairs, Washington, D. C., October 21, 2009, http://www.state.gov/p/eap/rls/rm/2009/10/130769.htm.

器扩散到缅甸,可谓一箭三雕。当然,相对于小布什政府对缅甸的政策,奥巴马执政以来,美国对缅甸的新政策则更加灵活和务实。

就美缅贸易而言,如表1—1和图1—4所示,直到2012年,美国对缅甸的进口额很少,有些年份甚至没有进口,美国国务卿希拉里2012年9月宣布,美国将取消禁止进口缅甸货物的限制。① 因此从2013年开始情况有所改观,到2016年进口一直在增长,且增长幅度明显。美国对缅甸的出口在2015年达到近十几年的峰值2.27亿美元,2016年有所下降,因此2016年美国对缅甸的进口大于出口。美国从缅甸进口的主要产品是农产品、水产品、工业加工成品等;美国对缅甸出口的主要产品是日用品、投资商品、工业原料等。②

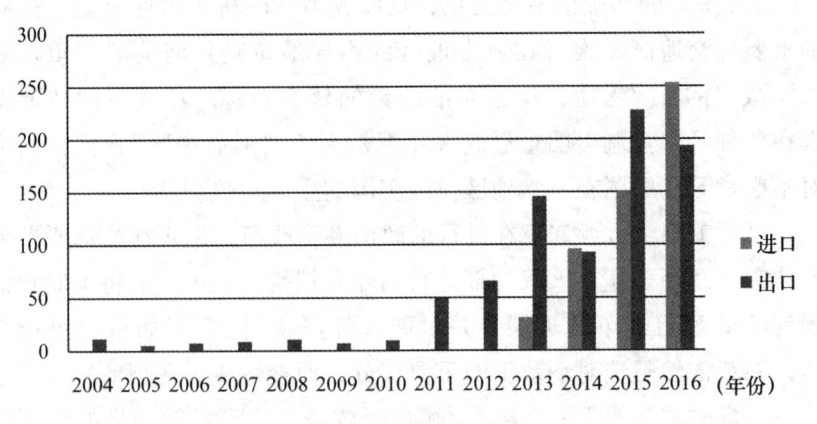

图1—4 2004—2016年美国对缅甸贸易情况(单位:百万美元)

资料来源:United Nations Commodity Trade Statistics Database, https://comtrade.un.org/data.

投资方面,美国自1997年5月开始对缅甸实施制裁,此后不断扩大制裁范围。这些制裁举措禁止美国公司在缅甸投资,禁止进口所

---

① 《美国将取消对缅甸贸易制裁》,2012年9月28日,凤凰网(http://news.ifeng.com/gundong/detail_2012_09/28/17974441_0.shtml)。

② 驻曼德勒总领馆经商室:《美国将于年内给予缅甸贸易普惠制待遇(GSP)》,2016年4月19日,中华人民共和国商务部(http://www.mofcom.gov.cn/article/i/jyjl/j/201604/20160401299348.shtml)。

有缅甸产品，冻结一些缅甸金融机构资产，同时限制缅甸政府官员入境。近年来，缅甸致力于推进政府转型、政治改革以及民主进程，实现民族和解，促进经济发展，改善民众生活。如表1—2和图1—2所示，2012年美国部分解除对缅制裁，准许美国公司在缅甸投资，美国对缅甸投资明显增加。① 但在其后，美国对缅投资并没有迅速得到改善，接下来的几年也几乎没有直接投资。

（四）对柬关系合作与干涉并进

冷战后，美国对柬埔寨的态度由牵制苏越转变为促使未来的湄公河地区局势朝有利于美国的方向发展。美国曾经试图将洪森领导的柬埔寨政府改造为亲美政府，未获成功，继而开始对柬埔寨采取两面政策，一方面保持与政府间关系，同时着力在柬埔寨培养反对党，并选定桑兰西党为培养对象。"9·11"事件爆发后，洪森政府支持美国的反恐行动，提供开放领空的方便，美国赞赏柬埔寨在反恐领域给予的支持与合作，美柬关系走向缓和。②

自2005年起，小布什政府开始调整对柬外交姿态，不再将柬埔寨视为专制国家，减少对柬埔寨内政的指责，并正面肯定洪森政府在民主、人权和新闻自由方面取得的进步。美柬合作从经济、文化领域扩展到军事。为消除柬方的不满，美国刻意把政府的政策与国会参众两院的立场加以区别，坚持认为向柬埔寨提供援助对于保持两国关系非常重要。美国虽然改变了对柬外交姿态，但对柬的外交目标并没有改变，决心推动柬成为符合所谓美标准的"民主国家"的典范，③ 美国过多地查收洪森政府与反对党之间的争斗，使得两国关系不时出现裂痕。

自奥巴马政府推出"重返亚太""亚太再平衡"等战略以后，美柬关系开始升温。但美国并未放弃对柬埔寨内政的干涉，两国政治关系虽有波动，但在洪森政府坚持独立自主的情况下，美方言行有所收敛。在军事领域，美柬两国从2010年开始连续举行"吴哥哨兵"多

---

① 《奥巴马宣布减轻对缅甸制裁准许在缅甸投资》，2012年7月12日，新浪网（http：//news.sina.com.cn/w/2012-07-12/042824758307.shtml）。

② 李晨阳、瞿健文、卢光盛、韦德星编著：《柬埔寨》（列国志），社会科学文献出版社2005年版，第375页。

③ 邢和平：《2005年：柬埔寨大吉大利的一年》，《东南亚纵横》2006年第5期。

边联合军事演习,并从 2011 年起举行"卡特拉"双边联合军事演习。两国的军事合作体现出以下特点:一是合作形式日趋多样,柬埔寨由简单参与逐步发展为联合举办军演;二是演习区域不断扩大,从海上逐步拓展至柬埔寨内地;三是交流层面不断扩宽,双边合作与多边合作并存。① 经济上,美国不仅增加对柬援助,还成为柬埔寨最大的出口市场,且是柬埔寨最大的服装出口市场,也成为柬埔寨的主要贸易顺差国。

在经济领域,2006 年,美国与柬埔寨签署了《美国—柬埔寨贸易与投资框架协议》。该协议极大地促进了两国之间的经济合作,美国由此成为柬埔寨纺织品和成衣进口的主要市场。同时,美国也向柬埔寨提供人道、救灾、医疗卫生、教育等领域的援助,美国和平队重返柬埔寨。在军事领域,美柬两国开始恢复军事接触,美国对柬提供巡逻艇和军事培训,两军开展联合军事演习,柬埔寨由此成为美国亚太地区安全的"亲密伙伴"。②

贸易方面,如表 1—1 和图 1—5 所示,美国 2004—2016 年对柬埔寨的进口大体而言处于增长态势,除 2008 年后受金融危机的影响有所下降外,其余年份大多处于同期增长的趋势,2015 年达到最高值 31.46 亿美元,美国对柬埔寨的出口情况与此相似,2016 年与 2015 年相比进出口都出现了小幅下降。尽管如此,美国仍是柬埔寨最大的出口市场,美国主要从柬埔寨进口的商品为服装和纺织品、鞋子和农产品,如大米等;而美国对柬埔寨出口的主要产品有汽车、医疗设备和药品等。经两国协商,柬埔寨会继续得到美国给予的普惠制(GSP)。这有利于帮助柬埔寨增加对美国的出口,促进工业化和经济发展,柬埔寨出口产品每年获得美国的普惠制(GSP)和欧盟提的税优惠(EBA)待遇,这两种优惠大约占柬埔寨出口总额的超过 60%。③

---

① 尹君:《后冷战时期美国与湄公河流域国家的关系》,社会科学文献出版社 2017 年版,第 115 页。
② 邢和平:《柬埔寨:2006—2007 年回顾与展望》,《东南亚纵横》2007 年第 4 期。
③ 驻柬埔寨经商参处:《柬埔寨再获美国普惠制待遇》,2016 年 7 月 8 日,锦程物流网(http://info.jctrans.com/news/myxw/2016782258495.shtml)。

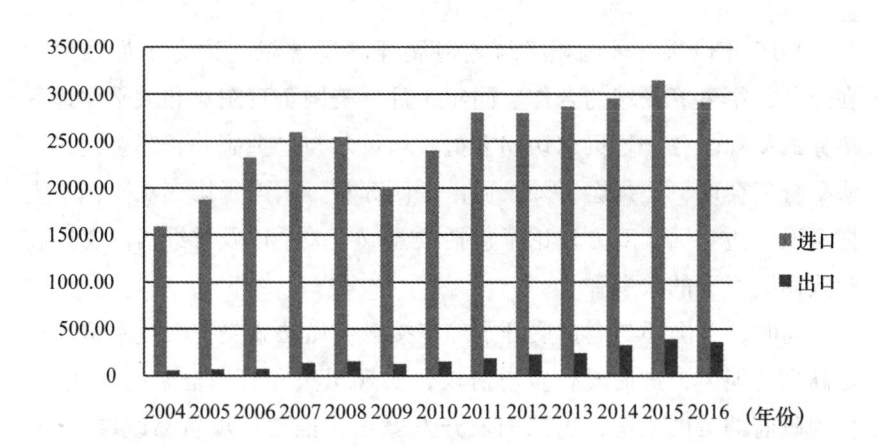

图 1—5　2004—2016 年美国对柬埔寨贸易情况（单位：百万美元）

资料来源：United Nations Commodity Trade Statistics Database，https：//comtrade.un.org/data.

投资方面，据柬埔寨发展理事会统计资料显示：1994—2011 年期间，美国对柬埔寨投资金额累计达 12.84 亿美元，在柬埔寨吸引外资中排名第 5 位，仅次于中国内地、韩国、马来西亚和英国，但其所占比例相对较小，仅有 5.20%。美国企业在柬埔寨投资领域主要包括旅游、教育、建造、工程、家庭用品、家电、农业综合企业、汽车零件、能源、快餐、医药和银行业等。[①] 如表 1—2 和图 1—2 所示，就直接投资额流量而言，2014 年达到最大值 5033 万美元，2015 年为 4065 万美元，有所下降。

（五）美国开始对老挝寄予厚望

1992 年，美老两国互派大使，实现了关系正常化。其后，在政治和军事领域，美国主要协助老挝销毁越南战争期间由美军投下的未爆弹和武器，并对老挝提供扫雷、禁毒，扶贫和医疗卫生等领域的援助，老挝则配合美国搜寻战争期间的失踪人员遗骸。在经济领域，2005 年，美国国会通过给予老挝最惠国待遇的议案，美老经济关系正常化，但双边贸易和投资金额均不大。

---

① 郑国富：《柬埔寨与美国双边经贸合作关系论析》，《长春理工大学学报》（社会科学版）2013 年第 11 期。

2010年以来，美国积极与老挝展开高层接触，致力于加强两国在经贸、军事等领域的合作。同年3月，美国负责东亚和太平洋地区事务的助理国务卿坎贝尔访问老挝，坎贝尔与老挝副外长彭萨瓦·布法举行了会谈，还拜会了外长通伦·西苏利，出席了第三次美国—老挝全面双边对话。双方讨论了包括改善双边关系以及继续清除美国在越战期间留下的未爆弹。

同时，美国还与老挝展开了经济接触，做法就是扩大技术援助以提高生产能力，进而履行贸易协议，实现司法和管理框架的现代化。作为政府的援助机构，美国国家开发署正在推动一项贸易改革计划，目的是帮助老挝加入WTO、实施美国—老挝双边贸易协定、加入定于2015年启动的东盟经济共同体。① 为了扩大贸易，奥巴马在2009年6月份把老挝和柬埔寨从黑名单中除名。

奥巴马政府还着手扩展与老挝军方的关系。两国武官展开30年来的首次对话后，美国于当年12月在驻老挝大使馆设立了武官处；美国还通过国际军事教育和训练计划对老挝官兵展开英语和军事专业教育；每期有8名军官可以在美国受训。② 在对待老挝的人权问题上，奥巴马政府也不再固守前任的打压态势，而是采取鼓励和督促等较温和的方式。出人意料的是，奥巴马政府和老挝政府在所谓的苗族难民问题上达到了某种默契和理解。美国开始限制老挝苗族反政府势力——王宝集团在美国的活动，减少对其的支持。正如美国国务院期待的那样，"美国政府很高兴看到国际社会向苗族人张开双臂，同时鼓励万象继续向国际社会敞开大门"③。

2012年7月，希拉里对老挝进行历史性访问，成为57年来访问老挝的首位美国国务卿，美老关系明显升温。希拉里与老挝总理通辛会晤并与外长通伦举行会谈。美老双方重申将密切两国互利合作关系，同意继续在搜寻印支战争失踪美军人员遗骸，禁毒，清除未爆

---

① Brian McCartan, "Superpower competition for little Laos", *Asia Times*, Mar 25, 2010, http://atimes.com/atimes/Southeast_Asia/LC25Ae02.html.
② Ibid..
③ Ibid..

弹，贸易投资，"美湄合作"，"湄公河下游行动计划"以及设立美老工商协会等方面开展合作。①

2015年是老挝与美国建交60周年，美老关系获重大突破，美老两国元首实现了首次会晤。2015年9月，老挝国家主席朱马里出席第70届联合国大会期间，在纽约会晤了奥巴马总统。11月，老挝总理通邢在马来西亚吉隆坡出席第3次东盟—美国峰会期间亦与奥巴马进行了会晤。② 2016年1月，美国国务卿克里对老挝进行了正式访问。9月，奥巴马在东盟峰会之际访问老挝，成为首位访问老挝的美国总统。

贸易方面，如表1—1和图1—6所示，近年来，美方推动企业赴老挝开展经贸投资态度较前积极，两国贸易呈逐年增长趋势，2011年双边贸易额达86.45亿美元。其后，双边贸易额有所下滑，主要是老挝对美出口后劲不足，而美国对老出口则相对保持稳定。老挝出口到美国的商品主要是纺织品、木制品和矿产，从美国进口电器、计算

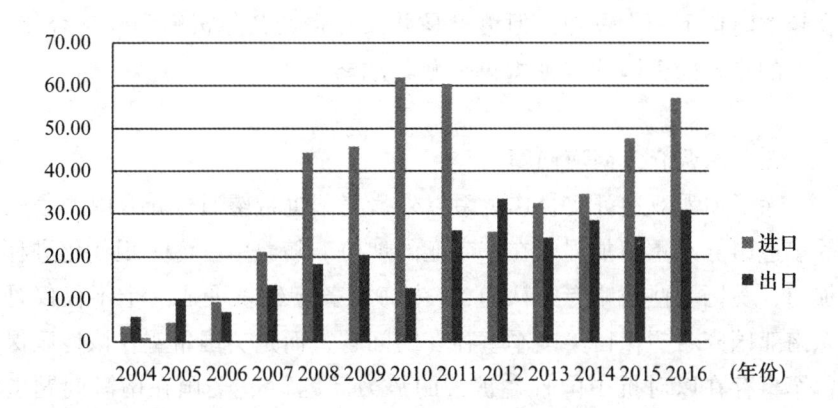

图1—6 2004—2016年美国对老挝贸易情况（单位：百万美元）

资料来源：United Nations Commodity Trade Statistics Database，https：//comtrade.un.org/data.

---

① 陈定辉：《老挝：2012年发展回顾与2013年展望》，《东南亚纵横》2013年第2期。
② 同上。

机、车辆及零部件等。2014年，美方启动第二阶段支持老挝与东盟和国际互联互通项目，美老双方决定加强劳务合作。① 投资方面，如表1—2和图1—2所示，美国对老挝的直接投资额一直都不算高，2011年、2012年和2013年几乎没有直接投资，近6年而言，最多的一次直接投资是2015年，金额为893万美元。2016年2月，美国和老挝签署了贸易与投资合作框架协议。该协议涉及贸易、投资、知识产权、劳务、环境和能力建设等领域，有助于推进美老两国经贸合作的发展。②

在援助方面，美国宣布从2013财年起对老挝提供官方发展援助（ODA）每年将不低于2800万美元。2013年，美国先后3次提供禁毒资金48.5万美元并无偿援助波立坎赛省设立一所高中，美国国际开发署向老挝提供3笔合计757.3万美元的援助资金，分别用于自然资源和环境管理、森林保护和热带病防治，同时资助老方举办二氧化碳跟踪监测和防止温室气体排放培训班。③ 在2016年9月奥巴马访老期间，美方承诺将向老挝提供9000万美元的援助，用于清除美军在越战时留下的未爆弹。但奥巴马并没有强调其他援助和经济合作，更多的是宣扬美国的"亚太再平衡"战略。

三　高调介入南海问题

除了加强双边务实合作关系以外，美国也希望通过介入南海争端等多边事务来重新加强它在东南亚的地位。随着中国海军现代化进程加速，美国一些战略专家认为，"南海事务已经发展成一个不仅仅是东南亚国家希望保留美国军事存在的问题，而是美国希望在该地区保留军事存在以对抗中国日益扩大的势力问题"④，美国在南海问题上

---

　① 陈定辉：《老挝：2014年发展回顾与2015年展望》，《东南亚纵横》2015年第2期。

　② 《美国和老挝签署贸易与投资合作框架协议》，2016年2月22日，新文网（http://news.news-com.cn/a/20160222/12252588.shtml）。

　③ 陈定辉：《老挝：2013年发展回顾与2014年展望》，《东南亚纵横》2014年第2期。

　④ ［美］披乍蒙·育攀东：《中国能经受住对抗世界的压力吗？》，《参考资料》2010年第236期。

应该遏制中国。对此，奥巴马上台后，美国积极转变亚太安全战略，在南海问题上大做文章，美国与越南相互借重，配合默契，并联手东盟集体牵制中国。

自2010年3月到7月，从美国助理国务卿坎贝尔，到国防部长盖茨，再到国务卿希拉里，美国高层政府官员接连对南海问题表态，声称和平解决南中国海主权争端关系到美国的"国家利益"，美方希望维持"航行自由"，南海主权争议的谈判应该是"多边的"。时任美国国务卿希拉里在东盟地区论坛上表示，南中国海争端是"外交工作重点"，如今"是地区安全的关键"。①

在此基础上，美国采取了一些实质性的行动。2010年6月以来，美越两国频繁展开海军接触：美国海军"仁慈"号医疗船访问了越南归任，并向当地民众提供了各种帮助；8月，美国海军"乔治·华盛顿"号航母进入越南海域，并在越南外海域接待了越南军方及政府官员联合参观团；仅仅一天后，美国海军驱逐舰"约翰·麦凯恩"号驱逐舰到访越南岘港并举行首次海军联合军演；9月两艘美军运输指挥船在越南的造船厂接受了维修。美越还举行首次国防对话。8月17日，美副防长助理罗伯特·谢尔和越南副防长阮志咏在河内举行首次副部长级国防政策对话会，就国防合作、地区和国际热点问题进行了磋商。美越两军领导人互访也很频繁。作为对越南国防部长冯光清访问美国的回应，美国国防部长盖茨时隔不到一年，于2010年10月对越南进行了回访。2014年秋天，美国部分解除了对越南执行了40余年的武器禁运。2015年6月，美国国防部长卡特在访问越南时又表示将进一步加强两国防卫关系。对于金兰湾，深谙其价值的美国早已垂涎，认为金兰湾是"牵制中国的绝佳位置"②，21世纪初就曾试探性提出使用金兰湾的可能性。2012年，时任美国国防部长帕内塔访问越南，落脚处恰好就是金兰湾，美国的军舰也数次访问此处。

自2015年以来，为了对抗中国在南海的岛礁建设，美国出动军舰进行"航行自由行动"，并进一步加强了与区域内国家的安保合

---

① 郝士：《美国的介入搅浑南中国》，《参考资料》2010年第145期。
② 胡欣：《越南营造金兰湾战略新磁场》，《世界知识》2015年第23期。

作。2015年11月，美国政府在奥巴马总统前往马尼拉出席APEC领导人会议之际，宣布拨款近2.6亿美元用于帮助越南等与中国存在南海主权争端的国家加强海洋安全，并将批准扩大美军活动范围的新军事协定。[①] 这一系列举措表明，南海问题已成为美国的东南亚防务政策中一个关键性内容。美国在南海政策的最终目标是"通过存在来展示力量"[②]，美国的政策及其目标具有长期连续性，不会因为政府换届而出现颠覆性的调整。

第三节 湄公河国家对美国"重返湄公河地区"的政策因应

在面临复杂多变的国际和地区形势的背景下，为推动各自国内改革发展，进一步维护和提升国家利益，湄公河国家迫切需要借重外部力量。作为全球综合实力排名第一的美国，自然也成为在当下乃至今后湄公河国家倚靠的重要一方。

美国利用湄公河国家的内部矛盾及他们对中国崛起带来的不确定性的顾虑，以积极参与湄公河地区合作为杠杆，以较小的成本，顺利"重返"湄公河地区。在奥巴马结束其任期之前，美国基本完成了以全面性接触为特征的湄公河战略布局和"美湄合作"框架的搭建，奥巴马政府参加湄公河地区的合作，收到了一定的成效。在奥巴马卸任之后，新上任特朗普政府宣布实行"美国优先"（American First）的政策，通过更加平衡的方式来推动亚太再平衡，不仅是军事的再平衡，也有经济的再平衡，更可能会有综合性的施策。特朗普的新政策虽然不太可能导致美国完全从湄公河地区撤出，但可能导致美国在湄公河地区的影响力降低。对此，湄公河国家也会意识到，美国政策的转变可能对湄公河地区形势以及本国国内形势产生深刻影响。这也促

---

① 《美国向南海周边国家扩大援助，提升安保能力》，《日本经济新闻》2015年11月18日。
② 《美国开始少谈南海航行自由行动》，2017年6月19日，FT中文网（http://www.ftchinese.com/story/001073057#adchannelID=2000）。

使湄公河国家采取相应的策略给予应对，并以自己的方式与美国进行合作和构建新的战略关系。

一 越南对美国：从"不共戴天的仇敌"到"全面合作伙伴"

从冷战时期的敌国，到现在的合作伙伴，越美两国关系的戏剧性变化表明，任何国家间的合作都是基于共同利益，而且努力使本国的国家利益最大化，这符合摩根索关于国家利益的理论主张。任何国家之间都存在分歧和差别，都会坚守自己的底线。越共既定的外交方针是"独立自主、国际关系多样化和多边化"，国防政策是坚持"三不"方针（不参加军事集团或军事联盟、不准外国在越南设立军事基地、不依靠一个国家反对另一个国家）。近年来，美国加大了与越南这个"新伙伴"交往、合作的力度，换个词就是"拉拢"越南的力度。这是美国"亚太再平衡"战略中的一环。但是，美国对越南"施压、促变"的力度从未放松，而且成效不菲。① 在发展对越关系过程中，美国在抛出"糖果"的同时，也时时不忘挥舞人权大棒。2014 年，美国部分解除了长达 40 年的对越武器禁令，但美国国务卿克里 2015 年 8 月访越期间明确提出，"除非越南改善人权纪录，否则禁令不会全面解除。越南还缺少独立的工会"。这使得越南方面略显紧张。②

在 2014 年 6 月的香格里拉对话会上，越南国防部长冯光青宣称"金兰湾欢迎所有商业和军事来客"。美越军事关系"肯定将扩大到更实际的技术合作和联合演习领域"，但同时越南领导层也保持着谨慎，"过分刺激周边大国有可能使越南将成为地缘政治斗争的最大输家"。③

尽管近年来越美关系发展迅速，美国不断加大发展对越关系的战略意图是使越南成为美国亚太"再平衡"战略中的重要一环，利用

---

① 凌德权：《越美最高领导人互访展望：越美关系能走多远》，2015 年 6 月 30 日，新华网（http://news.xinhuanet.com/world/2015-06/30/c_127964093.htm）。

② 杨宁、林思含：《克里访越给甜头也施压力，美越关系能热到啥程度？》，《人民日报》（海外版）2015 年 8 月 11 日。

③ 罗山爱：《外媒评美解禁对越军售：欲借助越南力量控制南海》，《新民晚报》2014 年 10 月 24 日。

越南毗邻中国的有利战略位置并极力使越南成为防范和遏制中国崛起的"前沿国家";美国主动积极地拉拢越南,以达到共同制衡中国的战略目的;而越南也将与美国的关系提升到其外交政策中最重要的伙伴之一;但由于越美两国之间在战略需求上与战略目标上存在着根本性的差异,越南对美国的猜忌是客观存在的,除非出现极端情况,否则一边倒向美国不符合越南利益。而且,越南对外政策战略自主性很强,虽然花了20年时间从敌人成了伙伴,但越南彻底投入美国怀抱的可能性不大,越美之间全面伙伴关系不可能走向同盟关系。2015年10月22日,越南国防部长冯光青表示,"越南非常重视与美国、中国的合作关系,越方不会选边站,不会与任何大国结盟对抗其他大国,也不会允许某国在境内设立军事基地或利用越南领土妨害或威胁区域安全。相关各方应共同控制海上局势,避免发生冲突,维护和平与稳定"①。冯光青的表态,即是对越南上述政策的一个注脚。

2017年5月29—30日,越南总理阮春福访美,成为特朗普上台后首位访美的东南亚国家领导人。双方发表的联合声明同意"在尊重彼此独立、主权、领土完整和政治制度等基础上推进全面伙伴关系"。并就南海问题强调"双方对在不使用武力或以武力相威胁,遵守国际法,尊重各外交和法律程序等的基础上和平解决争端表示绝对支持,同时呼吁有关各方在解决争端的过程中遵守善意履行国际义务原则。有关各方应保持克制,不采取使地区紧张局势升级的行为"②。这表明,越南新一届政府重视并希望进一步深化与美国的全面伙伴关系,但也很好地掌控了局面,提升了与中国就南海争端达成一些共识的可能性。

二 泰国对美国:政治上虽有龃龉,但盟国关系依旧密切

泰国是美国的传统盟国,与美国关系密切,其国际地位和经济发

---

① 《越中加强防务合作关系》,2015年10月23日,越通社(http://zh.vietnamplus.vn/越中加强防务合作关系/43701.vnp)。
② 《越南与美国发表关于推进全面伙伴关系的联合声明》,2017年6月1日,越通社(http://zh.vietnamplus.vn/越南与美国发表关于推进全面伙伴关系的联合声明/65936.vnp)。

展得到了美国的支持。但由于美国对湄公河地区合作策略的调整，与泰国奉行的大国平衡战略相碰撞，加之美国不时借民主和人权问题敲打政变上台的军政府，没有放弃对泰国内政的干涉，使得泰国不像越南等国那样积极响应。对于美国提出的邀请泰国加入TPP，泰国也只是表示将会积极考虑。例如，2015年1月，在"金色眼镜蛇"联合军事演习之前，美国助理国务卿拉塞尔访问泰国时，对泰国军政府的政策进行了抨击。泰国总理巴育认为美国此举是不理解泰国的行为方式，对美国表示失望。2016年8月，泰国选举委员会公布投票结果，新宪法草案获得通过。美国国务院随即对泰国新宪法草案发表看法，认为泰国的新宪法草案起草过程不够开放和包容，并敦促泰国军政府一旦大选结果公布，应尽快将政权移交给民选政府。美方的这一系列言行，导致美泰关系持续冷淡，"金色眼镜蛇"联合军事演习的规模也被泰方大大压缩。

泰国认为，军政府有能力树立新的国家形象，美国对泰国的压力是暂时的，其最终还是会承认并加强与泰国军政府的友好关系。因此，在美泰政治军事关系持续冷淡的背景下，泰国采取的最有效的反击措施就是不断加强与中国和俄罗斯的外交关系。2015年2月，巴育宣称"美国虽然是亲密的盟友，但中国更懂我们"①，此举意在把美国推向二选一的尴尬境地，以逼迫美国承认军政府。2016年7月，泰国国防部长更宣布将从中国购买3艘核潜艇。但考虑到美泰两国对对方的依赖性，美泰关系并不会因此而"全面冷冻"，泰国不仅积极应对美国的亚太战略，加入由美国主导的《防扩散安全倡议》，也表示会继续参与由美国推动的"湄公河下游行动计划"。

虽然美国"亚太再平衡"战略亟须泰国的支持，但受前述因素影响，泰国在适度支持的同时，也尽量避免对美国太过亲近和依赖，并在美国、中国和日本等大国间实施大国平衡战略。在经济方面争取日本的援助、中国的投资和市场。在安全保障方面争取美国的保护。正是在这种泰国式的大国平衡战略中，泰国才得以谋求发展和争取更

---

① 《泰国总理巴育：美国是亲密盟友，但中国比美国懂我们》，2015年2月11日，观察者网（http://www.guancha.cn/Neighbors/2015_02_11_309197.shtml）。

多的自主权。从泰国的外交传统来看，从来都是与强者为盟，一旦盟国实力衰退，泰国就会解除同盟并转向。所以，美国一旦失去大国地位，也就意味着其有可能会失去泰国这个盟友。①

三 缅甸对美国：以美国缓解对缅制裁为契机亲近美国

奥巴马上台以后，对缅甸政策稍有缓和，缅甸对美表示出亲近姿态。缅甸毫无疑问被美国视为亚太再平衡战略的重要一环，很显然奥巴马政府不希望缅甸这一环被侵蚀或者被中国影响。因此，在地缘政治方面，美国精英认为"中国因素"是不可回避的一个方面，美中两个大国在缅甸的竞争正在趋向零和博弈，美国的加入减弱了中国的影响。同时，促进缅甸进一步融入东盟共同体也符合美国的利益。

但缅甸在抵抗美国制裁方面，一直借重中国。因此，美国宣布解除对缅制裁，带有明显地拉拢缅甸民盟政府和军方的政治考量。从客观上讲，美国解除制裁将会进一步促进缅甸的经济发展和对外开放。但其后续效果如何，还有待进一步观察。

就缅甸而言，对于美国解除制裁，缅甸方面已经做好了准备。2016年9月昂山素季到访美国时表示，缅甸已经做好准备与外界共同发展缅甸经济。但显而易见的是，民盟政府不会因美国解除制裁而向美"一边倒"，并完全抛弃中国，缅甸将坚持其一贯中立的外交立场。民盟政府要想确保民主转型得到巩固，面临着不可回避的两大挑战，一是民族和解，二是经济发展，这两点将成为民盟政府能否持续得到民众支持的重要因素。而无论是民族和解还是经济发展，都少不了中国的支持和参与。②

在湄公河地区，经济力量是一个重要的外交杠杆。在中国经济的不断增强以及和湄公河国家有紧密的经贸往来的情况下，如果无法从美国获取更多的支持，缅甸也有进一步深化与中国伙伴关系的愿望。如果美国退出亚洲，缅甸将不得不和中国加强关系。实际上，经过这

---

① 尹君：《后冷战时期美国与湄公河流域国家的关系》，社会科学文献出版社2017年版，第59页。

② Bi Shihong, "Myanmar won't Abandon China Post-sanctions", *Global Times*, October 11, 2016.

些年与美国打交道，缅甸已渐渐认识到"理想很丰满，现实很骨感"，知道"口惠实不至"不行，开始懂得"远水解不了近渴"。①

四 老挝对美国：从"不温不火"到实现元首互访

自老挝1986年确立了"多交友、少树敌"的外交政策之后，对美国等西方国家开展"微笑外交"，与美国关系有所改善。虽然老挝和美国于1992年实现双边关系正常化，又于2005年实现双边贸易正常化，但老挝对美政策始终处于不温不火的状态。在警惕和抵制美国和平演变的同时，老挝也在不断探索与美国的友好交往。

自美国重返亚太战略实施以来，老挝与美国关系有了重大发展，两国领导人实现了互访，这有助于推动两国关系向更高层次递进。美国在老挝整体外交中的地位持续上升，但两国在"美湄合作"框架内的合作非常有限，军事合作也仅限于老挝协助美国搜寻美军遗骸、美国帮助老挝销毁未爆弹和培训军官等少数领域。并且，老挝在对外关系中始终重视平衡各大国的影响，美国要想超越老挝周边邻国在老挝的地位，并非易事。②

五 柬埔寨对美国：积极接触，加强大国平衡

在湄公河国家中，柬埔寨一贯奉行中立主义，同时也注重与各大国建立平衡关系。"9·11"事件以后，柬埔寨与美国积极接触，加强军事交流与经济合作。但对于柬埔寨而言，美国对其内政的干涉一直是需要防范的重点。柬埔寨一直努力发展对美国友好关系，但也十分小心地拿捏对美关系的分寸，充分考虑中国等国的感受。洪森曾经就此抱怨道："我们想和美国做朋友，但是太难了。我到过很多国家，它们都愿意和我做朋友，只有和美国做朋友太难。"③ 柬埔寨需要美国，但改善双边关系的主动权掌握在美国手中。洪森在对美关系

---

① Bi Shihong, "China-Myanmar Engagement may Deepen in Trump Era", *Global Times*, January 28, 2017.
② 尹君：《后冷战时期美国与湄公河流域国家的关系》，社会科学文献出版社2017年版，第136—137页。
③ 邢和平：《柬埔寨：2006—2007年回顾与展望》，《东南亚纵横》2007年第4期。

问题上一直认为,只要美国坚持干涉柬埔寨内政的政策,两国关系就不会得到真正改善。① 为此,柬埔寨在开展对外合作方面实行多元化的开放政策,欢迎包括美国在内的所有国家开展对柬合作,但前提是不附带任何先决条件。洪森政府此举,可以使柬埔寨获得最大的政治利益和经济利益。

最为典型的例子就是,"2010年12月,时任美国国务卿希拉里访问柬埔寨,企图通过湄公河上游水坝等问题'离间'中柬关系,但洪森政府不为所动,并在希拉里离开柬埔寨后的第三天,热情迎接中国全国人大常委会委员长吴邦国的到访,这不失为一种'顾此不失彼'的'大国平衡'战略的表现"②。

六 美国试图夺取湄公河地区合作的领导权面临挑战

首先,美国需要处理好与中国的关系。自奥巴马政府上台以来,美国宣布重返东南亚,实施"美湄合作",加强在南海问题上的干涉力度,其对湄公河地区政策的转变明显是针对中国。湄公河地区与中国山水相连,其对中国的重要意义不言而喻。当前,中国积极践行"一带一路"倡议,通过湄公河地区打通印度洋通道。美国想要在该地区发挥领导作用需要处理好与中国的关系。虽然美国承认需要中国的参与和支持,但美国曾经试图借 TPP 取代 APEC,并将中国排除在外。③ 诸如此类,不一而足。中美两国在湄公河地区的博弈,将长期存在。

其次,美国需要处理好与日本的关系。湄公河地区同是日本追求其"政治大国"战略的试验场,但又碍于美国的钳制显得小心翼翼。近年来,美国对湄公河地区的重视程度提升,"美湄合作"更使得原本想通过加强美日同盟来掣肘中国的日本感到紧张。日本担心其在湄公河地区的影响力下降,从而进一步加强与湄公河国家的合作,以确

---

① 邢和平:《柬埔寨:2009年回顾与2010年展望》,《东南亚纵横》2010年第3期。
② 李轩志:《2007年美国"重返"柬埔寨的诸因素分析》,《国际论坛》2012年第3期。
③ 《美国外交战略以亚太为轴心,经济上凭TPP打开活路》,《日本经济新闻》2011年11月18日。

保日本在该地区的发言权和主导权,但美国的强势介入必然会使日本的影响力相对下降,使得日本想依靠东南亚走上"政治大国"的道路更加曲折。日本在湄公河地区希望发挥的主导作用与美国提出的领导权相悖,可见两国在该地区也有竞争。

再次,美国在湄公河地区发挥领导作用,需要照顾印度和东盟的利益。印度积极推进东向政策,加强与湄公河国家的合作,并取得了一些成果。美国近年来加强与印度的合作,有共同遏制中国之意。但是,美国提出对湄公河下游地区合作的领导,积极扩张其影响力,这在客观上缩小了印度东向政策的发展空间。从东盟的角度来说,虽然东盟积极筹谋美俄加入东亚峰会,但东盟国家并未改变其一直奉行的大国平衡战略。美国试图领导亚太地区的企图,威胁到东盟的主导地位,并且不利于东盟的大国平衡战略。所以,对于美国单方面提出对亚太和东南亚的领导权,东盟不见得乐见其成。①

概言之,美国"重返亚太",实施"亚太再平衡",与湄公河国家共建"美湄合作"框架,打造"湄公河下游倡议"合作机制,受到了湄公河国家的欢迎,并在经济、军事合作方面取得了成效,却也难以实现跨越性进步。美国变成了湄公河国家需要借重也是需要平衡的一方,但不会是完全依赖的一方。②

---

① 毕世鸿、尹君:《区域外大国参与湄公河地区合作的进展及影响》,载刘稚主编《大湄公河次区域合作发展报告 2011—2012》,社会科学文献出版社 2012 年版,第 65 页。
② 尹君:《后冷战时期美国与湄公河流域国家的关系》,社会科学文献出版社 2017 年版,第 43 页。

第 二 章

日本参与湄公河地区合作的策略调整

自小布什总统以来,美国认为推动日本在地区和全球发挥更突出作用符合其利益,希望日本配合其在东亚建立一个由美国领导、以美日同盟为基础的政治、军事合作机制,防范或遏制在亚洲出现挑战美国领导地位的势力。美国"重返亚太"无疑向日方传递了一个强烈信号,即美国若想在亚太地区维持霸权,就需要日本的协助。日本可趁机壮大自身实力,一方面捆绑美国共同遏制中国,另一方面建立由美日共同主导的亚太秩序。因此,近年来日本在湄公河地区开展的外交活动,都有配合美国上述战略的意图,实际上充当了美国"重返"湄公河地区"急先锋"的角色。

第一节 日美协调下的"日湄合作"机制的常态化

配合美国的"重返亚太"以及"再平衡"战略,在湄公河地区积极推动日美互补,并发挥日本自身的引领作用,继而利用中美的矛盾从中渔利,将湄公河地区打造成日本走向政治大国的重要"抓手",成为日本不断调整参与湄公河地区合作策略的出发点。

一 日本调整湄公河地区合作策略的背景
(一)实现由经济大国向政治大国的转变

冷战结束后,日本试图以此为契机,从根本上"告别战后",改变其在国际上的政治弱势地位和"经济一流、政治三流"的形象，以一个政治大国的姿态，面向 21 世纪，面向亚洲和全世界。[①] 同时，日本积极推进东亚地区的多边安全机制建设，深化和东盟的安全合作，倡导建立东亚共同体，并极力推动"10＋6"模式。日本的上述举动，均体现了其希望在东亚一体化过程中发挥主导作用的意愿、抗衡日益崛起的中国以及保持日本在东亚影响力的战略考量。

然而，一个国家政治作用的提升不仅需要本国实力的增强和具有参与国际政治的意愿，同时也需要更多国家在政治上的认同和支持。日本当然知道，自己作为亚洲唯一的发达国家，有可能以亚洲代言人的身份同欧美等发达国家或国家集团共同携手去参与一些重大国际事务，或者至少应在本国所处的东亚地区占据主要地位。这就需要日本首先在东亚地区获得广泛的政治支持。而在涉及日本有关联合国安理会改革、朝鲜核及导弹开发问题、朝鲜绑架日本人问题、海上航行自由及运用国际法来和平解决国际争端等方面，如能获得湄公河国家对日本的支持，就更能凸显日本在国际和地区问题上的影响力。因此，提升同东盟国家特别是湄公河国家之间的政治关系就成为日本推行政治大国化外交的必然选择以及迈向政治大国的最便捷和最有效的途径。

（二）湄公河地区的地位不断上升

冷战结束以后，湄公河地区实现了政治稳定，一跃成为最具发展潜力的地区之一。自 1992 年亚开行主导实施 GMS 经济合作以来，湄公河地区重新受到了国际社会的广泛关注。日本清楚地认识到，湄公河地区是东盟的一个重要组成部分，而东盟各国是日本的近邻，地理位置十分重要，处于太平洋与印度洋之间，扼守马六甲海峡等众多海上要冲。湄公河国家不仅与日本有着悠久的相互交往的历史，更是与日本在政治和经济领域保持着密切的相互依存关系的地区。而随着湄

---

① 梁云祥：《新世纪日本与东盟政治关系浅析——以日本为分析视角》，引自其于 2008 年 11 月 13 日在北京大学亚太研究院和北京大学东南亚学研究中心共同主办的"中日韩与东南亚：交流、合作与互动学术研讨会"上发表的该论文，第 4 页。

公河国家经济实力的壮大和政治地位的提高，使得湄公河国家成为日本可以借助的一支重要力量，其在日本外交战略中的地位不断上升。湄公河国家现拥有约2.3亿人口，国土面积193.7万平方公里，蕴藏着丰富的水资源、生物资源、矿产资源，具有巨大的经济潜能和开发前景，也是日本重要的海外投资地和援助地区。因此，日本积极开展湄公河外交，谋求在与其他大国的竞争中占据优势，从而占领湄公河地区市场亦是最自然不过的事情。

为此，日本把ODA作为推进与湄公河国家合作的主要手段，以扩大自身的影响。日本对湄公河国家的ODA成为日本提高自身国际地位以及争取政治支持的有力手段，使湄公河国家的外交走向符合日本对东亚共同体的构想，并有助于加强日本在东亚共同体中的主导地位。①

（三）配合美国的全球战略，构建东亚地区多边安全机制

美国过去一直担心日本在东亚地区构筑自己的势力范围，从而挑战美国的领导权。小布什担任美国总统后，认为推动日本在地区和全球发挥更突出作用符合美国的利益。"9·11"事件后，美国不仅要求日本直接派兵支援其反恐战争，也希望日本在经济和政治上加强对东盟国家的支援，以争取这些国家对美国打击恐怖主义的合作。美国还希望日本配合其在东亚建立一个由美国领导、以美日同盟为基础的政治、军事合作机制，防范或遏制在亚洲出现排斥或挑战美国领导地位的势力。②奥巴马上台后，美国宣布"重返亚太"并实施"再平衡"战略，包括湄公河地区在内的东南亚成为美国实施上述战略的重点地区。近年来日本在湄公河地区开展的外交活动，都有配合美国上述战略的意图，对美国的"再平衡"构成了战略上的呼应。日本首相小泉纯一郎在2002年1月访问东盟时提出了东亚共同体构想，强调共同体不应有排他性，美国的作用非常重要，还主张把澳大利亚和新西兰拉进共同体。日本还提出让各国国防部长参加东盟地区论坛

---

① 宋国友：《试析日本的东亚地区秩序战略》，《国际论坛》2007年第5期。
② 陆国忠：《东亚合作与日本亚洲外交走向》，《和平与发展》2003年第1期。

会议和建议召开亚太地区国防部长会议等，就是企图将目前由东盟起主导作用的政治性安全对话和合作，改变为由美国领导的军事性安全合作机制即"亚洲版北约"。

2006年11月，日本政府就阐明了日本关于建设东亚共同体的基本理念，即"开放的区域主义""以促进功能性合作为中心"和"尊重普遍价值观、遵守全球化规则"。[①] 上述原则是在不违背美国利益的基础上制定出来的，开放性即意味着不排斥美国在本地区的经济利益，功能性也显示不排斥美国在本地区的政治和安全作用，而全球化规则实际上就是美国所推行的价值观和规则。由于得到美国的暗中支持，日本更将湄公河地区列为所谓"自由与繁荣之弧"的前沿。

2015年7月1日，就在美国国防部发布最新版《国家军事战略》报告的同日，日本政府也颇为"默契"地发布2015年版《防卫白皮书》概要，继续渲染"中国威胁论"，强调日本周边安全形势持续严峻。报告称，日本强烈关切中国在南海"快速且大规模地强制进行填海造岛活动"，称这是中国对周边国家"持续的高压措施"。对于安倍政府通过决议、解禁集体自卫权的决定甚至出台系列安保相关法律，美国表示欢迎，认为这是日本支持美国的防御，而不是走向军国主义。日本与美国针对中国的"一唱一和"，近年来已经不止一次上演。安倍政权此举在于，借力美国"亚太再平衡"战略，大肆渲染"中国威胁论"，从而致力于解禁集体自卫权、修订日美防卫合作指针、扩大自卫队海外军事活动。[②]

（四）抢占区域合作制高点，巩固经济大国的利益和地位

在东亚地区经济合作的进程中，日本一直是积极的倡导者。日本于20世纪70年代末提出"环太平洋合作构想"，80年代倡导"东亚

[①] 《我国关于东亚共同体建设的看法》，2005年11月，日本外务省（http://www.mofa.go.jp/mofaj/area/eas/pdfs/eas_02.pdf）。

[②] 蒋国鹏：《别拿中国说事》，2015年7月5日，新华网（http://news.xinhuanet.com/world/2015-07/05/c_1115819710.html）。

经济圈",继而在90年代积极推进亚太地区的经贸合作,而东南亚地区始终是日本争取合作的重要对象。然而,自80年代末世界出现区域经济一体化趋势以来,以北美自由贸易区和欧盟的建立为标志,北美和西欧的经济联合都取得了实质性的进展。2001年11月,中国与东盟也确定要在10年内建成CAFTA。这明显走在了日本前面,使日本感到措手不及,对日本产生了巨大的影响和冲击。日本深感在与东盟的关系方面,已被中国抢占了先机。[1] 其后,面对CAFTA建设的实质性进展,不甘落后的日本也加快了推进与东盟国家签署EPA的步伐。

日本试图以签署EPA为先导,拉拢东盟国家,力争在制定规则上领导东亚区域合作,并进一步深化日本和东盟各国的经贸关系,扩大其在东亚地区的影响力。日本与东盟国家签署EPA的目的是在促进本国经济繁荣的同时,最大限度地发挥外交和安全的重要作用。2002年11月,日本和新加坡的EPA正式生效,这是东亚地区首个EPA。日本把日新EPA作为样本,旨在在本地区签订能够改善日本企业投资和贸易环境的协议,并在经济合作规则制定上掌握主导权。其后,日本与泰国、马来西亚、菲律宾、印度尼西亚、文莱和越南等国先后签署了EPA。同时,日本还在2008年4月与东盟签署了全面经济合作协议(ASEAN-Japan Comprehensive Economic Partnership,AJ-CEP),日本与东盟的战略伙伴关系进一步加强。

同时,日本还曾提出了"东亚共同体"的构想,表示要和东盟共同发挥核心作用,推动建立东亚共同体的建设。东亚共同体构想最早由小泉纯一郎于2002年1月在访问新加坡时提出。2009年9月,日本首相鸠山由纪夫提出要构建主体性外交战略,建立密切且对等的日美伙伴关系,并朝着构建东亚共同体的方向,加强亚洲外交,同时推动EPA的签署。[2] 这表明日本试图借助与东盟的双边合作,抢占区

---

[1] 张声海:《从东京会议看东盟与日本关系的新发展》,《当代亚太》2004年第3期。
[2] Yukio Hatoyama, "A New Path for Japan", in *The New York Times*, August 26, 2009, http://www.nytimes.com/2009/08/27/opinion/27iht-edhatoyama.html?_r=1.

域合作的先机,与中美争夺东亚经济合作的主导权,以实现东亚经济一体化,并确保其东亚唯一经济大国的地位。① 而通过与湄公河国家开展有效的经济合作,则不仅满足日本国内产业换代升级的需要,还可以进一步巩固和扩大日本在湄公河地区的影响力,从而维护日本在湄公河地区的利益特别是经济利益。

为增强东盟的地区影响力,2012 年 11 月,东盟十国与中国、日本、韩国、澳大利亚、新西兰、印度宣布启动 RCEP 谈判。2013 年 5 月,RCEP 谈判正式启动,截至目前已举行过 10 轮谈判和 4 次经贸部长会议。RCEP 是旨在通过削减关税及非关税壁垒,建立统一市场的自由贸易协定,它由东盟十国发起,邀请中国、日本、韩国、澳大利亚、新西兰、印度共同参加("10+6")。虽然日本也被纳入了这一框架之中,但其曾一直倾向于美国主导的 TPP,在 TPP 搁浅的情况下,安倍政府只得重新考虑在本地区的经济合作机制。在中国已经成为日本最大的出口对象国及其他亚太国家重新将关注点转向 RCEP 的大背景下,虽然日本不愿接受中国日益增长的经济影响力,但也只能改变态度推动 RCEP 谈判,以免自身在亚太市场被边缘化。另外,出于对 TPP 无疾而终的担心,越南等很多签署 TPP 的成员国已将关注力转向 RCEP,这无形中给日本带来"示范效应"②。

(五) 制衡中美等国在湄公河地区日益增强的影响力

自 20 世纪 90 年代以来,随着中国经济的迅速崛起,中国与湄公河国家的关系不断升温。从 1992 年起,中国开始参加由亚开行主导的"GMS 经济合作部长级会议"。中国还积极出资配合东盟倡议的泛亚铁路的建设。2005 年 7 月,中国在昆明成功召开了第二次 GMS 领导人会议。与会各方联合发表了《昆明宣言》,重申加强伙伴关系,

---

① 对于日本政府的东亚共同体构想,就连日本共同通信社也发表评论认为这是"同床异梦"。详见《对共同体构想同床异梦,日中必将争夺主导权》,2009 年 10 月 1 日,日本共同通信社 (http://china.kyodo.co.jp/modules/fsStory/index.php?sel_lang=schinese&storyid=74349)。

② 张凤林、张司晨:《TPP 搁浅对日本经济的影响》,载叶琳、刘瑞、张季风主编《日本经济与中日经贸关系研究报告 (2017)》,社会科学文献出版社 2017 年版,第 131 页。

实现共同繁荣。① GMS 经济合作正在成为东亚国家构建平等互信、互惠互利的新型国际关系的一个新平台。对于中国与湄公河国家的合作前景，日本担心"湄公河将来有归入中国经济圈的趋势"。有日本学者认为："靠近中国的缅甸和老挝北部地区实际上已变成'人民币经济圈'。"② 曾策划并实施湄公河国家经济合作的前亚开行项目局长森田德忠就主张："（日本）今后要重视怎样对待增加影响力的中国，并掌握湄公河开发的主动权。"③ 日本媒体评价昆明至曼谷的南北经济走廊是中国南下东南亚地区的重要通道，对中国有诸多好处，但却对日本的东南亚海上交通要道形成威胁，并将降低日本在东盟的影响力。④ 在中日围绕东海海域和钓鱼岛相持不下的情况下，日本在湄公河地区参与合作策略的成败，将有可能决定中日双方在该地区乃至整个东亚地区势力的消长。如果日本与湄公河国家关系能不断巩固和发展，则无疑是在中国的"后院"打下"楔子"，必将对中国形成战略上的牵制。⑤

2010 年初，湄公河下游四国的老挝、泰国、柬埔寨和越南发生了严重旱情，中国西南地区也遭受旱灾袭扰，但此次旱灾引发了上述四国与中国之间有关水资源开发的争议。这给日本离间中国与湄公河国家的关系提供了一个机会，对此，日本站在声讨中国的湄公河下游四国一边。2010 年 7 月，日本与湄公河国家举行会议，商讨了共同实施旨在应对自然灾害、砍伐森林等挑战的"绿色湄公河"计划。日本还特别强调，将与越南等国加强在水资源的利用和管理方面的双边合作。日本试图利用湄公河国家在生态保护和水资源利用等方面对中国的不满，趁机拉近相互的距离，并可进一步增强日本在湄公河地

---

① 刘超、宣宇才：《大湄公河次区域经济合作第二次领导人会议召开》，《人民日报》2005 年 7 月 6 日。
② ［日］吉野文雄：《被中国吞没的东盟经济》，《东亚》2007 年第 9 期。
③ 李光辉、裘叶艇：《日本担心湄公河归中国经济圈，15 亿美元争夺主导权》，《国际先驱导报》2004 年 4 月 20 日。
④ 《中国南进外交——应从保卫海上航线的角度进行警戒》，《世界日报》（日本）2006 年 9 月 4 日。
⑤ 张洁主编：《构建新型大国关系与塑造和平的周边环境》，社会科学文献出版社 2014 年版，第 185 页。

区的影响力,继而抗衡中国的影响力。①

对于南海问题,日本也有意配合美国对中国进行牵制。2011年9月,日本与东盟十国召开会议,指出"包括航行自由在内,对国际法解释的共通理解很重要",希望"日本等国积极协助"。10月,日越两国签署了有关加强两国防卫合作与交流的备忘录,同意确保船只在南海的"安全航行"。同时,日本还鼓动东盟国家筹备所谓东亚海洋论坛,鼓动东盟在东亚峰会上提出所谓"南海自由航行权问题",鼓动APEC领导人会议介入南海问题。在2012年"日本—湄公河首脑会议"上发表的《东京战略2012》宣言中,也加入了与会各国尽快制定《南海行为准则》,并加强海上安全保障合作的内容。② 在具体路径上,通过与越南等国的各类合作,在全面加强政治、经济及军事关系的大背景下,对越南提供海洋方面的"能力建设"支援,具体包括人员培训、装备支持、联合演习等领域,其实施主体既包括防卫省、自卫队,亦包括海上保安厅这样的准军事部门。③

一方面,如前所述,2009年7月在泰国参加东盟区域论坛会议的美国国务卿希拉里公开宣称,将与柬、老、泰、越四国共同建立"美湄合作"新框架。④ 同年11月,美国总统奥巴马与东盟十国领导人在新加坡举行首次首脑会议,双方决定为实现持久和平与繁荣增进伙伴关系。美国重申其重视东盟国家,将强化自身在东南亚地区的影响,⑤ 呈现出鲜明的"返亚"姿态,这也使日本感到紧张。中美等国与湄公河国家关系的进一步密切,使日本日益担心其在湄公河地区乃

---

① 张洁主编:《中国周边安全研究》第1卷,社会科学文献出版社2015年版,第196页。

② *Tokyo Strategy 2012 for Mekong-Japan Cooperation*, Ministry of Foreign Affairs of Japan, April 21, 2012, http://www.mofa.go.jp/region/asia-paci/mekong/summit04/joint_statement_en.html.

③ 刘华:《日本海洋战略的政策特点及其制约因素——以日本介入南海问题为例》,载林昶、吕耀东、杨伯江主编《日本研究报告(2017)》,社会科学文献出版社2017年版,第89页。

④ 《美国提议湄公河4国合作框架,欲从中国收"失地"?》,2009年7月18日,日本共同通信社(http://china.kyodo.co.jp/modules/fsStory/index.php?sel_lang=schinese&storyid=71986)。

⑤ 《美国与东盟举行首次首脑会议,称将强化东南亚存在》,2009年11月16日,新华网(http://news.xinhuanet.com/world/2009-11/16/content_12464099.htm)。

至东亚地区影响力的下降。为确保日本在湄公河地区的发言权和主导权，日本另起炉灶，积极构建或参加与湄公河地区有关的各种合作机制，相继出台各种有关湄公河地区合作的政策，不断提升与湄公河国家对话的层次，并加大援助湄公河国家的力度，以促使湄公河国家在对外政策的选择上偏向日本。

二　日本参与湄公河地区合作策略的调整历程

自20世纪90年代以来，日本就一直视湄公河地区为"充满希望和发展潜力的流域"，"是日本亚洲外交中最重要的地区"，① 并为此先后出台了一系列政策、方针和计划。

（一）20世纪90年代日本参与湄公河地区合作的策略

虽然冷战后日本ODA政策的政治化倾向明显，把纯属受援国的内政问题也纳入其是否实行援助的考虑因素，比如：受援国不准把经援用于军事用途，受援国的人权状况、民主化进程、市场自由化进程等，促进受援国进行"善治"（good governance）②，但对于湄公河国家，日本在人权问题上是"在总论上站在美国一边，在个论上则又不完全赞同美国的制裁方式，往往表现出力图脚踩两只船的左右逢源姿态"③。这在对缅政策上表现得淋漓尽致。毕竟，日本在走向政治大国的道路上，特别是想要获得联合国安理会常任理事国的席位，没有湄公河国家等亚洲国家的支持是不现实的。日本前首相中曾根就曾说过，"日本要像美国关心中南美、欧共体关心非洲那样，关心亚洲"。后来的宫泽首相更直接把东南亚称为"日本的选区"④。

为了在湄公河地区发挥更大的作用，日本外务省自1991年起，在ODA中专门设立了"湄公河地区开发"项目，积极推动与湄公

---

① Speech by Foreign Minister Masahiko Koumura "Growth of the Mekong Benefits ASEAN, and Growth of ASEAN Benefits Japan", Ministry of Foreign Affairs of Japan, May 23, 2008, http://www.mofa.go.jp/region/asia-paci/speech0805.html.

② Review of Japan's Official Development Assistance Charter (Provisional Translation), The Ministry of foreign affairs of Japan, March 14, 2003, http://www.mofa.go.jp/policy/oda/reform/review0303.html.

③ 金熙德：《日本政府开发援助》，社会科学文献出版社2000年版，第159页。

④ 高连福：《东北亚国家对外战略》，社会科学文献出版社2002年版，第173页。

河国家的合作。日本将援助湄公河地区合作的目标定为：一是通过地区发展合作，加强流域各国之间的关系；二是提高湄公河国家的整体经济水平，缩小东盟新老成员国的差距，加快东盟一体化进程。在湄公河地区合作项目中，日本针对道路、桥梁、铁路、机场、港口、通信、电力、环境和人力资源培训九个领域，通过无偿资金援助、政府贷款、开发调查和技术援助等双边合作以及亚开行、联合国开发计划署（UNDP）等多边合作的渠道，具体实施了100多个援助项目。

1992年，亚开行建立了 GMS 经济合作机制。在亚开行的主导下，GMS 六国在基础设施的硬件建设领域如能源、交通、环境、农业、电信、贸易便利化、投资、旅游、人力资源培训九个重点合作领域取得了巨大成就，湄公河国家的经济社会发展水平也随之不断提高。作为亚开行的最大出资国，日本从运行效率和实施效果相结合的观点出发，认为由亚开行主导的 GMS 经济合作机制效果较为明显，应最大限度地给予支持并充分加以利用。

1996年3月，日本外务省和通产省（现经济产业省）等相关政府部门和民间企业共同组成了"大湄公圈开发构想特别工作小组"，目的是把政府各部门对湄公河地区提供的援助项目进行整合，实行统一管理，以便更好地为日本的外交活动服务。同年7月，该小组提交了《大湄公圈开发构想报告》，建议把湄公河国家视为完整的"大湄公经济圈"，打破以往只采用双边援助的惯例，应同时采取涉及两个国家以上的"跨境开发模式"，建设跨境运输交通网，推动 GMS 的基础设施建设。① 之后日本对 GMS 的援助政策基本上遵循了双边与多边相结合的模式，并加大支持柬、老、越三国的力度，积极协助三国实施民主化建设和市场经济改革，以缩小东盟成员国之间的差距。在日本1999年8月制定的《ODA 中期政策》中，更将 GMS 列为日本支持地区性经济合作的重点地区。在湄公河国家中，除缅甸以外，日本均制订了详细的《国别援助计划》。

---

① ［日］大湄公圈开发构想特别工作小组：《大湄公圈开发构想报告》，东京，1996年。

（二）21世纪初日本参与湄公河地区合作的策略调整

1.《湄公河地区开发的新观念》的提出

2003年8月，日本政府通过了新的《ODA大纲》。该大纲将减少贫困、实现可持续发展、处理全球性问题和构建和平作为重点目标，同时将包括"东盟在内的东亚地区"作为实施援助的重点地区。日本认为："我国ODA要与对发展中国家开发有着重大影响的贸易、投资有机结合，总体上促进其发展。进而在实施ODA之际，要考虑与我国经济、社会的联系，力求与我国的重要政策配合，确保全部政策的协调性。特别是近年来，在经济相互依存关系处于不断扩大和深化的过程中，东亚地区在保持经济发展的同时，通过加强经济一体化来努力提高地区竞争力。"为此，日本希望"在充分考虑不断加强东亚地区合作开发的基础上，有效利用ODA，从而为加强区域内的合作开发关系和缩小区域内的差距"，做出应有的贡献。①

按照上述基本政策的理念并基于上述战略考量，日本将援助湄公河国家的目标定为：一是通过地区合作开发，加强流域各国之间的关系；二是提高柬、老、缅、越四国的整体经济水平，缩小东盟新老成员国的差距，加快东盟一体化进程。在湄公河国家中，日本制订了被称之为《国别援助计划》的具体援助方针。其中，涉及柬埔寨（2002年）、越南（2004年）、泰国（2006年）、老挝（2006年）四国的《国别援助计划》已制订完毕。上述《国别援助计划》其后又经历数次修改，援助的内容更加充实和细致。

2003年12月11—12日，日本与东盟十国在东京举行了"日本—东盟特别首脑会议"，发表了推进双方合作的《新千年富有动力和持久的日本—东盟伙伴关系东京宣言》（东京宣言）和《日本—东盟行动计划》（行动计划），提出要建立"东亚共同体"。这次会议是东盟十国首脑首次在东南亚地区以外共同出席与区域外国家单独举行的会议，足以显示日本和东盟国家之间的"特殊关系"，也是为了向

---

① 《政府开发援助（ODA）大纲（2003年8月内阁会议决定）》，载日本外务省编《ODA政府开发援助白皮书2003年版》，东京，2004年，第179—181页。

中国等国显示日本在东南亚地区的存在和作用。① 日本外务省官员甚至将东京宣言比喻为规划今后日本与东盟关系的宪章。在该行动计划中，日本承诺将在今后3年内向东盟提供30亿美元的援助，其中15亿美元用于湄公河国家的开发和基础设施建设项目，使湄公河国家得到实惠。另外15亿美元用于资助东盟国家的人力资源开发，包括组织有4万人参与的大规模人员交流活动。

在日本—东盟特别首脑会议召开之际，日本政府公布了《湄公河地区开发的新观念》（New Concept of Mekong Region Development），表明日本将会更加重视GMS经济合作，并通过FCDI等合作机制发挥应有的主导作用。《湄公河地区开发的新观念》显示了21世纪日本的湄公河地区合作政策的基本框架，包括三个愿景、三项扩充和三大支柱。三个愿景为：加强区域一体化；实现经济的可持续发展；实现与环境的和谐。三项扩充指通过整合经济合作和经贸合作的途径来扩大合作领域和内容，具体为：扩充研究领域，以促进贸易、投资以及人的交流；扩充参与湄公河地区合作的主体；扩充合作领域，将合作领域扩展至人力资源开发等软件领域。三大支柱为：充实经济合作，今后3年将提供大约15亿美元的援助，同时确定合作的重点领域，向各相关国家和机构派出调查团进行政策协调；促进经贸合作的发展，支持湄公河国家民营企业的发展，协助湄公河国家的市场一体化建设，支持培育湄公河地区债券市场；加强与第三方合作，通过世界银行、亚开行等国际机构进一步加强与东盟各国的合作，利用"10+3"领导人会议、东盟外长扩大会议和东亚开发倡议部长会议（IDEA）等机制，与东盟各国共同宣传湄公河地区合作。②

2.《日本—湄公河地区伙伴关系计划》的出台

2006年11月30日，时任日本外相的麻生太郎在东京发表演说，提出了要在亚欧大陆的外沿建立所谓的"自由与繁荣之弧"，希望通

---

① Takashi Terada, "Forming an East Asian Community: A Site for Japan-China Power Struggles", *Japanese Studies*, Vol. 26, No. 1, 2006, p. 13.

② *New Concept of Mekong Region Development*, The Ministry of foreign affairs of Japan, December, 2003, http://www.mofa.go.jp/region/asia-paci/asean/year2003/summit/mekong_4.pdf.

过经济繁荣和民主主义实现东盟各国的和平与幸福,而湄公河地区则是其"自由与繁荣之弧"上的重要一环,特别是柬、老、越三国更成为其中的最前沿。①

在麻生太郎的积极推动下,2007 年 1 月,日本政府公布了新的湄公河地区合作政策,即《日本—湄公河地区伙伴关系计划》(Japan-Mekong Region Partnership Program),其中包括三个目标、三大支柱和三项新举措。三个目标为:进一步加强日本与湄公河国家的伙伴关系;实现湄公河国家经济的可持续发展;确保湄公河国家人民的生存、生活和尊严。三大支柱是:促进区域经济一体化及合作,特别要促进社会和经济基础设施的建设以及制度建设,加强区域网络建设,促进东盟及东亚经济一体化进程;扩大日本与湄公河国家的贸易与投资,促进《投资保护协定》和 EPA 等法律框架的建设,帮助湄公河国家改善其贸易和投资环境,推动经济特区、一村一品、天然橡胶等领域的产业合作;培育共同价值观,合作处理地区性问题,帮助湄公河国家培育民主主义、法治等人类普遍价值观,消除贫困,实现千年发展目标,保护环境。三项新举措包括:扩大对湄公河国家的 ODA,并将柬埔寨、老挝和越南列为今后 3 年经济合作的重点对象国,对柬、老、缅、越四国提供 4000 万美元的援助;与柬埔寨和老挝签署《投资保护协定》;召开日本—湄公河地区部长级会议。② 2007 年 8 月,安倍晋三首相出访柬、老、越三国,并将其纳入"价值观外交"体系,声称要帮助三国建立促进法治、反映民意的机制。

福田康夫担任首相后,依然把加强对湄公河地区的外交作为日本外交体系中的一个重点。2007 年 11 月,福田康夫首相与柬、老、越三国首相在新加坡举行"日本—CLV 首脑会议",就进一步加强日本与柬、老、越三国的关系达成了一致。③ 2008 年 1 月,日本与湄公

---

① 《建立"自由和繁荣之弧"——日本外交的地平线正在扩大:麻生太郎外务大臣在日本国际问题研究所研讨会上的演讲》,2006 年 11 月 30 日,日本外务省(http://www.mofa.go.jp/mofaj/press/enzetsu/18/easo_1130.html)。

② 《日本—湄公河地区伙伴关系计划》,2007 年 1 月,日本外务省(http://www.mofa.go.jp/mofaj/area/j_clv/pdfs/mekong_pp.pdf)。

③ 《日本 CLV 首脑会谈概要》,2007 年 11 月 20 日,日本外务省(http://www.mofa.go.jp/mofaj/kaidan/s_fukuda/eas_07/jclv_gai.html)。

国家在东京联合召开了首次"日本—湄公河地区外长会议"。此次会议正是前述《日本—湄公河地区伙伴关系计划》的具体化。福田康夫在会议上对湄公河国家外长表示:"日本非常重视湄公河地区,我们将继续协助促进湄公河地区各国的经济增长。"①

3. 民主党执政时期的新举措

为进一步推动日本与湄公河国家合作的机制建设,确保日本在湄公河地区的影响力并相应降低中国在湄公河地区的影响力,日本新任首相鸠山由纪夫上台后,2009年10—11月,日本还和湄公河国家先后联合召开了第二次"日本—湄公河地区外长会议"、第一次"日本—湄公河地区经济部长会议"和首次"日本—湄公河地区首脑会议"。特别是11月在东京举行的首脑会议上,鸠山首相称:"湄公河地区各国超越了纷争,力争实现地区稳定。这与我倡导的'友爱的精神'有共通之处",并认为"湄公河地区是掌握'东亚共同体'设想的关键地区。日本政府希望加强对该地区的援助",强调考虑通过提供援助实现东亚共同体设想。② 会后,日本与湄公河国家领导人共同发表了《东京宣言》,决定建立"为创造共同繁荣未来的新型伙伴关系"。日方表示将在3年内向湄公河国家提供超过5000亿日元的ODA。与会各方还在宣言中同意:将建立"东亚共同体"作为长期目标;从2010年开始启动相关项目推进环保领域合作,实施"绿色湄公"倡议;扩大双方人民特别是青少年交流,今后3年将接待湄公河国家的3万名青少年访日;规定每3年在日本召开一次首脑会议等。此外,会议还通过了《日本—湄公行动计划63》(*Mekong-Japan Action Plan 63*),涵盖基础设施和地区性经济制度建设、地区稳定合作及文化遗产保护等10个领域。③

---

① 《日本援助湄公河国家,冀抗衡中国影响力》,2008年1月17日,星岛环球网(http://www.stnn.cc/pacific_asia/200801/t20080117_715204.html)。

② 《日本与湄公河地区五国举行首脑会议》,2009年11月6日,新华网(http://news.xinhuanet.com/world/2009-11/06/content_12402467.htm)。

③ Ministry of Foreign Affairs of Japan, *Tokyo Declaration of the First Meeting between the Heads of the Governments of Japan and the Mekong region countries - Establishment of a New Partnership for the Common Flourishing Future*, 7 November 2008, http://www.mofa.go.jp/region/asia-paci/mekong/summit0911/declaration.html; Ministry of Foreign Affairs of Japan, *Mekong-Japan Action Plan 63*, November 7, 2009, http://www.mofa.go.jp/region/asia-paci/mekong/summit0911/action.html.

日本与湄公河国家首次召开日本—湄公河地区各国首脑会议并使其定期化和机制化，这意味着在 GMS 经济合作领导人会议机制以外，又将出现一个对湄公河地区经济合作方向产生重要影响的领导人会议机制。2009 年，日本与湄公河国家专门举办了"日本—湄公河地区交流年"①，通过举行各种各样的交流活动，进一步促进了双方的认知和理解，日本在湄公河国家的影响力不断上升。②

4. 安倍重任首相后的"价值观外交"

早在 2006 年 11 月，时任日本安倍晋三第一次内阁外相的麻生太郎在东京发表演说，提出了要在亚欧大陆的外沿建立所谓的"自由与繁荣之弧"，希望通过经济繁荣和民主主义实现东盟各国的和平与幸福，而湄公河地区则是其"自由与繁荣之弧"上的重要一环，特别是柬老越三国更成为其中的最前沿。2007 年 8 月，安倍晋三出访柬老越三国，声称要将三国纳入"价值观外交"体系。③

2012 年安倍晋三再次担任日本首相以后，重拾"价值观外交"，进一步加强了对湄公河国家的外交攻势。借"俯瞰地球仪外交"之名，安倍在重任首相的一年之内相继访问了湄公河五国。通过密集出访，日本与湄公河国家在政治、安全、经济、教育与社会发展等领域达成广泛共识。这表明，在中日关系僵局未能打破的背景之下，日本正致力于将湄公河国家作为"价值观外交"的一个重要突破方向。

5. 日本参与湄公河地区合作策略的核心

日本将"信任、发展、稳定"作为实施日本湄公河地区合作政

---

① 作为"日本—湄公河地区交流年"的首件大事，日本皇太子于 2009 年 2 月 9—15 日对越南进行了为期一周的首次正式访问。访越期间，日本皇太子参观了日本在越南各地援建的机构设施，并希望日越之交如"鱼水"一般亲密。与此同时，日本外长中曾根弘文也马不停蹄地访问了老挝、泰国和柬埔寨，宣布向老挝提供 12 亿日元的无偿援助，向柬埔寨提供 2100 万美元的援助，以支持柬埔寨对红色高棉的审判工作，并就共同推动缅甸民主化进程与泰国外长达成了共识。2009 年 2 月 6 日，专程访日的泰国总理阿披实与日本首相麻生太郎就在 GMS 开展合作达成一致。详情请参见毕世鸿《2009："日本—湄公交流年"之日本攻略》，《联合早报》（新加坡）2009 年 2 月 24 日。

② The Ministry of Foreign Affairs of Japan, *Together toward the future*, *Mekong and Japan*, January 2009, http: //www.mofa.go.jp/region/asia-paci/mekong/pamphlet.pdf.

③ 毕世鸿、何光文:《冷战后日本的大湄公河次区域政策及其行动选择研究》，《东南亚研究》2009 年第 3 期。

策的核心，计划对湄公河国家提供一揽子援助合作。其中包括如下内容，第一，信任：计划在5年内邀请1万名湄公河国家青年访问日本，实现日本—湄公河地区外长会议的定期化和机制化；第二，发展：将 ODA 与贸易和投资有机地结合起来开展合作，按照《日本—湄公河地区伙伴关系计划》的精神扩大针对湄公河国家的 ODA，将为提高东西经济走廊物流效率提供2000万美元的援助，将为地跨柬、老、越三国的"开发三角地带"列为提供无偿援助的候选项目；第三，稳定：日本与湄公河国家通力合作，解决诸如传染病等各种跨境问题，日本支持柬埔寨对红色高棉的审判工作，积极推动缅甸的民主化进程。①

由此可以看出，虽然日本的湄公河地区合作政策随时间的推移发生了一些变化，但日本对湄公河地区的整体外交政策已经基本成形，其政策在深度、广度和实施力度上也已取得巨大进展。据此，日本湄公河地区合作政策的特点可简单归纳如下：第一，投资、贸易和援助"三位一体"，不断加强、加深与湄公河国家的交往程度，并扩大日本在湄公河地区的影响力；第二，政治意图日趋明显，试图将日本版的普世价值观移植到湄公河国家；第三，政治、安全保障和经济上的诉求日益清晰，影响着湄公河国家对外政策的选择；第四，重视人员交流和人才培养，试图培养湄公河国家的"亲日派"。

三 日本参与湄公河地区合作的相关机制

自20世纪90年代以来，日本有计划地相继恢复或大幅度增加了对湄公河国家的援助，试图通过 ODA 等途径确保日本在湄公河地区的政治和经济利益，并扩大在湄公河地区的影响力。为此，日本通过一系列机制建设，不断加强与湄公河国家之间在各领域的合作。

(一) 印度支那综合开发论坛

1993年1月，宫泽喜一首相在访问泰国时建议举办印度支那综合开发论坛（Forum for Comprehensive Development of Indochina, FC-

---

① 《日本—湄公河地区外长会议（结果概要）》，2008年1月17日，日本外务省（http://www.mofa.go.jp/mofaj/area/j_mekong/0801_kg.html）。

DI)，并指定由日本外务省主办该论坛。其目的在于对湄公河国家的基础设施建设和人力资源培训计划提供援助，扩大涉及该地区的经济合作的需求，并借举办论坛之机吸引国际社会对湄公河国家的注意力。同时也希望在论坛上，有关各国、国际机构的专家和有识之士能够就湄公河国家的经济合作提供建设性意见，以促成整个湄公河国家可持续发展战略的制定和实施。1994年9月，日本与东盟在清迈会议上决定成立印支开发合作工作小组，对柬、老、越三国经济合作共同进行协助。1995年2月，首届FCDI部长级会议在东京召开，就如何在人力资源培训以及基础设施建设等领域开展合作进行了深入的探讨。其成员最初仅限于日本和柬、老、越三国，之后扩大至中国、缅甸、东盟老成员国、欧美发达国家和一些国际机构，其合作对象实际上扩展至GMS所有国家，合作领域也扩展至促进民间贸易和投资的发展。

FCDI内部设立了基础设施建设、人力资源培训及各种咨询小组会议等组织。近年来，虽然没有继续举办正式的FCDI，但其所提出的有关人力资源培训方面的提案仍由联合国开发计划署（United Nations Development Programme, UNDP）实施，基础设施建设方面的提案由亚开行主导实施，贸易与投资则由联合国亚太经社理事会（United Nations Economic and Social Commission for Asia and the Pacific, ESCAP）主导实施。此外，日本还通过召开或举办各种部长级会议、国际研讨会和研究会等形式，在国际上继续发挥着一定的主导作用。①

（二）日本—东盟经济产业合作委员会

日本—东盟经济产业合作委员会（AMEICC）是在日本—东盟经济部长级会议（AEM-METI）框架内设立的一个合作机制。② 1994年，在日本通商产业省（现为经济产业省）的主导下，在曼谷召开的AEM-METI决定成立该机制。成立该机制的目的在于，鉴于柬、

---

① ［日］池本幸生：《GMS地区经济合作的现状和课题——以泰国、中国和东盟新成员国的关系为中心》，载国际金融情报中心《东盟新加盟四国的经济现状与课题》，2001年，第97页。

② AMEICC, About AMEICC, July 2015, http：//www.ameicc.org/index.pl？id=2175.

老、缅、越四国即将加入东盟,有必要在产业合作、人力资源培训和提升管理能力等领域对这些国家提供支持。90年代中期以后,柬、老、缅、越四国相继加入东盟。为此,1997年12月在吉隆坡召开的日本—东盟首脑会议决定将AMEICC的合作对象扩大至东盟十国。目的在于加强东盟各国的产业竞争力、促进产业合作以及对东盟新成员国提供合作开发方面的援助。

在AMEICC框架内,相继成立了人力资源培训、中小企业·基础产业·地方产业、东西经济走廊开发、统计、汽车产业、化学产业、家电产业、纤维服装产业和IT九个领域的工作小组。其秘书处由日本海外综合开发协会(JODC)曼谷办事处与东盟秘书处共同负责管理。在上述九个工作小组中,特别是东西经济走廊开发工作小组成绩斐然。1998年12月,第六次东盟首脑会议发表的《河内行动计划》中,特别强调建设东西经济走廊的必要性。为此,日本经济产业省在1999年7月专门制订实施计划,并设立相应的工作小组,其目的在于促进湄公河国家之间的相互协调,加快东西经济走廊建设,并确定包括产业合作、人力资源培训、提升管理能力等在内的软件领域的具体实施项目。① 截至2005年8月,该工作小组实施的项目总数达31个,已完成的项目包括东西经济走廊沿线旅游业开发基本计划、泰柬边境轻工业发展可行性研究、有关国际贸易·产业·投资领域的进修、东西经济走廊农产品开发等10个旗舰项目。②

2004年9月,在雅加达召开的第11次AEM-METI决定对AMEICC进行改革。具体包括扩大东西经济走廊合作开发的实施范围,进行产业合作调查,派遣商务考察团,设立AMEICC网站等。AMEICC设立合作开发项目的标准如下,一是从地区合作的观点出发,应有利于多数国家的发展;二是在基础设施的软件建设领域,应着重借鉴日本经济产业省在培养中小企业方面的经验。

---

① [日] 野本启介:《围绕湄公河地区开发的区域合作的现状与展望》,《开发金融研究所报》2002年第12期。

② [日] 经济产业省贸易经济协力局:《AMEICC工作小组活动的现状与基本方针》,东京,2006年4月。

(三) 亚开行主导的 GMS 经济合作

亚开行成立于 1966 年，总部设在马尼拉，现拥有 64 个成员国和地区。日本是该银行的创始国之一，日本的出资相当于亚开行总资本的 16%，拥有亚开行总投票权中的 13%，是亚开行最大出资国之一，亚开行历届总裁均由日本人担任。而在亚开行的亚洲开发基金（ADF）、亚洲开发银行研究所（ADBI）特别基金、日本特别基金（JSF）等特别基金中，日本是最大出资国。此外，日本还在亚开行内部专门成立了削减贫困日本基金（JFPR）、信息通信技术日本基金（JFICT）、日本奖学金制度（JSP）、公共政策培训日本基金（JFPPT）等基金，在各个领域对亚开行保持着巨大的影响力。[①] 1992 年，亚开行建立了包括柬、中、老、缅、泰、越六国在内 GMS 经济合作机制。在亚开行的主导下，经过各成员国的共同努力，在基础设施的硬件建设领域如能源、交通、环境、农业、电信、贸易便利化、投资、旅游、人力资源培训九个重点合作领域取得了巨大成绩，湄公河地区各国的经济社会发展水平不断提高。

虽然在湄公河地区的经济合作问题上，有众多的多边或双边组织和机制存在，日本从运行效率和实施效果相结合的观点出发，认为由亚开行主导的 GMS 经济合作机制效果最为明显，应最大限度地加以利用。为此，2001 年 7 月日本与亚开行共同派出调查团，对 GMS 经济合作的合作项目等领域进行了详细调查。其后，日本在当年 11 月召开的"10 + 3"首脑会议和"10 + 1"（日本）首脑会议期间正式表示，今后将把亚开行提倡的 GMS 旗舰项目作为日本援助湄公河地区的重中之重，即把东西走廊提升为经济走廊；建设南部走廊（曼谷—金边—胡志明跨国公路）。[②]

(四) 柬、老、缅、越（CLMV）双边援助机制

为体现日本在援助湄公河国家中所发挥的主导作用，日本经济产业省单独建立了一个针对柬、老、缅、越四国的援助机制。经济产业省对于援助柬、老、缅、越四国的基本观点是，鉴于柬、老、缅、越

[①] 亚洲开发银行：《日本与亚洲开发银行》（日文版），2005 年 9 月 30 日。

[②] Norio Kuniyasu and Tatsuji Onimaru, "The Present Situation of Development and the Views of Technical Cooperation in the Mekong River Basin", in *Journal of the Japanese Society of Irrigation, Drainage and Reclamation Engineering*, Vol. 72, No. 2, 2004, pp. 88 – 89.

四国在东盟的地位不断提高，有必要在促进柬、老、缅、越四国的产业开发、贸易和投资方面进行援助。具体方针如下：一是构筑以泰国为中心的经济圈；二是构筑以越南为中心的经济圈；三是在泰越两国构筑经济圈的过程中，对其企业的人力资源培训提供援助。此外，对于亚开行主导的 GMS 经济合作中的旗舰项目——东西经济走廊和南部走廊，日本也在基础设施建设和技术合作方面提供援助。具体的项目包括，为促进上述两个走廊中的贸易发展，对有关各国一站式出入境管理的人力资源培训提供援助。

2004 年 9 月，在雅加达召开的第 11 届 AEM-METI 上，日本经济产业大臣中川昭一就加快东盟一体化进程和加强日本和东盟的经济合作做了题为"面向东盟内部和日本—东盟经济一体化的合作"的讲话。其主要内容如下：一是支持贸易和投资自由化（如推广电子认证和报关系统）；二是对柬、老、缅、越四国间的合作提供支援（如为建设湄公河地区跨境物流网提供有效方案）；三是对加强东盟各国产业基础提供支援（如汽车产业和中小企业的人力资源开发等）。之后，经济产业省对柬、老、缅、越四国的援助基本围绕着中川讲话进行。其中的一部分援助项目也通过上述 AMEICC 机制进行，但对于 AMEICC 未能涉及的领域，则通过对柬、老、缅、越四国的双边援助开展合作。

当然，经济产业省也认为，柬、老、缅、越四国在企业招商引资领域，还存在基础设施和人力资源开发滞后等问题。为了制定出支援柬、老、缅、越四国产业合作的具体方针和项目，2004 年 10 月，经济产业省召开了"CLMV 产业合作支援研究会"。该研究会的成员由精通柬、老、缅、越四国经济的学者、产业界人士和经济产业省相关机构组成。根据该研究会发表的初步研究成果表明，柬、老、缅、越四国中也存在一定程度的差距，把四国放在同一个水平上是不现实的，应根据各国的国情制订详细的援助计划。例如，由于柬埔寨基础设施落后、投资环境不理想，应首先对柬埔寨的海关建设、海关工作人员的培养和进修考察等领域提供支援。[1]

---

[1] ［日］渡边慧子、房前理慧：《对柬埔寨运输领域的援助合作》，国际开发高等教育机构·国际开发研究中心，2005 年，第 34—35 页。

(五) 日本—柬老越 (CLV) 合作机制

为进一步增强在湄公河地区的影响力,日本外务省还对柬、老、越三国给予特别关注。2004 年,日本就地跨柬、老、越三国的"开发三角地带"与上述三国达成协议,以消除贫困为目标,对该区域提供总额约 20 亿日元的 ODA,用于援助初级教育、农业灌溉和交通基础设施等项目的建设。2007 年,日本向该区域又提供了 29 亿日元的 ODA。并计划在 2008 年通过日本—东盟一体化基金提供 2000 万美元的援助。此外,日本向越南提供 215 亿日元的政府贷款,向老挝提供 2 亿日元的无偿资金援助,向柬埔寨提供 3 亿日元的政府贷款,用于改善各国的社会和经济基础设施。为防止禽流感的蔓延,日本还向上述三国提供了 15 亿日元的援助。[①] 截至 2008 年 7 月,日本和柬、老、越三国已召开了 5 次日本—CLV 外长会议和 3 次领导人会议,并达成了一系列协议。

(六) 日本—湄公河地区首脑会议及部长级会议

为进一步推动日本与湄公河国家的合作机制建设,2009 年 10 月,日本和湄公河国家召开首次"日本—湄公河首脑会议",决定建立"为创造共同繁荣未来的新型伙伴关系"。野田佳彦 2011 年 9 月任首相后,日本重启价值观外交,以加强与其他拥有市场经济和法制等"相同价值观"国家的合作,更在湄公河地区频频展开外交攻势,试图将该地区打造成为所谓"自由与繁荣之弧"上的重要节点。2011 年 11 月,日本与湄公河国家举行了第三次"日本—湄公河首脑会议",决定将东西经济走廊最终西延至缅甸的土瓦港,以打通太平洋至印度洋的陆地通道。[②]

2012 年 4 月,日本与湄公河国家举行了第四次"日本—湄公河首脑会议",日本宣布将从 2013 年起向湄公河国家提供总额高达 6000 亿日元的优惠贷款。此次会议通过了名为《东京战略 2012》的共同宣言,内容包括通过改善交通网络加强区域内各国联系、在

---

① [日] 外务省:《日本掌握对柬老越援助的新主导权》,2005 年 12 月 13 日。
② Ministry of Foreign Affairs of Japan, *Joint Statement of the Third Mekong - Japan Summit*, 18 November 2011.

"3·11"东日本大地震和泰国洪水等自然灾害的背景下加强防灾合作等。① 与会各国领导确定了2013—2015年湄公河国家与日本"面向共同繁荣伙伴关系"合作的三大支柱,具体包括:通过推进跨国交通建设和信息基础设施建设加强湄公河国家之间的合作和湄公河国家对外合作,推进海关现代化建设;促进湄公河国家的经贸合作并提高湄公河国家在全球价值链的地位;以应对气候变化、可持续管理和利用湄公河水资源等为核心加强环保与人类安全的合作。此外,日本首相野田佳彦还在会上就日本与湄公河国家的合作提出了3项建议,包括,一是完善"东西走廊"等跨国运输路线,改善湄公河国家交通网络,加强地区内互联互通;二是促进地区内贸易投资,以刺激地区内经济增长,实现共同发展;三是采取自然灾害、妇幼保健等方面的应对措施,确保公共卫生安全,实现可持续发展。与会各国首脑就此达成了一致。此外,共同宣言还就朝鲜不久前发射卫星一事表达了共同的立场。此次首脑会议公布的一系列行动计划,其目的在于以重启向缅甸提供ODA等为主轴,展示日本主导湄公河地区基础设施建设等项目的姿态,以推动在2015年形成东盟共同市场,并遏制中国在该地区影响力的扩大。② 日本外务省在会后发表的一份文件称,湄公河地区位于地缘政治学上的"要冲"位置,并且是日本企业进驻国际市场的重要据点之一。③

为了细化首脑会议发布的《东京战略2012》,2012年7月,日本与湄公河国家共同召开了第五次"日本—湄公河地区外长会议",并通过了名为《为实现〈东京战略2012〉的日本—湄公河行动计划》。该行动计划首先确定了未来合作三大支柱:加强湄公河地区的互联互通、共同发展、维护人的安全保障以及环境的可持续性。每个支柱下又分列了诸多具体行动及其措施,总计127项。日本试图借加强基础设施建设、提升产业发展水平、改善投资环境、防灾减灾、应

---

① 《第4次日本—湄公河首脑会议(评价和概要)》,2012年4月21日,日本外务省(http://www.mofa.go.jp/mofaj/area/j_mekong_k/s_kaigi04/gaiyo.html)。
② 《日本将与湄公河流域5国制定新行动计划》,2012年4月19日,日本共同通信社(http://china.kyodonews.jp/news/2012/04/28830.html)。
③ 王恒昀:《日本三招扩展在亚洲影响力》,《人民日报》(海外版)2012年4月26日。

对环境和气候变化、提高医疗卫生水平、保障粮食安全等领域的合作,①来进一步扩大对湄公河国家在政治、经济、社会、文化和民族等各个领域的影响力。为加强老挝的基础设施建设,2012 年 11 月,日本首相野田佳彦在访问老挝时表示,日本将向老挝提供约 55 亿日元的贷款。②

2012 年 12 月,安倍晋三再次担任日本首相,安倍新政权在外交上"新瓶装旧酒",仍然在推行他上次 2006 年任上提出的"价值观外交",它们不仅希望与"价值观"相同的国家携手合作,还希望通过经济援助的方式,来改变与日本社会体制完全不同的国家的"价值观"。对越南、老挝、柬埔寨和缅甸,更是要通过这种巨额金援,推进其社会所谓的"民主化"进程。2013 年 1 月,日本首相安倍晋三在上台后的首次外访中,先后访问了越南、泰国和印度尼西亚。安倍试图借此谋求与越南和泰国在经济及安全领域的合作,并为牵制中国而宣传了其一贯主张的"价值观外交"③。

继 2014 年 11 月的第六次日本—湄公河地区首脑会议后,2015 年 7 月,日本与湄公河国家在东京举行了第七次日本—湄公河地区首脑会议,会议通过了《新东京战略 2015》。安倍晋三在会议上表示,将在三年内对湄公河国家提供 7500 亿日元 ODA,以加强该地区的互联互通,共同发展,确保人的安全保障和可持续发展。④ 2015 年 8 月,日本与湄公河国家举行日本—湄公河地区经济部长级会议,制定了旨在发挥各国长处实现一体化经济增长的中期战略《湄公河产业开发蓝图》,以进一步加强湄公河地区的跨国制造业零部件供应链。⑤

---

① Ministry of Foreign Affairs of Japan, *Mekong-Japan Action Plan for realization of the "Tokyo Strategy 2012"*, July 10, 2012, website: http://www.mofa.go.jp/region/asia-paci/mekong/fm1207/pdfs/jm05_ap3.pdf.

② 《野田表示将向老挝提供 55 亿日元贷款》,2012 年 11 月 5 日,日本共同通信社(http://china.kyodonews.jp/news/2012/11/40757.html)。

③ 《安倍总理大臣的东南亚访问(概要和评价)》,2013 年 1 月 18 日,日本外务省(http://www.mofa.go.jp/mofaj/kaidan/s_abe2/vti_1301/gaiyo.html)。

④ Ministry of Foreign Affairs of Japan, *The Seventh Mekong-Japan Summit Meeting*, July 4, 2015, http://www.mofa.go.jp/s_sa/sea1/page3e_000353.html.

⑤ 《日本与湄公河国家制定经济增长中期战略》,2015 年 8 月 24 日,日本共同通信社(http://china.kyodonews.jp/news/2015/08/103952.html)。

今后，日本还将采取大幅度增加对湄公河国家的直接投资，以"当地生产""迂回生产"和"迂回出口"战略取代"加工贸易"的经济合作战略。此举既可理顺日本产业和贸易结构的调整，又可缓和与湄公河国家的贸易摩擦，进而拉拢湄公河国家，实现资源的合理配置。2016年7月举行的第九次"日本—湄公河地区外长会议"则通过了《日本湄公河互联互通倡议》，对加强日本与湄公河国家间的贸易和投资合作，建设"绿色湄公"达成了一致。①

四 日本调整湄公河地区合作策略的战略考量

（一）政治上开展"金元外交"，获得湄公河国家对日本外交政策的支持

当前，日本对湄公河国家外交的重点之一是确保在"入常"以及朝鲜核武器开发等国际和地区性问题上持续获得湄公河国家的支持。为了在程序上获得联合国成员国三分之二以上的多数支持，日本将进一步加强对湄公河国家的外交活动，从经济援助、次区域开发、经济合作等方面展开"诱导"，以获得湄公河国家的支持。由此可以看出，日本的湄公河地区合作策略及其对湄公河国家提供的援助表面上名为"无偿"，实则"有偿"，受援国在接受日本援助时，要对日本做出某些政治承诺。2005年，柬埔寨和越南等国对于日本希望其支持日本加入联合国安理会常任理事国的请求不置可否，令日本只得决定推迟提交"入常"决议草案。② 事后日本认为柬越等国之所以在"入常"问题上不支持日本，原因在于受到了中国的影响。③ 为此，日本加大了游说力度，促使湄公河国家在2008年1月和2009年10月的"日本—湄公河地区外长会议主席声明"以及2009年11月的《日本—湄公行动计划63》中，均明确表示支持日本成为联合国安理会常任理事国。

---

① 《第9次日本—湄公河地区外长会议》，2016年7月25日，日本外务省（http://www.mofa.go.jp/mofaj/s_sa/sea1/page1_000224.html）。
② 《"超越邮政对决"——亚洲的日本在变轻》，《朝日新闻》（日本）2005年8月20日。
③ 《日本再筑东南亚外交，对抗撒钱，展开切实援助》，《产经新闻》（日本）2008年1月1日。

在 2006 年 12 月的联合国大会上,在表决包括被朝鲜绑架日本人问题在内的《朝鲜人权状况》决议时,越南和老挝曾表示反对,柬埔寨弃权。而在 2008 年 1 月和 2009 年 10 月的日本—湄公河地区外长会议以及 2009 年 11 月的日本—湄公河地区各国首脑会议上,湄公河国家均支持日本在被朝鲜绑架日本人问题上的立场,要求朝鲜无条件返回六方会谈。湄公河国家还赞成日方提出的应对全球变暖的"鸠山倡议"以及东亚共同体设想。

据此可以认为,湄公河国家今后为了获得日本的援助和换取日本在自由贸易谈判上的适当让步,将继续从政治上继续支持日本"入常",并在被绑架日本人、朝鲜核武器开发、减少温室气体排放等问题上同日本保持一致。由此可见,以经济援助增强政治影响力的方式,正在为日本实现政治大国化目标架桥铺路,也为日本的价值观外交做了最好的注脚。

日本—湄公河地区首脑会议的定期化和机制化,这意味着在当时的 GMS 经济合作领导人会议机制以外,又出现了一个对湄公河地区合作方向产生重要影响的领导人会议机制。日本在湄公河地区以援助换取政治影响力的手段初见成效,也为自己获得了外交加分。通过举行各种各样的交流活动,进一步促进了日本与湄公河国家的相互认知和理解,日本在湄公河国家的影响力不断上升。[1]

(二) 军事安全上积极开展双边安全合作,增强在地区安全事务中的发言权

针对东盟国家主导东盟地区论坛(ARF)的现状,日本将积极参与 ARF 的多边安全对话与合作,推销日本的安全理念,如倡导"综合安全保障""人的安全保障",试图在冷战后多极化格局形成过程中主导东亚地区的安全新秩序。同时,积极与湄公河国家进行双边安全合作,不断突破日本宪法的禁区,加紧对东南亚地区的军事渗透,以增强在地区安全事务中的发言权。

在冷战结束后不到 10 年的时间内,日本已在海外派兵问题上实

---

[1] The Ministry of Foreign Affairs of Japan, *Together toward the future*, *Mekong and Japan*, January 2009, see website: http://www.mofa.go.jp/region/asia-paci/mekong/pamphlet.pdf, January 2009.

现了三大突破：一是 1992 年 6 月，日本通过了《联合国维持和平行动合作法案》（PKO 法案），并于当年 9 月派遣陆上自卫队到柬埔寨参加维和行动，首开海外派兵之门。二是 1999 年通过《周边事态法》，将包括湄公河地区在内的东亚大部分地区划入所谓"周边事态"的范围。三是 2001 年 10 月利用"9·11"事件通过反恐法案，突破了海外派兵的地区和武器使用限制。① 其后，日本海上自卫队舰只多次穿越马六甲海峡为盟国提供补给，借口打击海盗的舰艇和携带重武器的陆上自卫队也"挺进"东南亚，不断加强其干预地区事务的能力。

2016 年 4 月，日本自卫队舰只首次停靠越南金兰湾。2017 年 5 月，日本自卫队舰只在南海参加日美等国联合军演，并访问金兰湾。此外，安倍政府向越南提供近海巡逻艇等，以强化其"海上安保力量"。目前日本已将多艘巡逻艇交付越南，有效增强了其海巡力量，并通过人员培训等途径帮助越南提升海上安保能力。照此趋势发展，湄公河地区将不仅成为日本扩展经济影响力的广大空间、发挥政治作用的突破口，甚至有可能成为日本发挥军事安保作用的新天地。

（三）经济上以签署 EPA 为先导，不断增加 ODA，拉拢湄公河国家

2015 年 7 月，日本首相安倍晋三在与日本—湄公河国家首脑会议上表示，将在三年内对湄公河国家提供 7500 亿日元 ODA。今后，日本还将采取大幅度增加对湄公河国家的直接投资，以"当地生产""迂回生产"和"迂回出口"战略取代"加工贸易"的经济合作战略。此举既可理顺日本产业和贸易结构的调整，又可缓和与湄公河国家的贸易摩擦，进而拉拢湄公河国家，实现资源的合理配置。

就日本对湄公河国家的直接投资和 ODA 的关系而言，ODA 是明显服务于贸易和投资的。一方面，日本向湄公河国家直接投资的增加，需要进一步改善基础设施等投资环境，这必然推动日本扩大对湄公河国家的 ODA；另一方面，随着直接投资收益的增加，也为日本进一步增加对湄公河国家的 ODA 提供财政基础。基于此，日本仍将

---

① 乔林生：《日本对外政策与东盟》，人民出版社 2006 年版，第 216—218 页。

是向湄公河国家提供 ODA、投资和技术合作最多的国家以及最重要的贸易伙伴之一。日本作为东亚地区唯一的发达国家，以湄公河地区为基点，逐步从湄公河地区向南亚和东北亚等地扩充经济网络，延伸其产业链，加强与东亚各国的经济合作，从而保持日本在经济全球化和国际分工体系中的优势地位。

第二节　日本与湄公河国家关系的新进展

为了在政治上扩大日本影响，在经济上加强日本与湄公河国家之间的经贸联系，日本在冷战后通过加强高层往来，扩大经贸合作，增加 ODA 等方式，不断密切与湄公河国家之间的双边关系。

一　日本与柬埔寨关系

1953 年，日本与柬埔寨正式建立了外交关系。但直到 20 世纪 90 年代柬埔寨开始走上和平进程以后，两国关系才得以稳固和快速发展。柬埔寨问题巴黎和平协定签署后，日本积极支持柬埔寨的重建工作，并担任了柬埔寨重建国际委员会主席，而且重开了对柬埔寨无偿资金援助和技术援助。

如前所述，日本积极参与和平解决柬埔寨问题的进程。1997 年 7 月，柬埔寨首都金边发生大规模武装冲突，第一首相拉那烈被迫流亡国外。日本十分关注柬埔寨局势，并于 1998 年 1 月就解决柬埔寨政治僵局提出四点折中方案，得到有关各方的普遍欢迎。日本在促成拉那烈回国参加 1998 年 7 月 26 日的选举方面发挥了积极作用。此外，日本还一直非常关注柬埔寨审判红色高棉（审红）这一国际热点问题。2003 年 1 月份，联合国决定与柬埔寨政府打破僵局，就审红一事继续进行磋商，寻求解决方案，日本成为推动该工作的主要国家之一。[①] 2003 年 5 月 13 日，在日本和法国的申请下，协议草案在联合国大会审议并通过。为从财政上保证审判工作正常运转，日本政府不

[①] 《星洲日报》（柬埔寨）2003 年 4 月 6 日。

仅负担了柬埔寨审红法庭相关费用的一半，积极呼吁其他国家为特别仲裁庭提供运作资金，还向法庭派遣了日本籍法官直接参与审判工作。①

2000年1月，日本首相小渊惠三对柬埔寨进行正式访问，这是时隔43年来日本首相首次访柬。柬埔寨首相洪森对日本在柬恢复和平与经济重建中所做出的积极贡献表示高度赞扬和感谢，并希望日本在帮助缩小穷国与富国的差距方面发挥更积极的作用。小渊也表示将继续支持柬埔寨政府为巩固国内和平和促进经济发展做出新的努力，并承诺分别向柬提供280万美元和1900万美元的非项目援助，用于排雷与安顿地雷受害者的生活及支持柬埔寨的经济发展。从1991年至今，日本对柬埔寨实施援助成为日柬双方对话的主要内容，日本也已成为柬埔寨的最大援助国。而柬埔寨也非常重视发展同日本的关系，从不谴责日本在二战期间的罪行和日本领导人参拜靖国神社，也不批评日本发展军事力量。②

2002年，日本制订了针对柬埔寨的《国别援助计划》，将柬埔寨在湄公河地区合作中的地位定位如下。湄公河地区合作不仅是柬埔寨经济发展的重要课题，也是缩小东盟内部经济差距、增强东盟凝聚力的重点领域。援助柬埔寨的重点领域包括，实现经济可持续发展及社会稳定，在教育和医疗领域加强对弱势群体的支援，加大环保和禁毒力度，支持东盟缩小内部差距。具体援助方针为，重点推进南部走廊建设，积极支持基础设施建设，同时也在开发调查和技术援助等领域提供援助。此外，对促进民间投资的法律和制度建设也提供必要的援助。③

在基础设施建设方面，日本通过提供无偿资金援助帮助柬埔寨修复了6号和7号国道，改建了金边港，并为西哈努克港的修缮工程提供了政府贷款。截至2014年底，日本对柬埔寨援助金额累计达24.2

---

① ［日］福岛清介编：《新生柬埔寨的展望——从红色高棉屠杀到大湄公河次区域共存合作的时代》，日本国际问题研究所，2006年，第94页。
② 李晨阳、瞿健文、卢光盛、韦德星编著：《柬埔寨》（列国志），社会科学文献出版社2005年版，第381页。
③ 《柬埔寨国别援助计划》，2002年2月，日本外务省（http：//www.mofa.go.jp/mofaj/gaiko/oda/seisaku/enjyo/cambodia._h.html）。

亿美元，柬埔寨已经成为日本重点援助对象国之一。其中2013年，日本提供的援助额占柬埔寨接受西方发达国家对柬援助总额的26%。另外，日本还将从泰国曼谷起途经柬埔寨到达越南胡志明市的南部走廊建设作为重点援助项目。该工程建成后，从曼谷到胡志明市只需1到2天，日本企业对此也抱有很高期待，南部走廊的公路建设现已基本完成。

2015年11月，安倍晋三在马来西亚参加东亚峰会期间会见了洪森，表示将向柬埔寨提供170亿日元的援助，以帮助柬埔寨等湄公河国家修建公路，同时就中国在南海修建岛礁等事宜表达忧虑，要求柬方给予"协助"①。

与日本每年对柬埔寨提供的巨额援助相比，日本与柬埔寨的经贸关系相对较弱。投资方面，在湄公河国家中，柬埔寨自然资源虽谈不上丰富，但其近海亦埋藏大量石油天然气资源。由于历史原因，柬埔寨于1992年才开始进行石油天然气勘探活动。当时，随着政局的稳定，柬埔寨政府拿出6个海上勘探区块和9个陆地勘探区块进行国际招标，俄罗斯、法国、澳大利亚和印尼等国家的石油公司纷纷介入。2005年，雪佛龙公司宣布在柬埔寨西海岸6000平方公里范围内发现石油，并将这一区块称为A区块，而日本三菱石油开发株式会社在其中占了30%的股份。②这一发现，结束了柬埔寨没有石油资源的历史。柬埔寨的能源预测吸引了包括日本在内的众多跨国能源企业争夺柬埔寨另外5块油田的开采权及合约的热度。2007年6月，日本首相安倍晋三在东京会晤了柬埔寨首相洪森，为推动日本企业投资柬埔寨，扩大双边贸易，双方签署了《日本—柬埔寨投资协定》（2008年7月实施），并发表共同声明，提出日本将协助柬埔寨开发资源。③如表2—1和图2—1所示，2010年，日本对柬直接投资额为639万美元。2015年，日本对柬埔寨直接投资额为5250万美元，在对湄公

---

① 《首相在日柬会议上表示就湄公河地区基础建设提供170亿日元援助》，《东京新闻》（日本）2015年11月21日。

② [日] 福岛清介编：《新生柬埔寨的展望——从红色高棉屠杀到大湄公河次区域共存合作的时代》，日本国际问题研究所，2006年，第100页。

③ 《日本和柬埔寨签署协定，加强石油天然气资源开发》，2007年6月14日，搜狐财经（http://business.sohu.com/20070614/n250578733.shtml）。

河国家的投资额中最少。

表 2—1　　　　日本对湄公河国家的直接投资额（流量）

（单位：百万美元）

	2010	2011	2012	2013	2014	2015
柬埔寨	6.39	21.9	13.78	38.52	84.91	52.5
老挝	8.3	12.13	0	0	2.1	75.81
缅甸	0.2	2.2	31.1	36	37.72	95.05
泰国	4400.04	-1370.42	3706.70	10927.21	3280.61	4238.60
越南	1051.88	1247.62	2862.90	2365.24	969.18	954.96

资料来源：ASEAN Sectretariat - ASEAN FDI Database as of 5 October 2016，https://data.aseanstats.org/fdi_by_country.php.

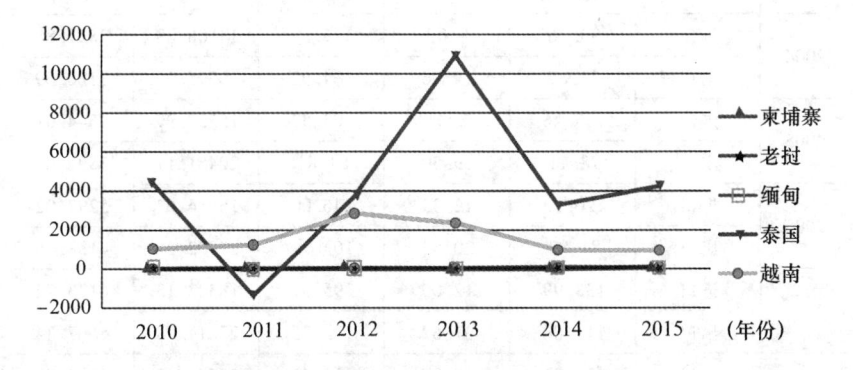

图2—1　2010—2015 年日本对湄公河国家的直接投资额（单位：百万美元）

资料来源：ASEAN Sectretariat - ASEAN FDI Database as of 5 October 2016，https://data.aseanstats.org/fdi_by_country.php.

贸易方面，如表 2—2 和图 2—2 所示，2016 年日柬双边贸易额为 15.1 亿美元，比 2015 年增加 18.9%，其中对柬出口 3.07 亿美元，进口 12.04 亿美元，对柬进口额一般多于出口额。日本对柬主要出口商品有汽车、机电产品、普通机械等；从柬主要进口服装、木材、食品、水产品、鞋、木制品等劳动密集型或资源密集型产品。

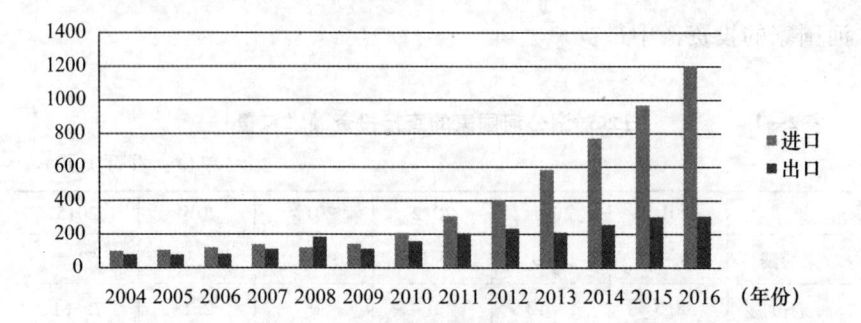

图 2—2　2004—2016 年日本对柬埔寨贸易情况（单位：百万美元）

资料来源：United Nations Commodity Trade Statistics Database，https://comtrade.un.org/data.

表 2—2　　　　　日本对湄公河国家贸易情况　　（单位：百万美元）

		柬埔寨	老挝	缅甸	泰国	越南
2004	进口	99.76	8.00	179.87	14108.89	3857.88
	出口	79.87	14.06	104.92	20275.75	3180.09
2005	进口	105.46	8.04	203.57	15557.99	4544.01
	出口	78.11	19.50	91.81	22451.17	3591.66
2006	进口	120.23	12.33	246.00	16886.63	5292.92
	出口	81.82	20.52	103.74	22902.24	4138.46
2007	进口	138.99	12.00	295.07	18323.13	6123.72
	出口	111.04	37.62	175.35	25611.98	5667.34
2008	进口	121.01	18.07	315.45	20786.41	9094.70
	出口	184.04	62.20	188.06	29431.09	7814.42
2009	进口	142.63	26.96	341.26	16025.64	6956.20
	出口	112.56	75.97	201.62	22187.61	6516.00
2010	进口	207.78	37.73	385.93	21016.68	8174.87
	出口	159.40	62.30	261.85	34191.41	8172.42
2011	进口	307.97	97.33	590.01	24528.97	11552.11
	出口	205.51	77.65	502.93	37532.10	9592.34
2012	进口	404.27	123.55	672.13	23635.73	15083.94
	出口	234.38	137.73	1257.17	43708.02	10740.22

续表

		柬埔寨	老挝	缅甸	泰国	越南
2013	进口	583.03	107.22	759.30	22038.60	14233.01
	出口	209.86	121.30	1057.43	35945.98	10550.08
2014	进口	772.00	115.09	860.66	21739.72	15416.85
	出口	255.74	138.58	1188.81	31349.00	11830.17
2015	进口	968.54	97.40	864.26	20426.68	15141.23
	出口	302.21	104.54	1065.43	27984.36	12531.38
2016	进口	1204.23	115.26	934.85	20139.21	16237.80
	出口	306.71	116.19	1035.63	27398.05	12990.35

资料来源：United Nations Commodity Trade Statistics Database，https：//comtrade.un.org/data.

二 日本与老挝关系

日本与老挝于1952年12月正式建立外交关系。日本认为，老挝地处拥有2.5亿人口的GMS大市场的中心位置，从地缘政治的角度看，老挝的发展、稳定和繁荣不仅有利于GMS，甚至有利于整个东亚地区。[①] 因此，日本非常重视发展与老挝的双边关系，两国高层来往频繁。特别是自1988年老挝外长西巴色访问日本以后，两国政府间交往逐年增多。1989年，日本首相海部俊树和老挝部长会议主席凯山·丰威汉进行了互访，双方就发展经贸合作、人才交流和日本对老挝援助等问题深入交换了意见。1990年8月，日本外长中山太郎访问老挝，双方签署了关于维修老挝南俄水电站大坝及其第4期工程计划和关于万象平原农业发展计划。1995年5月，老挝总理坎代·西潘敦访问日本，两国友好合作关系得到加强。[②]

进入21世纪以来，日本与老挝的友好合作关系继续发展。2000年1月，日本首相小渊惠三访问老挝，并宣布向老挝提供4.03亿日元的无偿援助。2002年，老挝总理本扬·沃拉吉访日，与日本首相

[①] [日]外务省：《政府开发援助（ODA）数据2008》，2008年，第118页。
[②] 马树洪、方芸编著：《老挝》（列国志），社会科学文献出版社2004年版，第335页。

小泉纯一郎进行了会谈。2009年5月，老挝总理波松访问日本，与日本首相安倍晋三共同发表了联合声明，宣布将加快投资协定的谈判进程，并建立"日本—老挝官民联合对话"机制，以进一步加强两国之间的交流与合作。① 2008年5月，老挝国家主席朱马里作为国家领导人首次访问日本，两国发表了联合公报，宣布将在环境和气候变化问题上进一步加强合作。② 2017年6月，老挝总理通论访问日本。两国领导人确认"将推进自由公平的贸易与投资，力争早日结束RCEP谈判进程，并就在老挝建设高质量基础设施等强化经济关系的共同计划达成了协议"。此外，安倍要求老挝在解决朝鲜绑架日本人问题上提供合作。针对南海问题，日方还"谋求为确立航行自由和法治，在安全领域加强双边合作"。③

2006年，日本制订了针对老挝的《国别援助计划》，将老挝在湄公河地区合作中的地位定位如下。老挝位于湄公河地区的中心地带，随着今后湄公河地区合作的进一步深化，老挝将有可能成为湄公河地区人员往来和物流中心。湄公河地区的经济合作有利于促进老挝融入东盟大家庭，更有利于其对外开放，并分享经济发展的益处。援助老挝的重点领域包括，人力资源培训和教育、医疗、农业和交通基础设施建设。此外，根据日本政府2003年12月在日本—东盟特别首脑会议上发表的《湄公河地区开发的新观念》，以合作开发和贸易投资相结合，积极促进该国东西经济走廊的建设。④

日本所提供的援助涉及老挝社会经济建设的多个领域，包括法律和司法建设项目、公共投资管理能力建设、儿童健康服务、信息技术和教育发展、自然科学包括数学师资培训、医药发展、森林管理、社区发展、赈灾粮款、污水处理、公路桥梁建设、水电工程建设、农业

---

① Ministry of Foreign Affairs of Japan, *Joint Press Statement on Japan-Lao PDR Summit Meeting*, May 14, 2007, http://www.mofa.go.jp/region/asia-paci/laos/joint0705.html.

② Ministry of Foreign Affairs of Japan, *Joint Announcement on Enhanced Cooperation in Environment and Climate Change Issues between Japan and the Lao People's Democratic Republic*, May 22, 2008, http://www.mofa.go.jp/region/asia-paci/laos/joint0805.html.

③ Ministry of Foreign Affairs of Japan, *Japan-Laos Summit Meeting*, June 7, 2017, http://www.mofa.go.jp/s_sa/sea1/la/page4e_000621.html.

④ ［日］外务省：《对老挝国别援助计划》，2006年9月，第11页。

开发、粮食生产、农村清洁水资源和万象市交通管理发展规划项目等，为老挝社会经济的发展发挥了巨大的作用。日本对老援助三个主要目标是，推动老挝可持续发展、推动东盟和 GMS 发展、密切与老挝双边关系。日本认为，老挝政府确定的至 2020 年摆脱最不发达国家行列的发展目标是一个雄心勃勃和可以实现的目标，在日本的援助支持下，这个目标能够更顺利地实现。目前 GMS 经济合作的进展有利于老挝社会经济的发展，日本对 GMS 经济整体发展的投入也将会间接推动老挝经济发展，并促使老挝能够在今后的市场竞争中抓住机遇、不断发展。① 如表 2—1 和表 2—2 所示，截至 2014 年底，日本对老援助金额累计达 19.9 亿美元，日本已成为老挝的最大援助国。其中 2013 年，日本提供的援助额占西方发达国家对老援助总额的 29%。

关于日本与老挝的经贸关系，在投资方面，如表 2—1 和图 2—1 所示，2010 年以来，日本对老挝的直接投资额一般仅为数百万美元，而在 2015 年则达到了创纪录的 7581 万美元。日本对老挝投资的领域主要涉及农业、水电站、制造业、木材加工业、服务业、建筑业以及贸易、保险等领域。② 特别是近年来日本关西电力、丸红和神户绿色电力等大型企业积极参与老挝中部地区的水电开发，并已取得了不俗的成绩。为进一步促进日本对老挝的投资，日本和老挝政府于 2008 年 1 月签署了《投资协定》，并于当年 8 月起正式实施。受此鼓舞，相信今后日本对老挝直接投资将会快速扩大。贸易方面，如表 2—2 和图 2—3 所示，2016 年两国贸易额为 2.3 亿美元，比 2015 年增长 15%，且日本方面在多数年份为出超。从贸易商品种类来看，日本主要从老挝进口农产品、木材及木制品、纺织品等劳动密集型和资源密集型产品。在日本对老挝出口产品中，化学产品、钢铁、普通机械、机电产品和汽车等工业制品居多。③

---

① *Vientiane Times*, November 2, 2005.
② [日] 铃木基义：《老挝经济的基础知识》，日本贸易振兴机构，2009 年，第 25—26 页。
③ ASEAN-Japan Center, *ASEAN-Japan Statistical Pocketbook 2008*, Tokyo: ASEAN-Japan Center, 2009, pp. 54 – 55.

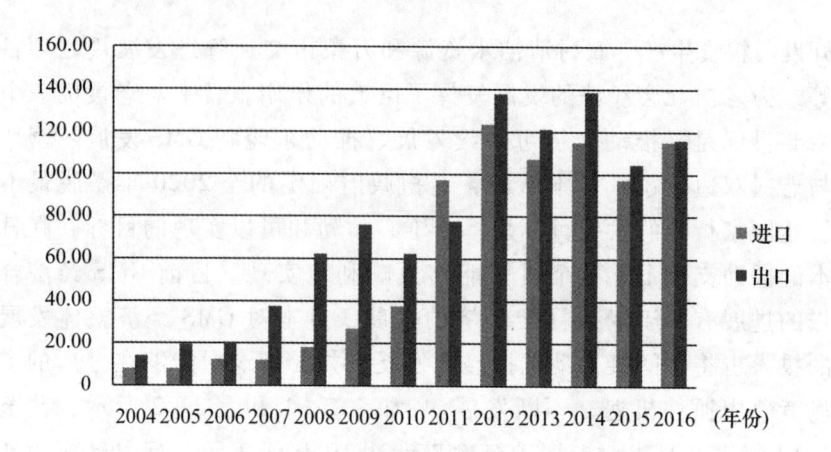

图 2—3 2004—2016 年日本对老挝贸易情况（单位：百万美元）

资料来源：United Nations Commodity Trade Statistics Database, https://comtrade.un.org/data.

三 日本与缅甸关系

日本对缅甸的美丽富饶深有体会，也深知缅甸 5000 多万人口所蕴藏的巨大市场和商机。冷战时期，日本同缅甸关系密切，也是缅甸最大的援助国。日本认为，缅甸位于中印两大国之间，战略位置非常重要。且缅甸与日本长期保持友好关系，日本应以促进缅民主化建设和市场经济建设为基础，促进缅甸社会稳定，从而为东盟一体化做出贡献。① 在日本看来，东南亚海上通道是其海上生命线的最主要部分，中国影响力向印度洋的延伸，直接威胁到日本依赖波斯湾、印度洋，经过东南亚到太平洋的海上生命线。从长远的战略观点看，同中国争夺缅甸的外交主导权和丰富资源，对日本维护海上生命线也是十分重要的。② 换言之，日本不愿失去缅甸这一战略要地，更不希望看到缅甸成为中国事实上的附庸国，而让自己处于战略劣势。对于日本的湄公河地区外交来说，缅甸是其打造"价值观外交"体系的重要一环，在与缅甸的关系中不让中国独占鳌头

---

① Ichiro Maruyama, "Japanese Diplomacy on Myanmar", *Ajiken World Trends* (Japan), No. 8, August 2008, pp. 46 – 47.
② 陈志：《日美同盟与东南亚地区安全问题研究》，《日本研究》2010 年第 4 期。

是首要任务之一。

但由于缅甸在军政府统治时期一直处于欧美等国的国际制裁之下，日本认为缅甸只有在政治上实现民主化，在经济上走向市场经济，才能被国际社会所接受。在上述战略考量的框架内，日本对缅基本政策是，以经济援助为诱饵，促使缅甸朝野对话和民族和解，协助缅甸向市场经济体制过渡，同时与欧美等国保持协调，继续关注缅甸的人权状况。当缅甸人民解决温饱问题之后，他们自然会要求军政府进行更多的改革，下放更多的权力。到那时，缅甸才有可能成为日本所希望的民主国家。日本一直对缅甸采取"建设性干预"的政策，并在指导缅甸走向市场经济的过程中发挥了重要作用。日本和欧美各国保持一定的距离，和缅甸政府来往密切，并用胡萝卜而非大棒政策来诱导缅甸政府与中国保持一定的距离。日本一直是缅甸最大的外援和债权国，也经常利用这两种工具阻止缅甸过于偏向中国。[①] 2011年缅甸新政府上台后，日本有意以缅甸从军政府过渡到民选政府为契机，进一步发展两国关系。

在2011年第3次"日本—湄公河首脑会议"期间，日本首相野田佳彦和缅甸总统吴登盛首脑会晤，野田对于缅甸新政府推出的一系列政治、经济改革举措表示赞赏。日本宣布将放弃其对缅甸所持有的超过3000亿日元的债权，表示将再次开放对缅甸冻结的日元贷款项目，这将为两国扩大经济合作扫清债务问题的障碍。[②] 2012年1月，日本经产相枝野幸男率团访缅，表明了日本欲扩大对缅基础设施建设、贸易和投资等经济合作的态度。日本还特别重视东西经济走廊缅甸段的建设启动工作，并多次派团到走廊沿线进行考察。2月，日缅两国政府代表开始就签署《日缅投资协定》展开谈判。3月，日本政府决定向缅甸提供16亿日元无偿援助资金，并计划恢复对缅优惠贷款。

在2012年第四次"日本—湄公河首脑会议"上，日本决定免除

---

① 毕世鸿：《冷战后日缅关系及日本对缅政策研究》，《当代亚太》2010年第1期。
② Ministry of Foreign Affairs of Japan, *Meeting between Prime Minister Noda and Myanmar President Thein Sein*, November 25, 2011, http：//www.mofa.go.jp/announce/jfpu/2011/11/1125-01.html.

缅甸拖欠的 37 亿美元债务，成为日本迄今为止所放弃的最大规模的债权，日本还承诺对缅甸提供 1230 万美元援助。会上，日本共向湄公河国家提出 57 个具体合作项目，其中越南数量最多为 26 个，其次是缅甸有 12 个，日渐开放的缅甸已成为日本扩大外需的重要市场。缅甸总统吴登盛在东京会见日本媒体时也反复强调，为了扩大就业和经济发展，希望获得日本在技术、人才开发、投资领域的支持。会议期间，野田佳彦与吴登盛举行会谈时，对缅甸的民主化进程表示了赞赏，并表示将再次开放 1987 年起对缅甸冻结的日元贷款项目。此外，日本目前对缅甸所持有的债权达 5000 亿日元，日本政府宣布将放弃其中超过 3000 亿日元的债权，为两国扩大经济合作扫清了债务问题的障碍。2012 年 10 月，日本政府牵头在东京召开援助缅甸国际会议，宣布将解除缅甸的拖欠债务，于 2013 年恢复对缅日元贷款。可以预见，日本将首先利用扩大 ODA 的规模作为切入点，打开缅甸市场，投资领域将首先集中在劳动密集型产业、基础设施和能源等领域。

2013 年 1 月初，日本副首相麻生太郎在访缅期间，不仅宣布提供 500 亿日元的援助，还宣布免除缅甸的 5000 亿日元的债务。这意味着安倍政权已经启动经济外交，恢复对缅甸停止 20 多年的经济援助。2013 年 5 月，安倍晋三正式访问缅甸，这是日本首相 36 年来首度访缅。两国领导人同意增进经济、政治与安全合作，促进人员和文化交流。安倍宣布免除缅甸全部债务，同时提供巨额援助。对于缅甸新政府推动的民主化建设、法制建设、经济改革、民族和解等事业，安倍明确表示日本将官民并举、全力支持。① 在 2015 年 7 月的"日本—湄公河首脑会议"期间，安倍在与缅甸总统吴登盛的会谈中表示，将为完善缅甸的铁路及电力网建设提供最多 998.5 亿日元的贷款等，协助缅甸推进高质量基础设施建设。② 日本对缅甸的经济投入是

---

① 毕世鸿：《缅甸民选政府上台后日缅关系的发展》，《印度洋经济体研究》2014 年第 3 期。

② 《安倍与湄公河流域 5 国首脑分别会谈，表明推进基建合作》，2015 年 7 月 4 日，日本共同通信社（http：//china. kyodonews. jp/news/2015/07/100818. html）。

全方位的。诸如，日本计划帮助缅甸在2015年建成迪拉瓦港口经济特区，在缅甸的航运、铁路、公路及航空交通等领域向缅甸提供帮助，在当地开展稀土、钨、钼等金属矿山的地质勘查，将投资缅甸近海石油开发，与缅甸共同开发稀土等天然矿物资源。日本如此重视缅甸，背后有着深刻的经济利益和战略利益的考量。尤其在缅甸不断推进民主化进程，并与美国修缮关系特别是奥巴马亲自访问缅甸以后，愈来愈契合日本的"价值观外交"和"自由与繁荣之弧"方针，日本在"重返缅甸"方面，已大幅度提速。①

在亚开行规划的GMS东西经济走廊建设计划中，缅甸是该走廊通往印度洋的出海口。日本计划建成缅甸土瓦连接泰国、老挝和越南的东西经济走廊，该走廊横贯东西、连接印度洋及太平洋，与绕道马六甲海峡的漫长航线相比，行程至少可缩短2316公里，节省4天时间。目前缅甸土瓦港经济特区已经成为各方力量都希望介入的重要地区。目前日本国际合作银行已经承诺在土瓦投资125亿美元，支持意大利—泰公司主持的缅甸土瓦深水港经济特区项目。对于昆明—皎漂经济走廊建设计划，日本更迫切希望介入皎漂港的规划、设计和建设，以取代中国在该项目上的主导地位，并借此实现对昆明—皎漂经济走廊关键节点的控制，对中国"一带一路"倡议的实施形成制约，甚至阻碍中缅合作关系的发展。

概言之，由于缅甸已经全面进入民主化改革阶段，这降低了日本对缅合作的体制障碍。日本通过支持地区发展并从中分得一杯羹，从而会刺激日本经济的增长，也将为其获得政治影响力，对抗不断扩大经济影响力的中国，同时还能够促进日本与美国的特殊关系。不仅在经济层面，日本还积极介入了缅甸的国内政治事务。2012年，日本政府特别任命日本财团会长笹川阳平为"提高缅甸少数民族福祉大使"，以通过该财团对缅甸各少数民族提供援助。日本财团已制订了向缅甸民地武提供300万美元援助的计划。同年12月，笹川阳平与

---

① ［新加坡］侯金亮：《日本"重返缅甸"让中国边缘化》，2013年1月7日，联合早报网（http://www.zaobao.com/yl/tx130107_002.shtml）。

缅甸总统府部部长吴昂敏在毛淡棉共同向新孟邦党（NMSP）递交了价值7万美元的援助物资。缅甸政府允许外国机构向其境内的民地武直接提供大规模援助尚属首次。① 由于"日本在缅甸民族和解进程中没有直接的利害关系，可以通过以第三者的身份积极协调缅甸政府与各民地武之间的和谈，一方面提高缅甸政府和缅族对其的信任感，另一方面也能获得少数民族对其的认可和赞许，从而借此提高日本在缅甸的影响力"。②

如表2—3和表2—4所示，截至2014年底，日本对缅甸援助金额累计达60.1亿美元。其中，2013年日本提供的援助额达西方发达国家对缅甸援助总额的82.2%，由此可见日本的援助力度之大。受缅甸民主化进程的鼓舞，日本企业也在大举进军缅甸市场。投资方面，1988—2007年，日本共向缅甸投资2.13亿美元，名列对缅投资国的第12位。③ 2015年，日本对缅投资额达9505万美元，为历年最高。贸易方面，日本还是缅甸的第四大贸易伙伴。如表2—2和图2—4所示，自2011年以来，得益于日本企业对缅投资，日缅贸易额也有了快速增长。2016年，日缅贸易额为19.7亿美元，其中日本对缅出口额10.36亿美元，进口9.35亿美元，以日方出超为主。目前，"日本制造"在缅甸是产品质量和信誉的象征，可见日本在缅甸老百姓中口碑不错。

四 日本与泰国关系

泰国是日本重要的友好伙伴，也是湄公河地区中极为重要的国家。泰国在促进湄公河地区合作过程中，起到了火车头式的牵引作用。从促进东盟一体化的立场出发，泰国在湄公河地区的重要性与日俱增。通过发起和主导伊洛瓦底江、昭披耶河与湄公河经济合作战略

---

① 《日本财团向缅甸少数民族提供紧急援助》，《产经新闻》（日本）2012年12月22日。
② 毕世鸿：《缅甸民选政府上台后日缅关系的发展》，《印度洋经济体研究》2014年第3期。
③ ASEAN-Japan Centre, *ASEAN-Japan Statistical Pocketbook 2008*, Tokyo: ASEAN-Japan Centre, 2008, p. 86.

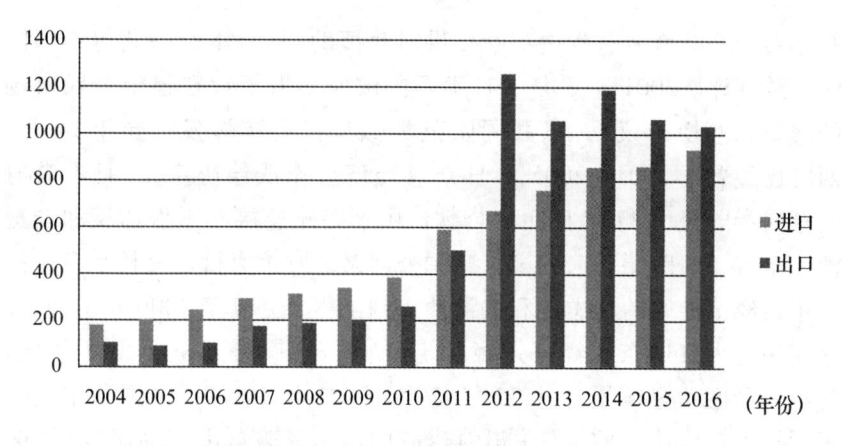

图 2—4　2004—2016 年日本对缅甸贸易情况（单位：百万美元）

资料来源：United Nations Commodity Trade Statistics Database, https://comtrade.un.org/data.

会议（ACMECS）合作机制，泰国作为地区连接点的地位也在不断上升，其政治经济影响力不容小视。作为湄公河地区的新兴发达国家，泰国积极参与对周边邻国的援助。因此，日本应不仅限于维持与泰国的双边关系，也要同泰国一道在各种地区性、国际性问题上开展合作。特别是在援助柬、老、缅、越四国的问题上，日本和泰国共同合作，对于日本参与湄公河合作项目具有重要意义，同时也有助于实现东亚共同体构想。[①]

日泰两国交往在新的国际和地区形势下开始在各领域、深层次上展开。经济合作仍然是两国交往的重点，尽管日本由于受到 20 世纪 90 年代初期泡沫经济崩溃的影响，进入了所谓"失去的 10 年"的经济萧条期，但日本仍然是泰国重要的贸易伙伴、投资和 ODA 来源。1997 年以泰国为震源爆发了亚洲金融危机，日本起初并未向泰国等东南亚国家提供及时的援助，反而为保护本国利益而放任日元贬值，导致危机进一步扩大，招致东南亚各国的普遍不满。但在其后的金融重建过程中，日本表现积极，不仅单独向泰国提供了约 40 亿美元的援助，还在国际货币基金组织提供的 40 亿美元贷款中占了很大比例，

---

① ［日］外务省：《对泰国国别援助计划（修订版）》，2006 年 5 月，第 9 页。

并在泰国经济恢复过程中不断提供财政援助。① 日本此举获得泰国国内一致好评。2001 年 5 月，日泰两国政府签署了旨在稳定金融市场的《货币互换协议》，以共同防范类似危机再次爆发。同年 11 月，两国还签署了 2001—2005 年日泰《经济合作伙伴协定》。日本政府同意向泰国提供 47 亿日元的贷款，用于兴建连接泰国穆达汉和老挝沙湾拿吉、横跨湄公河的第二座湄公河泰老友谊大桥。该桥是日本援建东西经济走廊的标志性和关键性控制工程，并已于 2006 年 12 月开通使用，为打通东西经济走廊奠定了坚实的基础。截至 2007 年底，日本对泰援助金额累计达 72 亿美元。2001 年 11 月，中国和东盟十国领导人达成协议将在 10 年内建成中国—东盟自由贸易区（China-ASEAN Free Trade Area，CAFTA），一直视东南亚为后院的日本加快了与东盟国家的经济合作步伐。2002 年 1 月，日本首相小泉纯一郎专程访问包括泰国在内的东盟五国，旨在推动日本和东盟自由贸易区的建立。同年 4 月，小泉纯一郎与泰国总理他信在博鳌亚洲论坛期间举行会晤，同意建立联合工作组，就两国经贸合作面临的问题和建立双边自由贸易区的可行性进行探讨。2003 年 12 月，小泉纯一郎在东京举行的日本—东盟特别首脑会议上，正式提出要与泰国谈判建立自由贸易区。2007 年 4 月，日泰两国正式签署 EPA，泰国由此成为湄公河国家中第一个与日本签订 EPA 的国家。

在双边经济关系方面，目前，日本是泰国最大的贸易伙伴、投资国和援助国，泰国已成为日本在东南亚地区重要的生产基地和市场，加入曼谷日本商会的日本企业已经达到 1310 家。② 其中，日本丰田、五十铃和三菱汽车公司已将泰国作为其皮卡车的全球生产基地。③ 在泰国的电子仪器制造行业中，日本公司占了总量的一半以上；在软件行业中，日本企业占 20% 左右。而日本近年对泰的援助主要集中于农业和信息技术等方面。如表 2—1 和图 2—1 所示，

---

① ［日］种田博：《经济恢复期间国际金融机构和日本政府援助的作用》，载国际通货研究所编《东南亚地区金融问题研究会报告》，东京，2001 年，第 92 页。
② 《最近的泰国局势和日泰关系》，2009 年 10 月，日本外务省（http://www.mofa.go.jp/mofaj/area/thailand/kankei.html）。
③ 张秋丽：《日本对泰国直接投资：特点及展望》，《东南亚纵横》2006 年第 9 期。

2015年日本对泰国直接投资高达42.39亿美元,同比增长29.2%。又如表2—2和图2—5所示,2016年,日泰贸易额为475.4亿美元,其中日本对泰国出口274亿美元,进口201.4亿美元,以日方的出超为主。

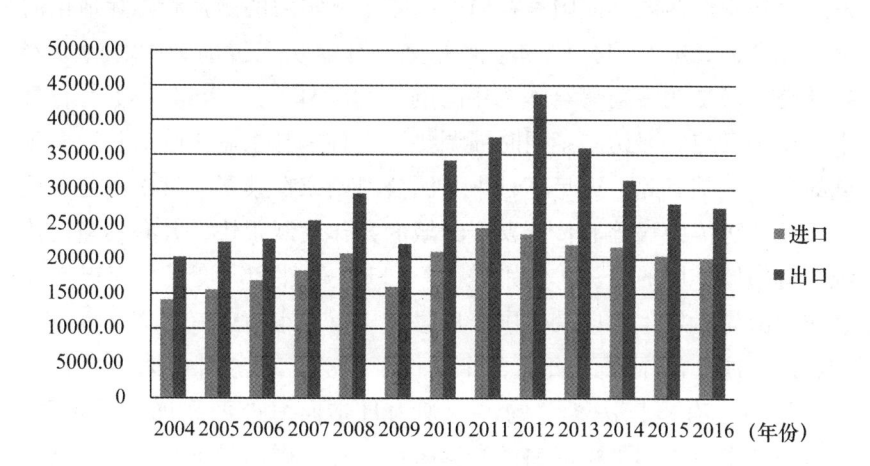

图2—5 2004—2016年日本对泰国贸易情况(单位:百万美元)

资料来源:United Nations Commodity Trade Statistics Database, https://comtrade.un.org/data.

中国与泰国的经贸合作远远落在日本之后,日本对泰国的经济渗透越来越深。在与泰国的经济技术合作领域,日本在生物技术基础研究项目、农产品质量提高项目、出口农产品的开发、农作物优质种苗的生产技术、植物生物技术、乳制品开发项目、牧草种类开发项目、动物健康管理项目、水产品加工的高质量开发项目等的研究、开发以及人才培养等领域提供了大量的援助和支持。此外,日本认为,信息化社会将成为日泰关系的重要组成部分。受日泰两国政府的委托,两国的相关研究人员在泰国信息系统的开发、实行、支援和提高以及信息产业基础设施建设等10个领域展开合作,完成了一系列的建议报告。2015年5月,对连接曼谷和清迈的总长约660公里的铁路,日本展开采用新干线的前期调查。日本还对泰国国内普通线路的改造和维修、新线路建设的调查、货物运送效率的提高等提供帮助。① 此外，泰国也向日本提出，对泰国周边的老挝、缅甸、柬埔寨和越南等国进行 IT 技术培训等支援，日本对此也给予了积极的回应。

此外，日泰两国在政治、文化、安全等领域的合作也得到了很大发展。随着包括湄公河国家在内的东盟整体实力的增强和国际地位的逐步提升，日本对湄公河国家的外交也开始从以援助为中心的"奉献外交"转变为以对等合作为中心的"协调外交"。2002 年 1 月，日本首相小泉纯一郎访问泰国时强调要增进日本与东盟在政治和安全领域的合作。基于此，近年来日本与湄公河国家在禁毒、打击海盗、反走私和预防传染病等非传统安全领域的合作发展很快，并有逐渐向传统安全领域扩展的趋势。特别是"9·11"事件和印度尼西亚巴厘岛爆炸案的先后发生，以及美国借反恐之机重返东南亚，都为日本进一步加强与湄公河国家的安全合作提供了机会，而"日美防卫合作新指针"和"有事三法案"的出台则为日本向海外派兵铺平了道路。对于一贯奉行大国平衡战略的泰国来说，在美国主导下与日本开展军事合作将有利于地区平衡，有益于地区稳定和本国的安全保障。据此可以认为，日泰两国在安全领域的合作还将会进一步发展。②

五　日本与越南关系

随着冷战结束以及柬埔寨问题的和平解决，日越关系有了显著的发展，尤其是两国间的经贸合作进入了前所未有的快速发展的新阶段。日本首先恢复了对越南的 ODA。1992 年，日本将越南列为实施 ODA 的 10 个重点国家之一，总额为 2.81 亿美元。③ 1993 年，日本首相宫泽喜一访问东盟国家时提出了针对印支国家的"共同合作式援助"构想，即与东盟合作共同对印支国家进行经济援助。同时，日本还担任了国际援助越南咨商会的主席，积极推动国际社会对越南

---

① 《日泰就启动曼谷高铁项目调查达成协议》，2015 年 5 月 27 日，日本共同通信社（http://china.kyodonews.jp/news/2015/05/98360.html）。
② 田禾、周方冶编著：《泰国》（列国志），社会科学文献出版社 2005 年版，第 262—263 页。
③ 李春霞：《浅析日本对越南经济政策及双边经济关系》，《东南亚纵横》2004 年第 4 期。

进行多边经济援助。① 虽然日本政府从 2000 年度开始削减 ODA 预算,但日本承诺对越南的援助额却连续 3 年增加,2003 年度达到约 917 亿日元。2004 年 4 月,日本政府修改了对越南的援助计划,在计划开头的理念和目的部分写道:"与中国接壤的越南,在我国对华外交的各种关系中也占有非常重要的地位。"② 日本期望越南能够在日中关系上起到政治军事平衡器的作用。基于这种考虑,日本推进对越南的 ODA 和经济外交。日本认为,对越南的援助应不局限于越南国内,而要以促进湄公河地区的共同发展为最终目标。应在日本主导的 FCDI 和亚开行主导的 GMS 经济合作等机制下,努力推进东西经济走廊公路建设等惠及湄公河国家的区域性项目的开展。同时也考虑到越南是中国的邻国,今后将通过各种方式,支持越南成为东盟内部的出口加工和劳动密集型产业据点。③

如表 2—3 所示,截至 2014 年底,日本对越援助金额累计达 150 亿美元。其中 2014 年,日本提供的援助额占越南双边援助总额的 58.6%(见表 2—4)。早在日本 2002 年制订的针对越南的国别援助计划中,主要涉及人力资源培训、电力和交通基础设施建设、农村开发、教育医疗保健和环境 5 个领域。而 2004 年修改后的国别援助计划中,则将促进发展、改善生活水平、制度建设等列为重点领域。同时,其援助方法也从过去的由受援国单方面提交援助项目清单到双向式的"对话型"项目决策。即在越南方面提出援助申请之前,两国就援助领域的中期目标进行政策对话,使越南的合作开发援助需求与日本的援助政策方针相吻合。④ 2006 年 11 月,安倍晋三在河内与越南总理阮晋勇举行会谈时明确承诺,继续将越南列为优先提供政府贷款的国家。⑤ 2017 年 1 月安倍晋三访问越南期间,两国领导人就细化并推动越日纵深战略伙伴关系达成广泛共识。2017 年 6 月,越南总

---

① 许梅:《日本与越南的经贸合作及日越关系的发展》,《当代亚太》2006 年第 3 期。
② [日] 外务省:《对越南国别援助计划(修订版)》,2004 年 4 月,第 1 页。
③ 同上书,第 5、13 页。
④ [日] 国际建设技术协会:《今后援助湄公河地区基础设施领域的政策建议》,2004 年 11 月,第 9—11 页。
⑤ 《安倍总理正式访问越南成果概述》,2006 年 11 月 21 日,日本外务省(http://www.mofa.go.jp/mofaj/kaidan/s_abe/apec_06/vietnam_gai.html)。

理阮春福访日，两国领导人一致同意通过扩大合作，其中包括投资、贸易、官方发展援助、高科技农业、劳务等领域的合作推动两国经济相对接。日方同意通过高质量基础设施建设、能源、环保、应对气候变化和人力资源培训等领域的合作继续援助越南实现经济可持续增长。①

为增强越南在南海的实力，日本加强了对越南在防务领域的援助。2014年，日本外长岸田文雄在访问越南期间承诺向越南无偿援助6艘巡逻船。2015年2月，日本国际协力机构向越南海警交付了第一艘船；8月向越南渔监部队交付了第二艘船，剩下的4艘将在2015年内交付越南方面。这有效提升了越南行政执法部门在南海海域的海上巡逻与执法能力。同年11月，日本防卫相中谷元与越南国防部长冯光青举行了会谈，双方就允许日本海上自卫队舰船首次停靠金兰湾海军基地达成共识，双方还将重申应保护航行和公海上空飞行自由，就启动双边海上训练达成一致。② 在2017年6月阮春福访日期间，双方签署有关维护航行安全项目的换文，其中日本承诺为越南海警新建6艘巡逻船提供ODA。③

随着日越关系的恢复与不断发展，日越双方在投资和贸易领域里的合作也进一步得到加强。贸易方面，日越贸易额除1998年受亚洲金融危机影响比1997年减少18%以外，均呈快速增长趋势。日本自90年代以来是越南最大的进出口市场之一。如表2—2和图2—6所示，2016年，日越贸易总额为292.3亿美元，同比增长5.6%。其中，日本对越出口额129.9亿美元，同比增加3.7%；日本对越进口额162.4亿美元，同比增加7.2%。日越贸易额在越南的对外贸易中排第二位，仅次于中国，可见对日贸易在越南的对外贸易中占有重要地位。

---

① 《阮春福总理与日本首相安倍晋三进行会谈》，2017年6月6日，越通社（http://zh.vietnamplus.vn/阮春福总理与日本首相安倍晋三进行会谈/66156.vnp）。
② 《越南将允许日本自卫队舰船停靠南海军港》，《日本经济新闻》2015年11月6日。
③ 《越南与日本加强防务合作》，2017年6月6日，越通社（http://zh.vietnamplus.vn/越南与日本加强防务合作/66134.vnp）。

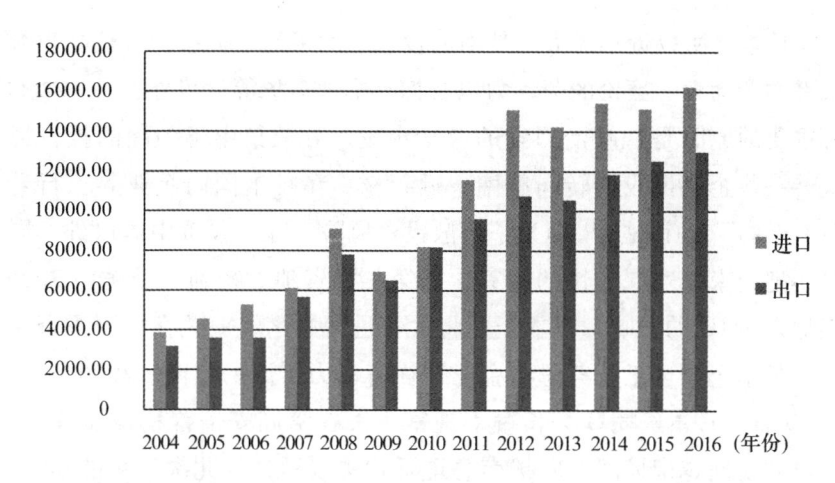

图 2—6　2004—2016 年日本对越南贸易情况（单位：百万美元）

资料来源：United Nations Commodity Trade Statistics Database，https：//comtrade. un. org/data.

投资方面，在 90 年代以来日本对越投资中，经历了两个高潮时期，即 1995 年前后期间与 2004 年之后。日本对越投资，始于 1991 年，90 年代前半期在日本国内掀起了一个对越投资浪潮。当时日本对越南的投资形成浪潮的主要原因是由于日元的急剧升值促使日本企业纷纷进入越南。然而进入 1996 年，日本对越投资开始出现下降的趋势，1997 年亚洲金融危机更使日本对越投资急速下滑。为改变这种局面，日越两国政府于 2003 年 11 月签署了《日本国与越南社会主义共和国有关促进和保护投资自由化的协定》[1]，并于同年 12 月发表了旨在改善越南的投资环境和增强越南吸引投资的竞争力的共同倡议。[2] 此举取得了很大成效，促使 2005 年日本对越南新投资项目达 97 件，在历年中占最高。如表 2—1 和图 2—1 所示，2012 年日本对越投资额曾高达 28.6 亿美元，2015 年则减少为 9.5 亿美元。

---

[1] 《日本国与越南社会主义共和国有关促进和保护投资自由化的协定》，2003 年 11 月 14 日，日本外务省（http：//www. mofa. go. jp/mofaj/gaiko/treaty/shomei_ 5. html）。
[2] 《为加强竞争力和改善投资环境的日越共同倡议》，2003 年 12 月 4 日，日本外务省（http：//www. mofa. go. jp/mofaj/area/vietnam/pdfs/report0312. pdf）。

日本之所以近年加大对越南的投资，除了越南拥有受过较高教育水平的劳动力、廉价的劳动力以及拥有本地市场等优势外，另一个非常重要的原因是从政治因素的考量出发，分散集中于中国的投资风险，一些企业把投资转向越南。近年来，在日本国内企业界流行着"中国+1"的说法，① 即为了分散投资风险，除了投资中国以外，同时还把越南等发展较快的国家作为第二投资地。特别是受越南2006年加入WTO的影响，日本企业将大举进军越南，一些在中国投资设厂的日本企业也正在考虑将企业迁往劳动力低廉的越南。2006年11月19日，日本经团联会长御手洗富士夫在陪同安倍首相参加APEC会议并访问越南期间，向越南总理阮晋勇表示，仅此次访越的60家日本企业就计划在最近几年内对越南投资约850亿日元。② 据日本贸易振兴机构（JETRO）针对日本企业的问卷调查，在与投资环境有密切关联的社会政治稳定性、优惠的税收制度、优秀人才以及廉价劳动力等方面，将来一段时间内日本企业对越南的信心的确较中国要大些，③ 从这点看出日本对越投资至少在将来的一段时间内会持续增长。2008年12月，日本和越南签署了经济伙伴协议。继越共总书记德孟2009年4月访日之后，越南总理阮晋勇又于5月访日，并同日本首相麻生太郎发表联合声明，承诺把双边关系发展成战略伙伴关系，希望两国快速批准经济伙伴协议，并把双边经济关系发展成比

---

① 近年来，日本产业界流行三个名词，即产业回归、BRICs和"中国（China）+1"。对日本企业而言，这三个词都与中国有关，堪称分散中国风险的代名词。所谓"产业回归"，是指自2003年日本企业将关键产业撤回国内，扩张国内生产基地的行动。近几年，索尼将数码摄像机生产部分回撤日本，夏普则建设了龟山液晶显示屏生产基地。主要企业的回归带动了相关企业紧跟回流。BRICs则是指巴西、俄罗斯、印度和中国这4个新兴市场国家群，乃取其英文第一个字母组合而成。美国高盛公司报告预测，到2039年四国经济规模将超过当前世界最发达的美、日、德、英、法、意的总和，2050年世界将出现"中、美、印、日、巴西和俄罗斯"的新G6。四大新兴市场国成为世界经济最具潜力的投资亮点，也成为日本企业的战略焦点。"中国+1"最直接体现了日本企业对中国风险的危机意识，堪称分散对华投资风险的战略组合。

② 《日越首脑及经济界要人会议》，2006年11月19日，日本外务省（http：//www.mofa.go.jp/mofaj/kaidan/s_abe/apec_06/kaigo_jv.html）。

③ ［日］日本贸易振兴机构：《在亚洲和大洋洲日资企业活动现状调查（2008年度）》，2009年3月，第155—157页。

"中国+1"战略更强大的关系。①

冷战结束以来的日越经济关系稳步快速发展,反映了两国在追求各自国家利益中,各自所需得到了满足,利益一致。一方面,为发展国内经济,争取更大的国际市场、国外投资以及经济援助,越南积极发展同日本的经济关系。另一方面,日本则通过贸易、投资以及经济援助等方式,积极、稳步地扩大其对越的影响力。日本以其较为务实的经济手段正逐步发展、扩大对越经济关系,从而扩大自己的影响力。2006年10月,日越两国宣布将尽快建立"为实现亚洲和平与繁荣的战略伙伴关系"。事实上,日越两国关系正日益密切,以物质为基础的经济关系使两国的政治关系更趋紧密发展。②

纵观日本与湄公河国家经贸合作以及日本与湄公河国家关系的发展历程,无不从经济和政治两个方面体现了日本对湄公河地区合作策略的实质,也反映了日本东亚外交的重点所在。获取经济利益可以说一直是日本对湄公河地区合作策略的主要目标,而不同时期政治利益和战略需求的变化也始终影响着日本对湄公河地区政策的制定和调整。并且,随着国际格局尤其是东南亚地区政经形势的发展,政治和战略因素在日本对湄公河地区合作策略中所占的比重正在逐步加强。可以说,经济既是目的又是手段,最终也是为政治服务的,而政治反过来又促进了经济利益的实现。

第三节 日本调整湄公河地区合作策略的绩效分析

事实上,日本与湄公河国家长期的合作关系正在产生良好的政治和经济效益。日本实施湄公河地区合作策略取得了诸多成效,当然也还面临一些困难,主要表现在以下几个方面。

---

① 《日越首脑会谈》,2009年5月22日,日本外务省(http://www.mofa.go.jp/mofaj/area/vietnam/visit/0905_sk.html)。

② 邓应文:《论1990年以来越南与日本的经济关系》,《南洋问题研究》2008年第2期。

一 取得的成效

(一) 日本已成为湄公河地区最大的援助国

如前所述，进入21世纪以来，尽管日本的 ODA 总体预算在逐渐减少，但对柬埔寨、老挝、越南等国的 ODA 却在逐年增加。从表2—3可以看出，在湄公河国家中，除泰国由于经济实力较强，已基本不需要日本的 ODA 并逐年偿还日元贷款以外，日本每年都对柬、老、缅、越四国提供大量的 ODA。ODA 所涉及的领域包括基础设施建设、人力资源开发、环境保护、禁毒、法制建设、民主化建设和经济制度改革等多个领域。但对于缅甸，援助范围仅限于人道主义紧急项目以及促进缅甸民主化建设和经济制度改革的人力资源培训项目。①

随着美缅接近，日本随即增加对缅 ODA。在2011年"日本—湄公河首脑会议"期间，日本宣布将放弃其对缅甸所持有的超过3000亿日元的债权，表示将再次开放对缅甸冻结的日元贷款项目。就在2012年11月奥巴马访缅当天，日本也表示将对缅提供500亿日元贷款。②

表2—3　　日本对湄公河国家 ODA 历年统计　（单位：百万美元）

国家	2007	2008	2009	2010	2011	2012	2013	2014	累计
柬埔寨	113.56	114.77	127.49	147.46	134.21	182.44	141.49	124.31	2415.94
泰国	-477.35	-748.48	-150.31	-143.54	-167.64	-242.51	-193.51	157.10	5734.35
越南	640.04	619.04	1191.36	807.81	1031.01	1646.71	1306.89	1523.09	15000.45
缅甸	30.52	42.48	48.28	46.83	46.51	92.78	2528.32	213.92	6010.65
老挝	81.46	66.29	92.36	121.45	51.52	88.43	75.96	103.33	1986.80

备注：表中的负数表示应还贷款余额。

资料来源：Ministry of Foreign Affairs of Japan, *ODA Date Book 2015*, 2015.

---

① [日] 外务省：《政府开发援助（ODA）数据2005》，2005年，第100页。
② 《日本将时隔25年重启对缅贷款，金额达500亿日元》，2012年11月19日，日本共同通信社（http://china.kyodonews.jp/news/2012/11/41672.html）。

如表2—3和表2—4所示,截至2014年底,日本对柬埔寨援助金额累计达24.2亿美元,对老援助金额累计达19.9亿美元,对缅甸援助金额累计达60.1亿美元,对越南援助金额累计达150亿美元,对泰国援助金额累计达57.3亿美元。加上日本通过国际机构提供的ODA,与其他发达国家相比,日本现已成为柬老缅越四国的最大援助国。

表2—4　　　西方发达国家2013年援助湄公河国家金额比较

（单位：百万美元）

	日本	美国	英国	法国	德国	意大利	加拿大	澳大利亚	瑞典
柬埔寨	143.39	76.92	17.14	24.88	40.90	1.20	10.09	71.95	40.46
泰国	607.21	56.84	3.82	15.26	19.63	0.90	0.93	6.16	8.47
越南	1680.40	119.25	38.19	248.54	154.75	2.42	22.12	147.17	12.81
缅甸	5331.77	81.20	156.18	592.26	17.88	9.03	6.55	70.01	28.17
老挝	79.84	9.41	1.48	16.93	27.98	0.10	0.73	49.22	0.04

资料来源：经济合作与发展组织（OECD）发展援助委员会相关统计资料。

其中,东西经济走廊建设堪称日本在湄公河地区的代表性援助项目。为了同中国正在积极建设的南北经济走廊相抗衡,日本近年来不断加大援助建设东西经济走廊的力度。东西经济走廊的高速公路横贯湄公河地区,其东段从泰国（穆达汉）经老挝（沙湾拿吉）到越南中部的深水港口岘港。2004年,日本提供80.9亿日元的援助,在老挝（沙湾拿吉）与泰国（穆达汉）之间兴建湄公河第二国际大桥。该桥为东西经济走廊的关键性工程,并于2006年12月竣工通车。该桥的建成,标志着除缅甸以外的东西经济走廊东段已全线贯通。由此,泰国至越南的公路运输距离和时间将大幅缩短,运输成本也会降低,将进一步唤醒公路跨境运输的需求,从而有效促进湄公河地区的物流发展和越、老、泰三国的经济合作,并对投资湄公河地区的日本企业提供更多开展商贸活动的机会。① 与此同时,连接曼谷、金边与

---

① 《日刊通商弘报》（日本）2006年11月20日。

胡志明市，横跨越、柬、泰三国的南部走廊建设工程也正紧锣密鼓地展开。众多日本企业在日本政府相关机构的组织下，多次前往日本援建的东西经济走廊沿线进行大规模的商务考察。考虑到政治风险和人工费上涨等因素，一些日本企业采取"中国+1"战略进军东南亚，又进一步以"泰国+1"方式进驻柬埔寨、缅甸、老挝等地，位于湄公河畔的老挝第二大城市沙湾拿吉经济特区趋于活跃。2015年，日本企业在当地已有16家工厂投产①。

（二）对湄公河国家社会经济发展发挥了重要的促进作用

由于冷战时期长期处于地区战乱，柬埔寨、老挝、缅甸、越南四国经济落后，要想在短期内实现经济社会的快速发展，没有大量的资金是不可能实现的。日本的ODA对湄公河国家的能源、资源开发等基础产业、交通通信等基础设施，以及农林、城建、环保等领域的发展起到了积极的促进作用，对湄公河国家消除贫困和地区差距、保护环境、支援农业开发和市场经济建设等诸多方面起到了重要作用，为湄公河国家带来了显著的经济和社会效益。2008年4月，日本国际合作银行（JBIC）行长田波耕治就表示，在日本的支援下，越南社会面貌在过去几年内发生了巨大改变，政治经济上都取得了骄人的成就，尤其在实现政治民主化和减少贫困方面，越南已经成为亚洲发展中国家的楷模。②

另外，外来援助还是柬埔寨、老挝、缅甸、越南四国国家财政收支平衡的重要保证，稳定的外来援助是弥补财政赤字，确保必要的财政支出的坚实后盾。日本提供的大量ODA有力地推动着湄公河国家的经济发展，促使湄公河国家融入东亚区域以及世界范围内的经济体系，帮助提高湄公河国家人民的经济收入，消除贫困，改善人民生活水平。同时，稳定的外来援助还是柬埔寨、老挝、缅甸、越南四国国家财政、货币、金融体制的良性发展的保证，其重要性不容小视。鉴于援助柬埔寨、老挝、越南三国取得了阶段性成果，日本也希望将这些援助经验推广到其他地区。2008年1月，日本驻越南大使服部则

---

① 《日企着眼内陆国家老挝，探索新发展战略》，2015年6月30日，日本共同通信社（http://china.kyodonews.jp/news/2015/06/100471.html）。

② 日本共同通信社2008年4月2日电。

夫在接受越南新闻社采访时说:"越南是接受日本 ODA 贷款实现成功发展的典型范例,日本也将向其他亚洲国家提供类似的援助。"①

(三) 树立起日本在湄公河地区的良好形象

湄公河国家政府一向反对某些国家和国际组织借人权问题或者其他理由作为向其提供经济援助的条件,也反对它们把经济援助作为干涉本国内政的手段。例如,柬埔寨首相洪森曾不止一次表示,如果捍卫柬埔寨的主权和尊严需要这样的话,饱尝了长期被围困和经济制裁的柬埔寨人民,不害怕别人再一次把困难强加在自己身上。② 日本源源不断的援助对于柬埔寨、老挝、缅甸、越南四国这些长期处于贫困状态的国家来说无疑是有吸引力的。另外,日本对柬埔寨、老挝、缅甸、越南四国的 ODA 以经济技术合作和无偿援助为主,在一定程度上大大减轻了柬埔寨、老挝、缅甸、越南四国的外债负担,这取得了柬埔寨、老挝、缅甸、越南四国政府和人民的好感和信赖。为表示对日本援助的重视,柬埔寨、老挝和泰国政府在本国的纸币和邮票上,均印有由日本援助建设的一些具有代表性的大型项目的图像。③

(四) 在区域合作方面采取"双管齐下"的方针,实现与湄公河国家的合作

为了主导东亚经济一体化进程,实现日本倡导的东亚共同体构想,日本在与湄公河国家的谈判中,仍然采用"双边谈判,各个击破"的方式,在与泰国和越南签署了 EPA 的基础上,由易到难,进一步推动与老挝、柬埔寨和缅甸的交涉。可是围绕农业、关税和劳务输出等问题,各方意见相左。特别是农业问题涉及日本产业结构和政治结构的变化,内部利益集团阻力很大,不可能轻而易举地解决。同时,虽然日本与东盟整体签署了 AJCEP,但由于双方经济发展水平差距巨大,各自要求甚远,众口难调,要真正取得一致意见并具体落实,日本与东盟全体成员国建立自由贸易区尚需相当时日。

---

① 《人民报》(越南) 2008 年 1 月 21 日。
② 钟楠:《浅析日本对柬埔寨的援助外交》,《东南亚纵横》2003 年第 12 期。
③ 毕世鸿、何光文:《冷战后日本的大湄公河次区域政策及其行动选择研究》,《东南亚研究》2009 年第 3 期。

(五) 对湄公河国家的对华政策产生了一定影响

中国是 GMS 经济合作的成员，在推动 GMS 经济合作中发挥了重要的作用。但日本却视中国为与其在湄公河地区的主要竞争对手，频频出招促使湄公河国家在天平上偏向日本一边。日本抛开中国单独与湄公河国家举行外长会议、经济部长会议和首脑会议即是典型例子。并且，近年来，"中国威胁论"在东南亚地区仍有一定市场，日本也别有用心地推波助澜，一直散布"中国南下威胁论"，使得越南、缅甸等国益发担心中国有朝一日会大举"南下"。①

此外，近年来，中国与日本和越南、菲律宾等国围绕岛屿和领海的争端日益激烈。对此，日本不仅加强与越南的双边合作，对其他四国也开展密集的外交工作，促使湄公河国家在一定程度上"理解"日本的立场和政策。② 在 2013 年 1 月访越期间，安倍晋三在与越南领导人会谈时特意提出了与中国有关的南沙群岛主权问题，并结合钓鱼岛问题与越方达成了"反对通过实力改变现状、尊重法律支配"的共识。③ 在其后的历次日越首脑会谈中，都会涉及南海问题，并对中国在南海的相关活动一致表达"忧虑"④，这得到了越南领导人的积极响应。2015 年 11 月，安倍晋三与越南总理阮晋勇在马来西亚会谈时，阮晋勇就表示"中国的行动导致地区局势紧张"，希望日本给予协助。⑤ 在 2017 年 5 月越南总理阮春福访日期间，越方"希望继续得到日本海上护卫力量的援助，同时呼吁日本在国际和维护南海地区稳定方面发挥积极作用"，而这正是日方求之不得之事。双方在发

---

① 王介南：《缅中关系与我国西南周边安全》，《世界经济与政治论坛》2004 年第 4 期。

② 《日本—柬埔寨外相会谈（概要）》，2012 年 7 月 11 日，日本外务省（http://www.mofa.go.jp/mofaj/kaidan/g_gemba/asean1207/cambodia.html）；《日本—老挝外相会谈（概要）》，2012 年 7 月 11 日，日本外务省（http://www.mofa.go.jp/mofaj/kaidan/g_gemba/asean1207/laos.html）。

③ 《安倍出访东南亚在淡化"鹰派"色彩的同时牵制中国》，2013 年 1 月 20 日，日本共同通信社（http://china.kyodonews.jp/news/2013/01/45181.html）。

④ 《安倍总理大臣与越南共产党总书记阮富仲的会谈（结果）》，2015 年 9 月 15 日，日本外务省（http://www.mofa.go.jp/mofaj/s_sa/sea1/vn/page4_001371.html）。

⑤ 《通过做南海多数派工作，呼吁联合应对中国》，《读卖新闻》2015 年 11 月 22 日。

表的联合声明中敦促"有关各方不采取单方面行动,包括岛礁'军事化'、改变南海现状等,维护航海与航空的自由与安全"。①

概言之,随着中国经济的飞速发展,国际地位的日渐提高,尤其是中国与湄公河国家关系的不断改善,使得一向把东南亚作为"经济后院"并在该地区长期发挥主导作用的日本充满了危机感。因此,通过经济合作尤其是经济援助进一步密切与湄公河国家的关系,成为日本平衡和制约中国在湄公河地区日趋扩大的政治经济影响力的重要手段。而日本用胡萝卜政策成功地来诱使湄公河国家与中国保持一定的距离,亦屡尝胜果。

二 日本在湄公河地区的"软实力"日益凸显

从日本的湄公河地区合作策略调整过程可以看出,日本毫不掩饰自己的大国欲望,认为随着经济地位的上升,应该获得与经济地位相称的政治地位。因此,在冷战后,日本加快实现政治大国化的步伐,而这离不开湄公河国家的支持。建立与湄公河国家稳定的外交关系,是日本东亚合作战略的目标之一。② 日本在贸易、投资和援助"三位一体"的经济合作战略框架下,期望在湄公河地区建立一种有助于推动东亚共同体建设的合作范本。为此,日本不惜提供大量援助资金,并通过技术援助、政策交流等各种渠道,加强对湄公河国家的渗透,影响着湄公河国家的对外政策。事实上,日本与湄公河国家长期的合作关系正在产生政治效益。越来越多的湄公河国家赞同日本在政治与安全方面在该地区扮演重要的角色,以便制衡正在崛起的中国。在目前一些比较年轻的东盟政治领导人中,已经出现了比较强烈的亲日倾向。

此外,日本还试图通过文化外交来提升日本的软实力。日本特别重视人力资源开发,近年来不断扩大对湄公河国家人力资源培训的合作力度。2008年1月,日本制订了5年内邀请1万名湄公河国家青

---

① 岳平:《越南大国平衡外交呈现新特点》,《世界知识》2017年第13期。
② 高伟浓、胡爱清:《论战后东南亚国家对日本认识的演变》,《东南亚纵横》2003年第12期。

年访日的计划。2008年3月25日，日越两国政府签署了《有关为培养越南博士进行合作的备忘录》，日本承诺将在3年内扩大招收越南博士留学生的规模。湄公河国家数以千计的学生受到日本的资助留学日本，学成回国之后成为支撑本国社会发展和经济建设的中坚力量。受援国的大批技术和管理人员得以前往日本进修并与相关机构进行交流，回国之后也保持着密切的联系。日本为湄公河国家培养了一批技术过硬并致力于本国经济与社会发展的中高级管理人才。此举既为受援国加快经济和社会发展提供大量优秀人才，也培养了众多"亲日派"，并加深了受援国对日本的亲近感，可谓"一箭三雕"。[1]

据此可知，湄公河国家认为日本是促进本地区发展的重要伙伴，湄公河国家对日本的依赖也将成为一种长期的现象。如前所述，湄公河国家已在被朝鲜绑架日本人、朝鲜核武器以及导弹开发等问题上同日本保持一致立场，赞同日本提出的到2050年把全球温室气体排放减少50%的长期目标，支持日本成为联合国安理会常任理事国，希望日本在湄公河地区能够发挥更重要的作用。[2] 这使日本的亚洲外交政策获得了一个稳固的支撑点，巩固了在东亚的地位，也极大地提高了日本在国际社会中的威望。无论从政治还是从经济的角度看，今后很长一段时期，湄公河地区仍将是日本迈向政治大国的一块"跳板"和"试验场"。

三 存在的问题

尽管取得了上述骄人成绩，但就日本而言，其在日美同盟框架下所施行对湄公河地区"价值观外交"的成果还十分有限。

（一）日本的经援外交攻势并未达到理想的政治目的

日本与湄公河国家的合作由来已久，日本将湄公河国家列入

---

[1] 毕世鸿：《试析冷战后日本的大湄公河次区域政策及其影响》，《外交评论》2009年第6期。

[2] 《日本—湄公外长会议（结果概要）》，2008年1月17日，日本外务省（http://www.mofa.go.jp/mofaj/area/j_mekong/0801_kg.html）；《日本—CLV外长会谈概要》，2008年7月22日，日本外务省（http://www.mofa.go.jp/mofaj/kaidan/g_komura/asean_08/jclv_gk.html）。

"价值观外交"体系,意图扩大制衡中国的阵营。① 21世纪日本的湄公河地区合作策略,是全方位加强经贸联系,推动与湄公河国家的经济合作,逐步促进政治、安全领域的交流与协调。但湄公河国家在欣然接受日本 ODA 的同时,却也头脑清醒,并在政治和安保方面对日本保持一定距离,在短期内日本在湄公河地区谋求发挥军事安全作用将是有限的。湄公河国家为了维护该地区的和平与安全,谋求政治上的独立自主,运用大国平衡战略,反对任何一个大国谋求湄公河地区的主导权,这在一定程度上也制约了日本外交的开展。日本借 ODA 来离间湄公河国家与中国关系的企图,并未完全成功。对于中国与越南等国的南海争端问题,柬埔寨和老挝等国一直主张"应在当事国之间协商解决"②,并未完全赞同日本的政策和立场。换言之,湄公河国家并不希望因密切对日关系而牺牲对华关系。日本试图通过经援外交和价值观外交打通其政治大国的道路,仍显漫长。

(二) 日本与中国的竞争使得其与湄公河国家的发展合作效益受到限制

为抵制对中国主导建设的"南北经济走廊",日本大力援建"东西经济走廊",斥巨资援助湄公河国家建立国际物流通道,但忽略了相互合作以达到更好的资源整合以及更高的经济效益,造成"南北经济走廊"和"东西经济走廊"之间的对接并不顺畅,"东西经济走廊"作为国际物流大通道的目标并不名副其实。③

(三) 日本与湄公河国家的合作空间受到挤压

面对来势汹汹的"美湄合作",日本并未做好充分的准备。加之印度、欧盟、澳大利亚等纷纷参与湄公河地区合作,日本与湄公河国家的合作空间受到挤压。不仅如此,日本此前想借助湄公河地区达到其政治大国的目标也受到挫折。日本在湄公河地区苦心经营,却在美

---

① 《野田政府欲在亚太地区推行"价值观外交"》,2011年10月8日,日本共同通信社(http://china.kyodonews.jp/news/2011/10/17717.html)。
② 《东盟峰会就南海问题产生分歧,未提及中国"九段线"》,2015年11月21日,日本共同通信社(http://china.kyodonews.jp/news/2015/11/109656.html)。
③ 毕世鸿:《区域外大国围绕中国西南周边国家合作的博弈》,载林文勋、郑永年主编《中国向西开放:历史与现实的考察》,社会科学文献出版社2014年版,第244页。

国重返东南亚的攻势之下相形见绌。

（四）日本与他国的三边合作可能引发相互矛盾

近年来，为了遏制中国，美国积极助推美日印、美日澳、美澳印三边合作，并取得进展。印度出现在这样一些三角关系中，某种程度上说明中国面临非常严峻的形势。就美日印来说，虽然美、日都希望加强与印度的战略合作，但印度一直希望与日本加强经济领域的合作。或者说发展合作是印度发展与日本关系的重点领域，战略合作居于次要地位。这使得美日印的三边合作很难取得切实进展。印度虽然警惕中国，但只希望在目前亚太地区的中美地缘政治敌对状态中扮演"中立角色"，不想被拖入这场"新的大博弈"中。印度防长安东尼曾明确表示，虽然印美建立了全面防务关系，但印度并未制订与美、日、澳建立针对中国的三边或四边战略轴心这种更为宏大的计划。①

---

① 《印澳否认与美拼凑反华轴心》，2011年12月3日，新华网（http://news.xinhuanet.com/world/2011-12/03/c_122370792.htm）。

第 三 章

印度参与湄公河地区合作的策略调整

印度由于毗邻湄公河地区，且其战略构思相对完整。冷战后至今，印度先后提出了"东向"政策和"东向行动"政策，湄公河地区成为印度实施"东向"政策和"东向行动"政策的第一站。政治上，印度提出"不结盟2.0版"，积极参与东南亚事务，希望借此提高在该地区的发言权，进而彰显其大国地位。① 印度与东盟已确定将双方关系提升为"战略伙伴"关系。安全上，印度突出其海上战略，与越南、柬埔寨和缅甸等国签有双边防务合作协议，其牵制中国的意图明显。经济上，印度试图借发展与湄公河国家的发展合作，构建进入东南亚的陆上通道，获取该地区丰富的自然资源，并实现其东北地区的稳定。

第一节 从"东向"到"东向行动"下的"印湄接近"

印度与湄公河国家的合作是基于"东向"政策（Look East Policy）中的印度对东盟的政策而制定的。该政策是印度根据冷战结束后国际环境和国内社会形势的变化而提出的一项发展同印度东面的国家

---

① ［新加坡］毛四维：《印度"不结盟2.0"反对联美制华》，2012年3月30日，联合早报网（http://www.zaobao.com/yl/tx120330_001.shtml）。

关系的政策。该政策以振兴印度的经济为主要目的，增强与印度东面的国家，特别是湄公河国家的关系为依托，扩大印度在亚太地区的影响，使印度成为在亚太地区有影响力的大国。

一 印度提出"东向"政策的背景

从空间的角度来看，"东向"政策以印度东面的湄公河国家、印度洋岛国、东亚和南太平洋地区的国家作为实施对象；从"东向"政策实施的时间先后顺序来看，印度的"东向"政策先是与邻近的东南亚国家开始合作的。因此，从现实利益的角度来看，东盟国家，特别是湄公河国家将是印度"东向"政策中主要的合作对象。而印度提出"东向"政策作为其与印度东面国家发展关系的政策基石也是有多方面的原因的。

（一）国内外形势的变化

印度在1992年提出了"东向"政策，其基本出发点是为改善印度国内经济状况以及扩大印度的外交空间。

冷战结束后，由于苏联的解体，印度失去了一个重要的战略盟友和经济伙伴，而雅尔塔体系的终结令世界格局发生了很大改变，尽管军事力量仍是各国实力的主要体现，但经济实力在国家间竞争中的比重增加，经济发展越来越得到各个国家的重视。拉奥于1991年出任印度总理的时候，印度的国内经济已经面临崩盘状态。拉奥决定实行对内改革经济体制和对外改变冷战时的外交思维的政策来应对这些迫在眉睫的困难与挑战，努力发展经济，改善同西方国家的关系。同时印度还提出了发展与其东面的东南亚国家的关系（后来扩展到整个东亚和新西兰、澳大利亚）的"东向"政策。印度希望在与这些东南亚国家的交往中，能得到更多的资金援助、技术支持以及进行贸易的机会。[①]

（二）经济全球化的趋势

随着后冷战时期经济全球化的趋势加快，很多国家意识到只有通

---

① 侯松岭：《印度"东向政策"与印度—东盟关系的发展》，《当代亚太》2006年第5期。

过与其他国家开展合作来才能维持本国的经济发展，因此，区域经济一体化也得到了快速的发展。印度曾作为主导者与南亚国家一起建立了南亚国家联盟，意图振兴印度的经济，但是由于印巴关系紧张，印度所参与的南亚区域合作联盟其成员国在区域合作方面很难进行合作。在这样的背景下，印度不得不考虑参与到其他的区域性经济组织中来发展印度的经济。而印度的近邻东南亚于1967年成立了东南亚国家联盟，经过了数十年的发展，东盟国家在经济合作方面取得了令人瞩目的成就。

对印度而言，与湄公河国家及其他东盟国家进行合作，无疑是一个发展对外贸易的最佳选择。一方面，"东盟的经济发展较快，在亚洲乃至世界经济都具有重要的影响力，其发展势头和经济增长模式对印度有着很强的吸引力。另一方面，东盟还是一个巨大的市场，双方经济结构的互补性也较强，印度试图借助搭上东盟经济发展的顺风车而缓解国内经济窘境"①。同时，印度加强与东盟的经济合作，进而通过东盟等一系列合作与交流的平台加强与世界经济的联系，加速印度参与经济全球化的进程。

（三）大国外交的需要

苏联的解体导致了雅尔塔两极体系的结束，世界开始朝多极化发展，但此时美国仍是世界上唯一的超级大国，因此，印度不得不重新考虑同美国的关系。任何一个欧洲国家也无力成为变化中的国际关系体系中的一极，因此它们加速了一体化的进程，将欧洲国家的力量整合到一起，尽可能地在维护国际秩序中发挥自己的作用，从而减弱美国的影响。而在亚洲，印度可以逐渐清晰地察觉到，中国将会成为世界体系中的一极。世界发生了如此大的变化，因此印度应看清自己的实力，依据印度自身安全以及发展战略的需要，重新制定与自身发展条件相符合的外交政策，加速印度经济全球化的进程，努力成为多极均势的国际体系中具有影响力的大国，从而能够在新型的国际社会中取得有分量的话语权。而东盟在国际社会中

---

① 杨晓萍：《印度"东向"中的东北部与次区域合作》，《亚太经济》2014年第4期。

扮演着越来越重要的角色。在"东向"政策下，印度同东盟加强合作，使印度在联合国中得到更多的支持，有利于印度成为联合国常任理事国愿望的实现。

（四）国家安全的考量

"东向"政策的施行，有助于印度保障其东北部局势的稳定、营建一个安全的周边地区环境和海上商业通道。

"东向"政策的一个核心部分就是解决印度东北部叛乱的问题。这个与新德里相距甚远的地区在过去一直得到中国的物资支持，现在则是巴基斯坦和孟加拉在那里建立了培训中心，来教育那里的人们。这个地区是巴基斯坦的一部分。同时，印度东北部的叛乱分子也在利用印度与缅甸的边境地区来运输物资以及实现其他破坏印度国家安全目的。因此，印度需要同东北部的邻国缅甸进行合作，共同保障其东北部形势的稳定。[1]

从印度陆上国家安全方面来说，东盟位于南亚地区和亚太的十字路口，而湄公河国家中的缅甸，其国内政治是否稳定与印度东北部地区的局势有密切的联系，因此对于印度来说，湄公河地区的战略和政治重要性不容置疑。湄公河国家大都处在印度同亚太其他国家贸易通道的战略要道上，地缘战略上的重要意义促使印度改善与东盟的关系，加强与东盟在军事安全领域的合作，以为其营造一个安全的周边环境。[2]

而印度的另一个主要的利益在印度洋，印度海军建设的出发点就是保护其海上的贸易航线以及横贯印度洋的对印度来说至关重要的能源运输线，因此印度装备了两艘航空母舰以及采用核威慑的战略来保护其在印度洋的利益。印度不断地扩充海军表达出了双重含义：印度想要获取蓝水海军的实力以及改变二战后延续至今的狭隘的"不结盟"外交政策。印度如今已认识到印度有义务保障印度洋

---

[1] Indian Council of World Affairs, *Two Decades of India's Look East Policy: Partnership for Peace, Progress and Prosperity*, Manohar Publishers & Distributors Publications, 2012.

[2] 黄正多、李燕：《多边主义视角下的印度"东向"政策》，《南亚研究季刊》2010年第4期。

地区的安全，并已付诸行动为之努力；其海洋战略的制定必须要以一个高度战略的眼光从国家安全的角度出发，必须要覆盖从印度洋延伸到太平洋的东亚、日本和澳大利亚等地区，维持印度在该区域的海军实力范围以及商业贸易范围。

（五）平衡中国影响力

自中国实行改革开放以来，在出口导向型经济的拉动下，中国的经济得到了迅速发展，整体国力迅速提高，这也使得中国有能力对海外市场进行大量的资本输出从而获得更多的利益。同时，中国与同为印度近邻的湄公河国家经济方面的快速发展，使将中国视为竞争对手的印度有了强烈的危机感。因此，印度决心在湄公河地区这个地缘战略要地和双方都紧邻的巨大贸易市场中与中国进行竞争。

此外，拉奥总理开始执政时冷战刚刚结束，原苏联和美国相继削减在东南亚地区的战略存在，东南亚地区出现了一些权力真空带，特别是中国影响力较强的湄公河地区，印度担心中国会乘机填补该地区的战略真空，而中国和湄公河国家的合作则被印度视为对其区域影响力的制衡。同时，由于中印边界问题尚未解决，左右呼应、声东击西，亦可增加制衡中国的棋子。

2013年5月中国李克强总理访印期间，提出了建设孟中印缅经济走廊的倡议，得到了印度方面的积极响应，并将这一构想写进了《中印联合声明》。2014年9月，中国国家主席习近平访印，两国发表的联合声明提到要推进孟中印缅经济走廊建设。2015年5月莫迪总理访华期间，加快推进孟中印缅经济走廊建设再次成为两国领导人的共同话题。孟中印缅经济走廊将连接世界上最大的两个发展中国家——中国和印度，涵盖世界上最不发达的缅甸和孟加拉国，如果四国积极合作，不仅能惠及四国和周边，而且将带动南亚、东南亚和东亚三大板块的联动发展。对此，无论是印度前总理辛格还是现任总理莫迪均表示要推进与中国在孟中印缅经济走廊领域的合作，而该走廊也是"一带一路"的重要组成部分。但是，印度不愿意将孟中印缅经济走廊项目纳入中国"一带一路"倡议的概念范围之内。① 因此，印度推行"东向"政策，便是其大国战略和对"对冲"中国因素综合考量的结果。中国的崛起无可置疑地在客观上"刺激"了印度战略决策界。

正是出于上述因素的考量，印度启动了"东向"政策，希望进一步加快地区政策实施的步伐，寻求区域层面的对华战略平衡。现在，这一系列政策已经成为印度外交政策的一个极其重要的组成部分。"东向"政策并不仅仅是一项对外经济政策或一条政治口号，而是印度在观察世界和自己在日益发展的全球经济中的地位时的一项战略转变以及一条与东亚之间的友谊和合作的纽带。

二 "东向"政策下印度与湄公河国家的合作历程

从20世纪90年代初正式启动至今，印度的"东向"政策因时而变，不断演进。先后经历了"东向"与"东进"两个大的发展阶段。按照2003年时任印度外长亚什万特·辛格的说法，20世纪90年代初印度"东向"政策正式推出以后的前十年时间，是整个"东向"政策的第一阶段。这一阶段的特征是：印度带有很大的试探性与"东边"的各亚洲国家发展关系，特别是与陆上相邻的湄公河地区以及东盟内部经济较为发达的新加坡、泰国等国家亲近，发展经贸与投资联系，并通过谋求恢复与东南亚地区国家的经济关系，来改善冷战时期的相敌对的外交状况。随着印度与东盟之间经济联系的增强，从2003年起，印度已逐渐迈入其"东向"政策的第二阶段，这一阶段特征是印度希望在亚洲东部拓展外交和经济战略空间，加速与东南亚的融合进程。其整个东向战略的重点也正在超越原有的经济整合，开始寻求更为深入地介入安全军事等"高级政治"领域。② 换言之，印度的"东向"政策由战略构想层面的"向东看"逐渐转为逐步实施的"东进"。③

---

① 朱翠萍：《"一带一路"倡议的南亚方向：地缘政治格局、印度难点与突破路径》，载汪戎主编《印度洋地区发展报告（2017）》，社会科学文献出版社2017年版，第18、20页。
② 张力：《印度迈出南亚——印度"东向政策"新阶段及与中国的利益关联》，《南亚研究季刊》2003年第4期。
③ 楼春豪：《印度"进军"东亚：以经济外交平衡中国影响力》，《第一财经日报》2011年7月21日。

(一)"东向"初始阶段

在印度执行"东向"外交政策的前几年里,双边合作一直停留在比较初级的阶段。在中国、日本、韩国与东盟确立了"10+1"以及"10+3"的合作模式之后,印度受到了极大刺激,因此开始加大其"东向"政策实施的力度。1995年,在东盟第五届首脑会议上,印度成为东盟的正式对话伙伴国。1996年,印度加入东盟地区论坛。1997年,印度成为东盟地区对话伙伴国。1997年,印度与孟加拉国、斯里兰卡、泰国组建了环孟加拉湾经济合作组织。1998年缅甸加入后,也被称为孟印缅斯泰经济合作(BIMSTEC),从而加强了印度同缅甸和泰国这两个湄公河国家的经济联系。BIMSTEC已确定在贸易和投资、交通运输、旅游、渔业、能源等领域开展合作,强调需要开放领空,建设东西走向的公路和铁路,开发湄公河流域的资源,改善农业生产,保护环境以及在金融、关税等方面进行合作,计划到2017年前将成员国之间的关税减至零,最终成为亚洲又一个自由贸易区。

1998年瓦杰帕伊政府上台后,印度以湄公河国家为突破口,开展了一系列的合作,[①] 希望加深双边合作力度,如1998年双边举行了首次"高级官员会议";2000年11月,印度与湄公河国家发起了"湄公河—恒河合作倡议"(MGC),在该机制下定期召开外长会议,并计划修建连接各国的公路和铁路;2001年7月,该组织通过了《恒河—湄公河合作河内行动计划》。2001年11月,印度在第七届东盟峰会上成为继中国、日本、韩国之后单独与东盟举行峰会的国家。2002年11月,印度与东盟各国领导人召开了首次东盟—印度领导人会议以及"印度—东盟商业峰会",并最终确立了双边年度峰会机制,形成了继3个"10+1"(中日韩)之后的第4个"10+1"合作机制。2003年11月,双方决定在今后10年内建立东盟—印度自由贸易区。

印度还与东盟国家签署了《东南亚友好合作条约》《印度与东盟

[①] 钱峰:《印度全面推进东进战略理性看待中国南下》,《环球时报》2001年12月15日。

全面经济合作框架协议》以及《东盟与印度合作打击国际恐怖主义的联合宣言》等。这些都充分表明,印度"东向"政策的第一阶段已取得了明显效果。在经济合作取得成效的同时,印度也开始加强同湄公河国家的军事合作。[①] 例如,印度已同泰国、老挝和越南等国签署了多项防务协议,可以使印度将"东向"的利益范围延伸至南中国海。

(二)"东向"深化阶段

进入21世纪以来,印度的经济发展逐渐呈现出快速成长的态势,这为印度在"东向"政策于湄公河地区已经取得相当成功的基础上进一步提升印度与东盟国家的关系创造了前提,印度"东向"的地域和合作范围正在扩大,并呈现出朝着政治安全和战略制衡的方向发展的趋势。[②]

一是地域范围的扩大。即从过去集中于东南亚变为将东亚和南太平洋都包括在内。也就是说,"东"的地域概念将扩大,包括从澳大利亚直到中国和东亚的广阔地域,东盟则为其中的核心。2005年,印度作为东盟对话伙伴国,成功跻身"东亚峰会"的行列。

二是经济领域合作加深。如在前述"湄公河—恒河合作倡议"中,旅游、文化、教育和交通被确定为印度与湄公河国家合作的主要领域,但由于印度与该区域的经贸关系尚不够密切,上述机制的实际效果并未达到印度的预期。2005年,印度又发起了针对性更强的"湄公河发展论坛:促进印度—湄公河经济合作"会议。在2004年第三次东盟—印度峰会上,双方签署了《和平、进步与共同繁荣伙伴关系协定》。2005年,印度成为东亚峰会的成员国。2009年,双边签署了货物自由贸易协定(AIFTA)。到2011年初,印度和东盟的贸易额已猛增至570亿美元。最近10年内增加了8倍之多。印度所占东盟出口的比重从1996财年的7.49%上升到2010财年的10.86%。东盟成员占印度总贸易的比重已达到约10%。印度和东盟已互相成为重要的投资伙伴。从2004年到2010年,印度在东盟的投

---

① 梁军、李欣仁:《透视印度"东向战略"——加深与东盟国家军事交往》,《解放军报》2001年6月28日。

② 赵干城:《印度"东向政策"的发展及意义》,《当代亚太》2007年第8期。

资额已达到 218 亿美元，占同期印度对外投资总额的 25%；而除开文莱、柬埔寨和老挝等外，东盟国家从 2000 年 4 月到 2009 年 4 月期间在印度的投资也达到了 82 亿美元。① 2011 年 11 月，印度总理辛格表示，将考虑兴建"印度—缅甸—泰国高速公路"，就"印度—湄公河经济走廊"展开研究，这将成为连接印度和湄公河地区的贸易大通道。

三是安全和战略领域合作成为双边关系发展的新重点。印度与东盟的军事合作日趋频繁，特别是湄公河地区中的泰国、越南、缅甸，军事合作层次不断提高，从开始的军事交流逐步扩大到全面防务合作，军事互访不断增多。举行各种联合军事演习，并且演习次数逐年增多、规模也不断扩大。② 随着近年来南海局势紧张，印度与越南之间的军事互动也更加频繁，双方于 2007 年正式确立了战略伙伴关系。

四是强调要发展与东南亚地区的有形联系。目前，印度正着手在湄公河地区构建交通走廊，将其视为周边发展战略的有机部分。印度总理辛格为此指出，与东盟的实体连接是印度的战略目标，涵盖陆路和水路，多个计划正在规划过程中。包括延伸到老挝和柬埔寨的"印度—缅甸—泰国公路"，以及连接越南的另一条公路等。

三 "东向行动"政策的出台

2011 年 7 月，时任美国国务卿希拉里在访问印度期间表示，"印度有潜力在积极塑造亚太地区未来方面发挥领导作用。我们鼓励印度不仅要向东看，而且应继续参与东方事务并付诸行动"③，对印度在东南亚乃至太平洋地区发挥更重要作用持支持态度。受美国的鼓励，印度也不满足于停留在讨论"东向"或"东进"的阶段，而是需要

---

① Mohammad Samir Hussain, Janatun Begum, "India-ASEAN Economic and Trade Partnership", *The Journal of Turkish Weekly*, 31 October 2011.

② 吴崇伯：《印度与东盟军事与安全合作试析》，《南洋问题研究》2008 年第 3 期。

③ *Remarks on India and the United States: A Vision for the 21st Century*, U.S. Department of State, July 20, 2011, http://www.state.gov/secretary/20092013clinton/rm/2011/07/168840.htm.

实实在在的行动了。

2012年2月，印度出台了冷战结束后首份具有浓厚官方色彩的外交与战略政策报告——《不结盟2.0：印度21世纪外交和战略政策》。该报告认为，亚太地区存在诸多发展模式，并出现了多种双边和多边合作机制，这导致众多大国围绕主导权展开角逐，也为印度持续参与地区事务的扩展影响力提供了可能。自此，"东向行动"政策（Act East Policy）浮出水面。

2012年12月，东盟和印度在印度首都新德里举行的峰会上正式宣布，双方正式完成了在服务和投资领域的自由贸易协定谈判。印度与东盟还决定将其合作关系提升至战略伙伴关系。经过近20年的经营，印度与湄公河国家的交往已有了实质性的拓展，特别是在贸易、交通和人员及机构往来上，双边合作逐渐深化，印度"东向行动"的意愿和战略也已全面展现。印度正在成为湄公河地区一个影响力渐增的行动者。

2014年8月，印度外长斯瓦拉吉在访问越南期间更明确表示，"如今不再是仅仅向东看，该到了行动的时候了"。莫迪政府将"东向"政策强化为"东向行动"政策，在逻辑上既是"东向"政策实施20来年的延续与发展，也是印度对亚太地区与全球形势及自身发展进行综合判断后得出的结果。在经济上，莫迪政府试图以更加积极的姿态融入地区经济一体化浪潮并借力亚太地区经济发展快车，以摆脱印度和亚太地区经济一体化及完整产业链并无密切联系的不利局面，并从亚太地区获得大量资金技术支持和能源供给，而且开发亚太地区的国际市场。在政治上，印度期望在积极融入和参加亚太地区系列多边机制的基础上，提升印度的战略价值和地区政治影响力，并增强印度在地区事务中的话语权，从而来进一步营造有利其发展的战略平衡，这集中体现在参与地区区域、次区域对话与合作机制中。在安全方面，印度不仅在南海问题上以所谓"海上安全与航行自由"显示其立场，支持越南对于南海争议地区的主权主张，而且不断加强与越南等国的海上安全合作关系，派遣海军进入南海以扩大在南海地区的军事存在，希望通过"搅浑"南海问题给中国制造战略迟滞，进而发挥越南等国牵制中国进入印度洋的作用，为印度创造战略机遇期。① 自此，印度以更加积极的姿态参与湄公河地区合作。

2015年6月，印度与孟加拉国划定了两国国界，结束了几十年来遗留下的难题。两国还签署了交通运输合作协议，允许两国卡车和巴士跨境往来行驶，这使得从印度中心地区到东北部各邦的物流效率大大提高。受此鼓舞，印度也准备与泰国和缅甸也签署同样的交通运输合作协议。②

而对于印度在亚太地区扮演更为积极的角色，美国、日本及湄公河国家持欢迎和鼓励态度。美国在印度追求的更大的目标应该是拉拢印度加入一个民主国家联盟，来共同应对由崛起中的中国带来的不确定性。③ 对于日本而言，"团结"印度似乎成了日本最为可能也最为现实的选择。2017年5月在印度举办的非洲发展银行大会上，日本还计划与印度讨论携手推动从亚太延伸到非洲的"自由走廊"计划，试图通过"自由走廊"计划来平衡中国"一带一路"倡议的影响。日本副首相麻生太郎甚至更直白地表示，"为了制衡中国，日本看中印度"。④

第二节 印度与湄公河国家关系的新进展

在冷战期间，印度同东南亚国家的经济联系只是刚刚开了头，双方的关系牢牢地被政治因素所主导。因此，印度若想与东盟亲近，必须要从改善国与国之间的关系入手，发展双方不太敏感却又迫切需要的经济合作，从而再进行政治、军事等方面更深入的交流。从地缘政

---

① 葛红亮：《"东向行动政策"与南海问题中印度角色的战略导向性转变》，《太平洋学报》2015年第7期。
② 《中国与印度的东南亚"交通网"竞争白热化》，2015年8月24日，日本共同通信社（http：//china.kyodonews.jp/news/2015/08/103988.html）。
③ 《奥巴马高调访印，英媒渲染美印联手制衡中国》，2015年1月27日，人民网（http：//world.people.com.cn/n/2015/0127/c1002-26458191.html）。
④ 《印日欲联合制衡中国，或携手推动"自由走廊"计划》，2017年6月15日，人民政协网（http：//www.rmzxb.com.cn/c/2017-06-15/1594710.shtml）。

治、历史交往等方面来考量，湄公河地区是实行"东向"政策到"东向行动"政策的最佳切入点。其中，越南和缅甸是印度"东进"湄公河地区的重要砝码。对于缅甸民主化问题，印度态度灵活，两国领导人互访频繁。其次，印度东进政策的重心已从"分享中国经济繁荣"转向"防范中国势力扩张"。印度的地区外交也为此服务，要与越南等"制衡"力量发展更紧密的关系，包括与这些国家达成安全合作协定和定期开展军演。因此，印度不断提升对越关系，除经贸与防务合作外，印度也希望利用中越南海争端，提升两国的战略合作。

一 双边关系的新进展

（一）印度与缅甸关系

印度发展同缅甸的关系，是印度在其周边外交上的重要一环。拉奥政府上台后，印度调整了对缅甸政府的政策，积极寻求发展友好的双边关系，并在政治、军事、经济方面取得了一定的成效。印度与缅甸关系良好的发展，可以促进双边经贸往来，确保印度的能源安全及其东北部地区局势的稳定，从而更好地促进"东向"政策的施行。

1. 改善关系时期（1991—1997 年）

缅甸对印度具有重要的战略意义。从二战结束直到 20 世纪 60 年代初，印度与缅甸关系一直保持良好的外交关系。但在缅甸军政府 1988 年 9 月上台执政后，印度作为强调人权、民主、道德理念的"世界上最大的民主国家"，对缅甸军政府的独裁统治持批评态度，并且印度还公然支持昂山素季领导的反对党"全国民主联盟"，印缅关系急剧恶化。1990 年缅甸举行大选，当军政府宣布选举无效时，印度首先发出抗议的声音。作为对缅甸军政府纵容、支持印东北部地区的反政府组织的回应，印度也收留了大批流亡的缅甸民族运动分子，允许他们以印度为基地开展反对缅甸军政府活动。两国政府互相抨击彼此的政策。因此，两国中断了外交关系，关系恶化到了前所未有的地步。

1991 年 9 月，拉奥政府通过了决议，初步提出积极发展与东南亚国家关系的新思维，缅甸作为印度陆路通往东南亚的重要门户以及海上安全的合作伙伴，理所当然地成为"东向"政策优先考虑的对象。

此后，印度在1991年停止了批评缅甸军政府的广播宣传。并在1992年召开的不结盟组织的会议上，印度不再反对重新接纳缅甸。1993年，印度开始致力于改善印缅两国关系，并在经济和其他领域开展了一些合作。但是双方在政治方面的合作并没有取得实质性的成果。因为昂山素季在印度政界具有很大的影响力，如何处理好昂山素季的问题对印缅关系的发展至关重要。

2. 全面合作时期（1998—2010年）

1997年7—8月，缅甸相继加入东盟和孟印缅斯泰经济合作组织，出现了开始与国际社会进行积极接触的意向。印度根据形势再次调整了对缅政策，两国关系逐渐改善。1998年印度向缅甸提供1000万美元贷款，被缅方视为是有意改善两国关系的积极信号。1999年瓦杰帕伊领导的人民党政府执政后，在经济因素、地缘政治的驱动下，印度对缅政策更加务实，双方高层往来增多，合作领域也逐渐拓宽。

2000年印缅关系取得突破性进展。当年2月，印外长辛格访问缅甸，这是1987年印总理甘地访缅以来印度高层对缅的首次访问。同年11月，缅甸"和平与发展委员会"副主席貌埃率团访印，成为军政府执政以来访印的最高领导人。此后，两国交往增多，双边贸易额逐年增加，印度向缅提供的经济援助也在增多。以上种种迹象表明，印缅关系开始升温。

2003年1月，缅甸外长吴温昂访印，就双方合作开展道路和港口设施、水电工程建设，联合开发沿海和内陆的石油和天然气资源，以及推进防御关系达成协议。此次访问中，两国决定建立外交磋商机制，印度还同意向缅提供2500万美元的贷款。当年，两国还开始了军事方面的合作。印参谋长联席会议主席及海军司令辛格对缅进行了访问。与此同时，两艘印度军舰抵达仰光，同缅举行首次联合军事演习。印官员称，相信此举将向该地区发出强有力的信号，同时加深两国的防务交流。

因此，印度对缅的民主化问题也减少了批评。当年发生"5·30事件"后，昂山素季再度被软禁，印政府未就此事发表评论，只表示一直在关注事态发展。当时主张与缅进行接触的外交秘书迪克特说,印度"热爱我们自己的民主,但不应把它强加于其他国家"。但印度的政治反对派仍要求缅甸政府立即释放昂山素季及其支持者。

2003年11月,印副总统谢卡瓦特访问缅甸,他是自1987年印总理甘地访缅之后16年来出访缅甸级别最高的印度领导人。两国同意将加强在经济、贸易、教育、文化和技术方面的合作,并进一步加强双边的防务合作交流,努力使两国的共同边界成为一条和平、稳定和安宁的边界。双方还同意加强与东盟及"孟印缅斯泰经济合作组织"的合作;签署了互免公务和外交护照签证协定及人力资源开发合作谅解备忘录;决定将两国的贸易额从2002年的4亿多美元提高到2006年的10亿美元。印承诺向缅提供5700万美元的贷款,用于仰光—曼德勒铁路的改造。缅表示支持印成为联合国安理会常任理事国。2004年1月缅外长吴温昂访印期间,两国就印度参与开发缅近海石油和天然气、建设跨境输气管道以及帮助缅发展信息产业等问题交换了意见。通过这些双边往来与协议的签署,显示印缅关系进入一个新的发展时期。①

2004年10月,缅甸"和平与发展委员会"主席丹瑞大将访问印度,这是缅甸国家元首24年来首次访问印度,也是缅甸军人集团执政16年来缅印最高领导人的第一次会晤。两国签署多项安全、经贸和文化合作协定,将两国关系推向全面合作。2006年3月,印总统卡拉姆访缅,又签署若干双边协议,其中包括能源合作协议。2007年1月,印外长穆吉克访缅,对缅方2006年提出的一系列军事装备要求做出积极回应。2008年,印缅在内比都签署多项经济合作协议;2010年7月,丹瑞再次访问印度,印缅两国在政治、经济、军事、禁毒、文化教育等领域的交流与合作日益频繁,两国关系全面升温。

3. 缅甸民选政府上台后双边关系的新变化(2010年至今)

2010年缅甸举行大选,吴登盛当选缅甸总统。印度对这次的缅甸大选表示欢迎和肯定,随后双方在各领域开展一系列合作。2010年底,印度最大汽车制造商塔塔汽车公司宣布与缅甸汽车和内燃机工

---

① 马燕冰:《印缅关系的发展及对中国的影响》,《亚非纵横》2009年第6期。

业公司签署合作协议，在缅甸共建汽车工厂生产重型卡车；2011年9月，印度陆军参谋长、参谋长联席会议主席迪帕克·卡普尔对缅甸进行访问，双方签署防务合作协议；10月，印度宣布向缅甸提供5亿美元贷款帮助缅甸发展灌溉工程等项目；同月12日，缅甸总统吴登盛访问印度，双方签署经贸与防务协议，印度伊萨格鲁普公司也正式参与缅甸实兑港的开发工作。①

2012年5月，印度总理辛格访缅，两国签署了12项合作协议，涉及油气开发和水陆交通网建设等领域，印度同意向缅甸提供5亿美元优惠贷款。同年11月，缅甸全国民主联盟主席昂山素季访问印度，也希望印度给予缅甸更多的支持和投资。② 缅甸从军政府向民选政府和平过渡促进了政局稳定，并于2013年解除了新闻审查机构，民主化稳步进行，这使印度在更高层次、更深领域发展印缅关系有了可靠保证。2014年3月，印度总理莫迪借出席BIMSTEC峰会之机访问缅甸，两国就打击跨境犯罪、建设印缅泰公路和印度参与缅甸天然气开发等问题进行了讨论。同年11月，莫迪赴缅参加东亚峰会，并与缅甸总统吴登盛和民盟领导人昂山素季举行了会晤，被视为莫迪政府加强对缅关系的重要战略举措。③

民盟政府上台后，印缅两国更增加了领导人互访的频率。2016年8月，缅甸总统吴廷觉访印，两国领导人在政治、安全、边境事务、经贸合作以及地区议题上取得了广泛共识。双方签署了印度帮助缅甸修路建桥、开展能源合作、支持发展缅医3个合作谅解备忘录。④ 同年10月，缅甸国务资政昂山素季赴果阿出席BIMSTEC峰会并访问印度，两国领导人重申了将不允许叛乱组织利用两国领土从事敌对活动。莫迪宣称印度将全力支持缅甸依据21世纪"彬龙会议"

---

① 周安理、石小岳：《浅析近期印缅关系升温对中缅关系的影响》，《东南亚之窗》2011年第3期。

② Bi Shihong, "India's Past Ties to Myanmar not Forgotten", *Global Times*, November 29, 2012.

③ 刘稚、黄德凯：《缅印关系的新发展及其对区域合作格局的影响》，载刘稚主编《大湄公河次区域合作发展报告（2016）》，社会科学文献出版社2016年版，第119页。

④ 《印度向缅甸表达支持以抗衡"中国影响力"》，2016年8月30日，环球网（http://world.huanqiu.com/exclusive/2016-08/9377622.html）。

而推进的和平进程倡议。① 印度与缅甸通过构建领导人互访会晤机制，为改善和加强双边关系加固了顶层设计，在可预见的将来，如不出现重大变故，印缅双边关系还会继续深化发展。

4. 印缅经济关系

关于印缅贸易，如表3—1和图3—1所示，除个别年份外，2004—2014年印度对缅甸的进口一直处于增长态势，2012年曼莫汉辛格总理访缅签订了《印缅边境地区开发谅解备忘录》和《印缅关于建立跨边境市场的谅解备忘录》，推动了印缅之间边境贸易的发展。2014年11月，莫迪总理再次出访缅甸，参加东盟峰会，传递出重视印缅关系、加强印缅经济合作的信号。该年印度对缅甸的进口也达到近十几年的最高峰13.93亿美元，同样印度对缅甸的出口也不断增长，2016年首次出现印度对缅甸的出口大于进口，长期以来印缅之间的贸易逆差得到逆转。印度从缅甸进口的物品主要包括豆类、木材和木制品，印度对缅甸出口的物品包括钢铁、药品、电机及设备、矿物油、橡胶产品、塑料等工业制成品。②

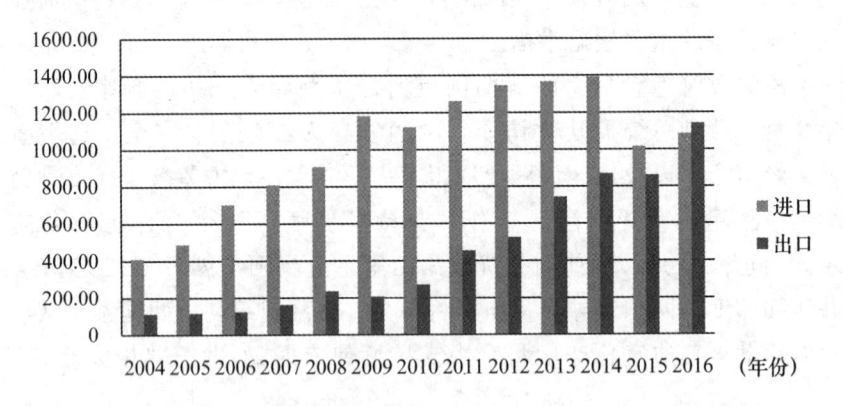

图3—1 2004—2016年印度对缅甸贸易情况（单位：百万美元）

资料来源：United Nations Commodity Trade Statistics Database，https://comtrade.un.org/data.

---

① Bi Shihong, "China-Myanmar Cooperation Won't be Hindered by India's Look East Policy", *Global Times*, October 24, 2016.

② 卢光盛、冯立冰、张泽然：《中缅与印缅经济关系的比较研究》，《南亚研究》2017年第1期。

表 3—1　　　　　印度对湄公河国家贸易情况　　（单位：百万美元）

		柬埔寨	老挝	缅甸	泰国	越南
2004	进口	0.23	0.09	410.69	750.16	73.21
	出口	16.75	0.95	112.70	856.83	534.85
2005	进口	0.42	0.07	489.16	1196.60	127.38
	出口	21.35	6.54	117.25	1059.27	633.47
2006	进口	1.48	0.38	702.70	1550.81	159.83
	出口	48.09	2.36	124.09	1350.98	874.10
2007	进口	1.24	0.08	809.07	2192.37	153.13
	出口	44.83	2.94	162.76	1673.34	1241.48
2008	进口	4.27	0.52	906.27	2664.79	371.60
	出口	53.85	4.59	237.33	2005.28	1812.61
2009	进口	3.74	0.19	1181.82	2775.88	442.91
	出口	41.56	26.92	208.18	1710.81	1833.50
2010	进口	7.64	20.12	1122.15	3940.82	993.51
	出口	61.05	8.18	272.58	2139.58	2475.60
2011	进口	8.41	70.17	1262.04	5055.56	1554.28
	出口	89.57	13.97	455.86	2767.92	3466.53
2012	进口	10.13	143.73	1346.18	5499.27	1945.49
	出口	110.08	27.31	526.85	3454.13	3658.16
2013	进口	12.79	111.33	1366.24	5475.44	2826.67
	出口	136.77	61.31	742.87	4203.81	5987.61
2014	进口	16.42	59.63	1392.76	5680.94	2781.69
	出口	154.07	63.61	868.53	3438.52	6526.52
2015	进口	42.99	142.95	1016.30	5650.14	2680.09
	出口	145.35	51.26	859.97	3113.56	5357.21
2016	进口	43.21	172.41	1084.93	5316.38	3105.62
	出口	109.28	23.93	1141.17	2962.38	5957.68

资料来源：United Nations Commodity Trade Statistics Database, https://comtrade.un.org/data.

关于印度对缅投资，如表 3—2 和图 3—2 所示，印度近六年来对缅甸的直接投资并不稳定，2010 年达到最高值 1360 万美元，之后的投资下降幅度很大，2015 年较前几年有所回升，达到 807 万美元。印度商工部部长希塔拉曼于 2016 年 5 月表示，印度企业对入缅投资的兴趣极大，希望能在种植业、畜牧、水产、农村发展、能源、食品、成衣、IT、卫生、教育、技能培训、旅游、再生能源及金融业等各个领域都进行投资，① 印度对缅甸直接投资的增长仍然具有很大的潜力。

表 3—2　　　　　　印度对湄公河国家直接投资额（流量）

（单位：百万美元）

	2010	2011	2012	2013	2014	2015
柬埔寨	1.02	8.53	11.99	6.14	3.28	0.48
老挝	0.00	0.00	0.00	0.00	0.90	2.46
缅甸	13.6	1.50	0.00	7.30	0.74	8.07
泰国	92.43	32.47	52.31	59.89	-78.29	1.11
越南	4.05	10.19	10.08	1.14	18.89	72.08

资料来源：ASEAN Sectretariat-ASEAN FDI Database as of 5 October 2016, https://data.aseanstats.org/fdi_by_country.php.

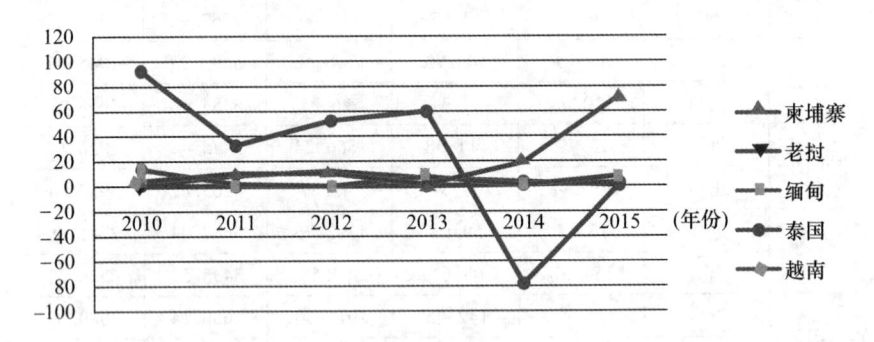

图 3—2　2010—2015 年印度对湄公河国家 FDI（单位：百万美元）

资料来源：ASEAN Sectretariat-ASEAN FDI Database as of 5 October 2016, https://data.aseanstats.org/fdi_by_country.php.

---

① 《印度慌了，将对缅甸 15 个行业投资》，2016 年 5 月 21 日，缅甸中文网（https://mp.weixin.qq.com/s?_biz=MjM5ODQyNzgxNA==&mid=2651434429&idx=7&sn=0d60f084916fe684730885e4210486ca#rd）。

（二）印度与泰国关系

印泰两国友好交往源远流长。印度宗教在公元前2—3世纪就已经在泰国开始传播，并对日后的泰国历史和文化产生了深远的影响。印度与泰国于1947年正式建立外交关系。但在冷战时期，双方分属两大阵营，印泰关系经历了一段较长的冷淡时期。20世纪80年代末，印度的经济出现了巨大危机，而此时的近邻泰国其较为成功的经济模式无疑为印度的经济发展提供了一个很好的样板。印度在"东向"政策的指导下，本着分享东盟经济快速发展成果的宗旨，因此具有悠久交往历史和经济具可借鉴性的泰国成为印度与湄公河国家发展关系的突破口。自冷战结束以来，印度与泰国的关系发展迅速，主要经历了以下几个发展阶段：

1. 接触与建立互信时期（1991—1996年）

1991年，拉奥政府提出了旨在全面发展与东盟国家关系的"东向"政策，之后印泰两国开始高层互访，1992年4月，泰国哇集拉隆功王储对印度进行了访问；1993年4月和1994年7月，拉奥总理两次访问泰国；1996年，泰国诗琳通公主访问印度的安达曼和尼科巴群岛。印泰两国都表现出了希望在两国长期友好邦交的基础上加强交流与合作的愿望，加强经济方面的合作成为了双边互访的主要内容。双边在投资、贸易和旅游合作方面签署了多项协议，并且在安全和科技合作方面也达成了多项意向。印泰两国加强了交流与合作，建立了互信，积极接触，两国关系开始走上了积极发展的道路。

2. 积极发展时期（1997—2003年）

1997年，泰国正式提出了旨在加强与西边国家双边关系、扩大海外潜在市场并吸引海外投资的"西向"政策（Look west policy），作为对印度"东向"政策的积极回应，这是印泰关系发展史上一个转折点。这表明泰国也在进一步寻求拓宽其经济合作的范围。泰国与西边国家（如印度和孟加拉、缅甸等国）的经济结构具有很强的互补性，因此双边进行经贸合作可以各取所需。印度在泰国西面的国家中占有举足轻重的地位，因此与印度开展良好的经济合作关系当然是泰国的选择。

此后，双边互访更加频繁，2001年7月，泰国商业部长、外交部长、科技与环境部长、教育部长等重要政府官员对印度进行了多次访问和考察；2002年1月，他信总理对印度进行访问，两国签署了科技合作协议与和平利用外层空间的协议。4月，印度外长辛格对泰国进行访问。2003年1月底至2月初，印度政府副总理兼内政部长阿德瓦尼访问泰国。

泰国"西向"政策的提出，可以看作是泰国对印度"东进"政策的认可。"西向"政策不但促进了双边经贸领域的合作，在军事、科技、农业等其他领域方面的合作也开始进行了实质性的接触。

3. 逐步深化时期（2003年至今）

泰国商业部长同印度商业和工业部长于2003年10月9日共同签署了《印泰建立自由贸易区的框架协定》，这个协定为印泰两国开展平等、自由的贸易活动提供了依据。这是印度与东盟国家签署的第一个自由贸易协定。印度商业和工业部长卡迈勒在签字仪式上说，这是印泰经贸关系发展史上的一个里程碑，它将为两国在2010年以前全面实施自由贸易打下坚实的基础。2003年之后，印度与泰国的合作关系逐步深化，并有了新的发展。

双方通过促进经贸、社会以及政治关系，发展双边关系。通过加强双方间的合作，如官方、多边以及区域间的合作，以及连接双方的物流，促进印泰社会与文化的交流。这样才能真正让泰国成为连接印度、东盟以及亚洲的中心地带。

在该协定的基础上，印泰双边的合作机制也在不断加深。从2011年开始，泰国和印度的定期举行投资贸易圆桌会谈，以继续加强官商合作投资（PPP），利用泰国和印度的政府、民营企业的企业关系网络，拉近泰国和印度的双方关系及各方面的合作。①

在科研方面，2006年2月，印泰双方启动了科技交流合作的项目，通过此项目，两国学者及研究人员通过联合进行科学研究、互相邀请访问学者、举办国际学术会议以及研讨会等方式加强了交流。

在教育方面，印度文化关系委员会（ICCR）为泰国学生设立了

---

① 《泰国商业部国际贸易谈判厅促进泰印度关系》，《世界日报》（泰国）2011年8月30日。

留学奖学金,去印度学习的泰国学生可以攻读本科、研究生和博士课程,成绩合格可以获得相应的学位。泰国政府在泰国诗纳卡宁威洛大学、东方大学、辛巴克恩大学等高等院校设立了梵语研究中心,在法政大学设立了印度学习中心,朱拉隆功大学的亚洲研究所也在从事印度文化和梵文的教学与研究。①

4. 印泰经济关系

贸易方面,如表3—1和图3—3所示,印泰双边贸易额由2004年的16.1亿美元增长至2011年的83.4亿美元,增长了4倍多。2003年10月,印度与泰国正式签署关于建立双边自由贸易区的协定(TIFTA),这是印度首次与东南亚国家签署此类协定。从2005年,印度对泰贸易开始出现逆差,而且呈扩大趋势。②

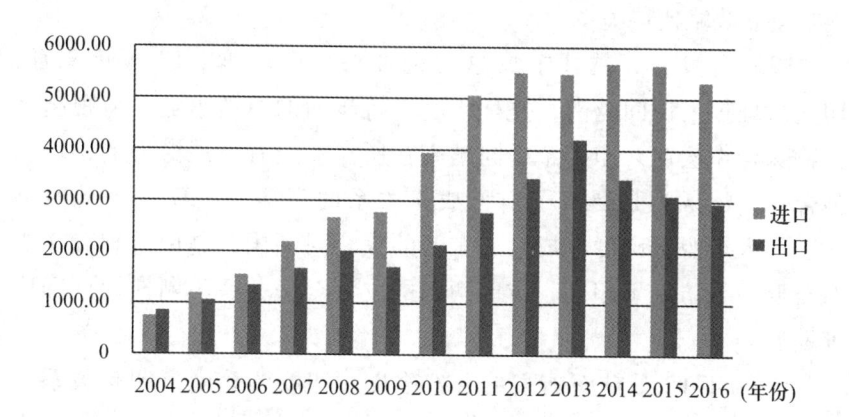

图3—3 2004—2016年印度对泰国贸易情况(单位:百万美元)

资料来源:United Nations Commodity Trade Statistics Database, https://comtrade.un.org/data.

从印度对泰国的直接投资来看,如表3—2和图3—2所示,2010的投资额是近六年来的最大值9243万美元,随后有所下降,2013年

---

① 何德勇:《浅析20世纪90年代以来的印泰关系》,《东南亚南亚研究》2009年第2期。

② 李益波:《印度与泰国战略伙伴关系:现状、动力与前景》,《东南亚南亚研究》2014年第1期。

出现小幅增长。印度一些著名的企业均在泰国投资设厂,开展业务,如塔塔集团(汽车、钢铁、软件)、埃迪亚贝拉集团(化工、纺织)、Indo Ra-ma 集团(化工)等,主要投资领域集中在制药、汽车零配件、化工、软件和信息通信技术。从 2000 年 4 月到 2012 年 12 月,泰国累计对印投资约为 1.03 亿美元,主要是在银行业、基础设施、食品加工、房地产等领域。泰国是东盟十国中对印投资第三大国,仅次于新加坡和马来西亚。[①]

(三) 印度与越南关系

印度与越南一直保持较好的外交关系,如在越南入侵柬埔寨时,印度仍支持越南扶植的韩桑林政权。在冷战结束后,印度与越南在政治领域的合作发展迅速,高层互访频繁,政治联系日益密切,并积极谋求建立战略伙伴关系。

1992 年 9 月,越共中央总书记杜梅访问印度。1994 年 9 月,印度总理拉奥访问越南,并称印度支持越南的革新事业,将视越南为特殊合作伙伴,印度希望同越南在所有双边有发展潜力的领域加强合作,被认为是揭开了新型战略关系的序幕。1997 年,此时越南已加入东盟,印度也成为了东盟的完全对话国,越南总理武文杰在新形势下访问了印度,越印两国的友好合作关系不断向深度和广度发展。

1999 年 12 月越南国家主席陈德良对印度的访问是印越关系的一个重要的历史拐点,这是自 1958 年胡志明访印 40 多年以来越南国家主席对印度的首次正式访问,此次访问标志着双边关系进入了一个新阶段。两国一致同意在东盟、不结盟运动和其他国际组织内密切合作。越南表示支持印度成为安理会常任理事国,印度则表示充分尊重越南在东南亚无核区的地位。

此后,包括政治关系在内的印越两国关系开始迅速升温,尤其是进入 21 世纪以来,随着印度"东向"政策实施力度的进一步增强,两国关系显著加强。

---

① 李益波:《印度与泰国战略伙伴关系:现状、动力与前景》,《东南亚南亚研究》2014 年第 1 期。

2000年3月，印度国防部长费尔南德斯访问越南，表示印度必须与包括越南在内的东盟及其他亚太国家建立稳定的战略关系。10月，越南公安部长黎明香访问印度，双方签署在反对国际有组织犯罪、毒品走私、洗钱和恐怖主义等领域进行合作的协定。11月，印度外长辛格出访越南，并出席印越政府间合作委员会第10次会议，双方重申在地区和国际问题上密切行动，而越南再次表态支持印度成为安理会常任理事国和加入APEC，印度则声明支持越南加入WTO。

2001年1月，印度总理瓦杰帕伊访问越南，成为21世纪访越的首位外国首脑，揭开了两国关系在21世纪里的良好开端。双方签署了《和平利用核能》等文件，并强调要促进两国在各个领域的全方位合作。越南再次对印度成为安理会常任理事国和加入APEC的努力表示支持，称其"完全有资格成为联合国安理会常任理事国，本地区主要的政治经济组织的成员"。

2003年5月，越共总书记农德孟访印，两国签署了在两国关系史上具有里程碑意义的《关于越印21世纪合作的框架宣言》，标志着两国关系进入到战略伙伴关系阶段。根据这项宣言，两国同年建立了定期对话机制，包括：高层定期会晤，以密切双边政治关系；每年举行一次外长会议，就双方共同关系的国际和地区事务进行磋商；两国同意在联合国范围内进行密切合作，在东盟等地区性组织中协调立场。2005年3月，越南国防部长范文茶访问印度；4月，阮怡年外长访问印度；8月，两国结束了关于越南加入世贸组织的双边谈判，印度宣布支持越南加入世贸组织。

2007年7月越南总理阮晋勇访问印度期间，双方签署了《关于建立越印两国战略伙伴关系的共同宣言》，确认由双方分享合作伙伴关系升级到战略伙伴关系，正式确立"战略伙伴关系"。因此这一年也被认为是印越关系中有里程碑意义的一年。

2008年11月，印度总统帕蒂尔访问越南，越南重申支持印度成为安理会常任理事国，两国还一致同意在其他诸多领域加强全面合作伙伴关系。2010年2月，越国会主席阮富仲访问印度。2010年10月，印度总理曼莫汉·辛格到访越南，并出席在河内举行的东亚峰会，掀起了印越关系的新高潮。2011年8月，第二届印越战略对话和第五次政治咨询会在河内召开。此次会议回顾了双边关系的现状，讨论了进一步深化两国战略伙伴关系的实质性措施。两国除了计划在南海进行联合军事演习外，印度还将帮助越南训练国防力量，对越提供自己闲置的俄制军舰。2011年9月，印度外长克里希纳访问越南，印越两国在河内举行了越印经贸与科技合作联合委员会第14次会议。两国政府还宣布将进一步增加两国在军事、贸易投资和文化教育等方面的合作。2011年10月，越南国家主席张晋创访问印度。其间，双方签署6个涉及各领域的重要合作文件，其中包括两国在南海争议海域共同开发油气资源的协议，凸显了印度执意介入南海事务的战略意图。关于地区性合作，越南支持印度与东盟联合的努力。印度总统普拉蒂巴·帕蒂尔强调，"越南是印度'东向'政策的重要支柱，承诺与越南建设双边和多边合作关系"①。

2013年11月，越共总书记阮富仲访印期间，两国签署了8项谅解备忘录，越南为印度提供了7处海上石油开采区块。2014年9月，印度总统穆克吉访问越南，两国签署协议决定扩大在南海的石油开采规模，越南又提供2处油气田供印度企业开采。此外，印度宣布将对越南提供军购贷款，随后有关海军4艘巡逻舰的购买谈判加速。10月，越南总理阮晋勇访问印度，两国领导人强调要大力推动越印两国战略合作伙伴关系，就进一步推动两国各领域尤其是政治、经贸、国防安全、科技、文化教育等领域务实合作向前发展达成广泛共识。②

2014年9月，印度总统慕克吉访越。其间，两国领导人同意深

---

① 李忠林：《印越关系的发展及对中国的影响》，硕士学位论文，云南大学，2012年，第13页。
② 《越南政府总理阮晋勇同印度总理莫迪举行会谈》，2014年10月28日，越南人民报网（http://cn.nhandan.org.vn/political/national_ relationship/item/2556301-越南政府总理阮晋勇同印度总理莫迪举行会谈.html）。

化以政治、国防军事安全、经贸、石油和天然气、地区合作等为核心的越印战略伙伴关系，签署了《军事防卫谅解备忘录》，并发表了联合宣言。① 10月，越南总理阮晋勇访印。两国领导人再次承诺全面推进越印战略伙伴关系。莫迪在会后表示，"促进印越两国军事防卫方面的合作是此次两国领导人会谈的重点，印度政府将采取多项措施协助越南军方快速实现军事现代化。这些措施包括开展更多军事技能培训项目、举行多场军事联合演习、联合研制武器装备等"。2016年9月，莫迪访问越南。其间，莫迪呼吁越南发挥好作为印度—东盟关系的协调国的作用，在推动印度与该地区关系发展中发挥重要作用。在资金方面，印方将向越方提供5亿美元贷款；在军事方面，印方将向越方出售"布拉莫斯"导弹和4艘近海巡逻舰。②

如表3—1和图3—4所示，从印度对越南的贸易情况来看，2007年印越两国签订经济贸易协定，确立战略合作伙伴关系，2010年1月签订东盟—印度自贸区协定后，越南与印度的双边关系更加紧密，自从越印两国经贸自由化同时开展以来，双边贸易额稳步增长，在此基础上印度对越南的出口增长也很明显，2014年更是达到出口额的最大值65.27亿美元，2015年为53.57亿美元，同比减少了11.7亿美元，但2016年又有所增长。就印度对越南的进口而言，2013年以前一直处于增长的态势，2014年、2015年有小幅下降，2016年达到了近十几年的最大值31.06亿美元。其中在2013—2014年度，印度与越南贸易总额达到80亿美元，这比印度与其邻国巴基斯的同年贸易总额27亿美元要高出很多，足见包括越南在内的湄公河国家对印度的重要性。③

---

① 《越南国家主席张晋创同印度总统普拉纳布·幕克吉举行会谈》，2014年9月15日，越南人民报网（http://cn.nhandan.org.vn/political/item/2414701－越南国家主席张晋创同印度总统普拉纳布·幕克吉举行会谈.html）。
② 《越南政府总理阮春福同印度总理纳伦德拉·莫迪举行会谈》，2016年9月3日，越南人民报网（http://cn.nhandan.com.vn/political/item/4410601－越南政府总理阮春福同印度总理纳伦德拉·莫迪举行会谈.html）。
③ 俞家海：《印度的对外关系》，载吕昭义主编《印度国情报告（2016）》，社会科学文献出版社2017年版，第151—152页。

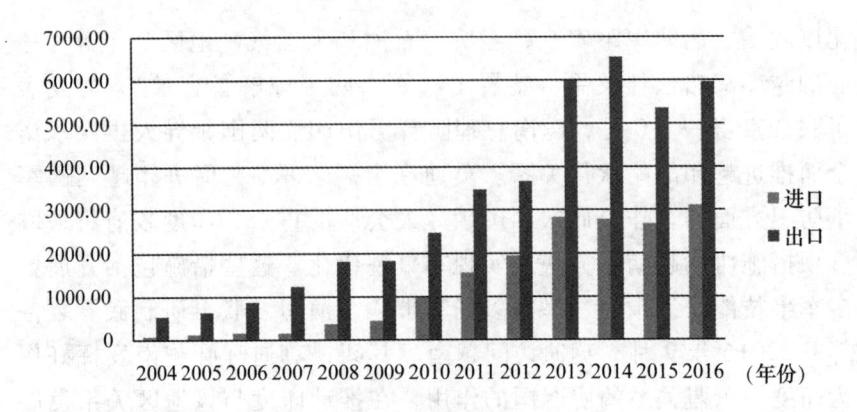

图 3—4 2004—2016 年印度对越南贸易情况（单位：百万美元）

资料来源：United Nations Commodity Trade Statistics Database, https://comtrade.un.org/data.

印度企业对越南进行投资的优势很多，诸如越南政治社会稳定；政府承诺采取强有力措施改善投资经商环境，为企业创造便利；劳动力成本及技能具有较强竞争力；拥有包括若干发达经济体且要求苛刻的出口市场；日益深入广泛融入国际社会，并签署系列新一代贸易自由协定等。[①] 截至 2014 年底，印度在越南累计投资达 10 亿美元，投资项目 68 个，涵盖石油勘探、IT 技术、矿藏资源开发、农产品深加工四个领域。如表 3—2 和图 3—2 所示，2015 年印度对越投资额更是达到近 6 年的最大值 7208 万美元。

（四）印度与老挝关系

印度曾在 20 世纪 50—60 年代给予老挝革命援助，两国的政治合作最早是在"不结盟运动"的框架下进行的。1986 年老挝实施革新开放政策，推行全方位外交路线，印度同老挝的关系有了新的发展。

两国关系的真正升温还是在印度推行"东向"政策和 1997 年老挝加入东盟之后。1996 年印度正式成为东盟全面对话国并参加

---

① 陈扬：《印度加大对越南的投资力度》，2016 年 8 月 10 日，VNONE 网站（http://cn.vnone.com/htm/2380.html）。

东盟地区论坛。利用这一政治舞台,印老两国领导人进行了较为深入的交流。2000年11月,印、泰、缅、越、老、柬六国共同成立"湄公河—恒河合作组织",印老双边合作进入较为务实的阶段。此后,两国在社会、经济、科技、文化、人力资源开发、卫生、环保等领域的合作不断加强。高层政治互访也开始进行。

2002年11月6—7日,应老挝政府总理本扬·沃拉吉邀请,时任印度总理的瓦杰帕伊对老挝进行正式国事访问。访问期间,印老双方签订了四项协议:一是印度政府与老挝政府关于印度向老挝提供1000万美元信贷的协定;二是印度政府与老挝政府关于互免外交、公务签证的协定;三是印度政府与老挝政府关于开展禁毒合作的协定;四是印度政府与老挝政府关于国防合作的协定。

2003年6月15日,时任总理的本扬·沃拉吉对印度进行为期一周的回访,双方在会谈中同意进一步加强两国在贸易、投资、信息技术、文化和旅游等方面的合作,并强调了两国在国际反恐领域进行合作的重要性。这是近几年来印老两国为数不多的政府首脑级的访问活动。

2008年8月27日,老挝国家主席朱玛里率团访问印度,这是老印两国关系史上的重大事件,同时它也为印度的"东进"打开了新的突破口。他对印度给予老挝政府和人民的多方援助再次表示感谢,特别对印度在人力资源开发、教育、文化、农业、科技、国防、灾害援助以及提供低息贷款等方面给予老挝的巨大援助表示感谢。为继续增进老印双边友好合作关系,朱玛里主席向帕蒂尔总统提议:继续推动双边各级别的互访;落实双方已达成的合同和协定,使之取得实效;借两国重要纪念日之机加强两国文化交流;建议印方根据老方提交的项目继续给予老挝提供无偿援助或低息贷款;在国际和地区舞台上互相支持。[①]

目前,两国定期举行研讨交流活动,并举行有关合作领域的专家论坛。诚如老挝国家主席朱玛里访印时所说,近年来,印度在人

[①] 韦健锋、黄慕霞:《笼络老挝,印度"东进"又一棋》,2008年11月8日,中华文本库网站(http://www.chinadmd.com/file/eaveaoo66oeoteao3o3tisaa_1.html)。

力资源开发、教育、文化、农业、科技、国防、灾害援助以及提供低息贷款等方面给予了老挝巨大的援助。除上述领域外，联手打击洗钱、拐卖人口、武器走私、毒品走私等跨国犯罪、医疗卫生、旅游也是当前印老合作的重点。而贸易和投资领域的合作则进展不大，目前双边贸易额度很小。

就印度和老挝的贸易情况来看，如表3—1和图3—5所示，2010年以前印度对老挝的进口非常少，2010开始进口有所增加，2012年达到1.44亿美元后又连续下降了两年，到2016年时进口额达到了近十几年的最高峰1.72亿美元，但此额度相比印度对缅甸、泰国和越南的进口而言还非常小。从2010—2015年印度对老挝的直接投资情况来看，如表3—2和图3—2所示，前几年的直接投资额都为零，2014年、2015年开始有所变化，但总体而言直接投资的额度也不大，2015年是近几年直接投资额度最大的年份，仅有246万美元。

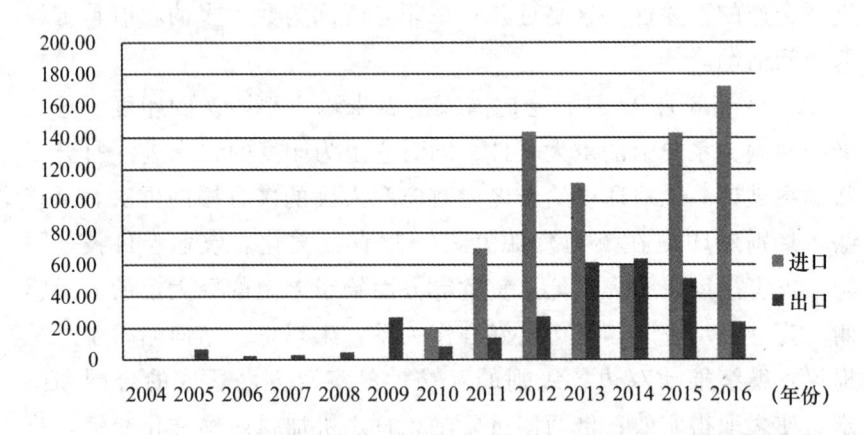

图3—5　2004—2016年印度对老挝贸易情况（单位：百万美元）

资料来源：United Nations Commodity Trade Statistics Database, https://comtrade.un.org/data.

（五）印度与柬埔寨关系

在西哈努克执政时期，柬埔寨与印度关系密切。1955年西哈努克访问印度，宣布接受尼赫鲁的中立主义，后来还与尼赫鲁等人一起成为不结盟运动的发起人。越南入侵柬埔寨之后,由于印度与苏联和越南都保持密切的关系,印度在 1980 年承认了越南扶持的金边政权,印度与柬埔寨的关系也降至冰点。

随着冷战临近结束和苏联对外政策的不断调整,印度对柬埔寨的政策也发生了变化,转而支持政治解决柬埔寨问题。1991 年 10 月关于柬埔寨问题的巴黎和平协定签署后,印度向联合国驻柬埔寨临时权力机构派遣了 2250 名文职和军事人员,对柬埔寨战后的和平重建发挥了建设性的作用,同年,印柬双方签署了经济技术合作备忘录。1993 年柬埔寨大选结束后,印度继续与柬埔寨新政府保持了密切的经济、文化交流。1996 年拉那烈首相访问了印度,两国签署了文化协定。通过双边积极的互访与合作,印柬关系得到了恢复,从而为印度实施"东向"政策的第二阶段打下良好的政治基础。

2002 年 4 月和 11 月,印度总理瓦杰帕伊两次访问了柬埔寨,印柬双方签署有关修复吴哥达波龙寺、外交与公务员护照互免签证、航空合作、贸易合作、贷款和保护文物六项协议,印度承诺在人力资源开发、科技、基础设施建设方面向柬埔寨提供帮助。

在柬埔寨的提议下,东盟首次邀请印度参与东盟与印度对话会议。2006 年 5 月,柬埔寨与印度经济、贸易、科学技术合作委员会在金边召开了第一届会议,双方签署了加强经济、贸易、科学技术合作的相关协议。2007 年 5 月,柬埔寨副首相贺南洪访问印度,双方签署了 6 份合作文件。12 月,洪森首相再次访问印度,双方签署了加强双边合作的 7 份文件。①

就印度对柬埔寨的贸易而言,如表 3—1 和图 3—6 所示,大体上直到 2014 年印度对柬埔寨的出口都处于增长态势,2014 年更是达到最大值 1.54 亿美元,相比 2004 年的 1675 万美元,差不多增长了 9.2 倍。但随后印度对柬埔寨的出口有所下降,2016 年下降得更为明显,出口额为 1.09 亿美元,相比 2014 年减少了 4479 万

---

① 李晨阳、瞿建文、卢光盛、韦德星编著:《柬埔寨》(列国志),社会科学文献出版社 2010 年版,第 407 页。

美元。而印度对柬埔寨的进口额非常小，近年来增长得较快，目前进口额最大值是2016年的4321万美元。总体而言，印度对柬埔寨的出口远大于其从柬埔寨的进口。投资方面，印度对柬埔寨的直接投资很少。如表3—2和图3—2所示，2012年直接投资的最大额度为1199万美元，随后的几年下降幅度很大，到2015年时，印度对柬埔寨的直接投资流量仅有48万美元。

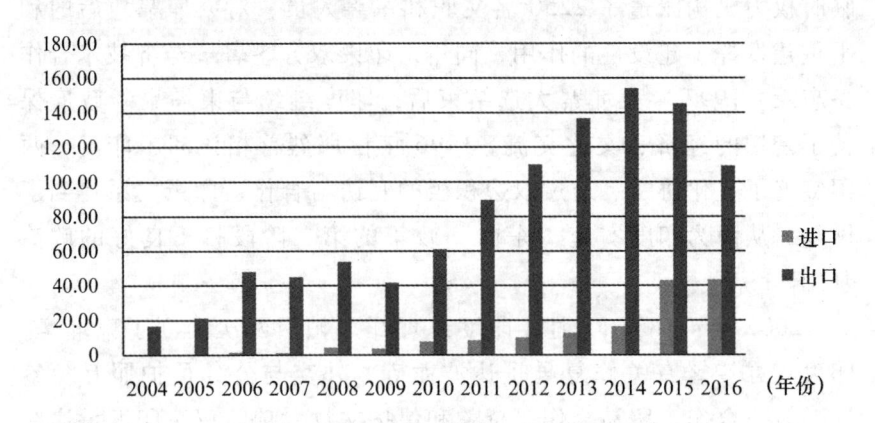

图3—6　2004—2016年印度对柬埔寨贸易情况（单位：百万美元）

资料来源：United Nations Commodity Trade Statistics Database，https：//comtrade.un.org/data.

二　印度与湄公河国家的主要合作机制

印度早在经济改革之前就一直谋求通过区域经济一体化的方式促进本国经济发展。但是由于印巴关系紧张，由印度所倡导的南盟经济合作圈一直处于停滞状态。反观东面的近邻东盟，自20世纪80年代以来，东盟国家通过调整经济结构和产品结构，扩大开放，吸引外资的做法，取得了一定的经济成绩。这给印度留下深刻印象。因此，在"东向"政策和"东向行动"政策的先后指引下，印度从湄公河国家开始，谋求同东盟国家建立一个有效的地区经济合作组织，不断深化政治互信和经济合作关系。

（一）"孟加拉湾多领域技术与经济合作倡议"

1997年6月6日，印度同泰国发起的"泰国、印度、孟加拉国、斯里兰卡经济合作"在曼谷成立，随后缅甸、尼泊尔、不丹相继加入，2004年7月31日，该经济合作成员国一致通过决议将其更名为"孟加拉湾多领域技术与经济合作倡议"（Bay of Bengal Initiative for Multi-Sectoral Technical and Economic Cooperation，BIMSTEC）。印度联合了南亚的大部分国家，同时又邀请到了属于湄公河地区的泰国和缅甸。印度倡导成立BIMSTEC组织的一个主要出发点是尽快建立以印度主导的区域发展的合作组织，以尽快赶上区域一体化的大势。该组织是除了南盟条约外，印度加入的第二个区域化经济组织。印度的目标就是要搭乘东盟这列高速发展的列车，打开湄公河地区乃至东盟地区的市场，为自己的经济发展提供外力，以及发展印度东北部的经济。

BIMSTEC组织以经济发展为主要合作目标，通过成员国经济部长级会议，以及后来增加的首脑会议等多次会议的协商，确定了包括贸易与投资、环境和灾害处理、技术、旅游、公共卫生、联合反恐、农业合作、能源和运输通信合作等在内的14个合作领域。

BIMSTEC组织的各成员国认为，为了增进彼此之间的联系，应大力发展本地区的交通运输业来促进东南亚和南亚地区的经济发展以及人际交流，特别是构建能够覆盖到该地区各个国家的铁路和高速公路网络。在2002年4月，泰国、印度和缅甸决定，修建一条从印度曼尼普尔邦莫雷（Moreh），经过缅甸蒲甘、到泰国西部来兴府湄索（Mae Sot）总长为1360公里的高速公路，以取代老旧的史迪威公路，改变该地区长期的交通不便带来的经济落后的状态。

印度与BIMSTEC组织的其他成员国一直在谋求建立自由贸易区，从而可以在经济贸易方面进行更为深入的合作。1997年7月，缅甸加入了东盟，东盟与印度变成地理上相连的国家，组织可以真正地实现区域内的联结，使得BIMSTEC建立自由贸易区的方案变得更加可行。2004年6月，BIMSTEC成员国达成一致，决定建立BIMSTEC自由贸易区，各国一致决定，逐渐消除关税和非关税壁垒，逐步实现服务贸易自由化，并建立具有竞争力的投资环境吸引投资。缅甸、尼泊尔和不丹可以放慢关税减免的时间。

（二）"湄公河—恒河合作倡议"

在1999年东盟首脑会议期间，缅甸、老挝、泰国和柬埔寨四国对开展地区性佛教旅游合作达成意向性协议。越南与印度随后也表示出了合作意向。这被认为是"湄公河—恒河合作倡议"的基础。2000年11月10日，老挝、越南、泰国、柬埔寨、缅甸和印度参加在老挝首都万象召开的第一次"湄公河—恒河合作组织"部长级会议，正式确立了"湄公河—恒河合作倡议"（Mekong - Ganga Cooperation，MGC），并签署了《万象宣言》。在宣言中，各成员国强调了六国具有相似的文化传统和加强合作的愿望，并把旅游、文化、教育和交通确立为组织合作的四大领域。

2001年7月，"湄公河—恒河合作倡议"第二次部长会议在越南首都河内召开，会议签署了《河内行动计划》，重申了在旅游、文化、教育和交通四个领域的优先合作，并为今后6年的合作制定了时间表。

"湄公河—恒河合作倡议"第三次部长会议于2003年6月在柬埔寨首都金边举行。这次会议取得的最大进展就是印度陆军帮助缅甸修建"印缅友谊路"，这条路从印缅边境附近的缅甸小镇德穆（Tamu）出发，经过吉灵庙（Kalemyo）和葛礼瓦（Kalewa），通向曼德勒，在此基础上，将公路延伸到泰国西部城市湄索，增加印度同湄公河国家的陆路联结。

在这次会议上，各国还表达了要加强合作机制化的意愿，在各成员国内设立联系机构。印度在这次会议上做出了实质性的贡献，即向该组织投入10万美元作为资金；同时还兑现了自己在第一届印度与东盟峰会上的承诺：印度同意于2004年在新德里承办成员国旅游部长会议，以促进旅游领域的合作；印度还向其他成员国额外增加了100个奖学金名额，以供当地学生赴印学习；向柬埔寨的传统纺织博物馆捐赠100万美元。

"湄公河—恒河合作倡议"第四次部长会议延期至2006年10月在印度新德里召开，印度方面宣称将继续同湄公河国家开展合作关系。2007年8月，印外长慕克吉出席在菲律宾马尼拉举行的湄公河—恒河合作组织（MGC）第五次部长级会议。

之后的4年中，"湄公河—恒河组织"没有召开部长级的会议，合作的势头也不像最初那样快。2002年4月所商定的印缅泰三国公路，因为印度东北部地区的分裂活动、边境地区的毒品走私、缅甸缺乏资金等原因，到目前为止还没完全竣工。

"湄公河—恒河合作组织"教育和文化合作仍然停留在最初几年的水平。主要是印度对这些国家的学生提供奖学金、开办语言培训中心和提供信息技术帮助。更多开展实施的合作项目是在双边协议下执行的，而非通过"湄公河—恒河合作倡议"这个多边渠道。[①]

2012年9月3日，湄公河—恒河合作第六次部长会议在印度首都新德里举行。本次会议为期两天，在与会期间，各国外交官员同印度外交官员回顾了"湄公河—恒河合作倡议"各参与国的合作成果，评价湄公河—恒河合作第五次部长级会议所提出的各项决定的落实情况，并提出湄公河—恒河合作机制今后发展方向，旨在加强本地区的合作。

关于今后的发展方向，本次会议集中讨论新合作领域，如考虑成立适合本地区的公共卫生研究领域的工作小组，分享控制疫病蔓延的成功经验；考虑成立中小型企业合作的工作小组；展开包括综合英语推广计划的各项短期项目；发展企业和职业培训计划；生态多样性合作；水稻种植和大米生产合作；在印度比哈尔邦纳兰达大学成立档案数据中心等。

（三）"东盟＋印度"（10＋1）合作机制

"东盟＋印度"指的是东盟与印度的合作，和"东盟＋中国""东盟＋日本""东盟＋韩国"一起构成了"东盟＋1"即"10＋1"合作机制。中国、日本、韩国和印度均为亚洲的重要国家，这些国家与东盟的合作及其发展不仅对东亚合作，而且对亚洲区域合作都具有深远影响。

"东盟＋印度"在"东盟＋1"合作机制中诞生最迟，是在2003年举行的第二次东盟—印度领导人会议上出现的。在这次会议上，东盟与印度签署了3份重要文件，即《东盟—印度全面经济合作框架协议》《印度加入〈东南亚友好合作条约〉》以及《东盟—印度合作打

[①] 税毅强：《冷战后印度对东南亚政策探析》，硕士学位论文，外交学院，2012年，第19页。

击国际恐怖主义联合宣言》，从而奠定了"东盟＋印度"合作机制的基础。

经济合作是"东盟＋印度"的一项主要内容。《东盟—印度全面经济合作框架协议》规定在2011年12月31日正式启动东盟—印度自由贸易区，其中东盟6个老成员国先期加入，4个新成员国于2016年12月31日加入。该协议被认为是深化双方伙伴关系的一个里程碑。

2011年11月19日，印度总理办公室公布辛格总理在印度—东盟高峰会上的演说内容。他指出，与东盟的伙伴关系为印度外交政策的基石，也是"东向"政策的基础。在全球经济衰退背景下，印度、东盟的合作更具迫切性。与东盟的实体联结仍然是印度的战略目标，涵盖陆路和水路，多个计划正在考虑中，包括可延伸到老挝和柬埔寨的"印度—缅甸—泰国公路"，以及联结越南的另一条公路。同时，印方已就涵盖印度东北地区和东亚地区的"湄公河—印度经济走廊"（Mekong-India Economic Corridor）展开研究。

2012年5月，印度计划建造一条连接缅甸、泰国、柬埔寨和越南的四车道高速公路，该公路在建成后，人员可自印度通过陆路从印度东部阿萨姆邦直接前往缅甸、泰国、柬埔寨或越南。其中，有关该道路的第一期工程协议已于印度总理辛格访问缅甸期间与缅甸总统吴登盛签署。这条公路是"湄公河—印度经济走廊"计划的关键部分，该计划旨在连接印度和越南这世界两个发展最快的市场。此前，印度构建新经济区的计划曾因缅甸受到国际制裁受阻，但自缅甸民主改革以来，各国陆续减轻或取消了对缅甸的制裁，这一障碍也随之消失。对印度而言，这条新的高速公路将使其拥有更多获取缅甸和越南沿海石油天然气资源的机会。在贸易方面，该铁路可以成为进口在泰国生产的日本产品的通道。同时，也会为贫穷的印度东北部带去财源。

目前印度是东盟的第七大贸易伙伴，2010—2011年间，东盟和印度的贸易额增长了30%，双边贸易额已突破500亿美元大关，以这样的速度增长，双边贸易额有望在2012年实现700亿美元的目标。正如印度总理曼莫汉·辛格所言：印度的"'东向'政策不是口号或外交政策的定位。它具有强烈的经济理性和商业内容"。然而，东盟和印度的贸易在东盟贸易总额中的比重仅占 2.8%。时任东盟秘书长王景荣就指出，"印度需要改变其东盟战略，即：扩大伙伴关系，将更多的国家包括进来，购买更多的产品，与东盟国家在诸如联合国及世界知识产权组织等其他的论坛上合作"。目前，在东盟—印度贸易总额中占 98% 的份额是印度与新加坡、马来西亚、泰国、印度尼西亚和菲律宾这些老成员国的贸易往来，① 在这一框架下，湄公河地区的其他国家与印度的贸易额微乎其微。

第三节 印度对湄公河地区合作策略调整的绩效分析

印度同湄公河国家在历史文化、宗教和价值取向等方面有很多相似之处，因此相对容易开展合作。印度作为全球第二人口大国，对亚洲地区的政治、经济、安全等方面的稳定发挥着巨大作用。湄公河国家与印度加强合作可以制衡其他大国在该地区的势力，维持均势状态；从经济方面看，印度的崛起将提供广阔市场和各项援助，为出口市场多样化提供渠道；从安全方面看，印度是湄公河国家反恐、打击跨境犯罪和分裂势力、开展防务合作的重要力量。因此，在从"东向"政策到"东向行动政策"的指导下，印度以湄公河地区为上述政策实施的首要地区和突破口，通过政治、经济和安全合作渠道，在 21 世纪前不仅修复了印度和湄公河国家的政治、安全关系，扩大了印度同这些国家的经贸往来，而且开始成为湄公河地区事务中一个重要的参与者。

一 经贸合作领域

印度在 20 世纪 90 年代早期开始实施"东向"的政策，意在加强同东南亚国家的经济联系。1997 年发生了东亚经济危机，印度对东南亚经济恢复的进展并不乐观，再加上国内政治不稳定，导致其减

---

① 马嫄：《东盟与印度"10+1"合作机制的发展》，《东南亚纵横》2012 年第 4 期。

少了"东向"的热情。1997 年，中国与东盟之间建立睦邻互信伙伴关系，印度认识到东盟的重要性，以赶上中国经济为目标，印度重新激活"东向"政策。

除了与东盟保持加强高层互访外，印度也采取了一系列的其他形式的合作。2000 年 11 月，印度和缅甸、老挝、柬埔寨、泰国、越南和其他国家除了形成"湄公河—恒河合作组织"来实行印度的湄公河流域开发计划，这是一个与湄公河国家发展关系的多边平台；印度也与其他的一些东盟国家签署了自由贸易协定，逐步排除建立东盟自由贸易区的障碍。

2003 年 11 月在"10+3"峰会上，印度效仿中国，加入《东南亚友好合作条约》，并签署了全面经济伙伴结构协议。湄公河国家是印度"东向"政策的第一站，且在历史、文化、宗教等方面与印度有紧密的联系。这是印度在该地区实行"东向"政策的有利条件。湄公河国家和印度的经济互补性强，这会大大促进双边经济的发展和贸易之间的关系。据统计，印度与湄公河国家的贸易额由 2001—2002 财年的 17.44 亿美元增加到 2005—2006 财年的 37.76 亿美元。印度推行"湄公河—恒河合作倡议"（MGC），试图把"东向"政策落到实处，逐步完成印度从南亚大国到亚洲大国，乃至世界大国的三步走战略。

印度与湄公河地区的泰国、越南、缅甸为主要的经济和贸易合作对象。2003 年，印度和泰国签署了自由贸易协定的框架协议，两国决定在 2010 年实现零关税。泰国是第一个与印度签署了自由贸易协议的东盟国家。印度和越南的双边贸易额在 2006 年增加到 10 亿美元，并计划在 2010 年将达到 20 亿美元。2007 年 7 月，越南总理阮晋勇访问印度，双方共同发表联合声明，并签署了一份战略伙伴关系和合作协议。包括在越南设立英语培训中心，在渔业和农业领域加强合作等。2014 年 10 月越南总理阮晋勇访印期间，两国同意将深化双方经贸合作视为双边合作的优先方向，力争到 2020 年将双边贸易额提升至 150 亿美元。两国领导人还希望相互扩大投资，越方将为印度企业在越南石油、能源、基础设施建设、信息技术、化肥、药品、农产品等领域的投资创造便利条件，印方则希望越南企业利用好"印度制造"计划等经济发展项目,加强印越经贸合作以寻求互利双赢。① 印缅双边贸易额从1990—1991年度的8740万美元,增加至2005—2006年度的5.69亿美元,印度成为缅甸的第四大贸易伙伴。印度还积极帮助湄公河国家发展科技能力,向各国提供300名IT人才,帮助这些国家进行网络基础设施建设。②

二 能源合作领域

在"东向"政策实行早期,印度与泰国在泰国水域进行深海石油钻探合作,双方投入巨大,但是收效甚微。近年来,随着印度科学技术水平的飞速发展,特别是印度的再生能源技术有了长足的进步,双方在能源方面的合作逐步转移到再生能源上的合作。2012年2月26日泰国总理英拉访问印度期间,泰国与印度签署了加强再生能源合作交流和加强文化交流合作备忘录。泰国与印度的能源使用有许多相似之处,两国都依赖石油进口,目前印度正在开发风力发电站,泰国将利用其技术和经验,在泰南洛坤府和北大年府建设风力发电站。此举将有利于缓解泰国部分地区的能源紧张状况。

据缅甸官方最新公布数据,缅甸已探明石油储量达31.54亿桶,天然气储量达14420.5亿立方米,煤储量达2.9亿吨,因此,印度积极加强同缅甸的能源合作。2004年,缅甸与印度签订了能源合作协议,就开发缅甸近海石油和天然气取得了共识。缅甸沿海海域贮藏着约140亿立方英尺的天然气。印度国有石油天然气公司和印度国有天然气运输公司分别拥有缅甸沿海A1区的20%和10%的股份。为输送天然气,印度、缅甸和孟加拉国三国已经签订协议,取道孟加拉国修建输气管道。③

印度认为,如果与越南继续达成勘探石油的协议,对印度不仅有

---

① 《越南政府总理阮晋勇同印度总理莫迪举行会谈》,2014年10月28日,越南人民报网(http://cn.nhandan.org.vn/political/national_ relationship/item/2556301—越南政府总理阮晋勇同印度总理莫迪举行会谈.html)。

② 马燕冰:《湄公河次区域合作中的大国竞争及影响》,《国际资料信息》2008年第4期。

③ 许利平:《冷战后印度与东盟关系调整、发展与趋势》,《东南亚研究》2012年第1期。

政治意义，而且有重要经济价值。20世纪90年代后期，印度国家石油天然气公司（OVL）同越南签署协议，获准参与越南能源开发，开采份额占越南海洋开采总份额的45%。2000年，印度油气公司与英国、挪威石油公司投资10亿美元开发越南的南昆山气田，而后印度又追加2.5亿美元投资。2003年5月，印度和越南发表了全面合作框架的联合宣言，两国结成战略伙伴关系，这为两国日后的合作项目拓展奠定基础。2006年5月，印度石油天然气公司与越南油气总公司（现为越南国家油气集团）达成协议合作开发"127号""128号"油气区块。这两块油田均在中国主权归属范围之内，尽管这一协议遭到中国方面的抗议，但是印度仍于2009年开始试钻。此后由于勘探无油，印度相继中断"127号""128号"区块的开发，但仍保持其存在。[①]

2011年10月越南国家主席张晋创访印期间，印度石油天然气公司与越南国家油气集团签署了《石油与天然气领域合作协议》，寻求发展两国石油与天然气产业的长期合作，并建立共同协调委员会来实现这一目标，油气资源的合作区块也涉及中越南海争议区域。[②] 对于印度继续同越南合作在南海海域进行石油勘探开采活动的承诺，越南领导人表示高度赞赏。2013年11月越共总书记阮富仲访印时，就赞赏印度在南海争议中发挥的"建设性角色"，签署协议继续向印度提供7处勘探区块，同时加强印越的海上力量的合作。2014年10月，印度石油天然气海外投资公司（OVL）、印度石油天然气公司分别与越南国家油气集团签署了合作框架协议和合作备忘录。2015年8月，印度石油天然气公司决定重启位于中越争议海域的油气勘探工作。虽然印度希望与越南加强南海石油的勘探和开采，但目前印度的技术并非先进，也缺乏充足的资金，大多数情况下只能在近海地区进行勘探和开采业务，且至今尚未开建一口油井，这离越南希望与中国在南海深海区域竞争的目标尚有差距。

---

① 林民旺：《印度在南海问题中的利益诉求及未来前景》，《南亚研究季刊》2014年第4期。
② 苏晓辉：《越南须为解决分歧拿出诚意》，《人民日报》（海外版）2014年10月28日。

三 安全合作领域

缅甸和印度拥有 1600 公里的陆地边界，缅甸是印度通过陆路通往东南亚的必经之路。缅甸同印度的边境也是毒品和武器走私通道。因此印度和缅甸之间的合作必然会以保障区域安全为主来进行合作，加大基础设施建设，联合打击毒品贩子和叛军。此外，印度国防部还帮助缅甸海军建设基地，增加印度对印度洋海域的影响力。印度开始全方位地接近缅甸，改善与缅甸的关系，增加军事合作，遏制中国影响力的扩张。

在边境安全方面，因为在印度东北部的反对派一直以来有着缅甸的支持，印度希望同缅甸政府缓和关系使缅甸不再支持其反对派。印度也尽量避免缅甸的民主力量，并积极同缅甸军政府接触。2001 年 2 月和 2002 年 4 月，印度外长辛格顶住西方国家的压力，两次访问缅甸。在 1979 年关闭的印度驻缅甸曼德勒总领事馆于 2002 年 7 月重新启动工作，1978 年关闭的缅甸驻加尔各答领事馆于同年 9 月重新开始工作。两国政府已经就反恐、打击边境反政府武装和剿灭毒贩达成一致意见并开展联合巡逻和情报共享。

在军事合作方面，自 2000 年以来，印度接纳缅甸军官赴印度学习。并且帮助缅甸于 2001 年建立了海岸警卫队。2003 年 9 月，印度海军军舰与缅甸的海军举行联合演习，这是缅甸军政府上台以来双方首次举行的联合军事演习。2013 年 1 月，印度还将对缅甸武装部队进行培训，将其作为"能力建设"计划的一部分，这将包括培训缅甸空军驾驶俄米－35"攻击"直升机；允许更多的缅甸人员进入印度陆军机构进行训练；为缅甸提供军事硬件和软件设施，如海上巡逻机、海军炮舰、105mm 轻型火炮、迫击炮、榴弹发射器、步枪等武器，以及其他军事电子设备等。该官员说："缅甸对印度的军事训练抱有极高热情。"

印度和越南一直保持了相对友好的安全合作关系，而印度海军较强，越南陆军较强，两国军事合作形成了很强的互补性。加之近年来，由于越南与中国在南海海域的争端未见降温，越南非常希望获得区域外大国的支持，将南海问题进一步复杂化、多边化和国际化，试图通过多边机制来牵制中国，以巩固其在南海海域的既得利益，并试图谋取更大的利益。印度政府实施的从"东向""东进"到"东向行动"政策，契合了越南的上述期待，并得到了越南的欢迎。越南希望将印度引入南海进行"搅局"，而印度也希望借此成为东南亚乃至东亚地区新国际规则的制定者之一，双方一拍即合，双边安全合作不断升温。

1994年，印度和越南签署了防务合作协议，同意派遣越南的军事人员赴印度进行训练，并且印方提供武器装备和配件。2000年5月，印度向越南出售包括"大地"短程导弹在内的现代化武器设备、联合打击海盗、越南同意印度舰船驻扎在北部湾等。2007年，两国签署了一项新的国防协议，确定印度优先将武器卖给越南，印度帮助越南训练军队、共享情报等。加之越南和印度的军事装备大多采购于俄罗斯，两国加深防务合作拥有十分便利的物质基础，印度还同意帮助越南修复米格战机和培训飞行员，帮助越南建立国防工业，并为越南战舰、潜水艇和导弹快艇提供零部件。在东盟国家，越南与印度联合军事演习较为频繁，越南经常派遣海军官员到印度进行训练。2011年9月，印度同意为越南提供高密度潜艇训练。作为交换，越南将其南部的芽庄港口作为永久性的停泊港口提供给印度。由于该港口处于重要战略要塞，越南此举不仅为印度铺设了一条可以持久现身南海的道路，也为印度提供了与东南亚地区连接的重要海上通道。越南此举使得印度成为第一个东南亚区域外的、获得港口永久停泊权的国家。[①]

2014年5月"981钻井平台"事件[②]爆发后，越南迫切希望增强本国军事实力，以加大在南海问题上抗衡中国的资本。越南希望购买俄罗斯和印度共同研制的"布拉莫斯"（BrahMos）超音速巡航导弹，印度欣然同意出售，俄罗斯也表示同意。加上越南之前从俄罗斯购进

[①] 胡潇文：《2007年以来的越南与印度关系：发展及特点》，《东南亚南亚研究》2012年第3期。

[②] 2014年5月，中国企业所属"981"钻井平台在中国西沙群岛毗连区内开展钻探活动，旨在勘探油气资源。中方作业开始后，越方在海上对中方企业正常作业进行非法强力干扰的同时，还纵容其国内反华游行示威，并造成重大财产和人员损失。

的苏-30战机和基洛级潜艇,这将进一步增强越南在南海争议地区的控制力。① 同年8月,阮晋勇总理在会见来访的印度外长斯瓦拉吉时重申,越方支持印度的"东向行动"政策以及印度与东盟各国之间日趋美好的合作关系。② 10月,阮晋勇在访印期间表示,越南将允许包括印度在内的其他国家舰艇访问越南。印度总理莫迪也表示非常重视对越安全合作,将向越南提供1亿美元的优惠贷款,以向越南提供海军舰船,帮助越南加强军力。而印度此举,自然也会从越方得到不少好处。2015年5月,印越两国国防部长签署了《2015—2020年印越国防关系联合愿景声明》,表示将推动印越特殊关系特别是防务合作的进一步发展。③

冷战结束后,印度和泰国一直都保持着密切的军事交流,在2002年3月17—21日泰国海军司令布拉色·汉松上将对印度进行友好访问。3月28日,印度海军和泰国海军旨在加强两国海军作战能力,增进双方友好关系的PASSEX联合演习在泰国湾西岸举行。2002年5月14至28日,印度首次以观察员国身份派出军事观察员观摩在泰国举行的泰国、美国、新加坡三国"金色眼镜蛇"年度军事演习。2003年2月中旬,泰国应邀参加了印度海军举行的代号为"米兰-2003"的海上军事演习。④

印度近年来频繁与湄公河国家发展密切的双边和多边关系正是在"东向"政策至"东向行动"政策的指导下实施的。其战略构想是通过首先发展与湄公河国家以及其他中国周边国家的经贸关系促进彼此经济增长,然后经由经贸关系的深化逐步建立起更为深入的政治关系,在经济、政治、安全方面构建全面合作体系,从而制衡中国。作

---

① Ankit Panda, "India-Vietnam Supersonic Missile Talks in 'Advanced Stage'", *The Diplomat*, September 15, 2014, http://thediplomat.com/2014/09/india-vietnam-hypersonic-missile-talks-in-advanced-stage/.

② 《阮晋勇总理会见印度外长斯瓦拉吉》,2014年8月25日,越南人民报网(http://cn.nhandan.org.vn/mobile/special_news/item/2344401.html)。

③ 《越印加强防务合作》,2015年9月11日,越南社会主义共和国中央政府门户网站(http://cn.news.chinhphu.vn/Home/20159/18608.vgp)。

④ 何德勇:《浅析20世纪90年代以来的印泰关系》,《东南亚南亚研究》2009年第2期。

为一个新兴大国，印度正日益深入地介入湄公河地区合作，提供地区公共产品的意愿和能力都在上升。印度与湄公河国家关系的政治基础大都较为扎实，均为不结盟运动成员国。印度拥有不俗的经济、科技实力，在陆上交通网建设方面的地缘优势仅次于中国，在能源等领域也拥有一定优势。

基于此，印度在南亚次大陆追求"稳"，在湄公河地区追求"进"，在亚太地区追求"衡"。[①] 印度谋求修建连接缅甸、泰国、柬埔寨和越南的陆上通道，打造"湄公河—印度经济走廊"，使其东北部与湄公河地区形成更便捷的人员和物流联系，同时把影响力投射到南海周边地区，实现战略空间从印度洋到西太平洋的延伸。此外，基于宗教、文化等传统因素以及现代民主政治之上的"软实力"，也是印度与湄公河国家发展关系的重要资源。[②] 在印度与湄公河国家深化合作的同时，其双边关系对该地区也产生了一些影响。

[①] 杜晓军：《印度莫迪政府周边外交政策评析》，《东南亚南亚研究》2015年第2期。
[②] 宋效峰：《湄公河次区域的地缘政治经济博弈与中国对策》，《世界经济与政治论坛》2013年第5期。

第 四 章

澳大利亚参与湄公河地区
合作的策略调整

冷战后,澳大利亚意识到仅仅依靠美澳同盟,无法在安全、反恐、地区稳定方面获得亚洲国家的支持。为实现地区强国的愿望,并成为美国和东南亚之间的桥梁和纽带,澳大利亚必须依托亚洲构筑新的合作平台,从而避免在全球新的地缘政治和经济格局调整中被边缘化。① 据此,"脱欧入亚"遂成为澳大利亚对外基本战略,澳大利亚与湄公河国家的关系有所发展。面对湄公河地区加速发展的态势,澳大利亚越来越将本地区作为其对亚洲关系的重点。2006 年澳大利亚国际发展白皮书《澳大利亚援助:促进增长与稳定》称,将重点支持湄公河国家的基础设施建设,并加强对该地区水资源的管理。2007 年,澳大利亚国际发展署发表了《GMS:澳大利亚促进融合和合作的战略(2007—2011 年)》,指出对湄公河地区的战略目标是实现该地区经济可持续性发展以及澳大利亚的国家利益。澳大利亚政府还公布了《2007—2011 年湄公河战略报告》,将水问题治理作为重点援助项目。② 可以想见,在 21 世纪这个"亚太世纪"里,澳大利亚必然更加坚定地在其"面向亚洲""融入亚洲"政策指导下加强与湄公河国家的合作。

---

① 张蕴岭、沈铭辉:《东亚、亚太区域合作模式与利益博弈》,经济管理出版社 2010 年版,第 318 页。

② 毕世鸿主编:《GMS 研究 2010》,云南大学出版社 2010 年版,第 207—208 页。

第一节　从"摇摆不定"到"接近亚洲"的战略调整

无论是从种族文化、经济贸易，还是从地缘政治的角度衡量，澳大利亚与亚洲尤其是与东南亚的关系都源远流长、密不可分。作为一个中等强国，澳大利亚的外交从一开始就伴随着它对澳亚关系的拓展，"亚洲政策"是澳大利亚对外政策的重要组成部分，也是自20世纪40年代以来澳大利亚"中等强国外交"的主要内容之一。

一　澳大利亚参与湄公河地区合作策略调整的背景

随着二战过后东南亚地区国家民族主义的兴起和民族国家的成立，面对亚洲冷战格局和东南亚区域安全的现实问题，东盟应运而生。而冷战过后，随着区域经济一体化趋势的不断加强、东盟成员国的不断增加，促使澳大利亚与东盟的关系步入了新的历史阶段，特别是自1992年在亚开行的倡议和主导下，中国与湄公河国家（柬埔寨、老挝、缅甸、泰国、越南）共同参与大湄公河次区域（GMS）合作以来，澳大利亚更是重点加强了对湄公河地区的外交。本节主要从政治、军事、经济等方面对澳大利亚对湄公河地区政策产生的背景进行分析。

（一）政治动因：国际环境的改变

一方面，澳大利亚在近代文化传统上与以英美为代表的西方国家一脉相承，较为完整地继承英美政治文明、民主政治理念和典型的西方民主生活方式。另一方面，澳大利亚与东南亚地区国家拥有直接而久远的联系，历史上，东南亚地区是澳大利亚和南太平洋各个群岛原住民的主要发源地。并且，从地缘政治的角度来看，亚洲国家（尤其是东南亚地区国家）是与澳大利亚一衣带水的近邻，对其生存和发展所需的政治环境起着至关重要的作用。

20世纪80年代中后期，特别是冷战结束之后，意识形态的纷争在国际关系领域逐步淡化，两种制度之间你死我活的斗争明显消退，全球经济技术合作逐步加强、国家间相互依存度日益提高，和平与发展成为世界主流和时代主题，澳大利亚所面临的国际环境随之大为改善。形势的变化有利于澳大利亚及其周边国家的稳定和发展，也为其推进睦邻合作开辟了广阔的天地。

但与此同时，澳大利亚也面临着自我定位的困境。东西方缓和的深化，伴随着苏联从海外收缩力量、重视内部改革直至解体，使得两极对抗的格局消失了，澳大利亚在国家安全方面最大的威胁也不复存在，但地区摩擦和冲突有所发展，澳大利亚也就面临着痛苦的抉择——冷战期间，澳大利亚坚定地站在美国一边，理所当然地以西方阵营一员的身份与苏联进行对抗；冷战结束后，意识形态领域上的东西方划分不再适用，澳大利亚也不再有明确的敌人——如何在国际局势总体趋于缓和、但地区冲突仍有可能发生的情况下，确保自身国家安全，是澳大利亚必须认真思考的问题，也成为其调整对湄公河地区外交战略和政策的根本政治动因。

(二) 军事诱因：应对复杂的地区安全形势

澳大利亚独处一个大陆，地广人稀，防卫力量薄弱，仅靠自身力量无法保卫本国国土，第二次世界大战中被日本占领的历史充分证明了这一点。而美国在二战期间挽救了澳大利亚。因此，二战结束后不久，澳大利亚于1951年就同美国建立了军事同盟，在付出高昂代价的同时，借美国的力量保卫国土。冷战期间，澳大利亚把自己的生存与国家安全和美国紧密联系在一起；冷战结束后，由于苏联解体使美国成为世界上唯一的超级大国，澳大利亚所面临的地区安全形势有所改善，尽管从理论上讲，当苏联这个共同敌人消失后，美澳联盟也应该解散。但同样，澳大利亚在安全问题上也仍然面临着两难处境。

一方面，是加强军事同盟，联合遏制亚洲国家。首先，尽管冷战后意识形态领域的纷争不及之前激烈，但美国的超强地位，决定了其同盟国家必然以其意志为转移，澳大利亚也不例外；其次，澳大利亚地处亚洲边缘，在这一地区，以中国为主的社会主义国家的继续存在与发展以及不同文明的存在，在西方国家看来都是民主制度扩展的障碍，冷战时期为对付苏联而形成的北大西洋公约组织、澳新美联盟等发达资本主义国家军事联盟，在冷战结束后不但没有解散，反而进一步加强并演变为所谓的"民主联盟"，发达资本主义国家在政治与军事上依然抱得很紧。对澳大利亚来说，继续保持美澳联盟对其国家安全至关重要。2007年，澳、美、日、印在印度洋举行矛头直指中国的联合军事演习，就是最好的例证。

另一方面，是缓和周边关系，积极接近亚洲国家。澳大利亚身处亚太地区，对中国在本地区的影响力有着十分深刻的体会。中国自改革开放以后迅速成长为地区甚至全球性大国，澳大利亚不可避免地会受到中国崛起的影响。澳大利亚基于自身安全的考虑，关注中国的发展（特别是军事力量的发展）和中国在地区热点问题中所起的作用，是其必然选择。同时，包括湄公河国家在内的东盟国家和东亚国家，与澳大利亚有着紧密的地缘政治和安全关系，基于对本国安全的考量，澳大利亚既不敢放弃对相关国家的防范，又必须正视上述国家对地区安全局势带来的改变，从而不得不采取逐步靠近、积极接触的策略缓和周边关系。由此，军事与安全方面的形势也就成了澳大利亚决定其对湄公河地区外交战略和政策的重要诱因。

（三）经济成因：国家发展的需要

长期以来，美国对澳大利亚的对外政策一直有着巨大的影响，无论对工党政府还是自由—国家党政府都是如此。本着对国家各方面利益的考虑，澳大利亚在重大外交决策上追随美国是其必然选择。但冷战结束后，国际竞争的侧重点由政治军事转向以经济与科技为基础的综合国力竞争。在这样的国际大背景下，亚太地区尤其是东亚、东南亚地区的经济发展活力大增，呈现蓬勃发展之势。作为一个临近亚洲的国家，澳大利亚对于这种变化十分敏感。

冷战结束后，澳大利亚在国家发展过程中面临的重要问题是如何在确保国家安全的前提下发展本国经济。面对亚太经济快速发展的形势，始终对亚洲国家持有"文化上生疏、地缘上接近"这种特殊情感的澳大利亚，面临的是既有挑战又有机遇的局面：东亚、东南亚地区新兴经济体较多，经济民族主义和贸易保护主义呈现出抬头趋势，合作与竞争两种趋势都在发展；发达国家对原材料的需求持续减少，对资源出口大国澳大利亚造成的影响日益严重；澳大利亚在文化传统上始终自认是"海外欧洲国家"，但其经济发展却与亚洲有着更为紧密的关系，其前十位贸易伙伴中，有超过半数如日本、中国、中国台湾、韩国、泰国、印度尼西亚等都地处东亚、东南亚。正是在这样的形势下，澳大利亚才开始制定并不断调整对湄公河地区的外交战略和政策，因此可以说国家经济利益及发展需要正是其直接驱动因素。

二 澳大利亚参与湄公河地区合作策略调整的过程

澳大利亚对湄公河地区的外交战略和政策，大致可用四个层面、三个阶段和一个主导因素来概括。四个层面是政治与安全、经济合作、社会与文化、非传统安全层面，是一个合作领域逐步深入和扩大的过程，反映了澳大利亚对湄公河地区政策内涵的不断丰富；三个阶段分别是酝酿、调整和成型阶段，反映了不同时期澳大利亚对与湄公河地区合作的认识变化，及国内外多种因素对其湄公河地区政策的影响；一个主导因素是指以谋取经济利益作为核心政策目标，始终贯穿于不同时期澳大利亚的湄公河地区政策之中。

（一）酝酿阶段（20世纪90年代初期）

澳大利亚早在1974年就同东盟建立了正式对话关系，是第一个与东盟建立对话关系的国家。惠特拉姆政府和弗雷泽政府先后与东盟签署了《东盟与澳大利亚贸易合作谅解备忘录》等多项经贸合作协议，为双方的经济合作奠定了基础，此后，双方在经济领域展开了一系列富有成效的合作。在此期间，澳与湄公河国家的合作，也在东盟框架下有所发展，但其真正意义上开始系统地考虑与湄公河地区合作，却是在1992年中国与柬、老、缅、泰、越五国共同参与大湄公河次区域（GMS）合作之后。随着外界对该地区在未来很可能成为亚洲最快速成长的区域、形成"大湄公河经济圈"或"黄金走廊成长区"的预期，湄公河地区日益成为澳大利亚政府关注的重点。因此，澳大利亚时任总理基廷于1992年提出了召开亚太地区政府首脑会议的建议，并于1993年宣布今后澳大利亚将全面面向亚洲。在这一外交战略的驱动下，澳大利亚与湄公河地区的合作逐步展开。

澳大利亚之所以在 GMS 经济合作开始后不久即考虑与湄公河地区展开合作，主要是地缘因素和经济利益的驱动。"国家的地理位置即使不是最终决定，也在很大程度上影响着它们的政治行为。……如果国家行为体的政治行为是包括地理环境在内的各种环境的产物，那么政治领导人的全部任务就是在环境规定的范围内工作。"① 澳大利亚的湄公河地区政策，正好反映了地缘政治因素对国家政策的这种影响。GMS 经济合作早期，澳大利亚"面向亚洲"政策已逐步实行。由于紧邻东南亚，因此要"面向"亚洲，澳大利亚首先面临的是"面向"东南亚的问题，而湄公河地区既有在东盟乃至东南亚举足轻重的国家，又有正在加速发展经济的国家，欲寻求在亚太地区发挥作用及影响，澳大利亚必然要与湄公河国家开展合作。特别是从经济利益上看，参与 GMS 经济合作的各国倡导区域内的经济、政治、社会与文化合作，相关国家通过合作显示出经济起飞的迹象，澳大利亚希望通过与湄公河地区的经济合作，获取经济利益。

但在 20 世纪 90 年代初期，澳大利亚国内各政治力量对湄公河地区的看法尚未统一，与该地区的合作集中于经济层面，其湄公河地区政策处于酝酿和探索时期，既不完整、也不清晰。

（二）调整阶段（20 世纪 90 年代中期至 21 世纪初）

20 世纪 90 年代，时任澳大利亚总理基廷曾指出"澳大利亚力图在东南亚做一个合群者，而不是一个不合群者"。时任外交部长埃文斯则曾使用"全面介入"一词来形容澳对东盟的政策目标，希望加强与东盟在亚太经济合作框架下的合作，力图建立固定的协商机制推动与包括湄公河国家在内的东南亚国家开展经济合作，并在共享安全利益的基础上促进地区共同体建立。同时，澳大利亚也看到了国际格局走向多极化的趋势，因而开始谋求在不违背美国利益、不影响美澳同盟关系的前提下，在亚太地区发挥某种程度的作用，并有意识地加强了与湄公河国家在政治领域的合作。随着 1996 年霍华德领导的自由—国家党联盟政府上台，继而于 1999 年提出"霍华德主义"，在其长达 11 年半的执政时期，澳大利亚摒弃了与亚洲的"特殊关系"，以西方价值观和自身国家利益为基础，利用同美国和西欧的密切关系，希望在东南亚地区发挥有影响、决定性的领导作用，实现其

---

① ［美］詹姆斯·多尔蒂、小罗伯特·普法尔茨格拉夫：《争论中的国际关系理论》第五版，阎学通、陈寒溪等译，世界知识出版社 2003 年版，第 166 页。

"中等强国"外交战略下的平衡外交。

这一阶段推动澳大利亚与湄公河地区关系发展的主要动力是经济力量。20世纪90年代以后，国际经济重心逐渐转向亚太，东盟进入了发展最快的时期，GMS经济合作更是推动了湄公河国家经济的快速发展。逐步深入的经济合作，给澳大利亚和湄公河国家都带来了很大的利益，并产生了"外溢"效应，使得双方的合作领域得以拓宽。这从双方对话议题的变化可以看出：最初，对话议题主要集中于澳大利亚通过地区合作项目向湄公河国家提供技术支持；随后，议题随着双方合作的顺利开展有了明显的拓展，经济事务（尤其是关于湄公河国家产品进入澳大利亚市场的问题）成为对话的核心内容。20世纪90年代后期，随着双方经济合作关系的发展，合作领域进一步拓宽到教育、环境、电信、科技等领域，并开始讨论政治与安全事务。对话议题的变化清楚地反映了双方利益诉求的变化。

概括来说，此阶段是澳大利亚与湄公河地区关系的平稳发展时期，澳国内各政治力量基本形成对该地区的共识，其湄公河地区政策也逐步进行了相应的调整，即加大经济合作力度，积极开拓政治与安全合作。正如在2004年出版的《澳大利亚—东盟：30年的发展合作》一书中所指出的，"由于澳大利亚与东南亚地区的相似性，帮助东盟国家（包括湄公河国家）实现其可持续发展，通过实施旨在消除该地区的贫困等经济援助项目，实现澳大利亚在该地区的国家利益"。

（三）成型阶段（21世纪初至今）

为保持与欧美国家的传统关系，澳大利亚政府于20世纪90年代末逐步对"全面介入"式的东盟政策进行了调整，在经济上提倡"亚洲优先"、加快经济融入亚洲的步伐，但同时放缓了政治与安全方面的合作。例如，在经济领域，澳大利亚于2003年分别与新加坡和湄公河国家之一的泰国签署了自由贸易协议，并积极推动澳大利亚—东盟自由贸易区的建立。但政治与安全领域的合作却趋于冷淡，甚至与热心推动经贸合作的举措形成了较大的反差，其中具有代表性的事例是澳大利亚长期拒绝签署对东盟具有极大政治象征性意义的

《东南亚友好合作条约》，由此引起东盟国家的强烈不满。直至 2005 年 12 月，为了取得参加东亚峰会的资格，澳大利亚才匆匆签署了该协议。此外，澳大利亚在"9·11"事件后紧跟美国攻击伊拉克、并在印度尼西亚巴厘岛恐怖爆炸事件后宣称有权对他国的恐怖组织实施先发制人的打击等言行，削弱了其与东盟国家的政治互信，也不可避免地影响了其与湄公河地区的政治与安全合作。

但随后，为缓和自身在本地区政治与安全上日益受到孤立的局面，澳大利亚又开始对其东盟政策的相关方面进行调整。特别是 2007 年 11 月，陆克文领导的工党在澳大利亚联邦议会选举中击败执政长达 11 年半的自由—国家党联盟、组建新政府后，澳在重视联合国多边外交机制的作用、维护美澳传统同盟关系的同时，也特别强调要加强同亚洲国家尤其是东盟国家的关系，并积极致力于与东南亚各国发展最佳双边政治关系。其中，最为主要的举措是，通过东盟地区论坛（ASEAN Regional Forum，ARF）致力于在澳大利亚与东南亚国家之间，开创区域性安全对话。如着力改善与其近邻马来西亚和印度尼西亚的紧张关系，并在此基础上改善与整个东盟之间的安全关系。而针对湄公河地区，则以安全领域为突破口、以与该地区军事强国越南开展国防合作为代表，逐步加强政治与安全方面的沟通与合作。

综观澳大利亚处理与湄公河国家之间关系的言行，21 世纪初至今，其湄公河地区政策仍在根据地区局势和澳本国利益不断调整，并在调整中趋于成型，可以概括为：经济上更加融入，安全上先拉开距离后逐步接近，政治合作以防务合作为铺垫有所开展。

三　不同时期澳大利亚参与湄公河地区合作策略的主要内容

任何一个国家，在确立外交战略和政策的目标时，均体现了国家意志，也是其国家领导人世界观的具体运用，更是政府和外交团队的智慧结晶，它深刻地影响着国家前进的方向。不同政治体制的国家，其外交战略大相径庭，甚至一国不同执政党的外交战略亦会有所不同，这也同样适用于澳大利亚的政治现实。总体而言，澳大利亚对湄公河地区外交政策的战略目标从属于其对亚洲外交政策的战略目标，并受到澳外交逻辑、生存策略、政党政治以及外交现实的影响。①

(一) 经济融入：基廷政府时期 (1991—1996 年) 的政策

基廷在出任澳大利亚总理之后不久，便在演讲中明确指出"澳大利亚的未来在亚洲"，并一改历届新任总理首先访问欧美的惯例，于 1992 年 4 月和 9 月先后出访印度尼西亚、日本、新加坡和柬埔寨（四国中，有三个东南亚国家、两个当时的东盟成员国、一个湄公河国家）。随后提出了"全面面向亚洲""融入亚洲"等外交战略和政策。尽管这些政策并不是为了表明澳大利亚属于亚洲，而是为了同与其紧邻的东南亚国家建立一种相互尊重的伙伴关系、构建多渠道的联系，最终目标亦是为了形成一种安全稳定的地区环境、确保澳大利亚国家战略利益的实现。但基廷政府将发展与东盟的关系视为澳亚关系的基石，认为东盟国家在澳大利亚"全面面向亚洲"战略中的地位举足轻重，这显然对双方开展合作、促进关系发展是有益的。也正是在基廷政府时期，澳大利亚的"融入亚洲"政策正式开始实施，该政策以亚洲尤其是东南亚国家为重点，以经济合作为基本形式，以经济的共同发展与融入为主要目标，开展地区多边外交。

(二) 全面接触：霍华德政府时期 (1996—2007 年) 的政策

在自由—国家党联盟政府执政时期，澳大利亚总理霍华德先是于 1999 年提出"霍华德主义"，而后又于 2002 年 10 月巴厘岛恐怖爆炸事件后提出关于在东南亚地区推行"先发制人"的战略，并考虑派军队到东南亚国家参与反恐斗争，导致东南亚国家尤其是印度尼西亚、马来西亚两国对此表示出强烈的不满，进而影响了澳大利亚与东盟和湄公河国家的合作。也正是在这一时期，国际社会对澳大利亚在亚洲、特别是东南亚地区所扮演的角色做出了如下归纳：一是美国在亚洲的代理人；二是南太平洋的日本；三是美国在亚洲的情报站。②因此，虽然霍华德政府的外交战略目标是"立足亚太，放眼全球"，但其针对亚洲（特别是东盟）提出的"全面接触"政策更多的是以

---

① 邹春萌、丁娟：《冷战后澳大利亚对湄公河地区的外交政策》，载毕世鸿主编《GMS 研究 2010》，云南大学出版社 2010 年版，第 203 页。

② 葛瑞明：《矛盾中的澳大利亚政策》，《世界知识》2003 年第 5 期。

维护本国利益为首要目的。

当然，在霍华德政府执政期间，澳大利亚与东南亚尤其是与湄公河国家的关系仍然有所发展，例如 1997 年澳大利亚与柬埔寨开始进行的一系列旨在加强柬埔寨司法系统的项目（Australia AID's Cambodia Criminal Justice Assistance Project）等。而到霍华德政府后期，由于 GMS 经济合作极大地推动了湄公河地区的发展，在经济利益的驱动下，澳大利亚与湄公河地区的合作也逐渐呈现比较积极的态势，比较有代表性的举措是 2005 年澳与泰国签订了泰国—澳大利亚自由贸易协定（The Thailand-Australia Free Trade Agreement，TAFTA），并建立了旨在促进澳大利亚与泰国民间和机构交流的澳泰研究所（Australia-Thailand Institute）等。

（三）多维深化：陆克文政府以来（2007 年至今）的政策

自 2007 年以来，澳大利亚先后经历了 5 次总理更迭，而之前的 35 年里也才更换了五位总理。陆克文两次出任总理，其后是吉拉德"临危受命"，2013 年变为阿博特上台执政，2015 年特恩布尔出任总理。对于澳大利亚而言，"总理是迄今对澳大利亚外交和战略政策最具影响力的职位"。"而政府领导人的频繁更迭是国际社会极度动荡不安现状在澳大利亚政坛的反映，自然对澳大利亚的对外政策产生若干影响。"[①] 但无论政府领导人如何变化，澳大利亚对湄公河地区的政策基本保持了一定的延续性。即陆克文提出的"全面参与亚洲"，顺应"亚太世纪"，拓展外交参与面，发出澳大利亚更强音；以先动谋主动，以"首创精神"谋领导地位；"发力亚太，放眼世界"的战略。[②] 正是在这一战略的指导下，澳大利亚采取了一系列多维、多方面深化与湄公河地区关系的举措。

2007 年 9 月，澳大利亚政府出台了一份旨在促进湄公河地区一体化和合作的战略报告《大湄公河次区域：澳大利亚促进其一体化与合作的战略（2007—2011）》（*The Greater Mekong Subregion*：*Australia's*

[①] ［澳］尼克·毕斯利：《2016 年澳大利亚外交政策分析与展望》，载李建军、韩峰主编《澳大利亚发展报告（2015—2016）》，社会科学文献出版社 2016 年版，第 188 页。

[②] 宾科：《澳大利亚"中等强国外交"述评——聚焦陆克文政府外交政策》，硕士学位论文，广东外语外贸大学，2009 年，第 43 页。

Strategy to Promote Integration and Cooperation 2007 – 2011)。报告指出，澳大利亚对湄公河地区的战略目标是通过更为广泛的联系和合作，实现该地区经济可持续发展以及澳大利亚的国家利益。一是通过加大基础设施建设的投入，加强澳大利亚与湄公河地区以及本地区国家之间的联系；二是通过非传统安全问题上的多边合作，促进湄公河地区的整合和一体化。报告中，澳大利亚将援助的重心集中在该地区相对落后的老挝、柬埔寨和越南三国。该报告分析了湄公河地区未来发展中将面临的主要挑战，包括：金融安全与整合问题、基础设施建设滞后问题、粮食安全问题、能源问题、气候问题、水资源问题、环境污染问题以及两性不平等问题等。这些问题主要集中在非传统安全领域，涉及社会与经济生活的各个方面。值得关注的是，该报告除了提出宏大的愿景和战略目标，还制定了具体的实施过程与评估要求，并包含一系列风险评估程序，且在细节上注重与湄公河地区对象国的互动和沟通，实现了目标逐级分解、实施步骤清晰。其主要内容和基本路径如图4—1所示。

此外，澳大利亚政府还对湄公河的水资源管理提出了具有前瞻性的策略报告，即《湄公河水资源战略报告（2007—2011）》(*The Mekong Water Strategy Report*, 2007 – 2011)，将湄公河地区治理与经济发展的核心问题——水资源治理和管理问题作为重点援助项目。在上述报告中，澳大利亚政府特别强调了与世界银行、亚开行、APEC、东盟、湄公河委员会（MRC）等组织的合作。

2015年6月，澳大利亚政府发布了《北部大开发白皮书》，将对占澳国土面积40%的北方地区进行长期战略性开发，看重的是北方地区与亚洲距离较近的区位优势，亚洲地区到2030年占世界2/3的中产阶级消费群，以及与东亚处于同一时区，有利于澳针对该地区发展服务业。澳大利亚近年来与东亚地区各国建立了众多自由贸易区，快速的一体化进程也为澳北部带来开发良机。2016年2月，澳大利亚政府又发布了"基础设施计划"，其目的一方面要满足其城市化和可持续增长的需要，另一方面要紧靠快速增长的亚太地区，抓住由此带来的经济机遇。该计划预测，东南亚经济的繁荣将对澳资源、服务、农产品和旅游业带来旺盛需求，因此要优先发展基础设施项目，其中包括作为通向亚洲门户的港口、空港、主要公路、铁路和物流中心。①

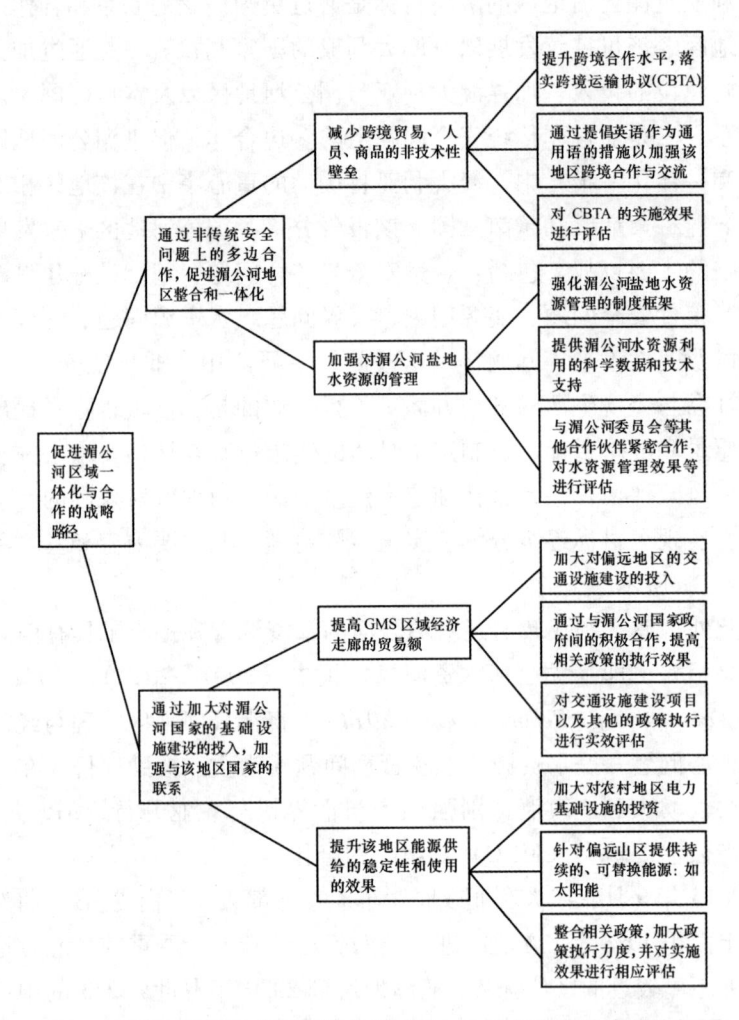

```
促进湄公河区域一体化与合作的战略路径
├── 通过非传统安全问题上的多边合作，促进湄公河地区整合和一体化
│   ├── 减少跨境贸易、人员、商品的非技术性壁垒
│   │   ├── 提升跨境合作水平，落实跨境运输协议(CBTA)
│   │   ├── 通过提倡英语作为通用语的措施以加强该地区跨境合作与交流
│   │   └── 对 CBTA 的实施效果进行评估
│   └── 加强对湄公河盐地水资源的管理
│       ├── 强化湄公河盐地水资源管理的制度框架
│       ├── 提供湄公河水资源利用的科学数据和技术支持
│       └── 与湄公河委员会等其他合作伙伴紧密合作，对水资源管理效果等进行评估
└── 通过加大对湄公河国家的基础设施建设的投入，加强与该地区国家的联系
    ├── 提高 GMS 区域经济走廊的贸易额
    │   ├── 加大对偏远地区的交通设施建设的投入
    │   ├── 通过与湄公河国家政府间的积极合作，提高相关政策的执行效果
    │   └── 对交通设施建设项目以及其他的政策执行进行实效评估
    └── 提升该地区能源供给的稳定性和使用的效果
        ├── 加大对农村地区电力基础设施的投资
        ├── 针对偏远山区提供持续的、可替换能源：如太阳能
        └── 整合相关政策，加大政策执行力度，并对实施效果进行相应评估
```

图4—1 澳大利亚政府促进湄公河区域一体化与合作的战略路径图

资料来源：The Australian Agency for International Development, *The Greater Mekong Subregion: Australia's Strategy to Promote Integration and Cooperation 2007–2011*, Canberra, September, 2007, pp. 10–13.

---

① 王震宇：《"一带一路"倡议与澳大利亚》，载李建军、韩峰主编《澳大利亚发展报告（2015—2016）》，社会科学文献出版社 2016 年版，第 120—121 页。

显然，澳大利亚希望依托湄公河地区、东南亚和整个亚洲，构筑新的政治、安全和经济全方位对话平台，在欧美和亚洲之间发挥桥梁纽带作用，从而提升自身影响力，避免在21世纪全球地缘政治变动和经济格局调整中被边缘化。同时，中国与东南亚新兴经济体的迅速发展，特别是湄公河国家通过GMS经济合作在以经济可持续发展为主的各个方面均取得了长足的进步，为澳大利亚的出口提供了广阔的市场。与此相应，尤其是从经济角度衡量，澳大利亚的政策也在很大程度上促进了澳与湄公河国家的经济贸易与合作。因此，为使自身从资源型国家向综合平衡发展的国家转变，澳大利亚必须紧密依托亚洲市场，而其出于对自身整体发展利益的考虑，则更须积极开展与亚洲国家（尤其是东盟国家）的全方位合作。正是基于这些原因，澳大利亚才以更为积极的姿态，力求通过上述政策在湄公河地区事务中发挥更重要的作用。[①]

第二节 澳大利亚与湄公河国家关系的新进展

冷战后，在"脱欧入亚"这一外交基本战略的指导下，澳大利亚与东盟的关系在之前基础上有了进一步的发展。但由于政府换届、国内缺乏共识等原因，澳大利亚对东盟的政策在一个时期内曾经摇摆不定，由此也影响了与湄公河国家的关系。20世纪90年代中期以后，澳大利亚与东盟的关系总体趋于稳定，双边及多边合作得到较大深化。根据2006年澳大利亚海外援助计划白皮书《澳大利亚援助：促进发展与稳定》的阐述，澳大利亚的湄公河地区战略旨在通过更多的交流与合作来促进该地区经济全方位持续发展，促进湄公河流域的一体化与合作，并把一些需要湄公河国家共同合作的项目作为重中之重，同时，该战略还强调与湄公河地区现有的一些机构和项目共同合作以取得最佳成效。在前期合作的基础上，特别是在此战略的指导

[①] 毕世鸿、王韶宇：《澳大利亚与湄公河五国关系的发展及其影响》，载刘稚主编《大湄公河次区域合作发展报告（2014）》，社会科学文献出版社2014年版，第121页。

下，近年来澳大利亚改变了对湄公河地区的政策，在加强与东盟合作的同时，逐渐深入至直接与湄公河国家合作的层面，并由经济合作拓展至政治与安全、文化与教育等多个方面。本章主要从政治安全、经济合作、文化和教育、非传统安全四个方面，分析澳大利亚与湄公河国家的关系。

一 政治安全

1993 年，澳大利亚与东盟的对话内容从经济议题扩展到了政治与安全议题，自此，双方在政治与安全方面的合作逐步展开。澳大利亚一直积极参加东盟地区论坛（ARF），并在多次论坛中就和平议题发表合作者评论。同时，澳还参与东盟每年的外长会议（Post Ministerial Conferences，PMCs），这对于双方更进一步就地区和国际事务进行对话并交换看法提供了便利。2004 年 7 月在雅加达举行的"外长 +1"会议中，澳大利亚签署了《东盟—澳大利亚国际反恐合作联合宣言》，这标志着双方在应对国际恐怖主义的挑战中将开展更紧密的合作。这一时期，澳大利亚与湄公河地区的政治与安全合作主要在东盟框架下进行。但在 GMS 经济合作机制的驱动下，湄公河地区日益显现出重要的地缘战略地位，澳大利亚也随之逐步与该地区国家展开一对一的政治安全合作。

（一）加强高层政治合作，推进民主进程

20 世纪断断续续绵延半个世纪的战争、至今仍存在的领土争端和偶有发生的民族武装冲突，导致湄公河地区成为世界欠发达地区之一，而相对落后的"经济基础"也决定了湄公河国家的"上层建筑"存在一定的问题，政治清洗、独裁统治、军人政权、民主欠缺等问题过去一直在相关国家中存在。其中，自 1962 年起就在缅甸执政的军政府正是湄公河国家政治中的一大"特色"，而澳大利亚与湄公河国家所开展的政治合作也以推进缅甸民主进程最具代表性。

在军政府执政的 48 年中，缅甸长年名列全世界最贫穷国家之一。对此，澳大利亚与其他西方国家一样，对缅甸进行了长期的制裁。但同时也通过在东盟框架下的合作，给予缅甸一定的援助，并在缅甸政府军与民地武的民族武装冲突中开展了一些调停、斡旋工作，试图通过援助与和解推动缅甸的民主变革。尽管缅甸民主进程在20世纪八九十年代历经多次反复,但在包括澳大利亚在内的西方国家的努力与支持下,仍于21世纪初正式展开。

2010年11月,缅甸举行了大选,组建了以总统吴登盛为首的新政府,军政府也随之逐步向新政府移交国家权力。随后,缅甸新政府展开了一系列民主改革。面对缅甸民主进程取得的重大进展,澳大利亚表现出欢迎的态度,并以更积极的举措加强与缅甸的政治合作。2012年6月,澳大利亚时任外交部长鲍勃·卡尔(Bob Carr)访缅时,澳已宣布取消对缅有关财政和旅游的制裁,但还保留武器制裁。[①] 2012年7月3日,澳大利亚彻底解除了对缅甸旅游和金融的制裁,以鼓励缅甸进行更深入的民主改革。2013年3月,澳大利亚时任总理吉拉德与缅甸总统吴登盛举行会谈后宣布,澳大利亚政府将把对缅甸的援助款项增加至2000万澳元,[②] 新增加的援助将用于加强缅甸的民主机构建设,改善经济管理情况和完善法律制度。

同期,澳大利亚还与湄公河地区其他国家开展了政治合作。对老挝,澳大利亚政府通过各种计划和项目积极推进人权的发展,并于2006年、2009年、2012年定期举行了三次人权对话,使两国就人权问题能展开公开的具有建设性的沟通。为了使双边对话更富有成效,澳大利亚政府还决定在2012—2014年为老挝外交部的人权工作提供资金,提高老挝人民对人权的意识。

对越南,两国政治关系日益紧密和互信,这体现在两国高层互访和接触,有效实施双边合作和对话机制上。自2009年9月越共中央总书记农德孟访澳、双方签署协议将双边关系提升为"全面合作伙伴关系"[③] 之后,澳大利亚与越南深入展开了以政治、经济为主的全方位合作。2014年2月,澳大利亚外交部长朱莉·毕晓普与越南副总理兼外交部长范平明在河内举行会谈时肯定,澳大利亚新政府继续

---

① 《澳大利亚推动与缅甸的关系》,2013年11月7日,越通社(http://cn.vietnamplus.vn/Home/澳大利亚推动与缅甸的关系/20137/25444.vnplus)。

② 韩超:《澳大利亚增加对缅甸援助》,2013年3月19日,人民网(http://world.people.com.cn/n/2013/0319/c57507-20834385.html)。

③ 王涛:《日益密切的澳大利亚与越南军事关系》,《现代军事》2013年第6期。

将越南视为本国在亚太地区的主要合作伙伴之一；范平明感谢澳大利亚支持越南参选2014—2016年任期联合国人权理事会成员、建议澳大利亚支持越南参选2020—2021年任期联合国安理会非常任理事国，并表明越南的一贯政策是重视发展与澳大利亚的全面伙伴关系。通过会谈，双方一致同意加强高层代表团互访，维持两国外交部门关于领事、人权的年度对话制度，尽快完成2014—2016年阶段的行动计划，继续推动及扩大双方在政治、安全、国防、贸易等领域的合作，继续在地区和国际论坛上相互支持和配合。① 2015年3月，越南总理阮晋勇访问澳大利亚，两国签署了"加强越—澳全面伙伴关系的声明"，作为未来两国关系发展的指引。②

（二）加强执法警务合作，合力打击犯罪

强大而运作良好的法律和司法系统，对于维持国家的稳定和发展有着重要意义。但湄公河国家普遍存在较为严重的拐卖人口、色情行业、非法赌博、走私货物、盗伐偷猎等跨国违法犯罪活动。并且，臭名昭著的世界三大毒品源之一的"金三角"也正处于湄公河地区的泰国、缅甸、老挝三国交界处，这更是加剧了该地区贩毒、贩枪等犯罪行为。可以说，以"黄赌毒"为代表的跨国犯罪活动已经成为湄公河地区的毒瘤，并直接影响着周边其他地区的社会稳定。

对于打击违法犯罪问题，澳大利亚在执法领域着力加强了与湄公河国家的协作，并且已经在打击贩毒、贩枪和拐卖人口等跨国犯罪问题上取得了诸多成就。其中，澳大利亚联邦警察署执法合作计划（LECP）在协助外国执法机构处理跨国犯罪问题上有着重要的作用。该计划始于1997年，重点是在亚太地区开展合作执法。近几年来，该计划在湄公河国家开展了以下活动：与泰国皇家警察合作开发跨国犯罪协调网；帮助柬埔寨组建跨国犯罪工作组并配备了专门顾问，并为它们提供资金以确保在各自的职能范围内进行调查并且从澳大利亚

---

① 《澳大利亚将越南视为其主要合作伙伴之一》，《越南共产党电子报》2014年2月19日。
② 《推进与澳大利亚和新西兰的全面伙伴关系》，2015年3月16日，越南之声广播电台（http://vovworld.vn/zh-CN/时事评论/推进与澳大利亚和新西兰的全面伙伴关系-318455.vov）。

联邦警察署得到及时有效的合作；帮助越南和柬埔寨开展受害者身份鉴定的培训，并在越南胡志明市设立了打击跨国犯罪协调中心；① 在泰国、老挝、柬埔寨和缅甸进行苯丙胺类兴奋剂情报培训等。

针对湄公河地区的单个国家，澳大利亚也同样积极开展着在执法领域的合作。例如，泰国是与澳大利亚于2002年10月签订反恐双边谅解备忘录的首批国家之一。此后，双方又签订了一系列的谅解备忘录，包括2003年6月签订的警务合作谅解备忘录，2003年12月签订的海关事务相互援助谅解备忘录，2004年6月签订的反洗钱谅解备忘录，2006年7月签订的司法互助条约等。在上述协议的谈判过程中和签订生效之后，双方坚持就地区安全问题定期举行高层对话。泰国也因此成为澳大利亚近几年来加强地区合作、共同打击拐卖人口和引渡人口贩子在澳大利亚受审的重要合作国。而2010年5月，柬埔寨副总理兼内政部长韶肯访问澳大利亚时，两国签署了打击跨国犯罪合作联合宣言，也标志着澳柬之间的执法合作正式开启。事实上自1998年3月柬埔寨恢复和平以来，澳大利亚一直参与柬埔寨法律和司法部门的系统重建、执法实践和意识培养。澳大利亚联邦警察署在柬埔寨首都金边设有联络处，协助柬执法机构打击偷渡、贩卖人口等跨国犯罪，并联合对在柬埔寨进行儿童色情旅游的嫌疑犯进行调查和起诉。这些举措对提高柬埔寨的司法效力起到了重要的作用，并且，从长远来看，澳大利亚对柬司法援助计划的核心目标是通过提高法院、监狱和警察预防犯罪活动的能力，来促进柬埔寨政府对国家进行有效的治理。

（三）加强国防军事合作，凸显防务交流

澳大利亚国防政策的一个重要组成部分是与其周边地区国家共同打造长期安全稳定的战略环境。因此，在与湄公河地区开展的政治安全合作中，澳大利亚还十分重视国防与军事领域，在与东盟成员国保持防务关系的过程中，努力与湄公河国家建立成熟、积极的防务关系。

---

① 《澳大利亚外长：澳越两国关系将继续蓬勃发展》，2013年2月28日，越通社（http：//cn. vietnamplus. vn/Home/澳大利亚外长：澳越两国关系将继续蓬勃发展/20132/21916. vnplus）。

其中，澳大利亚最早与泰国开展防务合作。自1990年以来，双方一直开展一年一度的国防政策会谈，涉及外交、国防和军队人员等问题。通过会谈，澳大利亚国防军和泰国皇家部队进一步改善了双边防务关系，促进了相互了解和在地区安全问题上的合作。除此之外，目前两国的防务合作还体现在定期高级官员互访、举办研讨会、在后勤保障和科技研发等领域保持密切合作等方面，同时，双方还合作参与了联合国在柬埔寨、索马里、东帝汶的维和行动。并且，值得关注的是，澳大利亚军校和地方大学还为泰国皇家部队的人员设置了教育和培训课程，并设立国防合作奖学金项目：泰国军人每年都会得到去澳大利亚大学修读研究生课程的名额，这些课程包括国际关系、海事政策、信息技术及工程学等。通过这些行动和措施，澳大利亚与泰国建立起了较为密切的防务关系。

同样，对于缅甸的民族冲突问题，澳大利亚也始终保持着高度关注和协作。自1948年独立以来，缅甸一直存在多个反政府的少数民族武装组织，与中央政府在边境地区武装对抗，这是缅甸政府长期面临的棘手问题之一。1988年缅甸军政府实行民族和解政策以来，已有17股反政府的少数民族武装力量与中央政府和解，但其中的多数还没有解除武装。为此，澳大利亚进行了一定的调停和斡旋，帮助缅甸军政府促进民族和解、减少武装冲突。缅甸民主改革后，澳大利亚更强化了与缅甸的防务合作。2013年3月，澳大利亚时任总理吉拉德在堪培拉与到访的缅甸总统吴登盛举行会谈时表示，澳大利亚将向其驻缅大使馆派驻武官，并放松在人道主义救援、救灾活动及维和任务等方面对缅甸实行的限制措施。① 随后，澳大利亚时任外交部长鲍勃·卡尔于当年7月访问缅甸，并会见了缅甸总统吴登盛，就促进双边贸易投资合作进行了商谈，并重点对澳大利亚向缅甸提供援助以防止缅甸发生民族冲突问题深入交换了意见。今后，澳大利亚将取消一些在防务方面对缅甸所采取的制裁，并正式计划与筹备在澳大利亚驻

---

① 韩超：《澳大利亚增加对缅甸援助》，2013年3月19日，人民网（http://world.people.com.cn/n/2013/0319/c57507-20834385.html）。

缅大使馆设立武官处。① 从目前情况看,虽然澳大利亚仍未解除对缅甸的武器禁令,但两国将逐步恢复正常的双边国防关系。

当然,澳大利亚与湄公河国家所进行的军事合作,尤以与越南的防务合作最为突出。2010年10月,澳大利亚与越南签署了《国防合作联合谅解备忘录》,自此,澳越两国正式展开了安全方面的合作。在前期合作规模较小、合作范围较窄,但仍取得初步成效的基础上,2013年3月,澳大利亚时任国防部长斯蒂芬·史密斯在堪培拉与越南国防部长冯光青举行会谈后发表声明说,澳大利亚同意根据2010年签署的《国防合作联合谅解备忘录》加强与越南的防务关系,重点是进一步展开实际合作,其中包括在越南准备首次派兵执行联合国维和任务之际为其在澳大利亚提供军事和英语培训、并向参加联合国维和行动的越军提供军事训练;推动人道主义援助、救灾、扫雷和战场救护,在维和、维稳和海上安全方面交换经验;加强战略研究合作,举行年度"一轨半"防务对话,以及邀请专家探讨地区议题和加强双边合作等,还就将举行海上联合军演进行讨论。② 越南在2013年1月刚刚宣布与意大利和法国在国防工业、海军造船、海上安全、海上巡逻和军事训练等领域加强联系的情况下,又紧接着于3月宣布与澳大利亚加强防务合作,这符合其与西方国家建立战略关系的策略。

可以说,湄公河地区发生的这一新的地缘战略演变,对双方都具有重要意义,对澳大利亚这一与越南建立伙伴关系的国家来说,它得以进入一个日渐发展的新市场。对越南来说,则达到了若干目的:有助于本国国防工业的发展;获得了有助于保护本国近海能源利益的西方技术;在围绕南海争端与中国的关系日益紧张之际,与别国结盟将提升其在亚太地区的地位、起到制衡中国的作用等。

2013年5月,澳大利亚时任总理吉拉德和国防部长史密斯举行了公开记者会,正式公布了《国防白皮书》,阐述了当前澳大利亚的

---

① 《澳大利亚推动与缅甸的关系》,2013年11月7日,越通社(http://cn.vietnamplus.vn/Home/澳大利亚推动与缅甸的关系/20137/25444.vnplus)。
② 《澳大利亚与越南表示将建立更密切的防务关系》,2013年3月23日,新华网(http://news.xinhuanet.com/mil/2013-03/23/c_124494609.htm)。

防务策略及相关战略考量，强调要积极塑造一个有利于澳大利亚未来安全和繁荣的国际环境。白皮书认为亚洲的崛起是澳大利亚的重要机遇，亚洲出现的地区繁荣对这一地区的所有国家而言，是共同利益所在，也因此为相关国家提供了广泛的合作空间。白皮书还在东南亚地区着墨颇多，体现了澳大利亚对国家利益扩展的深层次思考。澳大利亚的基本立场是：捍卫澳大利亚在印度洋—太平洋地区的国家利益，搭上亚太发展的顺风车，在广泛的参与合作中实现澳大利亚的利益。[①] 可以预料，在这一战略思想的指导下，澳大利亚必将进一步加强与湄公河国家在政治、安全和军事领域的交流与合作。

针对南海问题，澳大利亚与其他西方国家相比相对谨慎，试图保持中立，但澳大利亚对于中国未来战略的不确定性仍持猜疑态度。澳大利亚近年来的国防白皮书均提及南海，表达了对南海相关各方在南海的填海造岛和建设活动以及人造建筑物可能被用于军事用途的担心，还大谈基于规则的全球秩序对澳大利亚安全的重要性，其中一个明显的主题思想是某些国家没有遵守这些规则。[②] 2015年9月，刚担任总理的特恩布尔在接受媒体采访时称："中国在南海的活动是'挑战极限'，中国的崛起需要外交手段和'掌握平衡'"，亦为加强对越南等湄公河国家的防务合作做了注脚。[③] 但在2016年9月，特恩布尔在出席第十一届东亚峰会期间与李克强总理会见时又表示，澳大利亚高度评价中国和东盟就有关海上问题的对话磋商取得积极进展。澳大利亚不是南海声索国，在该问题上不会选边站队，希望"南海行为准则"能够早日达成，和平解决有关争议，维护南海地区的和平稳定。

二 经济合作

由于之前历届政府在与东盟和湄公河地区的合作过程中取得了

---

① 胡欣：《解读澳大利亚新版国防白皮书》，《现代军事》2013年第6期。
② 谢来辉：《特恩布尔上任以来的中澳关系》，载李向阳主编《亚太地区发展报告（2017）》，社会科学文献出版社2017年版，第262页。
③ ［澳］尼克·毕斯利：《2016年澳大利亚外交政策分析与展望》，载李建军、韩峰主编《澳大利亚发展报告（2015—2016）》，社会科学文献出版社2016年版，第198页。

明显的经济效益,因此在总结前人经验的基础上,澳大利亚陆克文政府在其2007年执政之初就曾提出:亚洲国家最关心的问题是如何保持经济的可持续发展,自此,澳大利亚历届政府均将经济合作作为拉近澳大利亚与湄公河国家之间距离的"突破口"和"主攻方向"。

(一)在东盟框架下的多边经济合作方兴未艾

由于湄公河国家均是东盟成员国,因此,随着澳大利亚与东盟在经济方面的合作力度逐年加大,湄公河地区与澳的经济合作也日益深入。2001年9月,东盟自由贸易区(AFTA)与澳(大利亚)—新(西兰)紧密经济关系贸易协定(CER)在越南首都河内签署了更加紧密的经济伙伴关系(CEP)框架协议,这是东盟首次作为一个地区整体与另一个次区域建立跨区域合作关系,三方计划在2010年前使双边贸易、投资总额翻倍,该目标现已基本实现。这一协议自2002年9月双方举行部长级会议后就一直为东盟与澳大利亚提供了经济合作平台,也成为澳与湄公河地区经济合作的有力支撑。

CEP旨在促进东盟与澳大利亚、新西兰之间的贸易和投资流,并缩小两个次区域之间的发展差距,主要包括:消除贸易中的技术壁垒和非关税壁垒,贸易和投资的促进,海关、标准评估、电子商务和中小企业方面的合作。在东盟框架下,湄公河国家通过CEP与澳在上述方面的合作也取得了较大的进展。近几年来,该地区与澳大利亚之间始终保持着重要的贸易伙伴关系,贸易额逐年增长,服务贸易也日趋兴旺。

澳大利亚在2012年10月公布的《亚洲世纪中的澳大利亚》白皮书中,透露了加强与亚洲联系的战略,为其在未来13年中抓住亚洲迅猛崛起的机遇实现本国的发展设下了一系列目标,白皮书中的宏伟计划包括,充分扩展澳大利亚与中国及其他崛起的亚洲经济体的联系,从而在2025年前将澳推入世界十大最富国家之列。白皮书中特别认可了东盟在本区域的"中心地位",对此,时任总理吉拉德所说"澳大利亚决定任命一名驻东盟全职大使就是最好证明"。2012年11月,时任澳大利亚外交部长鲍勃·卡尔强调,"没有任何区域联盟像东盟一样对澳大利亚的安全和繁荣至关重要,澳将加强与东盟的来往与合作,进一步协调双方的外交政策"。"东盟所具有的经济活力以及它们对澳大利亚的重要性。若将东盟视为一个整体,它是我们第二大贸易伙伴。""我们需要养成与东盟及其成员国协商的习惯,当他们谈论到他们的区域时,我们要更多地倾听。"该白皮书的发表以及上述表示,都透露出澳大利亚将持续加强与东盟经济合作的信息,毫无疑问,作为东盟成员国的湄公河国家也势必将在东盟框架下,与澳大利亚深入开展经济合作,并取得更大收益。

（二）以援助为代表的双边经济合作如火如荼

在通过东盟及 CEP 这一渠道与湄公河地区开展合作的同时,澳大利亚还与该地区国家直接进行以经济与技术援助为主要内容的双边经济合作。早在 1991 年至 1994 年期间,澳大利亚政府就向老挝、泰国提供了 3000 万美元无偿援助,修建了第一座跨越湄公河连接老、泰两国的"友谊大桥",表达了澳政府的善意以及与湄公河国家建立友谊的渴望,也成为其实现"融入亚洲"这一政治理想的最具象征性的一步。① 此后,这种以援助作为基本形式的经济合作,始终贯穿于澳大利亚与湄公河地区的外交进程和关系发展中。如在 2007 年,澳大利亚政府向湄公河国家提供了 1.4 亿美元的援助。根据澳大利亚的计划,这笔援助湄公河地区新发展战略的款项,被用于改善连接市场的运输通道、农村地区的供电以及老挝、柬埔寨和越南的水利管理。其中 400 万美元用于协助湄公河委员会改善包括泰国在内的 4 个成员国之间的合作。②

从宏观角度来看,澳大利亚政府与亚开行的合作,确保了澳大利亚海外援助计划助力联合国"千年发展目标"（Millennium Development Goals）的达成,即"实现到 2015 年全球绝对贫困人口减半"的宏伟目标,这对于提升澳大利亚的国际形象具有十分重要的作用。

---

① John Burge, *The Silent Destruction of Australia is Pauline Hanson a Racist*? Lands brough, 1998, http: //www. despatch. cth. com. au/Misc/JOHN_ BURGE_ 1. html.

② 张均:《澳大利亚向湄公河流域提供 1.4 亿美元援助》,《中国贸易报》2007 年 10 月 11 日。

从具体功效而言，通过与亚开行的合作，澳大利亚得以直接参与并持续开展与湄公河国家的经济合作，且这些项目只是澳联手亚开行与湄公河地区进行合作这种模式中的一项，该合作模式也只是澳大利亚与湄公河地区经济合作的一个方面，其本身与湄公河国家直接进行的区域性多边合作和"一对一"的双边合作也正逐步深入。

在贸易方面，澳大利亚同湄公河国家的贸易不断发展。2012年，"东盟—澳大利亚—新西兰自由贸易协定"正式生效。根据该协定，各方将在15年内逐步降低关税，经10—15年过渡期后将各成员国的全部或绝大部分海关关税税目的税率削减为零。对于越南、缅甸、柬埔寨、老挝4个东盟新成员，澳大利亚给予较长过渡期和关税减让照顾。降税过渡期结束后，澳大利亚、新西兰及东盟老成员最终零关税税目比例为93%—100%，东盟新成员为85%—90%。①

对柬埔寨，2010年，澳大利亚曾提供2150万美元无偿援助柬埔寨修建铁路。2011年底，由澳大利亚政府出资、澳柬多部门及国际组织联合主办的"湄公河水、粮食、能源论坛"在金边召开，吸引来自湄公河地区、中、日、澳等多国官员和学者近200人参加，由于议题设计巧妙，澳大利亚在湄公河治理问题上的影响力开始增强。②而上述援助只是澳大利亚对柬埔寨援助中的一小部分，事实上，澳大利亚2010—2011年对柬埔寨的年度ODA高达6.42亿美元，以期通过类似的经济援助，提高柬埔寨的农业发展水平，并使其基础设施建设和司法制度等涉及社会经济生活的核心领域问题得到完善。此外，澳大利亚还为柬埔寨商品提供免税政策，并签订了双边市场准入协定，帮助柬埔寨加入世贸组织。在这些措施的推动下，澳大利亚对柬埔寨的进口额近年来持续增长，出口额相比进口额较小，有小幅波动。如表4—1和图4—2所示，2016年澳大利亚与柬埔寨贸易额达1.9亿美元。③

---

① 《东盟—澳大利亚—新西兰自由贸易协定正式生效》，2017年6月25日，农业贸易促进中心（http://www.moa.gov.cn/sydw/mczx/jiuji/201202/t20120222_2486726.htm）。

② 宋颖慧：《评论：湄公河流域将成为下一个东亚博弈主战场》，2012年4月27日，中国网（http://www.china.com.cn/international/txt/2012-04/27/content_25254914.htm）。

③ *Cambodia Country Brief*, Department of Foreign Affairs and Trade, Australian Government, July 2015, http://www.dfat.gov.au/geo/cambodia/cambodia_brief.html.

表 4—1　　　　　　　澳大利亚对湄公河国家贸易情况　（单位：百万美元）

		柬埔寨	老挝	缅甸	泰国	越南
2004	进口	3.50	0.47	12.67	2926.62	1938.90
	出口	19.22	16.82	20.19	2249.10	491.32
2005	进口	6.86	6.82	11.65	3866.69	2727.50
	出口	35.86	18.04	30.54	3149.68	509.63
2006	进口	9.59	18.42	15.95	4929.11	3920.75
	出口	34.27	18.60	25.96	3225.45	1195.36
2007	进口	16.88	5.21	18.97	6896.81	3968.04
	出口	34.74	21.85	29.17	3704.83	1189.99
2008	进口	13.09	0.78	18.67	8955.75	4591.02
	出口	36.83	14.60	27.05	4489.01	1347.63
2009	进口	20.43	1.64	21.10	9303.74	2562.51
	出口	33.07	8.41	46.49	3325.58	1087.69
2010	进口	26.11	2.00	15.03	10513.32	2979.04
	出口	22.99	22.69	74.51	5385.84	1400.16
2011	进口	39.27	6.19	13.31	8710.15	2916.41
	出口	30.55	24.36	72.39	6991.42	2111.14
2012	进口	48.25	50.65	14.90	10534.08	3665.51
	出口	28.39	35.04	88.02	5043.88	2027.47
2013	进口	76.64	50.64	20.49	10672.59	3665.51
	出口	26.89	35.04	112.10	4700.54	2027.47
2014	进口	107.52	2.22	22.62	9844.42	4462.05
	出口	38.81	32.25	118.86	4637.09	2746.19
2015	进口	121.61	2.82	35.69	10197.01	3354.37
	出口	34.72	20.12	108.23	3251.69	2610.55
2016	进口	158.73	8.46	24.28	10872.75	3332.26
	出口	33.56	16.98	118.87	2640.64	2786.24

资料来源：United Nations Commodity Trade Statistics Database，https：//comtrade.un.org/data.

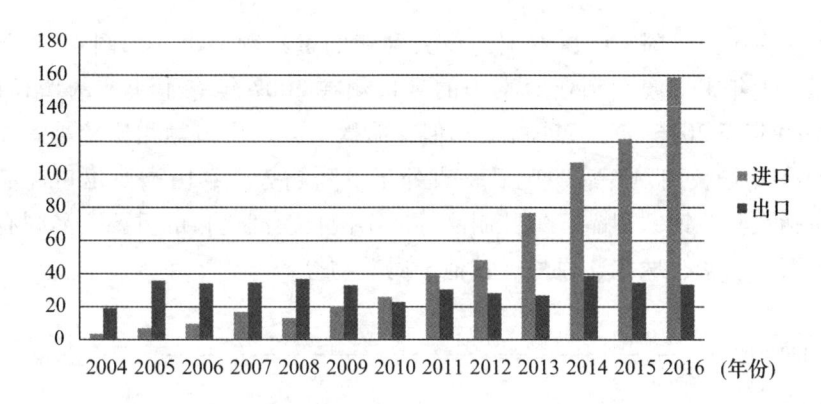

图 4—2　2004—2016 年澳大利亚对柬埔寨贸易情况（单位：百万美元）

资料来源：United Nations Commodity Trade Statistics Database，https：//comtrade. un. org/data.

对泰国，澳大利亚与泰国的经贸关系自泰澳自由贸易协定（TAFTA）于 2005 年 1 月 1 日生效以来强劲增长。双边贸易在 2010 年增长了近 2 倍，达 159 亿美元。尽管 2011 年因泰国洪灾受到一定影响，但 2012 年又达到了 156 亿美元。[①] 为确保自由贸易协定的有效实施，自协定生效至 2012 年 6 月，澳泰两国共召开了三次 TAFTA 联合委员会会议，对 TAFTA 每一阶段的实施和改进进行了回顾。2013 年，两国政府官员又分别与 TAFTA 卫生、植物检疫及食品标准专家组、农业联合工作组、市场准入实施委员会举行会谈以进一步促进 TAFTA 的顺利实施。同时，澳大利亚与泰国也是于 2010 年 1 月 1 日生效的"东盟—澳大利亚—新西兰自由贸易协定"的参与国，并且两国都参与了 2012 年 11 月启动的区域全面经济伙伴关系的谈判。目前，泰国与澳大利亚互为对方的第八大贸易国。[②] 可以说，泰澳自由贸易协定和东盟—澳—新自由贸易协定，提高了企业流动性，增强了贸易透明度，促进了双方在通关程序、政府采购、竞争策略和知识产权保护等方面的合作，最终实现了双边贸易的深入开展和互利共赢。

---

① *Thailand Country Brief*，Department of Foreign Affairs and Trade，Australian Government，July 2015，http：//www. dfat. gov. au/geo/thailand/thailand_ brief. html.

② Ibid. .

在湄公河国家中,泰国与澳大利亚的贸易额最大。如图4—3所示,近年来,澳大利亚对泰国的进口额在2007年有了快速的增长,2010年至2016年出现小幅波动但有略微上升。出口额相比较小,在2011年增长到顶峰后,此后一直处于下降趋势。泰国重要出口商品包括汽车、钢铁制品、塑胶制品等。泰国自澳洲进口的重要商品则有钻石及翡翠、珠宝、原油、其他金属矿物等。[①]

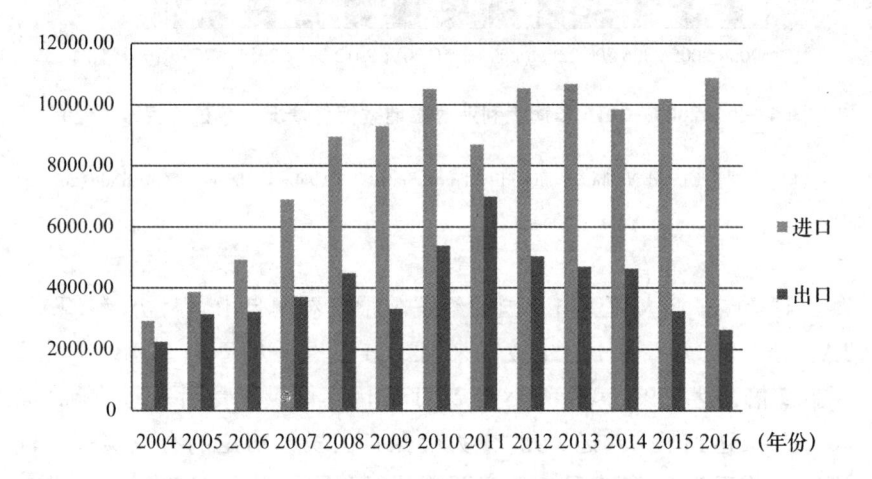

图4—3 2004—2016年澳大利亚对泰国贸易情况(单位:百万美元)

资料来源:United Nations Commodity Trade Statistics Database,https://comtrade.un.org/data.

对越南,2008—2009年,澳大利亚向越南提供约1.1亿澳元援助资金,特别是在金融、技术等澳具有优势的领域,双方具有更大的合作潜力,越南也因此成为澳大利亚ODA的第五大受援国。而时任澳大利亚总理的吉拉德于2010年10月访问越南时更承诺,澳政府将为越南政府提供1.6亿澳元的赠款。2011年6月,澳大利亚与亚开行共同资助2600万美元,支持湄公河三角洲地区互联互通项目(Central Mekong Delta Region Connectivity Project),用于建设桥梁及连

[①] 《泰国澳洲贸易关系未受影响》,2014年6月16日,东盟百科信息网(http://asean.zwbk.org/newsdetail/37502.html)。

接道路。① 澳大利亚为工程技术方案、设计和施工监理提供资金，极大地改善湄公河三角洲地区内外的运输服务。2013 年 10 月，由澳大利亚提供无偿援助和亚开行提供贷款 1.5 亿美元，为越南修建湄公河平原中心地区互联互通项目中的高岭桥，该项目投入运行后，为九龙江三角洲地区的经济社会发展注入了动力。②

目前，越南是澳大利亚的第二大投资市场。如图 4—4 所示，近年来，越澳贸易额逐年增加，2016 年达 61.2 亿美元，同比增长 2.5%。2017 年河内举行的澳大利亚—越南贸易投资展览会吸引了房地产、金融、高新技术、环境、农业与教育等领域的澳大利亚企业，为越南企业促进技术转让、加大品牌形象推广力度和加强国际交流等提供平台，从而吸引更多澳大利亚企业增加对越投资。③

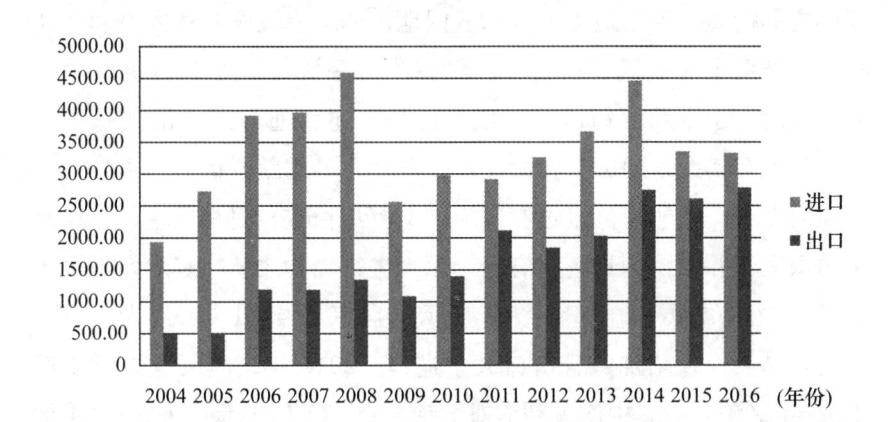

图 4—4　2004—2016 年澳大利亚对越南贸易情况（单位：百万美元）

资料来源：United Nations Commodity Trade Statistics Database，https://comtrade.un.org/data.

---

① 刘阳禾：《亚开行携手澳大利亚援建湄公河新桥 17 万人将获益》，2011 年 6 月 3 日，中国网（http://news.china.com.cn/rollnews/2011-06/03/content_8154531.html）。
② 《亚开行和澳大利亚政府资助越南兴建高岭桥》，2013 年 10 月 17 日，越通社（http://cn.vietnamplus.vn/Home/亚开行和澳大利亚政府资助越南兴建高岭桥/201310/28638.vnplus）。
③ 《越南市场吸引澳大利亚投资商的眼球》，2017 年 6 月 14 日，中国网（http://dm.china.com.cn/redianzixun/24108.html）。

对缅甸，2011—2013 年期间，澳大利亚为缅甸 43543 个农民提供培训、物资、补助和工作换现金计划来增加农作物产量。其中，2012—2013 年提供了 6420 万美元发展援助资金，帮助 25000 个家庭提高收入。其间，仅 2012 年 7 月至 2013 年 6 月，澳大利亚就帮助 1.5 万农民提高粮食产量和增加收入，并为 6315 名贫困农民提供培训和资金投入以帮助他们提高产量。[①] 在 2013 年 7 月至 2014 年 6 月，又继续通过农业技术培训和小额贷款帮助贫困人口和弱势群体增加收入、减少贫困。这些援助是由澳大利亚—缅甸援助项目战略（2012—2014 年）指导，通过多方捐助者提高生活水平基金、粮食安全信托基金、澳大利亚国际农业研究中心指导的多学科研究计划以促进粮食安全等项目实施的，其援助重点是通过增加农业产量、增加小额信贷等措施，帮助边远地区和贫困地区的家庭改善粮食安全和增加收入，帮助小农户提高粮食生产量，改善融资渠道并获得更好的收入，目的在于帮助缅甸消除贫困。此外，还将通过适当的法律、政策、制度和实践来保障妇女的经济权益和平等的就业机会，以致力于缅甸的发展，使缅甸真正过渡成为一个更加稳定、更加民主、更加繁荣的国家，并支持缅甸新政府继续深入进行民主改革、努力实现永久和平。[②] 在贸易方面，如图 4—5 所示，自 2010 年以来，澳大利亚对缅甸贸易额快速增加，且出口大于进口。2016 年，澳缅双边贸易额为 1.44 亿美元，其中澳大利亚对缅甸出口 1.2 亿美元，进口 0.24 亿美元。

对老挝，从 2003 年 7 月以来，澳大利亚对其商品实行免税和免赔额，以此来促进老挝的经济增长。2011 年 6 月，澳大利亚和老挝就市场准入进行谈判，支持老挝加入世贸组织。老澳经济关系的主要推动力是矿业投资，自 1995 年两国签订促进和保护投资的协议之后，

[①] *Australian Aid Myanmar Page*, Department of Foreign Affairs and Trade, Australian Government, July 2015, http：//aid.dfat.gov.au/countries/eastasia/burma/Pages/home.aspx.
[②] Ibid..

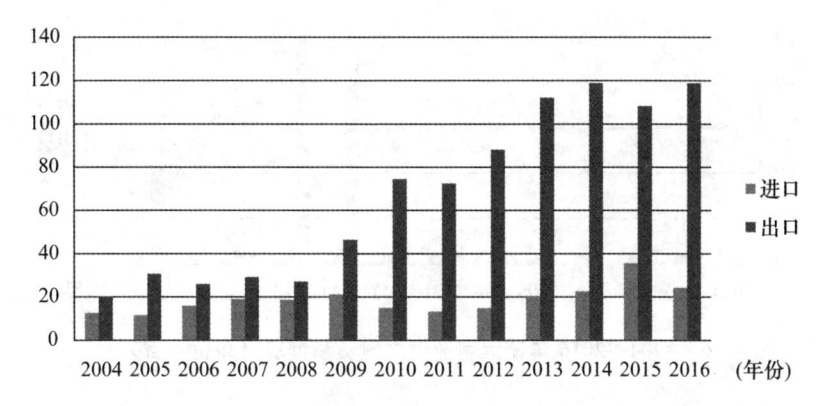

图 4—5　2004—2016 年澳大利亚对缅甸贸易情况（单位：百万美元）

资料来源：United Nations Commodity Trade Statistics Database，https：//comtrade.un.org/data.

澳大利亚有很多公司在老挝投资矿业，其中最大的投资商是泛澳大利亚资源有限公司。该公司的富开姆铜—金矿于 2008 年投产运营，年产量为精铜 65000 吨、黄金 55000 盎司、白银 500000 盎司。[①] 如图 4—6 所示，澳大利亚对老挝的贸易，相比于其他东盟国家，数额较小，进口较多但不稳定，出口较少但相对稳定。2016 年澳大利亚与老挝的贸易额达 2544 万美元。其中，澳大利亚对老挝出口额为 1698 万美元，主要出口商品为液体泵及配件、水龙头、阀门、民用工程设备和零件；进口额达 846 万美元，主要进口商品是黄金和咖啡。[②] 目前，澳大利亚已成为老挝最大的双边援助国，澳对老挝的援助正以《2009—2015 澳大利亚—老挝发展合作战略》等文件为指导，将援助重点由经济合作向教育、农村地区的发展和贸易改革等各方面拓展。

[①] *Laos Country Brief*, Department of Foreign Affairs and Trade, Australian Government, July 2015, http：//www.dfat.gov.au/geo/laos/laos_brief.html.

[②] Ibid..

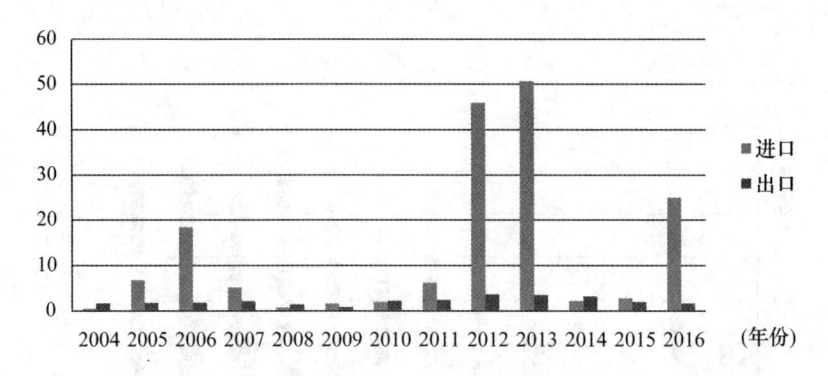

图 4—6 2004—2016 年澳大利亚对老挝贸易情况（单位：百万美元）

资料来源：United Nations Commodity Trade Statistics Database，https：//comtrade. un. org/data.

在投资方面，澳大利亚是最早进入湄公河地区进行投资的西方国家之一。澳大利亚对湄公河国家的投资领域集中在制造业和矿业方面，主要分布在石油和煤炭等矿产品开发、化学工业及其相关产业方面，其他则以服务业居多，如金融、保险、房地产、商业服务等。2010 年以来的澳大利亚对湄公河国家直接投资额，如表 4—2 和图 4—7 所示。其中，澳大利亚对泰国投资额最大，对越南投资也在逐步增加，对柬埔寨投资略有起色，而对老挝和缅甸的投资则金额小、波动大。

表 4—2　　　　　　澳大利亚对湄公河国家 FDI（流量）（单位：百万美元）

	2010	2011	2012	2013	2014	2015
柬埔寨	36.92	20.12	23.13	19.11	33.27	31.87
老挝	4.3	2.7	0	0	15.75	2.07
缅甸	4.39	12.4	1.7	0.1	0.18	0
泰国	-23.37	6.28	276.53	343.76	31.89	679.8
越南	16.6	91.21	5.77	52.19	62.12	104.31

资料来源：ASEAN Sectretariat - ASEAN FDI Database as of 5 October 2016，https：//data. aseanstats. org/fdi_ by_ country. php.

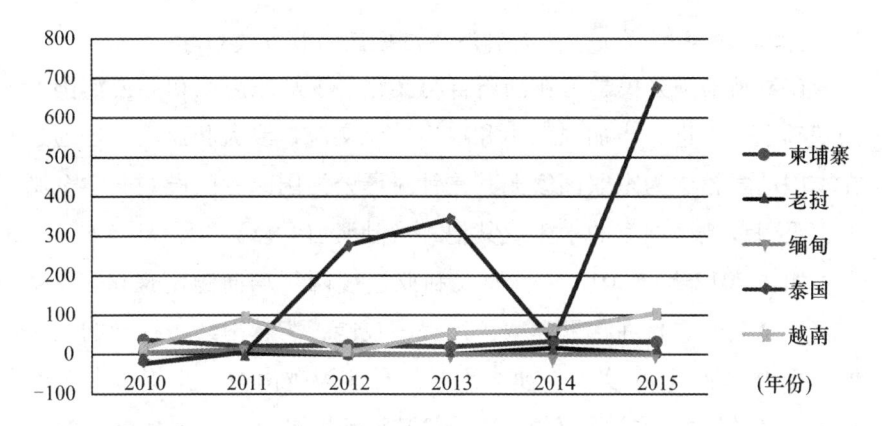

图 4—7　2010—2015 年澳大利亚对湄公河国家 FDI（单位：百万美元）

资料来源：ASEAN Sectretariat - ASEAN FDI Database as of 5 October 2016，https：//data. aseanstats. org/fdi_ by_ country. php.

三　文化和教育

在社会文化和教育方面，澳大利亚每年都向东南亚国家设立政府奖学金项目，鼓励东南亚国家学生赴澳学习，而文化交流也一直是澳大利亚与湄公河国家民间外交中比较活跃的一种形式。澳大利亚主要采取了三个方面的措施，用于加强与湄公河国家之间的文化交流与教育合作。

（一）投入更多经费，鼓励本国公民学习亚洲国家文化

在澳大利亚本国，由于长期的历史原因，导致其虽然与东南亚地区隔海相望，却在文化和习俗上迥然相异，这也直接导致了相当数量的澳大利亚人对东南亚乃至整个亚洲国家存在一定的偏见、误解，甚至对该地区国家的发展感到担忧和恐惧。为改变这种情况，促使本国民众了解亚洲、熟悉东南亚，理解澳大利亚与相关国家积极发展关系的利益诉求，澳大利亚政府在其高中和大学里向亚洲语言和文化类课程投入了更多资金，鼓励其本国公民学习亚洲国家文化，其中重点是学习与澳大利亚紧邻的东南亚国家文化，当然也就包括湄公河国家文化。特别是陆克文之后的历届政府，要求教育体系为澳大利亚本国公民学习亚洲各种语言提供便利条件，并鼓励澳大利亚人到亚洲学习、工作和生活，以帮助澳大利亚成为本地区事务的积极参与者。

(二) 专设奖学资金，吸引湄公河地区人员赴澳留学

在鼓励本国公民学习亚洲语言与文化、了解东南亚和湄公河国家的基础上，为进一步加强双边和多边文化交流，澳大利亚政府还通过在本国的学校中为东盟国家尤其是针对湄公河国家专门设立奖学金制度，吸引该地区国家的学生或其他人员赴澳留学。

如在 2012 年、2013 年，澳大利亚连续两年均向越南提供了 245 个奖学金名额，旨在帮助越南公民提高技能，为越南经济社会的发展做出积极贡献。[①] 事实上，澳大利亚是目前为越南留学生提供最多奖学金名额的国家。按照澳越 2010—2015 年共同援助计划战略，澳大利亚将向越南提供 1380 份研究生奖学金。[②] 这一政策已成功促成了 17000 余名越南留学生在澳大利亚就读，[③] 并从一个侧面促进了澳越关系的发展。对于此，澳大利亚驻越南胡志明市总领事格雷姆·斯维夫 (Graeme Swift) 2010 年 1 月曾表示，对在澳大利亚的越南留学生团体为推动双方良好的关系所做出的积极贡献表示欣慰。此后，2013 年 2 月，澳大利亚时任外交部长鲍勃·卡尔也表示，越南是颇受澳大利亚游客喜爱的旅游目的地，而澳大利亚也成为越南学生出国留学的首选。[④]

同期，澳大利亚也对泰国提供大量奖学金名额，在泰国掀起赴澳留学的热潮，目前，泰国已成为澳大利亚第七大留学生来源国，而澳大利亚也是泰国学生的首选留学国家，仅 2011 年澳大利亚就招收了

[①] 《澳大利亚将向越南提供 15 亿澳元官方发展援助》，2012 年 5 月 10 日，越通社 (http://cn.vietnamplus.vn/Home/澳大利亚将向越南提供15亿澳元官方发展援助/20125/17385.vnplus)。

[②] 《澳大利亚外长：澳越两国关系将继续蓬勃发展》，2013 年 2 月 28 日，越通社 (http://cn.vietnamplus.vn/Home/澳大利亚外长：澳越两国关系将继续蓬勃发展/20132/21916.vnplus)。

[③] 《澳大利亚和越南合作潜力巨大》，2010 年 1 月 27 日，广西钦州保税港区 (http://www.qzbsg.gov.cn/Article/Details/ac366fc8-e91d-4d5e-93db-363ba0e1d3ff?cid=3&cname=xwzx)。

[④] 《澳大利亚外长：澳越两国关系将继续蓬勃发展》，2013 年 2 月 28 日，越通社 (http://cn.vietnamplus.vn/Home/澳大利亚外长：澳越两国关系将继续蓬勃发展/20132/21916.vnplus)。

500 名泰国留学生。① 截至 2012 年，已有超过近 20 万名泰国学生在澳大利亚学习，他们大多数都是通过科伦坡计划和其他奖学金项目在澳学习。2015 年，有近 1.7 万名泰国学生在澳大利亚学习。②

此外，澳大利亚与缅甸的合作也已启动，仅 2012—2013 年，澳大利亚就为 34 名缅甸优秀人才提供了奖学金，使他们能到澳大利亚高等学府进行深造。③ 对于老挝，澳大利亚每年给 40—50 名学生提供政府奖学金让他们到澳大利亚留学，如 2012—2013 年，就为 50 名老挝优秀人才提供了这一赴澳大利亚接受高等教育的机会。④ 目前老挝有 1000 多名曾经获得过澳大利亚政府奖学金的留学生，他们中有很多人在各自的岗位积极地为国家的发展而贡献自己的力量。⑤ 对于柬埔寨，澳大利亚同样通过提供赴澳留学的政府奖学金来加强柬埔寨人力资源的培养，以提高柬埔寨学生的综合能力和政府工作人员的领导才能，促进柬埔寨的发展。仅 2012 年，澳大利亚就向柬埔寨提供了 50 个政府奖学金名额，其中有 20 个名额提供给了政府公共部门的行政人员。而截至当年已有 741 名柬埔寨学生在澳大利亚求学。2013—2014 年，澳大利亚还将继续为 50 名柬埔寨学生提供到澳大利亚留学的长期奖学金。⑥

（三）直接提供资助，协助区域内国家发展教育事业

尽管已吸引到许多学生赴澳留学，但澳大利亚政府也注意到，能

---

① *Strengthening the Australia-Thailand Education Relationship*, Australian Trade Commission, 18 Oct, 2012, http://www.austrade.gov.au/Education/News/Austrade-update/Strengthening-the-Australia-Thailand-education-relationship#.Ux1l2o3qUlk.

② *Thailand Country Brief*, Department of Foreign Affairs and Trade, Australian Government, July 2015, http://www.dfat.gov.au/geo/thailand/thailand_brief.html.

③ *Australian Aid Myanmar Page*, Department of Foreign Affairs and Trade, Australian Government, July 2015, http://aid.dfat.gov.au/countries/eastasia/burma/Pages/promoting-opportunities.aspx.

④ *Australia's Aid Program in Laos*, AusAid, Australian Government, February 2013, http://aid.dfat.gov.au/countries/eastasia/laos/Pages/home.aspx.

⑤ *Laos Country Brief*, Department of Foreign Affairs and Trade, Australian Government, July 2015, http://www.dfat.gov.au/geo/laos/laos_brief.html.

⑥ *Australian Aid: Cambodia Pages*, Department of Foreign Affairs and Trade, Australian Government, July 2015, http://aid.dfat.gov.au/countries/eastasia/cambodia/Pages/promoting-opps.aspx.

够前往澳大利亚学习的湄公河地区学生毕竟数量有限。而要真正促进湄公河地区的发展，进而确保澳大利亚在该地区的利益实现，最根本的是提升该地区的文化发展水平和教育质量。因此，澳大利亚还直接对湄公河国家的教育事业进行资助，或投资建立学校、培训中心等教育培训机构，为该地区无法赴澳学习的学生提供教育服务，提高该地区的整体教育水平。

　　针对泰国，教育、科学和培训的合作一直是澳泰双边关系的一个重要方面。在政策对话与信息共享的基础上，澳泰教育关系已经发展到了相当成熟的阶段。两国之间长期的教育培训合作关系始于1991年开始实施的"科伦坡计划"，当时双方就曾签订了第一个教育谅解备忘录，规定由澳大利亚教育部国际教育司曼谷办事处负责两国的教育合作，并帮助泰国教育部处理一些与教育和培训政策及制度相关的问题，还负责为澳大利亚政府制定与泰国开展教育和培训合作的战略政策提供建议。此后，两国进行了一系列教育合作，例如，澳大利亚于2009年5月提供了100万美元用于泰国南部教育的改善，重点是自然科学和数学。① 并开展了旨在帮助塑造泰国的教育体系的"澳大利亚—泰国教育合作计划"。2012年，澳大利亚与泰国签订了关于加强教育和培训联系的新备忘录，继续鼓励和支持两国政府及教育培训机构的合作，并强调通过与泰国相关机构的沟通与交流，来发展和加强两国政府的联系。

　　针对缅甸，澳大利亚援助重点是改善幼儿教育和小学教育的质量。虽然缅甸用于教育的公共投资在不断增加，但其教育远远低于东盟的平均水平。澳大利亚通过多方捐助教育基金、缅甸教育协会、粮食换教育计划等对缅甸的教育进行援助，为110万小学生提供早期教育和学习用具，为3.5万名孩子的家庭提供帮助，通过粮食换教育项目使这些孩子继续学业，努力提高整个国家的教育水平。2013年7月至2015年6月，澳大利亚继续加大对缅甸教育方面的援助，为130万个孩子提供学习用具，对3.2万名教师进行培训以提高基础教

---

① *Thailand Country Brief*, Department of Foreign Affairs and Trade, Australian Government, February 2013, http://www.dfat.gov.au/geo/thailand/thailand_brief.htm.

育质量，并通过缅甸教育协会让贫困边远地区的孩子接受基础教育。① 为完成该目标，澳大利亚到 2015 年共向缅甸提供了 9000 万美元援助款项（比 2012 年增加 1 倍），② 从而确保有效推动缅甸教育事业发展。

针对老挝，虽然老挝小学入学率已达 94%，但只有 64% 的学生能完成五年的小学教育，而这些学生中又只有 88% 的学生能继续他们的中学教育。③ 为了促进老挝基础教育的质量，让老挝的孩子接受更多的教育、拥有更好的未来，澳大利亚把教育援助作为重点，对小学教师进行培训、修建教室、提供学习资源，保证学校为学生提供校餐、饮水和必要的卫生条件，还帮助老挝的教育部门通过加强规划、预算和信息系统来提高教育管理能力。2012—2013 年，澳大利亚为 300 多所学校修建了饮水和卫生设施，培训了 1529 名教师、1488 名校长和 5000 名乡村教育发展委员会成员，为 9000 多名贫困地区幼儿园和小学的学生提供校餐，给 70 名贫困地区的学生提供奖学金到老挝大学学习。④ 目前，澳大利亚已成为老挝教育发展的最大援助国。

针对越南，澳大利亚已投资建立了多所学校和培训中心，目前就读学生已超过 14000 名。⑤ 针对柬埔寨，澳大利亚的一些公司和大学与柬教育部门一起参与教育研究发展计划；澳大利亚教育中心派出老师在柬埔寨进行英语教学；澳大利亚政府还与联合国发展基金合作，为柬埔寨残疾人组织提供帮助，使残疾人也能得到平等的受教育和发展机会。上述举措，有效地推动了澳大利亚与湄公河国家双边和多边关系的发展，这充分证明了澳大利亚与湄公河国家在文化交流和教育

---

① *Australian Aid Myanmar Page*, Department of Foreign Affairs and Trade, Australian Government, July 2015, http：//aid. dfat. gov. au/countries/eastasia/burma/Pages/promoting-opportunities. aspx.

② 《澳大利亚推动与缅甸的关系》，2013 年 11 月 7 日，越通社（http：//cn. vietnamplus. vn/Home/澳大利亚推动与缅甸的关系/20137/25444. vnplus）。

③ *Australia's Aid Program in Laos*, AusAid, Australian Government, February 2013, http：//aid. dfat. gov. au/countries/eastasia/laos/Documents/laos-factsheet-feb-2013. pdf.

④ Ibid. .

⑤ 《澳大利亚和越南合作潜力巨大》，2010 年 1 月 27 日，广西钦州保税港区（http：//www. qzbsg. gov. cn/Article/Details/ac366fc8-e91d-4d5e-93db-363ba0e1d3ff? cid =3&cname = xwzx）。

协作方面取得的成绩。

四 非传统安全

当前,湄公河国家面临的非传统安全问题主要包括农业安全、能源安全、气候变化、水资源安全、环境安全和疾病防控等方面。对此,2006年,澳大利亚在其海外援助计划白皮书《澳大利亚援助:促进发展与稳定》中称,澳将在重点支持湄公河国家电信、交通等领域基础设施建设的同时,加强对该地区的能源、水利资源等非传统安全问题的管理。

(一)通过加强合作,长远解决湄公河国家贫困问题

从经济上看,湄公河地区是当今世界上发展最快的次区域之一,其实际GDP增长已连续几年接近8%。伴随着持续的经济增长,各国在消除贫困方面取得了显著的成效。然而,大量农村人口还在贫困生活中苦苦挣扎也是一个不争的事实。该区域3.1亿农村人口中,有3/4的人以自给农业或半自给农业维持生计,而人口数量的过快增长更是导致了个人平均收入的下降,这一问题在少数民族和社会弱势群体中普遍存在并且尤为严重。特别是柬埔寨和老挝的情况更加突出,由于两国经济基础最为薄弱,直接导致了两国大多数人口都生活在贫困线之下,并且这两个国家的发展水平远远落在该地区其他几个国家之后。同时,湄公河地区还存在男女不平等的情况,女孩未能接受教育和妇女参与生产劳动难以获得同等报酬的问题在该地区各个国家均不同程度地存在。

通过开展多方面合作,特别是借助经济合作,澳大利亚正帮助湄公河国家进一步提升经济发展水平,并在此基础上逐步提高当地民众的收入水平。例如,老挝农村贫困率很高,32%的农村人口生活在贫困之中,13%的人口面临粮食不足的问题,50%的儿童发育不良。[①] 因此,澳大利亚专门制定了《2012—2016澳大利亚老挝农村发展战略》,并以此为指导,把改善老挝农村贫困地区人口的生活

---

① *Australia's Aid Program in Laos*, AusAid, Australian Government, February 2013, http://aid.dfat.gov.au/countries/eastasia/laos/Documents/laos-factsheet-feb-2013.pdf.

水平作为援助的重点，有针对性地解决阻碍农村发展的问题，建设和维护农村基础设施，特别是道路和电力的建设和维护。于 2011 年帮助 1200 户贫困户提高粮食产量、生活水平和劳动收入，让 1.6 万户人家用上了电；于 2012—2013 年协助老挝精简和统一监管要求和程序、缩短进出口报关时间，改善农村基础设施，修建乡村公路。①

柬埔寨与老挝同属世界最不发达国家，由于农村人口占总人口的 80%，而这些农村人口占贫困人口总数的 93%，② 因此提高农业产量是减少贫困人口的重要手段。为此，柬埔寨政府制订了柬埔寨农业价值链计划，该计划通过引进现代农耕技术和扩大灌溉区域来提高农业生产力，力争在 2015 年把贫困人口减少到 19.5%。③ 澳大利亚通过与国际金融机构（亚开行和世界银行）的合作，积极援助柬埔寨修建道路交通和农村电气化基础设施，提高基础设施的质量和数量。特别是自 2010 年以来恢复了 13 个灌溉计划并对两条运河的修建进行了援助，使柬埔寨总灌溉面积增加至 2.5 万公顷；④ 帮助有合作关系的涉农企业获得肥料和设备，为农民提供及时有效的农业信息；2012 年及 2013 年，除了继续支持和参与柬埔寨农业价值链计划，协助开展农业科研、农民培训、改善灌溉系统之外，还支持柬埔寨政府农业和水资源战略的实施，并帮助柬埔寨农业部改进数据库，对农业政策和计划进行更好的宣传等，这些措施既使柬埔寨农村人口从中受益、明显改变了赤贫状态，还有助于柬埔寨农业和农村地区的整体发展，为柬埔寨经济增长奠定了基础。

另外，澳大利亚还通过与湄公河国家开展文化交流和教育合作，逐步提高本地区民众的整体受教育程度，力求从长远上提升当地民众保持收入可持续增加的能力，从深层次上改善其生活状况，从根本上

---

① *Aid：Laos*, Department of Foreign Affairs and Trade, Australian Government, July 2015, http://aid.dfat.gov.au/countries/eastasia/laos/Pages/home.aspx.

② *Australian Aid：Cambodia*, Department of Foreign Affairs and Trade, Australian Government, July 2015, http://aid.dfat.gov.au/countries/eastasia/cambodia/Pages/economic-development.aspx.

③ Ibid..

④ Ibid..

解决湄公河国家的贫困问题。

(二) 协助节能减排，减少环境安全问题

许多国家的发展之路证明，正处于上升期的发展中国家，要保持经济快速增长，通常伴随着巨大的能源消耗和较为严重的环境破坏，这对湄公河国家也不例外。就能源与环境问题而言，目前湄公河国家面临着以下几个方面的问题：首先，湄公河地区拥有丰富的矿产、森林、动植物资源，但对自然资源的无限制开采和管理不善，使该地区日益面临着环境破坏和自然资源枯竭的危机，这毫无疑问将会对该地区的经济建设、社会发展和环境安全造成严重后果。其次，对于亚洲的很多国家而言，能源的获取关乎国家安全问题。由于运输和经济活动的不断增加，湄公河国家对石油的需求量日益增长。再次，根据世界银行的预计，在未来 15 年湄公河国家要使用比现在多 2.5 倍的电力来保持现有的经济增长率，而电力供应缺乏正是本地区短时间之内的难解之题。最后，随着能源消耗的增长，湄公河地区温室气体排放和导致灾难性气候变化的因素也在不断增加。而从实际情况看，近年所发生的极端气候变化，已经在很大程度上对该地区的可持续发展造成了严重影响。例如降雨量的剧增可能导致严重的洪灾，而降雨量的骤减又有可能造成干旱，越来越多的证据表明青藏高原的冰川正在融化，这极有可能使湄公河流域在雨季和旱季遭受更严重的洪灾和旱灾，这些年来，每年都有 100 万到 800 万人受灾。[1]

针对这些问题，澳大利亚正通过援助资金和提供技术等，协助湄公河国家改进经济发展模式，提高资源利用效率、降低能源消耗速度、发展低成本可持续的电力供应（具体措施主要是在贫困边远地区优先进行电力基础设施建设，帮助这些地区发展可替换能源，提供措施促进电力部门的效率，并与合作国紧密合作及时对农村电力基础设施建设发展进行评估与报告），进而通过节能减排为能源的可持续发展创造条件，并力求减轻因经济发展对湄公河地区环境安全造成的影响。例如，澳大利亚在 2000—2005 年向湄公河委员会提供了 810

---

[1] *The Greater Mekong Subregion – Australia's Strategy to Promote Integration and Cooperation 2007 – 2011*, p. 23.

万美元用于加强该组织的技术和水文资料收集能力，以便该委员会通过科学可靠的资料给各成员国提供建议并且对流域水资源的开发给沿岸各国带来的影响做出正确的评估。① 此外，澳大利亚驻越使馆还曾于 2012 年 8 月 23 日通报了将与 6 个国际非营利组织合作协助越南民众应对气候变化的合作计划。作为落实这一计划的实际举措，澳大利亚将在 2012 年 7 月至 2014 年 12 月间提供 1500 万澳元用于帮助越南民众应对气候变化影响和减少导致温室效应的废气排放。其中包括在九龙江平原安江和朔庄两省 5 个乡开展为期两年的项目；总额为 300 万澳元、从 2012 年 8 月至 2014 年 12 月实施的沿海地区居民适应和应对气候变化项目；从 2012 年到 2014 年在安江和坚江省实施、1200 户农民受益的高产水稻种植、减排温室气体项目；以及在太原、广义、承天顺化、前江四省 28 个乡实施为期两年的"以儿童为中心"适应气候变化项目，35 万人口间接受益。②

（三）增加资金援助，有效缓解战争遗留问题

众所周知，冷战时期，湄公河地区的"热战"长期持续。越南抗法战争、越南战争，亦使整个越南境内均遗存有未爆炸弹药。无独有偶，老挝境内也因抗法战争等遗留有大量未爆炸的地雷和弹药。③而柬埔寨数十年的战乱也使其国民饱受其害，至今仍深受与越、老两国相同的战争遗患之苦。

针对越南难以解决因战争遗留地雷造成大量人员伤亡的实际情况，2011 年 4 月，澳大利亚时任外交部长陆克文宣布向国际红十字会的特别基金会提供四年期限的 400 万澳元援助款项，旨在资助越南和其他国家因受战争遗留地雷影响的残疾人。越南是地区内遭受战争遗留地雷影响最严重的国家之一，约有 10 万名幸存的受害者。该款项将协助复康中心更有效地为地雷受害者提供就业机会，让他们可以自力更生并融入社会。与此同时，澳大利亚也将投资 250 万澳元，帮

---

① *The Greater Mekong Subregion – Australia's Strategy to Promote Integration and Cooperation 2007–2011*, p. 24.

② 刘馨：《澳大利亚提供 1500 万澳元援助用于越南气候变化》，《中国经济导报》2012 年 9 月 8 日。

③ Aid: Laos, Department of Foreign Affairs and Trade, Australian Government, July 2015, http://aid.dfat.gov.au/countries/eastasia/laos/Pages/humanitarian-disaster-response.aspx.

助老挝政府拆除战争时期投掷 200 万吨炸弹在老挝领土中所遗留的未爆炸地雷。① 仅 2012—2013 年，澳大利亚就清除了至少 500 公顷的未爆炸弹药区域。② 对于柬埔寨，澳大利亚自 1994 年以来一直是柬埔寨扫雷行动的主要参与者。通过柬埔寨排雷行动和受害者援助管理局，澳大利亚已经帮助柬埔寨清除了 13.8 平方公里的雷区。③ 此外，澳大利亚还组织相关部门和机构对已排除地雷的区域进行研究，使这些土地能够被重新使用，给当地农民增加了可耕地，同时还给当地农民提供教育和医疗服务，使柬埔寨地雷爆炸引起的伤亡率有了明显的下降。

在应对缅甸武装冲突方面，澳大利亚也开展了积极的援助。由于缅甸政府和民地武之间的冲突已持续了 60 年，导致很多人流离失所甚至变成无国籍的人。因此，澳大利亚长期以来一直为缅甸遭受武装冲突影响的人们以及住在泰缅边境的难民提供人道主义援助，为他们提供食物、住所、基本医疗保障和职业技能训练。以若开邦为例，2012 年发生的武装冲突导致该邦 14 万人流离失所，为此，澳大利亚提供了 899 万美元用于人道主义救援，这笔资金与联合国及一些非政府组织提供的资金为 10 万人提供了应急食品、帐篷、毛毯和其他生活必需品。④ 可以预期，这些措施将为相关国家有效解决战争和武装冲突所造成的遗留问题带来较大的帮助。

（四）完善卫生设施，逐步改善疾病防控问题

由于种种原因，HIV/AIDS 和其他流行病在湄公河地区呈逐步扩散态势。这在极大程度上严重危害着该地区未来的繁荣。如果不采取有效措施来防治 HIV，湄公河国家患者人数的增加，将直接导致亚洲

---

① 《澳大利亚资助越南和老挝地雷受害者》，2011 年 4 月 15 日，越通社（http：//cn.vietnamplus.vn/Home/澳大利亚资助越南和老挝地雷受害者/20114/12238.vnplus）。

② Aid: Laos, Department of Foreign Affairs and Trade, Australian Government, July 2015, http://aid.dfat.gov.au/countries/eastasia/laos/Pages/humanitarian-disaster-response.aspx.

③ Australian Aid: Cambodia, Department of Foreign Affairs and Trade, Australian Government, July 2015, http://aid.dfat.gov.au/countries/eastasia/cambodia/Pages/home.aspx.

④ Australian Aid: Myanmar, Department of Foreign Affairs and Trade, Australian Government, July 2015, http://aid.dfat.gov.au/countries/eastasia/burma/Pages/humanitarian-disaster-response.aspx.

地区 HIV 患者人数超过非洲地区现在的 HIV 患者人数。而诸如禽流感这样的动物性传染疾病，不仅危害人民的生命安全，还给家禽业带来了毁灭性的打击。究其原因，主要是因为湄公河国家民众受教育程度相对较低、卫生设施缺乏、部分国家色情行业发达但管控不力等。澳大利亚在提升本地区用水清洁程度、改善卫生设施和开展医疗援助等方面实施了以下举措。

2013 年至 2017 年，澳大利亚国际发展署向越南在北江、太平、平定和槟椥等省开展的清洁用水和环境卫生设施改善项目提供 700 万澳元援助。这有助于改善越南农村地区的卫生设施建设情况和清洁用水使用水平，有力地提高越南环境卫生中心、社会政策银行、妇女联合会干部在宣传和呼吁社区人民提供资金和各种资源以改善农村供水和环境卫生等方面的能力，并将为越南实现第三阶段清洁用水与环境卫生国家目标计划做出重要贡献。①

澳大利亚对缅甸进行医疗卫生援助的重点是改善基本卫生服务，增加孕妇和儿童获得卫生服务的机会，加强对 HIV/AIDS、肺结核和疟疾等传染病的防治。由于缅甸医疗卫生条件差，妇女和儿童患病后得不到及时有效的治疗，死亡率很高。每年大约有 4.8 万名五岁以下的儿童死亡，他们中大多数死于新生儿疾病、肺炎、腹泻和疟疾。此外 HIV/AIDS、肺结核和疟疾等传染病的死亡率和发病率也极高（其中，疟疾发病率和死亡率占湄公河地区疟疾发病率和死亡率的 75%）。为了解决这些重要问题，在 2011—2013 年期间，澳大利亚通过资助为缅甸 330 万吸毒人员提供针头以减少传染病和 HIV/AIDS 的传播，给 1.9 万人提供抗艾滋病毒药物，治疗了 22.9 万疟疾患者，为 2.2 万名孩子注射了白喉、百日咳和破伤风疫苗，为 2 万名孩子注射了麻疹疫苗。此外，澳大利亚还在 2012—2016 年对缅甸提供 1 亿美元援助，用于改善弱势群体的健康水平，其中包括继续为 9.5 万名缅甸儿童提供免疫接种、降低儿童死亡率，改善孕妇保健水平，以及

---

① 《澳大利亚协助越南改善农村清洁用水和卫生设施》，《越南共产党电子报》2014 年 1 月 27 日。

防治 HIV/AIDS、肺结核和疟疾。①

　　澳大利亚对柬埔寨进行卫生健康援助的目标是让贫困人口、妇女和儿童获得高质量的医疗服务。根据柬埔寨政府的卫生战略计划,澳大利亚对该计划的一些项目进行了资助,重点解决医疗人员数量不足、医疗质量不高等问题,增加医疗管理的透明度并实施问责制。这些援助使柬埔寨国家战略计划取得了很大的成效:婴儿死亡率由2005 年的 65‰ 下降到了 2010 年的 45‰;五岁以下儿童的死亡率由 2005 年的 83‰ 下降到了 2010 年的 54‰;产妇死亡率由 2005 年的 4.72‰ 下降到了 2010 年的 2.06‰;2011—2013 年,产妇死亡率降低一半,儿童死亡率降低 1/3。2013—2014 年,澳大利亚将继续在医疗方面对柬埔寨提供援助,确保柬埔寨 75% 的新生儿由受过训练的医疗人员接生和照顾。② 针对湄公河地区其他两国的相同工作,澳大利亚也在同时进行。

　　(五) 多维全面介入,积极应对其他各类问题

　　除上述问题外,湄公河地区还面临多重的非传统安全问题,主要包括:一是农业安全问题。农产品在湄公河国家的出口贸易中有着极大的发展潜力。农产品市场的扩大一定程度上依赖于食品安全和质量标准的提高,而湄公河国家普遍欠缺这方面的能力。二是水资源利用问题。目前,湄公河水资源的可持续使用和管理尚未形成系统性的合理规划,各国之间针对水资源的利用与由水资源所产生的利益,存在着较大的争端与分歧。三是自然灾害问题。湄公河地区长期深受飓风、海啸、地震、洪水、干旱等自然灾害之苦,而相对落后的经济发展水平又导致其救灾、赈灾、灾后重建等工作难以有效开展。

　　澳大利亚针对这些问题,总体上遵循的是从各个方面均积极介入的战略方针,并采取了相应的实际举措。对于农业安全问题,澳大利亚除了帮助湄公河国家加强卫生及动植物检疫工作之外,还提供资金

---

① *Australian Aid Myanmar Page*, Department of Foreign Affairs and Trade, Australian Government, July 2016, http://aid.dfat.gov.au/countries/eastasia/burma/Pages/saving-lives.aspx.

② *Australian Aid: Cambodia*, Department of Foreign Affairs and Trade, Australian Government, July 2016, http://aid.dfat.gov.au/countries/eastasia/cambodia/Pages/home.aspx.

和技术，为湄公河地区开展农业科研和农民培训予以支持，并加强湄公河地区包括改善灌溉系统在内的基础设施建设和道路交通的互联互通，为提高该地区的农产品质量和安全提供保证；对于水资源利用问题，澳大利亚积极参与到湄公河委员会和 GMS 经济合作国家对此问题的沟通协调中，力主在本地区建立一个能解决各国关于水资源利益争端的框架，并提供关于湄公河流域水资源的科学数据以帮助政府和各组织机构更好地对水资源管理进行决策，帮助湄公河委员会制订资源使用计划，在自然资源有限的情况下更好地对土地适宜性进行评价，与湄公河委员会和其他合作伙伴对促进水资源管理的进展进行评估与报告，以期通过科学利用湄公河水资源维持该地区的经济增长，同时亦实现其本国的长远利益。在这一问题上，澳大利亚援助湄公河委员会的一个重要成果就是促成了四个成员国通过谈判成功签署了资料共享协议，为四个成员国在湄公河下游建立洪水预警系统提供了共享资料。

对于自然灾害问题，澳大利亚也积极为湄公河地区提供人道主义援助。2008 年 5 月袭击缅甸南部地区的纳尔吉斯飓风和 2010 年 10 月袭击缅甸西部地区的吉里飓风，分别使上百万人受灾，澳大利亚通过援助为灾民提供食物、住所、基本医疗保障和职业技能训练。[①] 2011 年泰国洪灾期间，澳大利亚向泰国提供了 100 万美元和 10 万个沙袋帮助泰国进行救灾和重建，并为泰国的地方组织提供了 450 万美元协助其安置缅甸难民。[②] 2011 年，老挝遭受了一系列热带风暴的袭击，17 个省中的 12 个省、1790 个村庄、8.2 万户人家和近 50 万人受灾，30 人死亡，对此，澳大利亚援助了 100 万美元用于抗洪救灾及灾后重建。[③] 同年，澳大利亚还对柬埔寨遭受洪灾的 18 个省份提供了援助。

---

① *Australian Aid Myanmar Page*, Department of Foreign Affairs and Trade, Australian Government, July 2015, http：//aid. dfat. gov. au/countries/eastasia/burma/Pages/humanitarian-disaster-response. aspx.

② *Thailand Country Brief*, Department of Foreign Affairs and Trade, Australian Government, July 2015, http：//www. dfat. gov. au/geo/thailand/thailand_ brief. html.

③ *Aid：Laos*, Department of Foreign Affairs and Trade, Australian Government, July 2015, http：//aid. dfat. gov. au/countries/eastasia/laos/Pages/humanitarian-disaster-response. aspx.

第三节 澳大利亚参与湄公河地区合作的绩效分析

澳大利亚在湄公河地区多国力量的政治博弈中，经济外交和援助的色彩较为浓重，相对于冷战时期关注传统的安全和军事问题而言，更注重以双边外交的方式应对该地区的经济与发展问题，而在涉及水资源、生态环境变化、粮食安全等非传统安全问题时，则采取多边外交的策略，以构建制度和机构合作平台的方式，通过与东盟、亚开行、湄公河委员会等组织的合作在湄公河地区发展进程中扮演协调者和救助者的角色，运用柔性的力量达到战略目的。

一 对澳大利亚

是否符合国家利益或是否能创造国家利益，是任何一个国家在制定其外交战略和政策时考虑的首要问题。冷战后，澳大利亚在积极参与湄公河地区合作、大力对湄公河国家予以援助的过程中，同样首先考虑的是本国的利益。而事实上，澳大利亚与湄公河国家关系的发展，也首先对其本国产生了十分积极的影响，并正在为其带来利于国家发展的益处。

（一）在湄公河地区提升了澳大利亚的国家形象

尽管拥有极为丰富的自然资源、具备巨大的发展潜力，但总体而言湄公河地区仍属于欠发达地区，资金匮乏、人才欠缺、技术落后等一直是湄公河国家发展建设中亟待解决的问题，仅凭五国自身之力难以在较短时间内有效改善，更难以取得快速、可持续的发展。因此该地区最需要的是来自外部、来自大国和地区组织的援助。而作为亚太地区为数不多的发达国家之一，一直秉持"中等强国"外交理念的澳大利亚做出了十分积极的回应。

由于湄公河地区基础设施建设相对滞后，新建和改建基础设施将极大地促进区域内交通的互联互通，这对于吸引外资和促进本地区的经济增长和持续发展有着重要意义。为此，澳大利亚通过对基础设施的建设特别是公路基础设施建设来促进湄公河地区经济走廊的贸易和经济发展，并通过增加本地区能源供应的有效性和持续性来保持经济发展的良好势头，提高民众生活水平。湄公河地区合作的增加和深化，对于推动区域一体化、发展经济有着非常重要的影响。为此，澳大利亚通过消除人为因素和非自然因素来促进货物、车辆和人员合法有效的跨境流动，并参与到湄公河流域水资源的管理中，此外还对一些关键问题进行专业细致的规划，例如，对乡村道路建设提供资金支持，使之与主要交通干道连通，满足湄公河地区贫困农村人口生产和生活的需要；把 HIV/AIDS 的防治与男女平等纳入基础设施发展项目；借鉴澳大利亚移民和海关的相关措施来帮助制定和实施区域内的跨境运输协议等。

澳大利亚实施的一系列政策与措施，在 GMS 经济合作的基础上，为湄公河地区的发展注入了新的活力和较多的资金，培养了地区发展急需的各类人才，促进了相关国家的民主与法制建设，推动了该地区的基础建设与经济合作，改善了湄公河地区部分国家和民众的生活水平。因此，也博得了湄公河国家的好感，极大地促进了其与湄公河国家双边关系的发展，使澳大利亚的国家形象在湄公河地区得到了极大的提升。事实上，在提升自身形象的同时，对澳大利亚本国而言，也使其本国民众更好地理解了湄公河地区的文化和发展需求，并在一定程度上改变了其国内政界、商界及部分民众对该地区固有的偏见，也是其对自身进行重新定位的一种探索。[①]

(二) 在国际社会为澳大利亚树立了良好声望

在全球经济一体化的大潮中，湄公河国家都致力于次区域和区域经济一体化的紧密合作，并积极参与到全球经济一体化的进程中。而鉴于湄公河国家的实际发展状态和经济建设水平，联合国、世行、亚开行、东盟和湄公河委员会等多个全球性或地区性组织与机构也都在大力推进湄公河地区的合作与一体化。在湄公河地区已经存在的多种合作机制中，由亚开行牵头建立的 GMS 经济合作计划是促进该区域

---

① 毕世鸿、王韶宇：《澳大利亚与湄公河五国关系的发展及其影响》，载刘稚主编《大湄公河次区域合作发展报告（2014）》，社会科学文献出版社 2014 年版，第 134 页。

经济发展的最主要框架。同时，东盟、联合国亚太经社会和许多双边援助国也在大力推进湄公河国家之间及其与亚洲其他国家更大程度的合作与联系。

作为一个中等发达国家，澳大利亚对湄公河国家的援助力度之大、投入资金之巨、合作项目之多，在参与湄公河地区合作的国家和组织中是极为罕见的。就其本国而言，这符合澳大利亚"中等强国"的国家定位，即在美国统领西欧和资本主义世界的格局下，选择符合本国利益的道路和模式来参与国际事务，实现自己在外交上的真正独立并最终形成自己独特的外交模式，建立良好的"全球公民形象"，成为地区事务的调停者和坚定的多边主义者。① 但不仅如此，就整个国际社会而言，澳大利亚对湄公河地区已经和拟将实施的举措，对其他国家和地区组织开展与该地区的合作是一种值得学习、借鉴与参考的范例，也使澳大利亚以一个优秀的援助者和合作者的身份获得了较高的认可、普遍的赞誉和良好的国际声望，成功地使其"全球公民形象"得以提升。

（三）澳大利亚在自身发展中获取了长远利益

如前所述，自冷战结束以来，澳大利亚与湄公河国家进行的合作主要以援助的形式进行，其每年投入之大远远高于直接获得的利益。因此，从某种意义上说，澳大利亚对湄公河国家的援助与合作在一定时期之内属于高投入、低产出，高成本、低效益的"赔本生意"。但从长远来看，湄公河地区是全球经济发展最快的区域之一，尽管目前该地区总体发展水平不高，部分国家依然贫困，很多地区尚处于未开发状态，但也正因如此，其未来的发展空间将十分巨大，这也必将为澳大利亚带来多方面的回报。

第一，在经济发展方面，通过长期的、全方位的援助，澳大利亚与湄公河国家均建立了较为密切的双边关系，这为其与湄公河地区的持续合作埋下了伏笔、奠定了坚实的基础。在湄公河地区未来的发展中，澳大利亚无疑将成为该地区国家最为重要的合作伙伴之一。而该

---

① 邹春萌、丁娟：《冷战后澳大利亚对湄公河地区的外交政策》，载毕世鸿主编《GMS 研究 2010》，云南大学出版社 2010 年版，第 210 页。

地区强劲的发展势头,也必然会在未来为澳大利亚带来直接的经济利益。第二,在安全形势方面,澳大利亚的援助在一定程度上促进了湄公河地区的民主、法制与稳定,这有效地减轻了澳大利亚一直担忧的来自亚洲、来自东南亚的安全威胁,为其自身发展创造了一个更加安全的周边环境。第三,在国家转型方面,由于澳大利亚本身长期以来是一个资源型国家,其国民经济的支柱和发展动力主要是本国丰富的资源,因而其一直致力于向技术型国家乃至综合平衡型国家转变。但尽管如此,相对于湄公河国家、东盟国家,甚至多数亚洲国家,澳大利亚的科技优势仍然十分明显。在澳大利亚国家转型过程中,湄公河国家在基础设施建设、水资源管理、自然资源开发、工业生产等许多方面充当着澳大利亚科学技术的"试验田",这显然对澳大利亚的科技进步提供了极大的帮助。因此,澳大利亚对湄公河国家的巨大投入,只是短期的"赔本生意",其真正的目的在于与湄公河国家建立长期的紧密关系,真正的产出在于在该地区未来的发展中获取长远的国家利益。

二 对湄公河国家

澳大利亚在湄公河地区有着涵盖经济、政治、安全、文化和环境等多方面的国家利益。巩固和加深与湄公河国家的双边及地区关系,对于澳大利亚实现其维持地区和平与安全、加强区域经济一体化的目标有着重要影响。通过与东盟的长期合作,特别是通过双方正在开展的经济合作项目(ASEAN-Australia Economic Cooperation Project,AAECP)和发展合作项目(ASEAN-Australia Development Cooperation Project,AADCP),澳大利亚与湄公河国家的合作,正以东盟为平台上升到制度对话的层面,向着更为广泛和深入的方向发展。而在此基础上,澳大利亚与湄公河国家的直接合作亦日趋深入,进而越来越深入地影响着该地区的发展。

(一)促进湄公河地区形势走向民主与稳定

湄公河地区战略位置重要、自然资源丰富、发展潜力巨大,各区域外大国加大对该地区的关注也在情理之中。但如果各国都强调争取排他性的利益,则既不利于大国间关系的发展,也会将湄公河国家置于"选边站"的困境之中,最终必然导致促进湄公河地区发展、并从中获取本国利益的目标难以实现。因此,各方加强沟通协调、谋求共同发展才是实现共赢的最佳途径。在对湄公河地区进行援助的过程中,澳大利亚对各个国家一视同仁;而在对各国民众实施的人道主义救援中,澳大利亚也对各个民族一视同仁。① 并且,澳大利亚在实现本国在湄公河地区战略利益的同时,并不排斥和阻碍其他大国,而是力求通过多边对话和多方合作,在维护地区稳定的基础上实现互利共赢。这种充分体现了西方民主政治特色的政策和高度关注民众的做法,既给参与湄公河地区合作的其他大国提供了参考,也为湄公河国家内部政治环境走向民主、公开和透明做出了示范。

例如,长期以来,澳大利亚对缅援助的重点是恢复人民和各种组织机构的能力,提高教育、健康和生活等方面的水平。同时还将重点放在提高政府执政能力,为居住在泰缅边境的弱势群体提供人道主义援助等方面。但随着援助的增加和合作的深入,澳缅关系正向着更深层次发展。无论是通过支持缅甸普选、助力缅甸进行民主改革,还是通过加强缅甸的民主机构建设、协助缅甸推进民主进程,都对缅甸由军政府向民选政府过渡提供了较大的帮助。并且,事实上更为重要的是,澳大利亚的援助也同时带来了西方民主法制的理念,由此对缅甸民众形成了潜移默化的影响,因此也才会由下至上产生了强劲的力量推动缅甸民主进程。而这又在很大程度上缓和了缅甸政府与民地武之间长期以来的矛盾与冲突,对地区稳定产生了较大的影响。对老挝,澳大利亚通过推进人权发展、定期举行人权对话、提供人权工作资金等,提高了老挝人民的人权意识。对柬埔寨,澳大利亚通过签署打击跨国犯罪合作联合宣言,参与柬埔寨法律和司法部门的系统重建、执法实践和意识培养,协助柬执法机构打击跨国犯罪等举措,提高了柬埔寨的司法效力,以及法院、监狱和警察预防犯罪活动的能力,促进了柬埔寨政府对国家的有效治理。除此之外,在湄公河国家之间关于领土、难民、水资源管理与利用等纠纷中,澳大利亚还不时充当着调

---

① *Australian Aid*: *Myanmar*, Department of Foreign Affairs and Trade, Australian Government, July 2015, http://aid.dfat.gov.au/countries/eastasia/burma/Pages/humanitarian-disaster-response.aspx.

停人、斡旋者的角色,这些行动对于缓解区域紧张局势、推动湄公河地区逐步走向民主、法治、安全、稳定起到了积极作用。[1]

而就湄公河国家本身而言,由于得到了亚开行及澳大利亚等国的援助,自2010年以来,五国在双边跨境客货运、扩大东西经济走廊等方面取得了重大成就,各国积极加快和扩大区域内运输及贸易发展,大力促进双边和多边合作,以提高地区内民众的生活水平。根据《联委会未来三年(2013—2016)运输和贸易便利化蓝图规划》,在"三年规划"中将集中解决缅甸与泰国的双边旅游协议,落实柬埔寨、老挝、泰国之间的三边协议。这充分体现了湄公河国家依托外部援助解决民众贫困问题、改善区域内国家关系的愿望。而澳大利亚通过实施援助同湄公河地区积极发展关系的行动,不失时机地迎合了湄公河国家这一利益诉求,为五国解决相关问题提供了有力的支持。毋庸置疑,民众生活水平的提高有助于缓解湄公河国家的内部矛盾,国家间关系的改善也有助于深化区域合作与共同发展,这种良好的局面将进一步促进湄公河地区形势更加稳定和健康。

(二) 推动双边关系日趋协调与紧密

澳大利亚在湄公河地区的国家利益涉及经济、政治、安全等各方面。因此早在《澳大利亚2003外交和贸易政策白皮书》中,澳就把积极参与亚洲事务作为长远的工作重心。湄公河国家是澳大利亚出口贸易的主要输入国,通过在湄公河地区进行有效的边境管理来促进人员、物资和车辆的合法流通,防止诸如人畜传染病之类的跨境危害等,也是澳大利亚在湄公河地区的优先合作项目。并且最为关键的是,通过数额巨大的援助与多方面的合作,澳大利亚得以在湄公河地区建立起良好的声誉,而其与湄公河国家的双边关系也因此日益显现出紧密友善的状态。[2]

在援助过程中,澳大利亚始终强调亚洲经济一体化对于保持亚洲经济发展的重要性,并认为巩固和扩大与湄公河国家的双边及多边关系符合澳大利亚在该地区的国家利益,即维护该地区的和平与安全,

---

[1] 毕世鸿、王韶宇:《澳大利亚与湄公河五国关系的发展及其影响》,载刘稚主编《大湄公河次区域合作发展报告(2014)》,社会科学文献出版社2014年版,第137页。

[2] 同上书,第138页。

促进该地区的经济繁荣。因此，澳大利亚一直通过与东盟、APEC 及其他地区性组织与机构的共同合作，积极推进湄公河地区的经济一体化进程，促进该地区各方面的合作。而湄公河国家经济的相对多样性及较低程度的一体化，也给澳大利亚和它们的合作提供了极大的发展空间。例如，泰国与越南不仅拥有广阔的市场，并且在经济发展过程中已积累了很多经验教训。通过与泰、越两国建立良好的双边与多边关系，既为澳、泰、越三国本身创造了较大的利益，同时也使其他几个经济相对落后的湄公河国家收益良多。

其中，澳大利亚与泰国有着长久而深厚的关系。在维护共同利益的同时，两国有着广泛的合作领域，包括贸易和投资、执法、反恐、教育、安全、移民和旅游等方面。两国通过东亚峰会、东盟地区论坛（ARF）、APEC、亚欧会议和凯恩斯集团等组织与活动促进了双边关系的发展。2012 年是澳泰建交 60 周年，两国政府于 5 月 28 日发表联合公报，宣布双方将加强在教育、贸易、救灾、能源、食品安全、地区及全球事务等方面的合作。而为帮助老挝巩固和扩大经济基础、实现其经济的可持续发展，澳大利亚支持老挝政府促进贸易和投资便利化的各项举措；帮助老挝政府提高贸易管理的简便性和透明性，其中包括建立一个公布政府所有贸易程序的电子网站；还为老挝提供贸易资讯服务，使其商品在国际市场上更有竞争力。

2010 年 4 月，作为国际劳工组织的创始成员国之一，澳大利亚协助该组织开始了具有历史意义的"五年合作协议（2010—2015）"。通过该协议，澳大利亚政府和国际劳工组织亚太区域办事处一起合作帮助亚太地区实现体面工作议程和千年发展目标。仅仅在实施该合作协议的头两年，澳大利亚就已在亚太地区的 13 个国家投入 1500 万澳元用于 5 个方面的计划，其中的重点是提升亚洲的绿色就业水平。而湄公河委员会的四个成员国也均有具体的受援项目：柬埔寨（全球更好工作项目①、三方计划②），老挝（三方计划），泰国（三方计划），越南（全球更好工作项目、三方计划）。其中，"全球更好工作

---

① 全球更好工作项目于 2006 年开始启动，旨在提高劳动规范和竞争力。
② 三方计划旨在加强招募劳工和保护劳工相关政策的制定与实施，以便更好地保护劳工在其工作的国家不被剥削或拐卖。

项目"在柬埔寨和越南开展得很好,而对于参与实施"三方计划"的国家,澳大利亚政府和国际劳工组织则协助该国政府在政策、立法、生产工具、人员培训等方面予以帮助。

这些举措,有效地促进了澳大利亚与湄公河国家的双边关系发展,使其与湄公河国家在国际重大问题上更趋协调一致。而良好的双边交流、沟通与互动,又反过来进一步推动着双边关系向着更为深入的方向发展,形成了一种良性循环,为澳大利亚与湄公河国家继续全面开展合作奠定了更为坚实的基础,也为国家间关系的发展提供了较为成功的范例。

三 影响澳大利亚调整湄公河地区合作策略的制约因素

不容忽视的是,在澳大利亚不断调整和发展与湄公河国家关系的过程中,也不可避免地引发一些战略碰撞。

(一)澳大利亚与湄公河国家关系受到美国因素制约

自20世纪90年代以来,澳大利亚进一步将其政治、经济以及对外关系等各方面的重心全面转向亚太地区。但是,澳大利亚在战略目标和政策的制定上除了要依据自身利益外,还受到美国等西方大国的影响。例如,"9·11"事件后,湄公河国家与澳大利亚的关系有所加强。但在2002年,面对霍华德"先发制人"的言论,泰国等东盟国家对此表示不满,影响了合作进程。其后,澳大利亚政府领导人也不时爆出令湄公河国家很不愉快的言论。澳大利亚的这种矛盾心态可归结为:一方面湄公河地区的经济发展前景吸引着澳大利亚;另一方面,在澳美同盟关系框架下,澳大利亚对外政策深受美国的影响,对湄公河地区的政策也摆脱不了美国因素的制约。[1]

(二)澳大利亚与美国在湄公河地区的分歧逐渐增多

澳大利亚虽然积极融入亚洲,但包括湄公河国家在内的东盟国家并不完全认同澳大利亚为本地区的成员,利益牵连与身份认同的矛盾一直影响着澳大利亚的东南亚政策。当澳大利亚与东盟联系紧密时,

---

[1] 毕世鸿、尹君:《区域外大国参与湄公河地区合作的进展及影响》,载刘稚主编《大湄公河次区域合作发展报告(2011—2012)》,社会科学文献出版社2012年版,第67页。

总有政治势力提醒其要保持与欧美的传统关系。当澳大利亚放缓靠近东盟的步伐时，又有政治力量批评这是在错失机会。这导致澳大利亚对湄公河地区的政策处于不断的摇摆之中，一直难有实质性突破。近年来，澳大利亚越来越重视与湄公河地区国家的合作交流，但美国并不完全赞同。美国一方面希望澳大利亚协助其"照看"其在南太平洋地区的利益，并排除了澳大利亚在美国的地区合作机制中起到"木马"的作用；另一方面，美国又不希望澳大利亚与东盟国家的关系走得过近，以至于发生背弃盟国职责的"失职行为"[1]，这就使澳大利亚与美国出现了政策上的分歧。

（三）澳大利亚的"对冲"战略受到各大国的钳制

围绕湄公河地区格局如何发展，将会对澳大利亚在东南亚地区发挥其影响力的有效程度产生实质性影响。针对各大国，澳大利亚当前政策主要包括发展澳中合作，同时保持澳美安全联盟的密切合作关系，建立更紧密的澳日安全关系，这说明未来澳大利亚仍将实行"对冲"战略。从短期来看，澳大利亚对外关系不可能发生实质的破裂或变革，但从中长期来看，澳美和澳日双边关系将会受到快速发展的澳中关系的不断影响，继续保持稳定密切的澳日动态双边关系及快速发展的澳中关系将会依赖于一系列变化因素，关键在于中美如何处理两国双边关系。这说明，澳大利亚外交政策及地缘政治未来发展方向将会对湄公河地区格局产生影响。反过来，此格局如何发展也会对澳大利亚在东南亚的地位和作用产生实质性影响。[2]

---

[1] 程晓勇、曹云华：《澳大利亚的东盟政策解析》，《当代亚太》2007年第8期。
[2] ［澳］大卫·沃尔顿：《澳大利亚外交难题：日本和中国》，载李建军、韩峰主编《澳大利亚发展报告（2015—2016）》，社会科学文献出版社2016年版，第218—219页。

第 五 章

欧盟参与湄公河地区合作的策略调整

经历了60多年的一体化进程，欧盟已经成为国际关系中的一个新型集体行为者，具备在联盟层面追求共同对外政策的权能、机制和手段，并在世界事务中发挥着不可或缺的影响。[①] 湄公河地区由于其经济和社会发展的相对滞后，以及正在进行中的政治转型，对欧盟具有格外的吸引力。2000年12月，欧盟与东盟召开部长级会议，这显示出欧盟与湄公河国家的政治对话关系正走向成熟。欧盟以亚欧首脑会议为契机，已准备实施"共同合作湄公河开发计划"。2012年7月，欧盟签署了《东南亚友好合作条约》，这为欧盟深度参与湄公河地区事务铺平了道路。鉴于缅甸政治转型取得一定进展，欧盟自2012年起放宽对缅甸的制裁，继而加强了双方的经济合作。欧盟以缅甸为跳板介入湄公河地区的目的，还是为了扩大欧盟的政治影响力，推行欧洲的价值观，以显示它在全球治理上引领话语权的能力，并希望通过加强合作来扩大欧盟的软实力，使欧盟真正成为世界的一极。

第一节 欧盟对湄公河地区合作策略的演变历程

冷战后，欧盟主张并推动世界向多极化方向发展。在外交方面呈

[①] 张骥、陈志敏：《"一带一路"倡议的中欧对接：双层欧盟的视角》，载张蕴岭、袁正清主编《"一带一路"与中国发展战略》，社会科学文献出版社2017年版，第237页。

现出积极、活跃的进取趋势，表现出欧盟推动共同外交建设，要在国际舞台上发挥出更大作用的愿望。[①] 与此同时，20世纪90年代美国经济持续增长，军事实力不断增强，以价值观、生活方式和社会制度为主的软实力不断地扩充和膨胀，在这种情况下欧盟想要改变对美从属关系，在对外关系和防务上实现独立，与美国建立一种平等的关系，就必须要实现自身的发展，同时寻求新的伙伴来制衡美国。而自然资源丰富，消费市场广大而且在国际格局中地位越来越重要的湄公河地区就成为了欧盟的一个选项。因此欧盟在冷战结束后对亚洲和湄公河地区的政策不断进行了变化调整。[②]

一 以经济合作为重点阶段（1991—2001年）

冷战结束后，欧盟明显重视湄公河国家，这与欧盟在冷战时期对该地区的不重视态度明显不同。1994年7月，欧盟通过了《迈向新亚洲战略》，这标志着欧盟制定了新的对亚政策，同时也标志着欧盟对湄公河国家政策的调整和改变。该战略强调，为了保持欧盟在世界格局中一极的地位，欧盟必须要拓宽和加深其与亚洲国家的经济政治关系，帮助亚洲地区削减贫困和实现经济增长，帮助亚洲地区实现和巩固民主、法制和尊重人权。为实现上述目标，欧盟需要在内部进行更好的协调合作，并根据不同国家和地区的具体情况制定最合适的政策。即继续加强与亚洲国家和地区的双边关系；在亚洲树立新形象；支持亚洲国家在区域和跨区域层面进行合作来加强亚洲的和平与安全，从而最终促进欧盟与亚洲地区组织如东盟之间的合作；支持亚洲国家参与国际事务，鼓励亚洲国家积极参与多边行动，在多边论坛中积极加强与亚洲国家的联系；扩大欧盟与亚洲的贸易和投资，确保市场开放；支持实行计划经济的亚洲国家向市场经济转型；支持亚洲最

[①] 刘德斌：《国际关系史》，高等教育出版社2003年版，第560页。

[②] 毕世鸿、冯杏伟：《冷战后欧盟与湄公河流域五国关系发展及其影响研究》，载刘稚主编《大湄公河次区域合作发展报告（2015）》，社会科学文献出版社2015年版，第77页。

不发达国家经济发展和削减贫困。① 1994 年，东盟倡议召开亚欧会议，欧盟对此表示赞成，并立刻与东盟着手亚欧会议的筹备工作。

二 突出政治安全阶段（2001—2006 年）

2001 年，欧盟委员会出台了对亚洲政策的重要文件——《欧亚：加强伙伴关系战略框架》，② 形成了 21 世纪初欧盟对亚洲政策的总体指导框架。虽然经济利益依旧是 21 世纪初欧盟对亚洲新政策的基础，但与 20 世纪 90 年代的政策相比，欧盟更突出了政治安全目标。

第一，为了促进地区和全球的和平与安全，欧盟要在联合国框架之内，从双边和区域两个层面，在全球和区域安全问题上加强与湄公河国家的合作，并且通过亚欧会议加强跨区域对话；加大在预防冲突方面的努力，加强欧亚在建立长期信任的方法和措施方面的经验交流；就司法合作加强对话，诸如难民、移民、人员自由流动等问题变得越来越重要，同时也需要在打击跨国犯罪（如贩毒、拐卖人口、洗钱等）方面加强合作。

第二，为加强与湄公河国家的经贸合作，要改善双方的市场准入和投资条件，帮助相关国家建立有利于贸易和投资的经济环境，进一步发展与湄公河国家的经济合作。减少技术性贸易壁垒，促进立法和环境监管的透明度和可预见性。加强与东盟的合作，支持欧洲企业特别是中小企业加强与湄公河国家的联系。此外，欧盟还特别重视在高科技、金融、能源和交通运输等领域加强与湄公河国家的对话与合作。

第三，为了促进湄公河地区的发展，欧盟重点关注贫困问题，欧盟委员会和欧盟理事会共同制定发展政策来帮助欠发达国家减少贫困。对欧盟对外援助管理进行改革，确保欧盟有限的资源得到最高效的利用。维护人权的普遍性和不可分割性，通过双边论坛、地区和多

---

① *Towards A New Asia Strategy*, Commission of the European Communities, Brussels, Directorate-General for External Relations, 13 July, 1994, http://eur-lex.europa.eu/legal-content/EN/TXT/PDF/? uri = CELEX：51994DC0314&from = EN.

② *Europe and Asia：A Strategic Framework for Enhanced Partnerships*, Commission of The European Communities, Brussels, 4 September, 2001.

边论坛特别是联合国及其下属机构与湄公河国家进行合作，鼓励尚未批准人权文书的国家批准人权文件。

第四，把东盟和东盟地区论坛打造成为欧盟与湄公河国家开展政治和安全对话的主要平台，并使欧盟在东盟地区论坛中发挥积极作用。双方要共同应对毒品和跨国犯罪等全球性挑战；在预防区域内冲突、缅甸问题上进行合作；促进人权、民主法治，提高政府管理的透明度。鼓励贸易和投资便利化，帮助湄公河国家进行经济改革，加强企业之间的联系。支持欠发达国家的减贫努力，鼓励发展中国家解决城市和环境问题，鼓励 NGO 在削减贫困和社会政策方面进行对话。支持东盟在团结互助的基础上实现区域一体化。

三 社会文化合作渐受重视阶段（2007 年至今）

进入 21 世纪以来，随着湄公河国家经济的进一步发展，其对欧盟的吸引力不断增强，欧盟与包括该地区在内的东盟之间的合作也得到扩大。2007 年，欧盟出台了《欧盟—东盟：加强自然伙伴关系的纽伦堡宣言》。[①] 在政治和安全领域，通过东盟地区论坛加强双边对话，寻求共同利益，促进亚太地区的和平；将安全作为一个政治、经济、社会和人权等层面的综合性概念达成一致；通过采取符合国际法的各种措施，在应对和打击恐怖主义，拐卖人口、贩毒、海盗、走私、洗钱、网络犯罪等跨国犯罪方面开展密切合作；在裁军、武器控制等领域加强合作，并且把将东南亚建成无核武器区作为首要任务。在经济领域，以欧盟—东盟跨区域贸易倡议（Trans Regional EU-ASEAN Trade Initiative）为基础，加强双边经济合作，支持自由贸易协定（FTA）谈判和实施，特别是支持东盟在 2015 年建成东盟经济共同体；在 WTO 和亚欧会议等多边经贸框架内加强合作；鼓励私营企业进行更多的合作，为双方经贸活动创造有利的环境。

在能源安全和环保领域，通过欧盟—东盟能源对话，促进能源安全和能源可持续利用；共同加强节能和可再生能源的建设能力，提高

---

① *Nuremberg Declaration on an EU-ASEAN Enhanced Partnership*, ASEAN Secretariat, 15 March 2007, http：//www.asean.org/asean/external-relations/european-union.

能源的利用率；在联合国气候变化公约及其京都议定书框架之下，加强双方在气候变化领域，尤其是减少温室气体的排放和改善空气质量等方面的合作；在自然资源管理和环境保护等领域加强合作，包括森林资源的可持续管理，生物多样性，跨界环境污染控制和管理等方面。在社会文化领域，为实现千年发展目标进行紧密合作。在人才培养、文化和自然资源的可持续发展、传染病应对、灾害管理等方面加强合作；促进人员往来，通过演员、青少年、学者、智库、NGO 的对话和文化交流，加深相互理解；深化文化艺术、通信技术、科技和教育等领域的合作。

第二节 欧盟与湄公河国家关系的新发展

相较于美国，欧盟更为坚定地推动湄公河国家在民主、人权、环保和扶贫等方面的发展，在加强双边政治关系的同时，双方在援助、贸易、投资和文化教育等领域也开展了诸多合作。

一 政治关系

在加强经济合作的同时，欧盟也非常重视提升其在湄公河地区的政治影响力，为此加强了反恐、打击跨国犯罪和移民管理等方面的合作，并在政治安全、人权等领域开展对话。

（一）政治安全合作

1991 年，第九次欧盟—东盟部长级会议发表《联合宣言》呼吁加强国际合作。[1] 1992 年，第 10 次欧盟—东盟部长级会议决定，至少每两年举行一次部长级会议或高官会议。[2] 进入 21 世纪以后，欧盟与湄公河国家的安全合作进一步发展，2003 年欧盟出台了《与东南亚新伙伴关系》，该文件明确了与东盟以及湄公河国家政治安全合作的优先合作项目和具体领域。即：继续完善双边合作框架，欧盟—

---

[1] *Joint Declaration The Ninth ASEAN-EU Ministerial Meeting Luxembourg*, 30 – 31 May 1991.

[2] *Joint Declaration The Tenth ASEAN-EU Ministerial Meeting Manila*, 29 – 30 October 1992.

东盟部长级会议为政治对话提供战略指导，扩大欧盟—东盟合作委员会合作领域，将合作领域从经济扩大到禁毒等领域，支持东盟一体化进程等。① 2007年，欧盟宣布为支持东盟的一体化进程，向东盟提供720万欧元援助。② 在2010年5月举行的第18次欧盟—东盟部长级会议后，欧盟制订了《2013—2017年加强欧盟—东盟伙伴关系的斯里巴加湾计划》，决定继续加强政治对话，包括每两年举行一次欧盟—东盟部长级会议，每年举行欧盟—东盟后续部长级会议，以及定期举行高官会议和欧盟—东盟联合委员会会议。

（二）反恐合作

2003年，欧盟委员会出台《与东南亚新伙伴关系》战略文件，文件明确了恐怖主义的特征，重申了东盟对于地区稳定的重要作用，此前欧盟为支持东盟司法机构能力建设和边界管理等反恐措施，向东盟提供了约2100万欧元的资金支持。③ 2003年1月，第14届欧盟—东盟部长级会议召开，会议发表的《反恐联合声明》指出，要加强欧盟与东盟相关机构的信息交流。④ 2005年，第15届欧盟委员会与东盟会议召开，会议就双方反恐机构开展协调达成一致。⑤ 2006—2009年，欧盟在东盟启动地区反恐计划，援助资金总额达600万欧元。⑥ 2007年，第16届欧盟—东盟部长级会议举行，会议通过的《纽伦堡宣言》决定通过政府、大学、学术团体等平台，积极开展反

---

① *Communication from the Commission – A New Partnership with South East Asia*, European Commission Directorate-General for External Relations, 2003, http://eur-lex.europa.eu/legal-content/EN/TXT/? uri = CELEX: 52003DC0399.

② *Press Release*: *European Commission Provides 7.2 Million to Support ASEAN Integration Process*, ASEAN Secretariat, 5 June 2007, http://www.asean.org/news/item/external-relations-european-union-press-release-european-commission-provides-72-million-to-support-asean-integration-process-jakarta-5-june-2007.

③ Communication from the Commission, *A New Partnership With South East Asia*, 9 September, 2003, p. 10.

④ 14th ASEAN-EU Ministerial Meeting, *Joint Declaration on Cooperation to Cambat Terrorism*, 28 January 2003, p. 2.

⑤ 15th ASEAN-EC Joint Cooperation Committee Meeting, *ASEAN-EC Joint Cooperation committee Joint Press Release*, Jakarta 26 February 2005, p. 3.

⑥ 15th ASEAN-EC Joint Cooperation Committee Meeting, *Regional Indicative Programme 2005 – 2006 (ASEAN)*, Jakarta, 26 February 2005, p. 15.

恐能力建设，加强反恐信息、反恐经验等方面的交流。① 为斩断恐怖组织的财政来源，欧盟与东盟还联合打击国际洗钱等犯罪活动。2008年8月，第2届APEC反恐专家小组会议召开，欧盟与东盟同意在通报嫌疑交易方面对双方的银行人员开展培训。②

（三）人权对话

早在1978年的第一次欧盟—东盟部长级会议上，人权就被列为欧盟与东盟合作的内容之一，但当时人权并非双方合作的优先目标。③ 冷战后，欧盟再次将人权纳入欧盟与东盟双边关系的讨论范围，但东盟方面认为保障人民的经济需求和权利更为重要，双方在人权这个问题上的分歧越来越大。在1993年的欧盟—东盟部长级会议上，欧盟改变了原来的看法，其立场在1994年的《新亚洲战略》中也有所体现，并成为其后欧盟与东盟进行人权对话和政治对话的基础。欧盟承诺在未来的合作协议上暂时不加入人权条款，但是严重侵犯人权的行为如种族灭绝等除外。④ 自此，欧盟与东盟双方在人权问题上逐步达成了共识：人权对话要考虑双方的发展水平，人权对话要在相互尊重和主权平等的基础上进行。近年来，欧盟与湄公河国家的人权对话逐渐步入正轨并取得了一些成果。

对于缅甸，自2011年3月民选政府上台，缅甸在言论自由、集会结社自由、劳动自由以及释放政治犯等领域取得了显著成果，欧盟对此表示欢迎，并承诺协助缅甸保障这一成果。2013年4月，欧盟与缅甸双方达成了全面框架协议，这一框架协议清楚地勾勒出未来几年内欧盟的政策重点：支持缅甸政治、经济、社会和人权的发展，协

---

① *Plan of Action to Implement the Nuremberg Declaration on EU-ASEAN Enhanced Partnership*, European External Action Service, 15 March 2007, http：//www.eeas.europa.eu/asean/docs/action_plan07.pdf.

② *ASEAN Efforts to Combat Terrorism*, by S. Pushpanathan, Phuket, Thailand, ASEAN Secretariat, 20 August, 2003, http：//www.asean.org/resources/item/asean-efforts-to-combat-terrorism-by-spushpanathan.

③ *Joint Declaration The ASEAN-EC Ministerial Meeting Brussels*, ASEAN Secretariat, 21 November, 1978, http：//www.asean.org//561 html.

④ Robles, Alfredo C. Robles, Jr., *The Political Economic of Interregional Relations：ASEAN and the EU*, England and USA：Ashagate, 2004, pp.14, 145 – 147.

助缅甸政府提升其在国际社会中的地位。① 2013年11月,欧盟—缅甸特别工作小组成立,双方就建立定期开展人权对话达成一致,同意就共同关心和涉及双方共同利益的问题进行开放性的讨论。2014年5月,首届欧盟—缅甸人权对话在内比都举行,双方就政治犯、言论自由、经济社会和文化权利、土地使用权、商业和人权、劳工权利以及罗兴亚人等问题进行了讨论。

对于柬埔寨,欧盟驻柬埔寨选举观察团参加了历次对柬埔寨议会选举的监督。2007年5月,第四次欧盟—柬埔寨联合委员会会议首次成立了一个小组讨论如何促进柬埔寨的"机构建设、行政改革、司法改革和人权"。2007年6月,柬埔寨与欧盟签署了2007—2010年柬埔寨发展合作计划谅解备忘录,欧盟将向柬埔寨提供7700万欧元,其中25%用于贸易和人权相关援助。2009年3月,第五次欧盟—柬埔寨联合委员会会议就政府管理和土地拆迁、NGO、反腐败等人权问题展开讨论。② 这些对于柬埔寨选举制度透明化和司法改革、人权保护等都起到了良好的作用。

欧盟与越南的人权对话始于2003年,2012年以来每年举行人权对话。2013年9月,欧盟与越南举行第三次人权对话,欧盟肯定了越南在男女同体人士、双性恋、同性恋者人权状况方面的进展,也对越南言论自由和媒体自由的状况表达了强烈关切。2015年1月,欧盟与越南举行第四次人权对话,欧盟提出了包括互联网法在内的有关言论和媒体自由的问题,重申对一些人权活动家及其亲属表示关切,呼吁越南废除死刑,改善监狱条件,鼓励越南与国际人权机构增进接触。

(四)打击跨国犯罪

"9·11"事件以后,欧盟与湄公河国家都特别关注打击跨国犯罪的合作。湄公河国家毗邻金三角毒品产地,加之湄公河国家经济大

---

① *Council Conclusions on Myanmar/Burma*, 3236th *Foreign Affairs Council Meeting*, Council of the European Union, 22 April 2013, http://www.consilium.europa.eu/uedocs/cms_data/docs/pressdata/EN/foraff/136918.pdf.

② *Cambodia and the EU*, *Chronology of Relations*, Delegation of the European Union to Cambodia, http://eeas.europa.eu/delegations/cambodia/eu_cambodia/chronology/index_en.html.

多都不发达,政府管理能力较低,这就使得跨国犯罪有了可乘之机。欧盟与湄公河国家对跨国犯罪问题治理的合作主要集中在人口、武器等非法走私、贩毒、金融犯罪等问题上。① 通过亚欧会议,欧盟与东盟制订了针对跨国犯罪的合作计划,这一计划共分为三个阶段:第一阶段建立起一项非正式的特别磋商机制,协调各级官员就重大国际问题迅速地交换意见。第二阶段为建立并加强海关交流网络,增进海空方面的合作。第三阶段是加强人力资源开发和学术学者的交流。② 2007 年,欧盟—东盟部长级会议签署了《纽伦堡宣言》,并制订了实施计划,在这项计划中,双方为打击跨国犯罪制定的具体措施有:欧盟参加东盟有关跨国犯罪的高级官员会议(SOMTC);欧盟与东盟的有关执法机关建立联系;在打击拐卖人口等方面加强合作;对东盟召开有关打击跨国犯罪等问题的 10 + 1 会议表示支持。③ 2008 年 7 月,欧盟向东盟提供 470 万欧元用于东盟移民和边境管理项目,这些资金主要被用于打击跨国犯罪、拐卖人口和非法移民等。④ 2012 年 6 月,柬埔寨正式启动"欧盟—东盟移民和边境管理项目",欧盟向柬埔寨提供 63 万欧元援助,以加强边境管理效率和移民出入境管理工作。

(五)"多瑙河—湄公河合作倡议"机制的出台

2011 年 11 月,欧盟与越南在河内举行的"东盟—欧盟一体化会议"上,正式提出建立"多瑙河—湄公河合作倡议"(Danube - Mekong cooperation initiative)机制。双方一致认为,在多瑙河和湄公河这样的国际河流流域开展合作,具有巨大的潜力。通过建立"多瑙河—湄公河合作倡议",将欧洲和湄公河地区既有的合作经验和最佳实践加以结合。2012 年在老挝举行的第 9 届亚欧会议上,各国领导

---

① *The Asia-Europe Cooperation Framework 2000*, Asia-Europe Meeting, 21 October 2000, http: //www. aseminfoboard. org/sites/default/files/uploaded_ files/AECF2000. pdf.

② 《亚欧会议打击国际恐怖主义哥本哈根合作计划》,2008 年 8 月 28 日,新华网(http: //news. xinhuanet. com/world/2008-08/28/content_ 9729374. htm)。

③ European Commission, *Plan of Action to Implement the Nuremberg Declaration on An EU-ASEAN Enhanced Partenership*, 2007, http: //ec. europa. eu/external_ relations/asean/docs/action_ plan07. pdf.

④ *Evaluation of EC co-operation with ASEAN*, Europe Aid Co-operation Office, June 2009, http: //ec. europa. eu/europeaid/how/evaluation/evaluation_ reports/reports/2009/1262_ vol2_ en. pdf.

人也部分同意实施"多瑙河—湄公河合作倡议",其中水资源的有效管理和利用是各国都非常重视的话题。欧盟方面希望将水资源问题更多地纳入亚欧会议的合作议程中,并以此为抓手,推动区域互联互通,经济一体化,可持续发展,防灾,气候变化和环境,粮食安全等各领域的合作,以达到丰富亚欧合作内涵的目的,并为加强地区间合作提供一种范式。① 其后,自2012年起每年举行的亚欧可持续发展对话(ASEM Sustainable Development Dialogue),水资源和河流流域管理以及绿色增长均是重要的议题。②

二 经济援助

在经济援助方面,由于湄公河地区自然灾害频发,加之湄公河国家多为欠发达国家,各国备灾减灾的能力相对较弱,且战争和民族宗教冲突时有爆发,欧盟对湄公河国家提供了大量的经济援助。

对于老挝,1998年至2014年,欧盟向老挝提供了1700万欧元的经济援助,用于对该国自然灾害和流行病的救生援助。此外,欧盟委员会人道主义援助和民事保护部门(ECHO)一直支持降低灾害风险计划(DRR)。自1998年以来,ECHO向老挝提供420万欧元,用以帮助该国防灾。2013年,台风"蝴蝶"给老挝巴塞、沙拉湾、色贡和阿速坡等南部省份带来巨大破坏,ECHO向老挝提供了16.6万欧元援助。2015年,ECHO还向老挝提供120万欧元的援助。③

对于柬埔寨,ECHO对泰柬边境的班迭棉吉进行了资助。约5万人接受了粮食援助,约500户得到了现金援助,用以重建家园。

---

① Ministry of Foreign Affairs of Hungary, *ASEM Sustainable Development Dialogue Concept paper of the First ASEM's Sustainable Development Seminar on the Role of Water in Sustainable Regional Development Strategies*, 22 Jun, 2012.

② *1st ASEM Sustainable Development Dialogue: Role of Water in Sustainable Regional Development Strategies*, ASEM InfoBoard, 22 Jun, 2012, http://www.aseminfoboard.org/events/1st-asem-sustainable-development-dialogue-role-water-sustainable-regional-development. ASEM InfoBoard, *5th ASEM: Sustainable Development Dialogue: Water Nexus Agenda for the Third ASEM Decade*, 3 Dec, 2016, http://www.aseminfoboard.org/events/5th-asem-sustainable-development-dialogue-water-nexus-agenda-third-asem-decade.

③ *Humanitarian Aid and Civil Protection*, Laos, EU/ECHO, July 2015, http://ec.europa.eu/echo/en/where/asia-and-oceania/laos.

ECHO 对井和厕所进行了修建，用以提供干净的水源和卫生的环境，约有 3 万人受益。2011 年，柬埔寨洪灾有 170 万人受灾，ECHO 提供了 345 万欧元援助，为 12 个省的 24 万多人提供房屋和基本医疗救助。同时，ECHO 还发放了种子及其他生活补助，帮助受灾者恢复农业生产。①

针对缅甸，ECHO 自 1994 年以来一直对缅甸提供援助。鉴于缅甸政治转型取得一定进展，2011 年 3 月，英国宣布到 2015 年，其对缅援助总额将增加到 2.24 亿英镑。挪威 2012 年 1 月宣布取消限制挪威企业与缅甸进行商贸往来的政策，成为首个解除对缅制裁的西方国家。同月，欧盟放宽对缅甸的部分制裁。4 月，英国首相卡梅伦对缅甸进行历史性访问。同月，欧盟外长会议同意暂缓对缅制裁措施，给予缅甸"欧盟市场特别准入许可"。2012—2014 年，欧盟委员会拨款近 5700 万欧元，用以帮助那些受到民族冲突影响的缅甸人民。仅 2013 年一年，欧盟就向缅甸提供了 2500 万欧元，用以帮助克钦邦、若开邦、钦邦和东部边境地区被民族冲突波及的人民。援助领域包括饮水、卫生、医疗、食品、住房和基本生活用品。2013 年 11 月，欧盟委员会向缅甸额外提供 300 万欧元，用以向受民族冲突影响最严重的若开邦、克钦邦和掸邦北部地区提供紧急援助。②

对于泰国，由于约 12 万缅甸难民一直滞留在泰缅边境的 9 个难民营中，欧盟自 1995 年以来向滞留泰国的缅甸难民提供人道主义援助，主要涉及食品和基本卫生保健。仅 2014 年援助资金就达约 280 万欧元。截至 2014 年，该项援助资金总额达 1.16 亿欧元。在 ECHO 的资助下，向 3 个难民营的 6.8 万人提供大米援助，向 5 个难民营的 6 万多人提供医疗救助，包括免疫和妇幼保健等。③

针对越南，为应对 2011 年 10 月的湄公河下游地区洪灾，欧盟提

---

① *Humanitarian Aid and Civil Protection*, *Cambodia*, EU/ECHO, July 2015, http://ec.europa.eu/echo/en/where/asia-and-oceania/cambodia.

② EU/ECHO, *Humanitarian Aid and Civil Protection*, *Myanmar*, July 2015, http://ec.europa.eu/echo/en/where/asia-and-oceania/myanmar.

③ *Humanitarian Aid and Civil Protection*, *Thailand*, EU/ECHO, July 2015, http://ec.europa.eu/echo/en/where/asia-and-oceania/thailand.

供了约 2100 万欧元的援助,除了泰国、老挝和柬埔寨,越南也在受援国之列。ECHO 向湄公河三角洲地区受灾群众提供约 350 万欧元的人道主义援助,这些资金大部分用于提供住房材料、饮水和基本生活用品,同时也用于帮助灾民恢复生产。① ECHO 支持以社团为基础进行活动,通过建设小规模的减排项目,构建未来灾害预防系统,以及如何应对和降低这些灾害的宣传活动,来提升当地的灾害应对能力,这些活动多集中在湄公河三角洲地区。欧盟目前是越南第一大 ODA 来源地。2014—2020 年阶段,欧盟对越 ODA 资金将提升 30%,援助资金达 4 亿欧元。② 2015 年 8 月,德国政府还单独无偿援助 350 万欧元以用于《越南城市污水管理项目(第 4 阶段)》,旨在通过开展上下水处理技术合作,协助越南实施环保和实现经济社会可持续发展的目标。③

三 贸易和投资

对于柬埔寨,如图 5—1 所示,近 10 年来,欧盟从柬埔寨进口额快速增长,2016 年为 456 亿欧元,年增长率为 11.4%。由于柬埔寨是欠发达国家,欧盟对于柬埔寨商品出口给予普惠制关税(GSP)和除武器与军用品外之产品优惠计划(EBA)待遇。GSP 是西方发达国家给予最不发达国家的制成品或半制成品普遍的、非歧视的、非互惠的一种优惠关税制度。EBA 作为欧盟普惠制的一部分,是欧盟给予世界最不发达国家的商品(武器除外)进入欧盟市场时享受免关税、免配额的优惠待遇。自 EBA 协议生效以来,已为柬埔寨吸引了大量外资,成为柬埔寨招商引资的优势。柬埔寨对欧盟的绝大部分出口商品都是在 GSP 协定或者 EBA 协定下进行的。柬埔寨相比越南而言,两国的劳工成本相差不大,但越南工人生产力更高,且在生产线和出

---

① *Humanitarian Aid and Civil Protection*, Vietnam, EU/ECHO, July 2015, http://ec.europa.eu/echo/en/where/asia-and-oceania/vietnam.
② 《2015 年是越南欧盟关系发展史中的重要里程碑》,2015 年 2 月 18 日,越通社(http://zh.vietnamplus.vn/2015 年是越南欧盟关系发展史中的重要里程碑/35271.vnp)。
③ 《越南政府总理批准德国援助的〈越南城市污水管理项目〉名单》,2015 年 8 月 5 日,越通社(http://zh.vietnamplus.vn/越南政府总理批准德国援助的越南城市污水管理项目名单/38139.vnp)。

口方面享有更多优势,因此柬埔寨对欧盟出口最大优势主要来源于这两个协议。①

而欧盟对柬埔寨出口额在2006—2014年之间增长缓慢,这是由于柬埔寨的进口主要来源于越南等东盟国家。2015年之后,欧盟对柬埔寨出口有了较大增长,2016年,欧盟对柬埔寨出口额为64.3亿欧元,相较2015年增长率为38.5%。

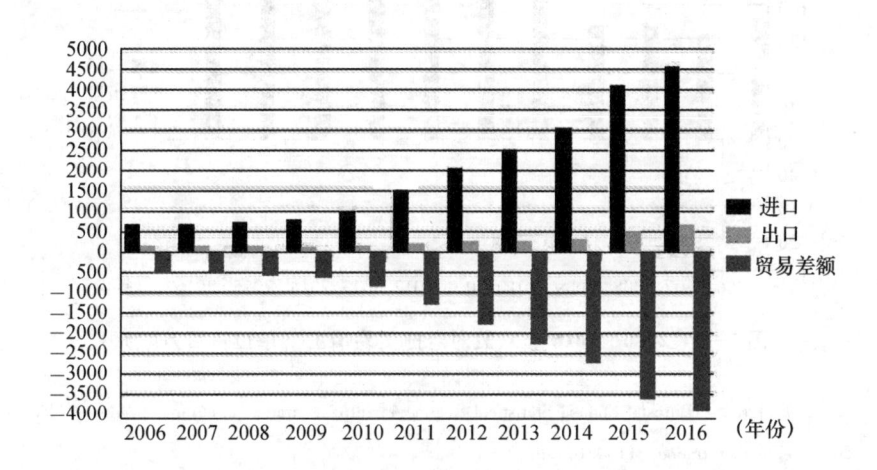

图 5—1 2006—2016年欧盟对柬埔寨贸易情况(单位:百万欧元)

资料来源:Eurostat Comext - Statistical Regime 4, http://trade.ec.europa.eu/doclib/docs/2006/september/tradoc_113362.pdf.

对于老挝,2011年8月,欧盟实施普惠制(GSP)并放宽了原产地规则,这使老挝的服装和丝织品享受特惠政策。② 老挝因此成为了欧盟普惠制的最大受益者,老挝向欧盟出口的绝大多数商品都免收关税。欧盟从老挝进口的商品主要以纺织、服装产品和农产品为主,对老挝出口产品则主要是机械产品。如图5—2显示,自2011年以后,欧盟与老挝的贸易出现了明显上升。但2014年后,欧盟对老挝

---

① 《越南—欧盟成立自由贸易协定对柬埔寨经济的影响浅析》,2015年8月13日,广西大学中国—东盟研究院(http://cari.gxu.edu.cn/info/1087/7048.html)。
② 《新贸易规则让老挝更接近欧盟市场》,2011年8月11日,新浪网(http://qcyn.sina.com.cn/business/tdm/2011/0811/09484948137.html)。

进口额有了小幅回落；2015 年，欧盟对老挝出口也大幅减少。2016年，欧盟对老挝进口额 23.5 亿欧元，相比上年度下降了 1.5%，对老挝出口额 11.8 亿欧元，下降幅度为 3.8%。

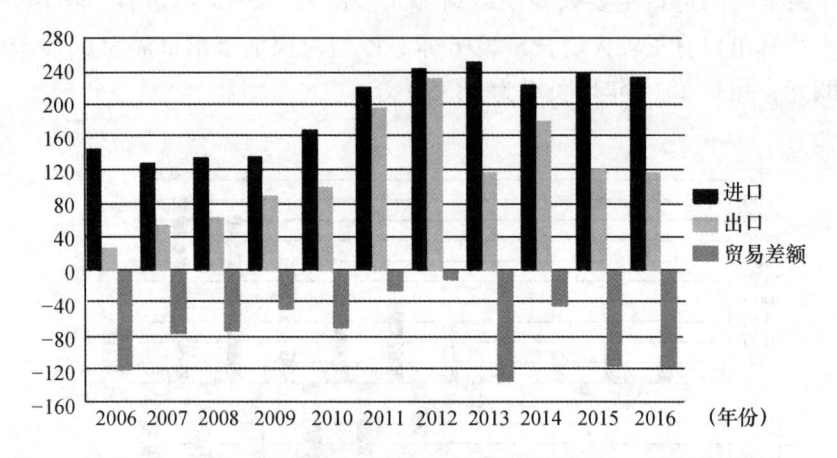

图 5—2　2006—2016 年欧盟对老挝贸易情况（单位：百万欧元）

资料来源：Eurostat Comext Statistical Regime 4，http：//trade.ec.europa.eu/doclib/docs/2006/september/tradoc_ 113410.pdf.

对于缅甸，2004 年，由于缅甸软禁昂山素季，欧盟颁布对缅投资禁令，但采矿、木材、石油和天然气部门除外，这使双边贸易受到了打击。如图 5—3 所示，2005—2010 年间，欧盟与缅甸的贸易额一直处于停滞甚至下降的状态。自 2011 年缅甸民选政府上台后，特别是 2013 年 4 月，欧盟宣布解除武器禁运以外的所有对缅制裁措施，双边贸易有了明显增长。受益于欧盟给予的贸易普惠制待遇，缅甸与欧盟的贸易实现了快速增长。缅甸出口欧洲的主要商品包括鱼类、纺织品、豆类、玉米等。与其余贸易搭档相比，欧洲国家与缅甸的贸易额，出口额增长最快，这主要是因为欧盟给予缅甸 GSP 和税收减免优惠。欧盟的 GSP 待遇允许特定低收入国家的商品包含农产品，以低关税出口到欧盟。2013 年，欧盟对缅进口额比 2012 年增长了 35.4%，而出口额则同比增长 45.0%。欧盟对缅出口产品以机械和运输设备为主，还有化学制品、光学和照相设备，而欧盟主要从缅甸进口农产品和纺织品。2016 年,欧盟对缅进口额比 2015 年增长了 46.0%,而出口额则同比增长 3.5%。

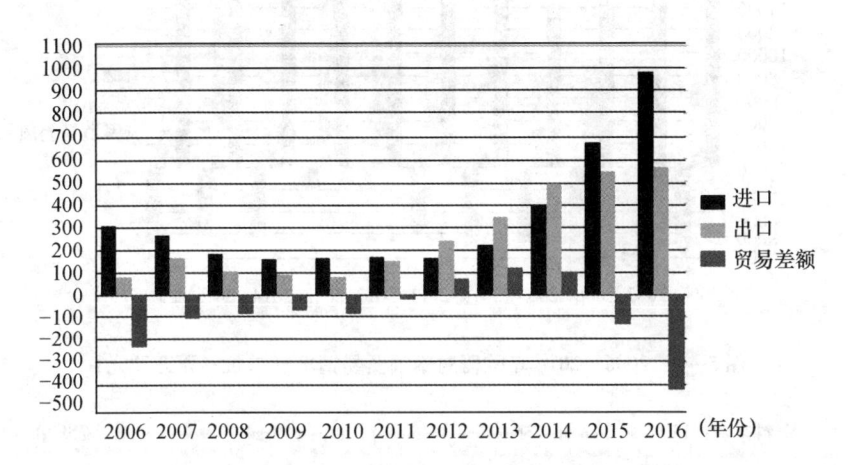

图 5—3　2006—2016 年欧盟对缅甸贸易情况 (单位:百万欧元)

资料来源:Eurostat Comext - Statistical Regime 4,http://trade.ec.europa.eu/doclib/docs/2006/september/tradoc_ 113423. pdf.

作为湄公河地区经济最发达的国家,泰国是欧盟在该地区最重要的投资目的地。在东盟成员国中,泰国是欧盟第三大贸易伙伴。2013 年 3 月,欧盟—泰国自由贸易协定谈判启动,双方旨在达成一项全面的自由贸易协定,该协定将涵盖关税和非关税贸易壁垒、投资、采购、知识产权、监管、竞争和可持续发展等贸易相关问题。2016 年欧盟从泰国进口额为 203 亿欧元,向泰国出口额为 136 亿欧元。欧盟出口商品主要包括机电产品、医药产品、汽车、贵重金属和光学电器等高科技产品。泰国主要出口商品包括机电产品、食品、塑料橡胶、汽车、贵重金属和珍珠。① 欧盟对泰贸易情况见图 5—4。

如图 5—5 所示,2004—2016 年,欧盟对越南贸易额总体呈稳定增长的趋势。2010 年,欧盟和越南签署合作伙伴协定,这也为双方的 FTA 谈判打下了基础。2012 年 6 月,欧盟与越南开始自贸谈判。

---

① 《欧盟与泰国启动自贸协定谈判》,2013 年 3 月 6 日,国际财经中心(http://iefi.mof.gov.cn/pdlb/wgcazx/201303/t20130307_ 758923.html)。

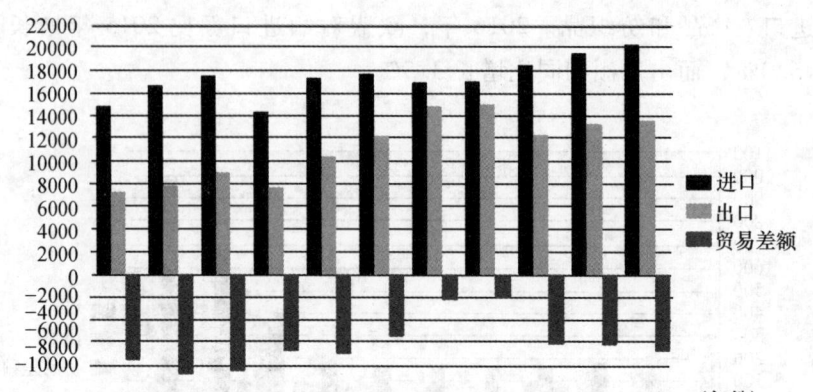

图 5—4 2006—2016 年欧盟对泰国贸易情况（单位：百万欧元）

资料来源：Eurostat Comext - Statistical Regime 4，http：//trade.ec.europa.eu/doclib/docs/2006/september/tradoc_ 113454.pdf.

越南成为东盟继新加坡、马来西亚之后，第三个与欧盟展开自由贸易谈判的东盟国家。根据该协定，越南将在 10 年内开放金融服务、电信、交通、邮电和快递服务；欧盟将在 7 年内取消所有关税。欧盟企业将被允许与越南国家铁路运营商一道参与道路、码头等基础设施公共合同的竞标。该协定将取消欧盟与越南之间的几乎所有商品的关税。[①] 受此刺激，2010—2012 年双边贸易额快速增长，年增长率分别为 22.6%、35%、43.3%。2013 年，欧盟对越贸易总额达 276 亿欧元，其中进口额约 213 亿欧元。同年，欧盟对越直接投资达 6.56 亿欧元，成为越南第六大直接投资来源地。欧盟对越出口产品主要是机电产品、飞机、车辆、医疗用品等高科技产品，从越南进口的则以电话、电子产品、鞋类、纺织品和服装、咖啡、大米、海鲜和家具等劳动密集型产品为主。

2016 年 2 月，《越南与欧盟自由贸易协定》正式公布，这是欧盟首次与发展中国家签订的自贸协定，该协定于 2018 年生效，双方的经贸

---

① 《越南—欧盟成立自由贸易协定对柬埔寨经济的影响浅析》，2015 年 8 月 13 日，广西大学中国—东盟研究院（http://cari.gxu.edu.cn/info/1087/7048.html）。

合作因此迈上一个新台阶。2016 年，越南对欧洲出口总额约 378.4 亿美元，其中对欧盟 28 个成员国出口额为 339.7 亿美元，占越南出口总额的 19.2%，欧盟成为越南三大出口市场之一。①

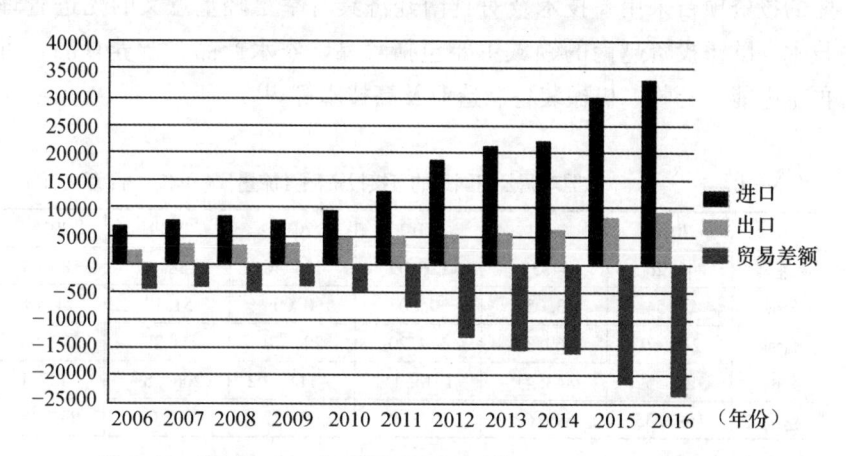

图 5—5　2006—2016 年欧盟对越贸易情况（单位：百万欧元）

资料来源：Eurostat Comext Statistical Regime 4，http：//trade.ec.europa.eu/doclib/docs/2006/september/tradoc_113463.pdf.

在投资方面，如表 5—1 和图 5—6 所示，对于柬埔寨，由于在柬埔寨投资可以享受欧盟等给予的 GSP 和最惠国待遇，尤其是自柬埔寨进口纺织服装产品，美国给予较宽松的配额和减免增收进口关税，欧盟则采取不设限等优惠措施，② 这使得欧盟企业对柬埔寨的投资持续上升。对于老挝，欧盟主要投资老挝的农业、服务业、手工制作业，对基础设施建设领域也有涉及，但投资额并不稳定。对于缅甸，欧盟自2012 年开始暂停对缅甸的经济制裁，欧盟企业对缅投资也有增加。对于泰国，欧盟对泰国的投资经历了较大的起伏，在 2013 年跌破负值，但在 2014 年达到了近年来的峰值，在 2015 年又成为了负值。而对于越

---

① 《2016 年美国、欧盟和中国成为越南三大出口市场》，2017 年 1 月 25 日，越通社（http：//zh.vietnamplus.vn/2016 年美国欧盟和中国成为越南三大出口市场/61053.vnp）。

② 克瑞德：《柬埔寨吸引外商直接投资优惠政策之探究》，《世界经济研究》2007 年第 12 期。

南，欧盟是越南的最大投资商之一，仅次于韩国、日本、新加坡和泰国。欧盟企业主要瞄准越南的加工制造业、电能生产分配业及房地产业三大领域。越南期望吸引欧盟各国的直接投资资金，除了资本，欧盟的投资项目采用高技术及对越南经济具有举足轻重意义的先进管理技术。欧盟投资越南的领域主要包括食品、农水产品、营养食品、可再生电能、药物、机械装备制造业及高技术等。①

表 5—1　　　　欧盟对湄公河国家的直接投资额（流量）（单位：百万美元）

	2010	2011	2012	2013	2014	2015
柬埔寨	43.26	54.32	126.09	115.46	138.84	180.07
老挝	27.54	3.05	0.00	0.00	51.19	24.48
缅甸	214.80	369.30	664.20	296.20	28.28	202.93
泰国	1276.52	843.41	1515.41	−1117.02	2061.89	−407.18
越南	1692.35	899.62	543.09	350.37	552.09	993.18

资料来源：ASEAN Sectretariat - ASEAN FDI Database as of 5 October 2016，https：//data.aseanstats.org/fdi_ by_ country.php.

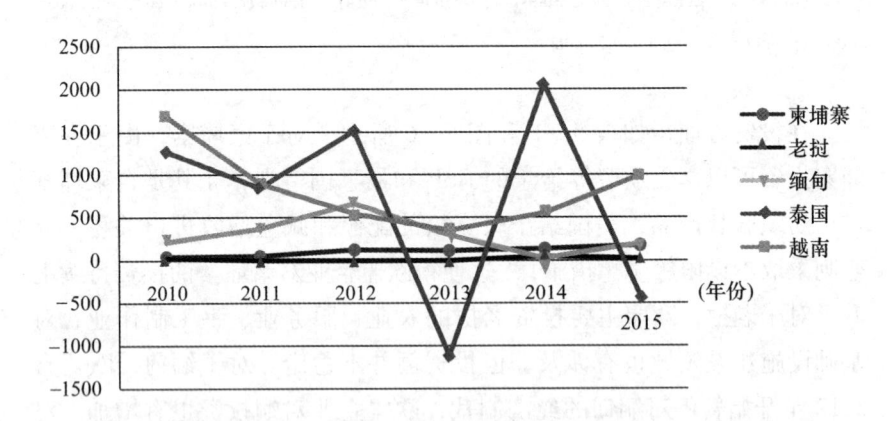

图 5—6　2010—2015 年欧盟对湄公河国家直接投资（单位：百万美元）

资料来源：ASEAN Sectretariat - ASEAN FDI Database as of 5 October 2016，https：//data.aseanstats.org/fdi_ by_ country.php.

① 《欧盟对越南直接投资前景巨大》，2017 年 6 月 19 日，南博网（http：//www.caexpo.com/news/info/focus/2017/06/19/3675633.html）。

四 科技文化教育

近年来,随着欧盟与湄公河国家在政治、经济领域内的合作日渐增多,涉及科技、文化的合作也越来越多,欧盟通过举办科学和科技合作创新年、知识产权保护项目、文化多样性保护、教育合作等方式加强了与湄公河国家在科技文化教育领域内的合作。

(一) 举办科技与创新合作年

2011年11月,欧盟—东盟2012科学、技术与创新合作年正式启动,2012年整个一年在双方或成员国之间举办了一系列科技与创新研讨会、论坛和展览会等活动。欧盟—东盟2012合作年旨在加强欧洲与东南亚区域和国家之间的科技与创新合作关系,提升双方科技界对双边科技与创新合作重要性的认识,深化双方在重点优先领域科技与创新的共同研发,促进双方政府、科研机构、大学、企业以及媒体之间的合作。2014年,欧盟制订了新一期(2014—2020年)研发创新框架计划"欧盟2020地平线",以进一步加强国际科技与创新合作。其中,湄公河国家也被列入欧盟国际科技与创新合作伙伴国。

(二) 知识产权保护

在知识产权保护方面,欧盟出台的欧盟—东盟知识产权保护项目(EU-ASEAN Project on the Protection of Intellectual Property Rights)旨在支持东盟在版权和地理标志等领域加强知识产权保护和知识产权法制建设,欧盟为该项目提供了450万欧元的资金支持。① 在欧盟—东盟知识产权保护项目的支持下,湄公河国家在知识产权领域取得了众多的成果。在欧盟—东盟知识产权保护项目的支持下,泰国制定了《光碟制造法》(2005年)、《商标法》(2003年)、《地理标志法》(2003年)等,现代知识产权日益完善。2008年1月,泰国加入了《巴黎合约》和《专利合作条约》。欧盟—东盟知识产权保护项目在

---

① EU Delegation in Jakarta, *EU-ASEAN: Natural Partners*, June 2013, http://eeas.europa.eu/asean/docs/eu_asean_natural_partners_en.pdf.

柬埔寨则更注重知识产权的行政执法领域，特别是商标权的管理和保护。据柬埔寨商业部的报告显示，柬埔寨的商标注册申请和注册量年均增速为 20%。欧盟—东盟知识产权保护项目在越南启动于 2005 年，该项目在越南开展的活动有培训越南的知识产权教师、完善越南的知识产权相关的教学方针等。①

（三）文化多样性保护

一些欧盟成员国已经在老挝开展一些项目保障和促进大湄公河次区域国家的文化多样性，在老挝，这些项目涉及寺庙恢复，保护百年佛教贝叶经手稿，支持建立佛教艺术博物馆，支持建立濒危艺术对象列表，培训文化管理和建筑领域的官员等。在柬埔寨，一些欧盟成员国大使馆和文化机构，如法国驻柬埔寨文化中心、英国文化协会等，都积极推动欧盟与柬埔寨的文化交流。此外欧盟代表团也与湄公河国家进行多方面合作，一起举办一些活动，如欧盟电影节、万象龙舟赛等。

（四）教育

在高等教育领域，欧盟与东盟正在筹备一个援助项目，以帮助湄公河国家高等教育机构实现学术认证系统的协调统一，这将降低不同大学间学分转移的难度，从而带动东盟国家高等教育领域的互联互通。该项目于 2013 年开始启动，预计将耗时 4 年。此外，欧盟成员国和欧盟委员会还对湄公河国家的学生提供大量奖学金。2011 年 5 月，欧盟在高水平教育和科学技术两个领域对泰国进行援助。2011 年，欧盟建立了欧盟—东盟区域对话机制基金，该基金已经被用于区域减灾、科学技术、信息与通信技术、能源等领域的政策对话、学术考察、学生交换计划等。该基金旨在通过网络、对话和研讨会等加强政策对话。2011—2014 年，欧盟为该基金提供了 400 万欧元的资金支持。②

---

① 李蓓:《卓有成效 仍需努力——欧盟委员会与东盟知识产权合作项目阶段性成果简述》,《中国发明与专利》2009 年第 2 期。

② *EU-ASEAN: Natural Partners*, EU Delegation in Jakarta, June 2013, http://eeas.europa.eu/asean/docs/eu_ asean_ natural_ partners_ en. pdf.

第三节 欧盟调整湄公河地区
合作策略的绩效分析

欧盟与湄公河国家之间的关系日益密切，在经济、政治等各领域的合作也不断加深，并取得了诸多成效。

一 对欧盟

欧盟清楚地认识到，要想在当前的世界格局中撼动美国超强地位，单凭一己之力是不可能的，因此，联合亚洲各国制衡美国就成为欧盟的选项之一。而欧盟与湄公河国家的合作，加强两个地区的联系，提升了欧盟在湄公河地区的影响力，在国际社会上树立了良好形象，也使得欧盟增强了其制衡美国成为世界一极的信心和实力。

（一）提高了欧盟影响力的受重视程度

冷战后，欧盟从自身利益考虑，一直强调多边主义和世界多极化，主张和平解决国际争端，维护联合国的权威地位。而欧盟与湄公河国家的合作，加强两个地区的联系，提升了欧盟在湄公河地区的影响力，在国际社会上树立了良好形象，也使得欧盟增强了其制衡美国成为世界一极的信心和实力。欧盟对湄公河国家给予了大量经济援助，用以加快湄公河各国医疗、卫生等基础设施的建设和贫困人口的救助。此外，欧盟在抗灾减灾方面与湄公河国家展开了积极的合作。欧盟制定并积极推动实施了《响应东盟灾害管理和应急协定的工作方案》（*Work Programme for the ASEAN Agreement on Disaster Management and Emergency Response*），在抗灾减灾方面与湄公河国家积极开展技术交流和合作，[①] 上述举措有效地改善了欧盟国家作为前宗主国等负面形象，为欧盟更好地参与湄公河地区乃至东南亚地区事务奠定

[①] *Bandar Seri Begawan Plan of Action to Strengthen the ASEAN-EU Enhanced Partnership* (2013–2017), ASEAN-EU Ministerial Meeting in Bandar Seri Begawan (Brunei), 27 April 2012, http：//eeas. europa. eu/delegations/indonesia/documents/more_ info/pub_ 2013_ eu-aseanactionplan_ en. pdf.

(二) 对欧盟新形象的认识有所改观

从短期内来看，欧盟为湄公河国家提供的经济援助，远远大于从该地区获得的经济利益。这不仅提升了欧盟在湄公河地区的影响力，而且也大大地提升了欧盟在国际社会上的形象。欧盟以女权、儿童和残障人士权利保障为突破口，提升欧盟自身在国际社会上人权保护先驱的形象。如在《加强欧盟—东盟关系的斯里巴加湾计划》中，欧盟就提出要促进性别平等、赋予女性社会经济权利和鼓励女性参与各个领域；以及加强欧盟与东盟成员国在妇女、儿童、老人、残障人士和农民工问题上的经验交流的条款，[1] 这有效地提高了欧盟在国际社会中的形象。此外，欧盟还参与了湄公河地区气候变化的治理，为应对湄公河地区气候变化的挑战，欧盟向湄公河委员会提供了495万欧元资金。这些资金 2015 年被用于《气候变化倡议》（*Climate Change Adaptation Initiative*）。[2] 欧盟支持湄公河委员会评估该地区气候变化的影响，并且在区域、国家和社区等层面对该地区提供支援，表明了欧盟对解决人类所面临最严重挑战的长期承诺，欧盟作为全球环境保护和治理领导者的形象获得巨大提升。

(三) 欧盟经济上获益渐多

截至目前，欧盟与湄公河地区已经有 30 多年的合作关系，并且通过年度部长级会议加强了对话，扩大了财政援助。双方所达成的诸多协议都证明了两个地区的持久关系，并为进一步的广泛合作打下了基础。欧盟作为湄公河国家重要的贸易伙伴和最大的外商直接投资来源之一，对于湄公河国家未来的发展起着重要作用。而随着湄公河国家的发展，其国内市场不断扩大，也进一步扩大了欧盟商品在湄公河国家的市场份额。

---

[1] *Bandar Seri Begawan Plan of Action to Strengthen the ASEAN-EU Enhanced Partnership (2013–2017)*, ASEAN-EU Ministerial Meeting in Bandar Seri Begawan (Brunei), 27 April 2012, http://eeas.europa.eu/delegations/indonesia/documents/more_info/pub_2013_eu-aseanactionplan_en.pdf.

[2] *6 Million USD to Tackle Climate Change in the Mekong*, Europe House, 18 Journary, 2013, http://eeas.europa.eu/delegations/laos/press_corner/all_news/news/2013/20130116_en.html.

(四) 提升了欧盟制衡其他大国势力的信心

欧盟要想实现在外交、防务、经济上的独立和自主，制衡美国，仅仅靠自身很难达到这一目标，而包括湄公河国家在内的东盟在冷战后一体化程度明显提高，其在国际政治舞台上的地位也一再提升，最重要的是东盟各国也正在推行多边主义和多极化，这就使湄公河国家成为了欧盟制衡美国的合作伙伴。为了更好地介入亚太地区，牵制美国，欧盟必然会在湄公河地区注入越来越多的人力、物力和财力。而湄公河国家正处在发展上升阶段，对于外部的关注自然表示欢迎，出于对中国崛起的不安全感以及平衡各大国的需要，湄公河国家也愿意欧盟积极介入，以此来平衡各方的影响力。[1]

二 对湄公河地区

(一) 促进了湄公河国家的经济和社会发展

欧盟与湄公河国家的贸易和投资带动了湄公河国家经济的增长。加之中国、泰国、新加坡等国工资水平的提高和产业结构的升级，使得欧盟劳动密集型产业将目光转移到自然资源丰富而工资水平又较低的湄公河国家，各种资本和先进生产技术的流入，必然促进湄公河国家产业的成长和产业结构的升级。1990年，越南、柬埔寨、老挝、缅甸农业在产业结构中所占的比例分别是38.74%、55.64%、61.23%、57.26%，工业在产业结构中所占的比重分别为22.67%、11.15%、14.51%和10.54%，农业是支撑这四国经济的主要部门，工业基础非常薄弱。到2000年，越南农业在产业结构中所占的比重下降到了20.97%，工业则上升到41.02%，而其余三国的农业在产业结构中所占的比例也下降了10%左右，工业在产业结构中所占的比例也大幅度上升。[2] 产业结构的升级和大量来自欧盟的经济援助，也有效地提高了人民的生活水平，贫困人口大量减少。以越南为例，2013年，越南贫困家庭约为180万个，贫困率为7.8%，比2012年

---

[1] 毕世鸿、冯杏伟：《冷战后欧盟与湄公河流域五国关系发展及其影响研究》，载刘稚主编《大湄公河次区域合作发展报告 (2015)》，社会科学文献出版社2015年版，第95页。

[2] 陈文慧：《中国与东盟国家产业结构现状分析》，《东南亚纵横》2009年第11期。

下降了 1.8 个百分点，接近贫困家庭约有 150 万个，贫困率为 6.32%，比 2012 年下降了 0.25 个百分点。①

（二）有助于湄公河地区保持稳定

湄公河地区民族众多，文化背景复杂，不仅民族冲突时有发生，毒品、人口走私等跨国犯罪也很猖獗。而湄公河国家处理地区事务的能力十分有限，这就使得湄公河国家必须要通过与外部力量的合作来处理地区性争端和事务，促进和保持本地区的稳定和发展。而欧盟则恰恰是其中一个重要的外部力量。欧盟与湄公河国家通过亚欧会议、东盟地区论坛等多边和双边机制，在移民管理、打击跨国犯罪、管制杀伤性武器等问题上的合作有效维护了湄公河国家的稳定。

（三）一定程度上促进了湄公河国家的政治转型

顺利实施政治转型一直是湄公河国家在发展过程中追求和探索的一个重要目标。随着全球化不可逆转的到来，政治民主化和人权问题也成为湄公河国家广泛重视的问题。欧盟对湄公河国家在选举、司法改革、政府反腐等方面的关注和行动，对于湄公河国家加快民主化进程，保护民主成果，保护人权等方面起到了促进作用。

例如，缅甸军政府时期，欧盟对缅甸实行了一系列的制裁措施。直到 2011 年民选政府上台，欧盟才逐渐放松了对缅甸的制裁。2013 年 4 月，欧盟外交事务委员会在卢森堡举行会议，决定取消对缅甸除武器禁运以外的全部制裁措施。欧盟对缅甸建立民主强大的议会，言论自由，政府反腐，加大释放政治犯的力度等表示欢迎。为巩固缅甸目前已经取得的民主成果，并促进缅甸进一步向民主转型，欧盟愿意与缅甸分享一些成员国的政治转型和民主化的经验。欧盟还表示，自从 2011 年 3 月新政府上台，缅甸经历了显著的变化和改革，但是处理冲突遗留问题、贫困、压迫和机构不健全的状况仍将需要十几年甚至几十年的时间，欧盟坚定地支持缅甸民主改革和经济转型。2013 年，双方达成了全面框架协议，这一框架协议清楚地勾勒出未来几年

---

① 《越媒称调查显示越南贫困人口数量下降》，2014 年 6 月 3 日，凤凰财经（http://finance.ifeng.com/a/20140603/12467164_0.shtml）。

内欧盟的政策重点：支持缅甸政治、经济和社会的发展；人权；协助缅甸政府重建其在国际社会中的地位。①

三 欧盟与湄公河国家关系存在的问题

欧盟在与湄公河国家的合作中一直秉承求同存异的原则，双方都承认目前在社会、文化、价值观上均存在着明显的差异，但双方在发展关系的过程中仍然存在众多问题。

（一）问题涉及面广、制约因素众多

在经济领域，欧盟尚未针对湄公河地区出台一项长期稳定且有针对性的政策，且欧盟对湄公河国家经济合作要求过高，使得湄公河国家相对被动。在制度化合作上，湄公河地区甚至东盟的一体化程度都低于欧盟，东盟不希望建立一个永久性的有约束性的超国家组织。在政治安全上，欧盟与湄公河国家在人权标准上一直存在着分歧，欧盟认为它有义务促进人权保护，即便这需要干涉湄公河国家的内政。而湄公河国家认为欧盟的干涉将会损害其国家利益，反对欧盟插手其内政。这对欧盟与湄公河国家的关系形成了严峻的挑战。②

（二）诸多问题短期内无法得到解决

在意识形态上，欧盟成员国在自由、民主、法治和人权的基础上建立了相对统一的意识形态，而湄公河国家意识形态多元，没有相对统一的模式。湄公河国家民族宗教众多，文化多元，具有不同宗教信仰和文化背景的群体之间冲突不断，而欧盟则在文化整合上相对成熟。在构建欧盟观念和欧洲一体化认同的过程中，欧盟强调要尊重成员国的语言、文化和传统，其成员国之间的文化冲突与湄公河国家相比是很少的。此外，与欧盟相比，湄公河国家与欧盟经济发展水平不对称的关系长期存在，这导致欧盟在发展与湄公河国家关系中难以尽快解决业已存在的诸多问题。

---

① 3236th *Foreign Affairs Council meeting*, Council conclusions on Myanmar/Burma, 22 April 2013, http://www.consilium.europa.eu/uedocs/cms_data/docs/pressdata/EN/foraff/136918.pdf.

② 冯杏伟：《冷战后欧盟与湄公河地区国家关系的发展及其影响研究》，硕士学位论文，云南大学，2015年，第56页。

第 六 章

俄罗斯参与湄公河地区
合作的策略调整

"9·11"事件后,俄罗斯不断加强同湄公河国家的合作,积极参与东亚峰会等东盟主导的一系列相关机制,加紧推进其地缘战略,从而增强自身的安全和外交回旋余地,在大国博弈中掌握更大的主动权,而这也符合了湄公河国家的大国平衡策略。目前,以能源合作和军售为主要手段,俄罗斯积极参与湄公河地区合作,从湄公河地区最大军火商开始逐渐成为新的大国平衡者。俄罗斯和湄公河国家的合作主要体现在对越关系上,加强与越南这一传统盟友的合作,进而维护其在东南亚的利益仍是俄罗斯当前的重要政策。

第一节 从湄公河地区的最大军火商
到新的大国平衡者

一 俄罗斯成为湄公河地区新的大国平衡者的背景
(一)政治背景

早在冷战时期,湄公河地区就成为了东西方角逐重要地区之一,苏联与东南亚国家的关系也直接影响着今天的俄罗斯与东南亚的关系发展。而湄公河地区的五个国家作为东南亚国家中的重要部分,加之与俄罗斯关系渊源深远的越南也是湄公河地区的重要国家之一,因此,处理好与湄公河国家的关系对俄罗斯来说也是十分重要的。

冷战时期,苏联就以越南为立足点,开始了在东南亚的势力扩张,在1978年促使越南加入到由苏联主导的经互会,与苏联签订了《友好合作条约》,这一条约是具有军事同盟性质的,因而使得苏联借此条约得以更深刻地介入到当时的东南亚地区的事务之中,将东南亚布局为苏联全球霸权战略中的重要一环,并于1979年在越南的金兰湾建成了当时苏联最大的海外军事基地。

20世纪80年代中期,发展与合作成为了亚太地区的新态势。戈尔巴乔夫上台后,苏联明确了自身的亚太国家属性,逐渐形成了新的亚太战略,这也就成为了今天俄罗斯亚太战略的发端。在新的亚太战略的指导下,苏联开始着手调整它在东南亚的各项政策,例如,积极推动柬埔寨问题的解决,支持东南亚成为中立和无核区,邀请印度尼西亚等国领导人访苏,发展与东盟的经贸往来。这些政策的调整就使得苏联与东盟国家的关系得到了较大改善。于是,1991年7月,马来西亚政府邀请苏联外长别斯梅尔特内赫参加第24届东盟部长级会议,双方开启了政治对话进程。

冷战结束及苏联解体后,由于国力的下降和对外战略的调整,在东南亚地区,俄罗斯仅能勉强维持在越南有限的军事存在,这就使得俄罗斯在东南亚的地位受到了很大的削弱。但是,俄罗斯的大国意识并未完全丧失。俄罗斯继续延续了戈尔巴乔夫时期的新亚太战略思维,在对东南亚的政策上,俄罗斯主要是侧重于用外交或经济的方式,建设性地参与东南亚事务,力图以此重构在东南亚的影响。在与东南亚国家的双边关系上,俄罗斯积极恢复与印度支那国家一度冷淡的传统关系。1993年,俄罗斯与柬埔寨恢复外交关系,并于1995年与柬埔寨签订了《友好合作协定》,在协定中,俄罗斯同意对柬埔寨进行经济建设援助。对于越南,俄罗斯尤其重视恢复俄越关系,在1994年邀请越南总理访俄时,俄越两国就签署了新的《友好关系基础条约》,同时越南还同意俄罗斯继续使用当年苏联在越南建成的金兰湾军事基地,俄罗斯总理切尔诺梅尔金还于1997年对越南进行了冷战后的首次访问。此外,俄罗斯还非常重视与老东盟成员国发展关系,以此来改善俄罗斯在东南亚的形象,为此,俄罗斯外长普里马科夫还于1997年访问了泰国。

随着俄罗斯经济社会转型的基本完成,普京和梅德韦杰夫相继执掌政权，俄罗斯国内政治体制趋于稳定。尤其是自1999年以来，俄经济增长保持在较高水平，综合实力得到较大恢复，使俄外交拥有了更强大的实力基础。俄罗斯国家主义思潮占据了主导地位，政治经济改革也在有序进行，这就成为了俄罗斯外交更趋向务实、进取和多样化的条件。俄罗斯进一步强调国家利益原则，力图恢复其世界大国的地位。在外交层面，在以普京为代表的政治家强有力的领导下，俄罗斯恢复世界大国地位的意志日益强烈，积极谋求在国际和地区事务中的话语权。但是，西方的挤压也随之更胜以往。这就促使俄罗斯进一步调整其国际定位，更加凸显其亚太国家属性，即"俄罗斯不仅是一个欧洲国家，也是一个亚太大国"①，并重视发展对东南亚国家的关系，深化双边合作。在俄罗斯的全方位平衡外交中，参与亚太地区一体化所占的比重和以往相比得到了显著提升，实施的东南亚政策也更加积极主动。面对其他大国活跃的东南亚外交，近年来俄罗斯也不甘于被边缘化，不断深化与东南亚国家的关系，丰富了俄罗斯的外交内涵，拓宽了俄罗斯在国际上外交回旋的余地，从而使俄罗斯的亚太战略更加完善。而湄公河地区作为东南亚地区的陆地组成部分，对于俄罗斯来说也就变得十分重要。

（二）军事背景

俄罗斯整个北方濒临北冰洋，整个东部濒临太平洋，西部部分濒临波罗的海，南部部分濒临黑海，这种独特的海洋地理环境，加上俄罗斯的独特历史，孕育了俄罗斯独特的海洋安全战略，早在彼得大帝时期就明确提出了陆军和海军并重的"两只手"理论。此后，夺取出海口成为了俄罗斯国家海洋安全战略的主要目的。同时，俄罗斯还一直强调国家海上力量的整体运用，突出海军在维护国家海洋安全和海洋利益中的主导作用。随着俄罗斯综合国力的增强，俄罗斯在事关国家安全的重大问题上，日益表现出强硬立场。

普京上任后，针对北约东扩和日美安保体制不断发展的现实，俄罗斯意识到，未来俄海军的作战对象极有可能是以美军为首的北约联

---

① 黄登学：《普京新任期俄罗斯外交战略析论》，《俄罗斯东欧中亚研究》2014年第2期。

合部队和与美国有军事同盟关系、且与俄有北方四岛领土之争的日本军队。为此，俄罗斯着手建立起欧亚两头并重的军事战略格局。其中，从远东地区战略利益出发，俄罗斯将太平洋舰队作为重点发展的舰队。① 同时，俄罗斯加强了对外军事技术合作，这成为俄罗斯对外政策的一项重要内容，同时也是其恢复大国地位、在世界各地输出和保持军事与政治影响力的重要手段。2004年4月，俄罗斯颁布了新的《俄联邦军事学说》，其中的对外军事技术合作部分指出："俄罗斯从本国利益、对外政策和经济的合理性以及从保障俄联邦及其盟国军事安全的任务出发，在平等、互利、和睦友好的基础上，在尊重国际稳定、国家和地区及全球安全利益的前提条件下进行军事政治和军事技术合作。"②

在新的形势下，东南亚足以影响到俄罗斯在东亚地区的利益。由于冷战后俄罗斯丧失了黑海和波罗的海一些重要出海口，东亚地区港口的战略价值相对上升，而东南亚作为海上通道的重要性不言而喻。俄罗斯通过双边军事合作以及有关的地区多边机制，积极拓展与东南亚国家的安全关系，以更好地保障和实现自身的安全利益，扩大在亚太安全事务中的话语权，并抗衡美国等西方国家的安全压力。③

冷战后，一些湄公河国家开始积极谋求实现军事技术及武器的来源多元化。而随着中国军事实力的增强，以及深陷阿富汗和伊拉克战争泥潭的美国军事影响的削弱，东南亚一些国家更加重视国防建设，这为它们与俄罗斯发展军事技术合作创造了良好条件。特别是那些与中国在南海有着悬而未决的领土争端的国家，对中国海军持续强大非常不安，迫切希望采购各种新型先进武器，这种政治背景对俄罗斯非常有利，能在一定程度上化解俄武器出口方面的技术难题，其中包括售后服务问题。作为世界重要武器出口国，俄罗斯开始积极开拓东南

---

① 陈良武：《俄罗斯海洋安全战略探析》，《世界经济与政治论坛》2011年第2期。

② 马建光：《俄罗斯对外军事技术合作的现状和未来发展趋势》，载中国科学技术史学会、中国自然辩证法研究会编《第二届中外技术交流史国际学术研讨会论文集》，北京，2008年，第110页。

③ 宋效峰：《亚太格局视角下俄罗斯的东南亚政策》，《东北亚论坛》2012年第2期。

亚这一新兴军品市场，并借此机会扩大对东南亚地区安全事务的影响力。

(三) 经济背景

自1999年普京被任命为俄罗斯总理开始，到2009年普京再任俄罗斯总理的10年间，俄罗斯已经创造了名副其实的世界经济奇迹。2013年，俄罗斯GDP已高达2.09万亿美元，这给俄罗斯实施强势经济外交提供了强有力的物质基础。此外，俄罗斯的外汇收入在普京执政后也在急剧增长，2013年俄罗斯的外汇储备已高达4696亿美元，仅次于中国、日本，成为世界第三大国际储备国。① 因此，俄罗斯经济实力的急剧增长使其具备了向部分国家发起"银弹"攻势的基本条件。但到2014年，受国际能源价格下跌、西方制裁和全球经济问题的影响，俄罗斯经济形势严峻，出现经济下滑、金融风险增大、卢布暴跌等困境，迅速扩大国际合作成为俄罗斯的一项重要举措。②

东南亚目前已经成为世界重要的新兴市场之一，同时也是推动东亚乃至整个亚太地区经济合作的关键性角色。一方面，湄公河地区大部分国家能源短缺，都要从国外进口石油和天然气。另一方面，湄公河国家希望能从俄进口更多能源和其他原材料，俄也迫切需要通过加入亚洲经济一体化进程带动远东和西伯利亚振兴。为减轻西方带来的压力，俄罗斯希望能够搭上"亚洲经济快车"，继而为俄罗斯确立一个公认的太平洋大国地位创造条件。俄罗斯与湄公河国家的经济互补性较强，只有与这些国家建立紧密的经济联系，俄罗斯才不会在东亚和亚太地区的经济一体化进程中被边缘化。在经济合作领域，俄罗斯的优势是军品、能源和核电，而湄公河国家均是外向型经济，其轻工和农产品也需要更多出口空间，两者能形成一定程度的优势互补。③就进出口商品结构而言，俄罗斯对湄公河国家的出口商品以资源类产品为主，进口商品主要是机械设备、化工产品及食品和农业原料类产

---

① IMF, World Economic Outlook Database; IMF, International Financial Statistics: Database and Browser.

② 《中国专家：为走出危机俄罗斯经济需大量投资》，2014年12月25日，新浪财经（http://finance.sina.com.cn/world/20141224/152521155031.shtml）。

③ 杨春：《俄总理访泰，盼与亚太加强经贸合作》，《南方日报》2015年4月10日。

品。目前，军品贸易和石油、天然气等能源开发已经成为俄罗斯与湄公河国家开展经济合作的主要内容。

军品贸易能够为国家获取巨大经济利益，目前，俄罗斯的军品出口政策，已从苏联时期严格追求政治、战略利益，逐渐转变到兼顾经济利益。俄罗斯的武器性能优越，价格低廉，在国际市场上很有竞争力，还注重提供完善的售后服务，且结算方式十分灵活，这使购买俄制武器的国家有增无减，这为俄罗斯与东南亚国家之间的军品贸易提供了广阔的空间。1995 年，俄罗斯武器出口在世界军品贸易总额中所占比例上升到 18.4%，居世界第二。① 2011 年俄罗斯的常规武器贸易订单总额为 966.18 亿美元，成为冷战结束以来的最高值。② 2012 年俄军品出口额比前一年增长 12%，达 152 亿美元，仅以微弱差距落后于美国。③ 2014 年，俄罗斯签订的新武器出口合同总值也达到 140 亿美元。④

俄罗斯能源资源丰富，为开展能源外交提供了坚实的基础。2008 年 7 月，梅德韦杰夫批准了《俄联邦外交政策构想》，成为俄罗斯与各国开展能源合作的指导性方针。俄罗斯在全球层面广泛参与国际多边能源合作，在区域层面继续深化与各能源主体的能源对话和双边合作，通过外交手段支持本国公司平等参与国际能源合作以维护自身的对外经济和地缘政治利益。越南近年来发展迅速，其经济增长速度仅次于中国，在亚太地区位列第二，成为俄罗斯在东南亚最重要的能源伙伴国，⑤ 两国围绕南海油气资源开发开展了诸多合作项目。

此外，俄罗斯是世界科技大国，针对东盟新兴经济体对于高科技的强烈需求，俄罗斯还积极开展科技外交，把有竞争力的高科技产品

---

① 牛宝成、李伟：《俄罗斯军火出口渐入佳境》，《当代世界》2001 年第 7 期。
② 《太有钱了：俄公开 2011—2014 年全球军品贸易清单》，2015 年 1 月 7 日，搜狐军事（http：//mil. sohu. com/20150107/n407675510. shtml）。
③ 《俄罗斯占全球军火市场 1/4》，《人民日报》2013 年 5 月 24 日。
④ 《普京：俄罗斯 2014 年新武器出口约达 140 亿美元》，2015 年 5 月 27 日，环球网（http：//mil. huanqiu. com/world/2015-05/6538160. html）。
⑤ 陈小沁：《透析俄罗斯能源外交的地区实践》，《俄罗斯中亚东欧研究》2010 年第 5 期。

推向东南亚市场。而东盟国家也具有一定科技实力,在某些领域已接近或达到世界先进水平,① 其中,信息科技、电子科技也正是俄罗斯经济现代化所欠缺的。自 2007 年以来,俄罗斯—东盟科技工作组(2007—2011)为双方的合作制订了行动计划,包括加强双方官员和科技专家之间的对话,促进技术转让与交流等。

2014 年 12 月,普京举行记者招待会宣称,西方制裁将促使俄向经济多元化发展,减少对能源出口的依赖。"向东看"符合俄经济发展需要和国家利益,通过与亚太地区经济体发展紧密伙伴关系,俄经济有可能摆脱目前因西方制裁等因素造成的停滞局面。② 其中,只有与东盟国家建立紧密的经济联系,俄罗斯才不会在亚太地区经济一体化进程中被边缘化。由此可见,面向亚洲成为俄罗斯的一个良好选择。而湄公河地区因其发展潜力巨大,也成为俄罗斯关注的对象之一。

二 俄罗斯在湄公河地区从军火商到大国平衡者的演变

20 世纪 90 年代初期,由于国力下降和对外战略调整,俄罗斯在东南亚的地位受到很大削弱,只能以外交尤其是经济方式重构在该地区的影响,建设性地参与东南亚事务。但在与西方的关系受挫后,叶利钦声称俄罗斯"将坚定不移走向东方",寻求扩大在亚太地区的影响,确立亚太大国地位。1992 年 7 月,俄罗斯成为东盟对话伙伴国,这标志着冷战后俄罗斯的东南亚外交有了重大调整。③ 而自进入 21 世纪以来,地缘政治与世界经济发展的重心将逐步转向亚太地区,在欧盟国家问题成堆以及美国经济持续衰退的背景下,亚太地区国家的巨大资源与经济发展活力显得更加引人注目,走向亚太遂成为俄罗斯外交战略的不二选择。④

普京和梅德韦杰夫相继执政后,俄罗斯推行欧亚并重、东西兼顾

---

① 王士录:《东盟科技发展与对外科技合作》,云南大学出版社 2006 年版,第 5 页。
② 《普京:现在经济形势还算不上危机》,2014 年 12 月 19 日,凤凰网(http://news.ifeng.com/a/20141219/42750457_0.shtml)。
③ 宋效峰:《亚太格局视角下俄罗斯的东南亚政策》,《东北亚论坛》2012 年第 2 期。
④ 黄登学:《普京新任期俄罗斯外交战略析论》,《俄罗斯东欧中亚研究》2014 年第 2 期。

的全方位平衡外交，其最大特点是主动、灵活和务实。无论从地缘政治、国家安全，还是经济发展的角度来看，亚太地区都将对俄罗斯的国家战略产生重要影响。亚太地区在俄罗斯外交中的地位上升，俄罗斯外交的"双头鹰"① 特色更加明显，俄罗斯的外交重心也在逐渐东移。进入 21 世纪后，俄罗斯亚太战略的核心思想是：顺应世界经济一体化的趋势，利用俄罗斯东部即西伯利亚与远东地区的地缘、资源、科技和交通运输等优势，积极同亚太国家发展多领域的合作。俄罗斯的亚太战略是与其国内发展的目标紧密结合的，务实性极强，主要是以经济为重心，积极介入亚太事务和参与多边组织活动，进一步加强在亚太地区的军事存在，高度重视在亚太地区的安全利益。这一战略是在整个世界发展的大背景下，即经济全球化和区域经济一体化的背景下进行的。东南亚地区在亚太地缘政治格局中一直都具有十分重要的地位。近年来，湄公河地区已经成为世界各大国在东南亚外交中的一个新焦点，俄罗斯也在稳步发展与东南亚国家的关系。一方面，俄罗斯进一步加强与传统盟友越南的合作，俄越关系不断升温，战略合作不断深入，经济联系不断扩大，科研文化交流也日益频繁。另一方面，俄罗斯也在推动着与东盟其他国家的关系，力图呈现出自己是维护东南亚地区安全和稳定的重要力量的面貌，自称是东盟的"天然盟友"②，并主动改善与东盟的关系，与东盟发展积极对话。

  2004 年俄罗斯的亚太政策思维出现了新变化，为其在亚太地区的活动开辟了更加广阔的前景。俄罗斯亚太政策有五项目标：一是确保远东地缘政治安全；二是加强反恐合作，建立"稳定的弧形地带"；三是开发西伯利亚和远东，融入亚太经济；四是扩大机器设备出口；五是推销军品。俄罗斯以在亚太地区的双边和多边关系为其活动支点，当前的活动重心是强化地缘经济联系，并已有所进展。③

  2012 年 5 月，普京再次当选俄罗斯总统后，专门设立远东发展

---

  ① 指从 1993 年起到普京上台前，俄罗斯采取的"既重视西方又重视东方"的全方位外交政策，强调独立性、全方位性、大国距离性。
  ② 赵银亮：《调整中的俄罗斯与东南亚关系及影响因素》，《东南亚纵横》2004 年第 3 期。
  ③ 许志新：《俄罗斯的亚太政策》，《当代亚太》2005 年第 2 期。

部,并先后出台了一系列计划和措施,制定出新的亚太政策,高调推出开发东部和融入亚洲的"东进"战略。俄罗斯东部地区资源丰富,远东是俄罗斯通往亚太的门户,经济和战略价值十分巨大,但长期存在着基础设施不足、交通不便、经济落后等问题。加之2009年美国推出重返亚太战略,将全球战略重心向亚太地区转移,强化美日同盟,这对俄罗斯东部领土安全和亚太战略利益构成了威胁。因此,俄罗斯想借开发东部之机融入亚太经济,增强国家的经济实力,促进国家的复兴。

在安全合作领域,俄罗斯主要同一些湄公河国家开展武器贸易和军事技术合作。目前,俄罗斯军工产品在湄公河地区的主要客户有越南、缅甸等国。由于俄罗斯军事装备物美价廉,广受发展中国家青睐,因此东南亚国家和俄罗斯相互成为军事合作方面的重要选择。现在,俄罗斯与湄公河国家的军事技术合作已经形成了三个层次。第一层次是越南,与俄罗斯有着多年的军事合作历史,合同规模较大,这在俄罗斯与印度、中国的军事技术合作规模增长不大的情况下,对维持俄武器出口规模起到了重要作用;第二层次是缅甸,俄罗斯军工产品已经进入但还需要巩固和扩大市场规模;而对于第三层次的泰国,俄罗斯军工产品正在努力进入。①

2014年4月,第12届东盟—俄罗斯合作委员会联合会议结束后,东盟和俄罗斯决定在防务及安全科技领域进行合作,此举标志着东盟防务能力将进一步加强,也进一步加强了俄罗斯在东南亚防务市场中的地位。俄罗斯与东盟将携手推进遥感和定位系统上的合作,双方将开展一项俄罗斯"格洛纳斯"(GLONASS)卫星定位系统有关的项目。这一合作将邀请东盟国家参与研发活动,以及在该区域安装卫星定位系统地面接收站。②

此外,东南亚国家还注重与域外大国在非传统安全领域的合作,其中反对国际恐怖主义成为东南亚国家与俄罗斯进行非传统安全合作

---

① 《俄罗斯开拓东南亚军火市场与中国军工激烈竞争》,2011年8月31日,新浪军事(http://mil.news.sina.com.cn/2011-08-31/0922663649.html)。
② 《东盟与俄罗斯加强防务合作 重点推遥感与定位》,2014年5月7日,人民网(http://military.people.com.cn/BIG5/n/2014/0507/c1011-24988500.html)。

的重要内容。这不仅符合俄国家利益的需要，也是俄罗斯承担与其大国地位相称的国际责任的重要体现。2009年7月，首次"俄罗斯—东盟反对恐怖主义和跨国犯罪联合工作组"会议在缅甸内比都召开。俄罗斯与东南亚国家之间在非传统安全领域的合作日益频繁。

三　俄罗斯成为湄公河地区新的大国平衡者的主要政策

（一）进一步巩固与湄公河国家的政治合作

从俄罗斯的长远利益考虑，俄罗斯认为必须同时倚重东方和西方，扩大其在全球实施外交影响力的空间。20世纪90年代中期，叶利钦政府逐渐确立了东西方兼顾的"双头鹰"政策，即所谓的"新欧亚主义"外交。1993年出台的俄《对外政策构想》提出国家利益至上、经济优先和东西方均衡等对外关系原则，以重振俄罗斯的大国地位。向经济发展迅速的亚太地区拓展，成为俄罗斯外交的重要一翼；在这一战略框架下，俄东南亚外交开始得到推进。2000年6月，普京上台后再次发表《对外政策构想》，重申了欧亚平衡外交对于维护国家利益的重要性。2008年7月，梅德韦杰夫政府出台了俄第三个《对外政策构想》，继续强调平衡、多方位原则；在亚洲除了继续发展与中国、印度的战略关系外，还积极参与东盟有关的各种地区合作机制，并有针对性地加强同东南亚国家的关系。①

2000年11月，普京就在《关于俄罗斯：新东方的前景》讲话中指出，俄罗斯的对外政策将坚定地向亚太倾斜，积极发展与东盟的关系，参与亚太事务，努力推进与东盟国家的"共同家园"建设，以保持该区域的和平与稳定。② 俄外长拉夫罗夫指出，"俄罗斯重视发展与亚太地区所有国家的平衡双边关系体系"。俄罗斯这一政策的核心在于，既保持相对美国和日本的平衡，也保持相对中国的平衡。为此，俄罗斯一面保持与中国的友好合作关系以制衡美、日；另一面致力于改善和发展与美、日的关系以牵制中国；同时，俄罗斯还积极发展与东盟国家的关系，以达到既平衡美、日，又牵制中国的目的。为

---

① 宋效峰：《亚太格局视角下俄罗斯的东南亚政策》，《东北亚论坛》2012年第2期。
② 冯绍雷、相蓝欣：《俄罗斯与大国及周边关系》，上海人民出版社2005年版，第359页。

了维护亚太地区安全、稳定和发展，俄罗斯主张在亚太地区建立以国际法原则和"安全不可分割"原则为基础的、包括各方在内的、平衡的安全与合作结构。在俄罗斯官方文件以及在俄罗斯与中国、印度、越南和东盟等亚太国家及多边组织发表的一系列联合声明中，俄罗斯均阐述了上述思想。这一架构最重要的特点，一是"安全不可分割"原则，二是保持各方力量的平衡。梅德韦杰夫在2010年10月俄罗斯—东盟第二次峰会前明确指出，俄罗斯应与东盟采取联合措施，在亚太地区建立开放、透明、平衡的安全与合作结构。[①]

为了借助亚太制衡西方，重塑俄罗斯在亚太地区和世界大国的地位，俄罗斯还要进一步恢复其在亚洲的影响力，以谋求更大的地区议程和规则制定权。而湄公河地区在政治合作方面还有很大的合作空间，加之美日等国也在加紧对湄公河地区的影响力。与湄公河国家加强政治合作，可以进一步提升俄罗斯在东盟的影响力。其中，越南作为俄罗斯的传统盟友，成为了俄罗斯深化对东盟关系的重要立足点。在此基础上，俄罗斯与东盟的政治合作也已达到了较高的制度化水平。

（二）不断扩大与湄公河国家的经济和科技合作

"去意识形态"外交是俄罗斯在东盟的外交理念，在这一理念指导下，经济外交成为了俄罗斯与湄公河国家的合作主题，这也体现出俄罗斯外交中浓厚的实用主义色彩，能够"和而不同"地与湄公河国家开展合作，这也正顺应了经济全球化和区域经济一体化的大趋势。与西方大国相比，俄罗斯更能接受东盟以协商一致、不干涉内政、循序渐进和照顾各方舒适度为主要特点的运作模式，双方在人权、民主等方面的观点也较容易接近。俄罗斯通过与湄公河国家进一步增强在经济、科技等方面的务实合作，其核心目标是促进俄罗斯对外经济关系的多元化，从而维护和拓展俄罗斯的经济利益，防止俄罗斯在亚太地区的经济一体化中被边缘化，最终满足俄罗斯的国家利益，为俄罗斯实现全面现代化而服务。

---

① 王海滨：《21世纪初期俄罗斯的亚太平衡战略》，《俄罗斯东欧中亚研究》2013年第6期。

不可否认的是，由于历史原因，一些湄公河国家对俄罗斯仍存有一定戒心，①相互了解与信任的社会基础比较薄弱。尤其是双方经济相互依存度不高，经济关系滞后于政治关系，并且现有的经济关系在湄公河国家之间分布也不平衡，从而制约着双方关系的全面、深入发展。目前，俄罗斯在湄公河地区的经济影响远逊于美、中、日等国，甚至比不上印度和韩国。尤其是美国与湄公河国家的关系总体上仍领先于其他大国，美国视俄罗斯为潜在的霸权挑战者，为了确保自身在亚太地区的优势，它不会无视俄罗斯在湄公河地区影响力的持续上升。作为美国在亚太地区的重要盟友，并且与俄罗斯存在领土争端的日本也会对俄罗斯与该地区的存在保持警惕。

2015年1月1日，俄罗斯主导的地区经济一体化项目"欧亚经济联盟"②正式启动。为扩大影响，该联盟积极推动和越南签署自由贸易区协议，以借此参与亚太地区的一体化，并大力开拓军品出口市场。③

总体而言，俄罗斯的湄公河地区政策是积极的，但并非是扩张性的，其政策目标主要是：在政治层面，以恢复世界大国地位为立足点，谋求增强在湄公河地区事务中的话语权，加强与湄公河地区的安全对话与合作，从而进一步提升俄罗斯在亚太地区的影响力，最终为俄罗斯创造一个有利的地缘安全环境。在经济层面，俄罗斯积极参与到湄公河地区合作中，不断开拓湄公河地区军品市场，拓宽能源合作渠道。从手段上来看，俄罗斯在湄公河地区开展的外交内容日益多元化：除了传统意义的外交外，经济外交、科技外交、文化外交等纷纷登台，第二轨道外交、公共外交、民间外交等相互配合，多边交往和双边外交彼此支撑，④从自身国家利益出发，未来俄罗斯将继续深化与湄公河国家的经济合作，以此来最终实现俄罗斯在湄公河地区的综合影响力，使俄罗斯在该地区能够与美、日等国相抗衡。

---

① 赵银亮：《调整中的俄罗斯与东南亚关系及影响因素》，《东南亚纵横》2004年第3期。
② 该联盟成员国包括俄罗斯、白俄罗斯、哈萨克斯坦和亚美尼亚四国。
③ 杨春：《俄总理访泰，盼与亚太加强经贸合作》，《南方日报》2015年4月10日。
④ 宋效峰：《亚太格局视角下俄罗斯的东南亚政策》，《东北亚论坛》2012年第2期。

第二节 俄罗斯与湄公河国家关系的新进展

通过不断的磨合,俄罗斯从被湄公河国家看作局外人转变到视为自己人。在加强双边关系方面,俄罗斯与湄公河国家一拍即合,其政经关系迅速升温。

一 俄罗斯与越南关系

俄罗斯将越南视为东南亚地区的重要"支点",是关键的战略伙伴之一。2001年2月,俄越两国建立战略伙伴关系,这促使两国展开广泛的合作。除了积极恢复和巩固与越南的传统政治友谊之外,俄罗斯还重点加强了与越南在石油天然气、民用核能、军事技术领域的合作,并不断加强两国在国际、特别是亚太地区事务中的外交协调。[①] 可以说,加强与越南的"准同盟"式传统友好合作关系,进而维护俄罗斯在湄公河地区乃至东南亚地区的利益,仍是俄罗斯当前的重要策略。

(一) 政治领域

1994年,越南总理武文杰访俄,两国签署新的《友好关系基础条约》,以适应冷战后发展新型关系的需要,越南同意俄继续使用金兰湾基地。1997年,俄总理切尔诺梅尔金对越南进行冷战后的首次访问。进入21世纪后,越南更成为俄罗斯与东盟发展关系的重要立足点。2001年2月,普京首次访越,双方签署《战略伙伴关系联合声明》以及油气、军事和科技等领域的合作协议,俄罗斯成为首个与越南建立战略伙伴关系的大国。2002年3月,俄罗斯宣布撤出金兰湾基地,但俄越关系并未受到太大影响,双方专注于经贸等领域的合作。2010年11月,梅德韦杰夫指出,"越南是俄罗斯在亚太地区的关键战略伙伴之一",俄罗斯应与越南"将双边关系提升到与两国

[①] 王海滨:《21世纪初期俄罗斯的亚太平衡战略》,《俄罗斯东欧中亚研究》2013年第6期。

拥有的机会相符的水平"。2012年,越俄两国将其关系提升为全面战略伙伴关系。2013年5月,普京在会见越南总理阮晋勇时表示,俄越关系具有多样化性质,在能源、核能、机械制造和军事技术等领域的合作取得了积极进展。① 同年11月,普京访越。普京强调,"越南是俄罗斯在亚太地区最关键的合作伙伴"。两国领导人同意双方应采取突破性措施促进两国贸易投资合作关系,优先发展能源领域的合作,特别是石油和核电的合作,加快推进宁顺一号核电站建设项目,双方强调了越俄合作关系在东盟地区论坛(ARF)、东亚峰会(EAS)、东盟防长扩大会议(ADMM+)等合作机制以及加强俄罗斯与东盟合作的重要性。② 2014年11月,越共中央总书记阮富仲访俄,两国领导同意继续深化越俄全面战略合作伙伴关系。阮富仲强调,越南的一贯政策是一向重视与希望推进与俄罗斯的全面战略伙伴关系,视俄罗斯为越南最重要、可信任的伙伴之一。③ 2015年5月,越南国家主席张晋创访俄,两国领导人决定尽快签署越南与欧亚经济联盟自由贸易协定,强调为两国石油企业及联营公司在南海开采石油资源提供有利条件。④

俄罗斯还积极支持越南在国际政治经济中的活动。2014年12月,俄罗斯国家杜马主席谢尔盖·纳雷什金率团访问越南。纳雷什金高度称赞越南准备在欧亚合作框架进行合作,他认为,在可预见的未来,越南和欧亚经济共同体(EAEC)将就建立自由贸易区达成共识,"这将为发展越南和欧亚空间之间的经贸关系提供新的动力"⑤。

---

① 《普京指出俄罗斯和越南合作的积极趋势》,2013年5月15日,俄罗斯之声(http://sputniknews.cn/radiovr.com.cn/news/2013_05_15/216184439/)。
② 《越南是俄罗斯在亚太地区最关键的合作伙伴》,2013年11月13日,越南中央政府门户网站(http://cn.news.chinhphu.vn/Home/201311/13400.vgp);《进一步深化越俄全面战略伙伴关系》,2013年11月13日,越南中央政府门户网站(http://cn.news.chinhphu.vn/Home/201311/13402.vgp)。
③ 《越共中央总书记与俄罗斯高层领导举行会谈、会晤》,2014年11月26日,越南中央政府门户网站(http://cn.news.chinhphu.vn/Home/201411/16729.vgp)。
④ 《进一步深化越—俄罗斯全面战略合作伙伴关系》,2015年5月10日,越南中央政府门户网站(http://cn.news.chinhphu.vn/Home/20155/17688.vgp)。
⑤ 《越南拟与欧亚经济共同体打造自贸区,俄国家杜马表示欢迎》,2014年12月3日,俄罗斯之声(http://sputniknews.cn/radiovr.com.cn/news/2014_12_03/280843115/)。

（二）军事合作

从苏联时期起，越南就与俄罗斯建立了密切的军事合作关系。2009年1月，俄越签署8架苏-30战机销售协议。同年4月，两国达成6艘基洛级潜艇的销售协议，价值高达数十亿美元。2010年2月，俄越又签订了12架苏-30战机销售协议，价值10亿美元。[①] 2010年10月，梅德韦杰夫访问越南，两国达成使用金兰湾等军事基地的协议。[②] 2012年7月越南国家主席张晋创访俄和11月梅德韦杰夫访越期间，两国领导人就俄军使用金兰湾作为维修和补给基地达成了共识。2014年11月，俄罗斯和越南签署了关于简化俄军舰在越南金兰湾[③]停靠手续的协议。根据协议，俄罗斯军舰在金兰湾停靠只需向港口当局通知即可，无须履行进一步的手续。越南使用金兰湾帮助俄为其可携带核弹的轰炸机补充燃料。越南是在叙利亚之后，第二个与俄罗斯达成类似协议的国家，[④] 考虑到越南是俄罗斯武器装备的重要买主，俄罗斯用军火贸易作为橄榄枝，表示一旦能够被允许使用金兰湾，俄罗斯将为越南提供更多新式武器和装备升级服务。这显示俄在东亚安全问题上仍有很大的主动权。

越南不仅砸重金从俄罗斯进口武器，双方还在其他军事领域展开了密切的合作，如定期互访和军校交流等。俄罗斯为越南培养现役军事人才。两国还签署有关武器装备方面的协议，俄方还为越南军队中现有的俄制武器进行升级。武器贸易的深化和军事技术合作的开展，"这一切都会使越南成为俄罗斯在亚太地区稳定的军事合作伙伴"[⑤]。

近年来，越南向俄采购大批量先进军事装备，俄罗斯几乎包揽了

[①] 宋效峰：《亚太格局视角下俄罗斯的东南亚政策》，《东北亚论坛》2012年第2期。
[②] 同上书，第76页。
[③] 金兰湾军事基地是越南的重要军港。1979年，苏联同越南签订协议，无偿租用金兰湾25年。20世纪80年代，苏联进一步对金兰湾进行了扩建，使其成为苏联海外最大的军事基地。苏联解体后，俄罗斯不愿交付每年2亿美元的租金，在协议到期之前将俄罗斯海军全部撤出金兰湾。
[④] 《俄罗斯越南签署协议，简化俄军舰停靠越港口手续》，2014年11月29日，凤凰网（http://news.ifeng.com/a/20141129/42602461_0.shtml）。
[⑤] 杨晔：《越南狂买俄罗斯武器》，《环球人物》2013年第2期。

越军的装备现代化业务。据俄罗斯世界武器贸易分析中心的数据显示，2012—2015 年，越南成为进口俄武器最多的 3 个国家之一，仅次于印度和委内瑞拉。越南 32 亿美元的大单已占 2012—2015 年俄罗斯武器出口总额的 10%。据联合国数据显示，在之前的 2008—2011 年，越南从俄罗斯进口武器 18.8 亿美元，约占俄当时武器出口总额的 6.3%。① 自 2008 年起，越南采购俄罗斯军事产品的规模一直在稳定增长。越南从俄罗斯进口的武器包括苏－30 战机、"闪电"导弹艇、"萤火虫"巡逻艇、636 型"基洛"级潜艇、"猎豹"护卫舰、"棱堡－P"移动式岸防导弹系统、"棕榈－SU"防空系统及"天王星"导弹系统等，总价值达到数十亿美元，② 成为俄罗斯在亚太地区继中国和印度之后的第三大军事技术及贸易合作伙伴。2009 年 4 月，越南向俄罗斯订购了 6 艘基洛级潜艇。2010 年 2 月，俄越又签订了 12 架苏－30 战机销售协议，价值 10 亿美元。③ 截至 2015 年 6 月底，越南已收到"河内""胡志明""海防""岘港"4 艘基洛级潜艇，其余潜艇也将于 2016 年前交付。据俄罗斯世界武器贸易分析中心评估，2008—2011 年俄罗斯在越南军品市场上的份额高达 92.5%，预计在 2012—2015 年这一份额将增加到 97.6%。越南购置的"基洛"级潜艇配备有"俱乐部"反舰导弹，射程达 300 公里左右，大大扩展了防卫区，这大大提升了越南潜艇部队的作战能力。④

据俄罗斯国防部的估算，越南已成为俄罗斯在东南亚地区的最大军事技术合作伙伴，在亚太地区也处于领先地位，仅次于印度和中国。今后越南还将从俄罗斯得到更多的现代化武器。除了武器装备外，俄罗斯还帮助越南海军建造潜艇基地，提议联合建设船坞修理厂，为两国海军舰艇提供维护服务。俄罗斯国防部长谢尔久科夫 2010 年 3 月访越期间指出，越方已经提出了现役苏制武器装备的零

---

① 杨晔：《越南狂买俄罗斯武器》，《环球人物》2013 年第 2 期。
② 《越南成为俄罗斯武器进口大国，订单规模与印相当》，2010 年 8 月 26 日，中国日报网（http：//www.china.com.cn/military/txt/2010-08/26/content_20797719.htm）。
③ 宋效峰：《亚太格局视角下俄罗斯的东南亚政策》，《东北亚论坛》2012 年第 2 期。
④ 瞭望智库：《中国潜艇远超东南亚总和，美俄为小国撑腰》，2015 年 1 月 19 日，凤凰网（http：//news.ifeng.com/a/20150119/42966535_0.shtml）。

配件供应问题，同时还对俄先进防空兵器非常感兴趣，其中包括"道尔""山毛榉"和 S-300 防空导弹系统。①

（三）经济合作

贸易方面，如表 6—1 和图 6—1 所示，近年来，俄越双边贸易增长迅速，越南成为俄罗斯在亚太地区的主要贸易伙伴之一，也是俄罗斯在东南亚最重要的能源合作伙伴。2008 年，俄越贸易额为 14.32 亿美元，2009 年为 15.62 亿美元，2011 年上升至 27.32 亿美元。

能源领域是俄罗斯与越南经济合作的重点，越南从自身的能源安全出发，希望与俄罗斯进行合作，推动能源保障体系建设。早在 20 世纪 80 年代初，苏联就与越南共同组建了合资公司"越苏石油公司"，在越南从事大陆架油气产区的开采业务，越南超过 60% 的石油和几乎所有的天然气资源都由该企业负责采掘。2010 年 12 月"越苏石油公司"期满后，双方同意将联营再延长 20 年。截至 2015 年 8 月，大约有 40% 的越南原油产自越苏石油公司。近年来俄罗斯天然气工业公司还参与了越南在南海的其他油气开发项目。2015 年 9 月，俄罗斯能源巨头罗斯石油公司与日本海洋掘削株式会社旗下的子公司签署协议，希望在 2016 年借助日企的钻井平台，在越南外海的南昆山盆地 06-1 和 05-3/11 区块挖掘两口油井，上述区块位置靠近中国的万安北-21 区块。罗斯石油公司拥有南昆山盆地 06-1 区块天然气田 35% 的股权，拥有 05-3/11 区块油气田 100% 的控股权，同时在南昆山盆地到越南海岸天然气输送管道项目上拥有近 33% 的股权。② 出于各自能源安全的需要，俄越在能源领域的合作范围不断扩大，但其根本意图还在于联手制衡中国日益增强的政治经济影响力，这将进一步增强俄罗斯在南海问题上的影响力。③

---

① 《俄罗斯开拓东南亚军火市场与中国军工激烈竞争》，2011 年 8 月 31 日，新浪军事（http://mil.news.sina.com.cn/2011-08-31/0922663649.html）。

② 《俄日共同为越南开采南海油田，位置似在中越争议区内》，《环球时报》2015 年 9 月 11 日。

③ 陈小沁：《透析俄罗斯能源外交的地区实践》，《俄罗斯中亚东欧研究》2010 年第 5 期。

俄罗斯原则上支持《东南亚无核区条约》，同时积极参与缅甸、越南等国的民用核能开发。2010 年初，越南又提出向俄罗斯出售越南石油公司的股份，越南还承诺将为俄罗斯在越投资提供便利，希望俄罗斯帮助其修建第一个核电站。2010 年 10 月，俄罗斯国家原子能公司与越南电力集团签署价值 56 亿美元的协议，由俄罗斯承建位于越南宁顺的第一座核电站，并为该项目提供贷款。① 2014 年 12 月 12 日，越南宁顺核电项目管理委员会在顺南县举行核电站前期施工供电系统项目开工仪式，从而为"宁顺 - 1"核电站一期项目打下基础。② 按照越俄两国政府 2010 年达成的协议，"宁顺 - 1"核电站由俄罗斯国家原子能公司负责建设，核电站项目设备全部由俄罗斯供应，预计在 2020 年以前完成建设，2023 年投入运行，该电站将是越南首座核电站。③

2013 年两国贸易总额比 2012 年提高了 8.5%，达到 40 亿美元。④ 2014 年 11 月，梅德韦杰夫在缅甸与越南总理阮晋勇会面时称，希望贸易额能从现在的 40 亿美元增加到 2020 年的 100 亿美元。阮晋勇则希望两国经济关系"能达到符合战略合作伙伴关系的更富有内容和更有效的水平"⑤。2015 年 5 月，梅德韦杰夫批准通过了欧亚经济联盟与越南自贸区协议，这是欧亚经济联盟与单个国家签署的首份自贸区协议。自贸区协议对参与国间放宽商品贸易关税的条件做出规定，除上述敏感商品以外，大部分商品实现贸易零关税和自由化。自贸区协议还对商品贸易中的卫生及植物卫生措施、技术管控、海关行政、

---

① 刘雯：《俄罗斯将在东南亚建立第一座核电站》，2010 年 11 月 1 日，中国经济网（http：//intl. ce. cn/specials/zxgjzh/201011/01/t20101101_21933796. shtml）。
② 《越南首座核电站前期施工供电项目开工》，2014 年 12 月 16 日，中国驻胡志明市总领馆经商室（http：//vn. mofcom. gov. cn/article/jmxw/201412/20141200835060. shtml）。
③ 《俄罗斯宣布承建越南首个核电站项目》，2014 年 11 月 20 日，国际在线（http：//gb. cri. cn/42071/2014/11/20/7551s4773935. htm）。
④ 《俄罗斯与越南将大幅提高双边贸易额》，2014 年 11 月 26 日，搜狐新闻（http：//news. sohu. com/20141126/n406399972. shtml）。
⑤ 《俄总理希望俄越贸易额能达 100 亿美元》，2014 年 11 月 12 日，俄罗斯之声（http：//sputniknews. cn/radiovr. com. cn/news/2014_11_12/279954925/）。

透明度等方面做出规范。① 而俄罗斯与越南建立自贸区的目的是利用该平台与所有东盟国家签署这一协议，将有助于俄商品进入这一市场。② 受此影响，2016 年俄越贸易额提升至 38.4 亿美元。

表 6—1　　　　　　俄罗斯对湄公河国家贸易情况　　（单位：百万美元）

		柬埔寨	老挝	缅甸	泰国	越南
2004	进口	2.40	0.24	1.66	355.26	100.54
	出口	1.54	6.48	23.19	372.49	707.49
2005	进口	5.60	0.38	2.26	451.83	174.08
	出口	2.43	10.89	0.69	546.67	738.80
2006	进口	7.81	0.55	3.00	559.61	349.75
	出口	3.03	3.58	6.55	347.11	303.63
2007	进口	17.78	1.06	2.53	1004.30	522.15
	出口	11.16	1.69	14.49	327.11	484.77
2008	进口	25.56	1.16	5.84	1497.09	851.02
	出口	8.63	5.69	32.31	1232.19	580.91
2009	进口	29.29	0.49	4.60	931.95	693.46
	出口	9.28	10.07	45.42	439.24	869.00
2010	进口	33.70	0.49	14.47	1370.02	1110.81
	出口	5.73	6.97	62.66	1536.09	1120.83
2011	进口	68.18	2.02	24.61	1937.49	1722.18
	出口	3.81	10.15	270.20	2097.78	1010.15
2012	进口	88.85	1.52	42.07	1970.95	2273.41
	出口	5.88	9.85	131.09	1411.43	1388.59
2013	进口	128.14	1.59	35.16	2084.10	2596.99
	出口	5.10	37.32	78.69	1272.94	1373.46

---

① 《俄罗斯与越南将大幅提高双边贸易额》，2014 年 11 月 26 日，搜狐新闻（http://news.sohu.com/20141126/n406399972.shtml）。
② 《俄政府通过欧亚经济联盟与越南自贸区协议》，2015 年 5 月 25 日，新华网（http://news.xinhuanet.com/world/2015-05/25/c_1115402301.htm）。

续表

		柬埔寨	老挝	缅甸	泰国	越南
2014	进口	128.92	1.77	36.19	2231.76	2295.71
	出口	3.77	8.33	39.03	1751.37	644.54
2015	进口	106.33	0.79	15.81	1495.53	2055.37
	出口	4.52	15.68	98.15	521.14	824.44
2016	进口	136.35	27.83	19.24	1146.69	2465.26
	出口	7.83	13.11	239.02	616.02	1373.02

资料来源：United Nations Commodity Trade Statistics Database，https：//comtrade. un. org/data.

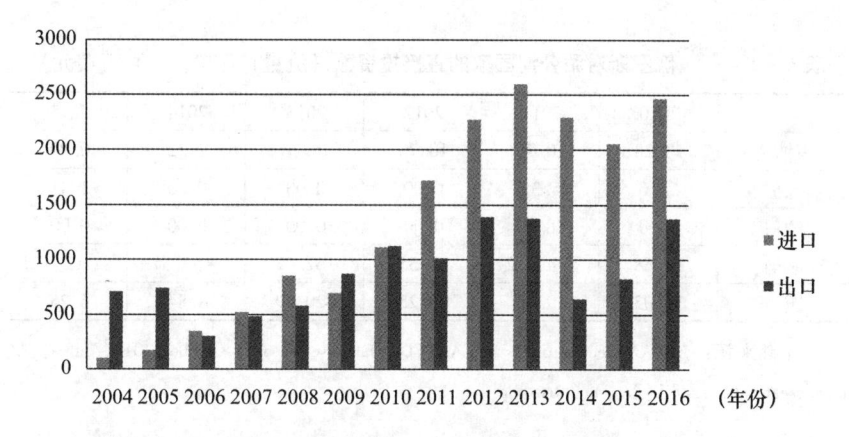

图 6—1　2004—2016 年俄罗斯对越南贸易情况（单位：百万美元）

资料来源：United Nations Commodity Trade Statistics Database，https：//comtrade. un. org/data.

投资方面，近年来，在南海共同开采石油和天然气、建设核电站等方面，俄方对越投资不断扩大。据俄方表示，当前两国组建的高级别专门工作组正在研究总额达 200 亿美元的 17 个投资项目。如表 6—2 和图 6—2 所示，2013 年，俄罗斯对越南投资额达到最高值的 4.2 亿美元，其后有所下降。

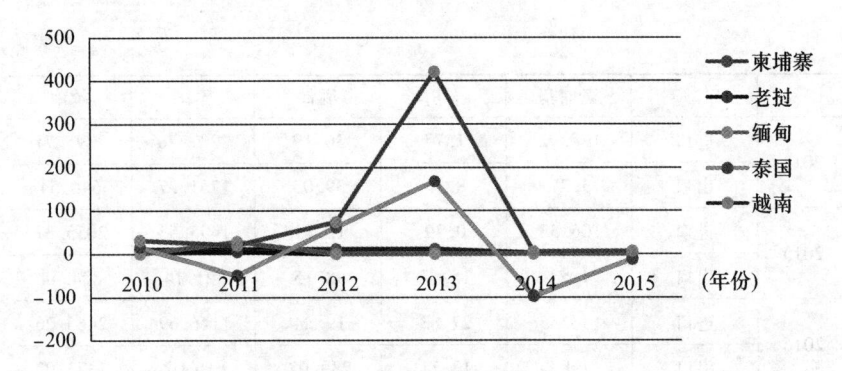

图6—2 2010—2015年俄罗斯对湄公河国家的直接投资额（单位：百万美元）

资料来源：ASEAN Sectretariat - ASEAN FDI Database as of 5 October 2016，https：//data. aseanstats. org/fdi_ by_ country. php.

表6—2　　　俄罗斯对湄公河国家的直接投资额（流量）（单位：百万美元）

	2010	2011	2012	2013	2014	2015
柬埔寨	10.28	10.76	10.76	10.76	2.32	0.00
老挝	5.16	5.35	0.00	0.00	0.00	1.41
缅甸	0.00	28.30	0.00	0.00	0.00	0.00
泰国	15.58	-49.72	61.35	167.87	-97.57	-12.37
越南	31.03	19.83	73.25	420.49	4.84	6.25

资料来源：ASEAN Sectretariat - ASEAN FDI Database as of 5 October 2016，https：//data. aseanstats. org/fdi_ by_ country. php.

二　俄罗斯与缅甸关系

（一）政治领域

在国际政治舞台上，俄罗斯给予缅甸很大的支持。2013年1月16日，俄罗斯外交部长拉夫罗夫在缅甸进行访问时表示，俄罗斯一贯支持解除个别国家仍然保留的对缅甸制裁措施。[①] 拉夫罗夫与缅甸外长吴

[①] 据悉，美国和欧盟在最近20余年一直以缅甸存在侵犯人权现象为由对缅实施严厉制裁。2011年3月缅甸成立民选政府，军方交出政权。2012年4月欧盟27国外长做出决定，暂停针对缅甸的大部分制裁措施，对缅武器禁运除外。然而，禁止官员使用被欧盟冻结的欧洲资产的制裁措施仍然有效。美国于2012年7月与缅甸全面恢复外交关系，随后取消了包括投资禁令在内的一系列制裁措施。

温纳貌伦举行会谈后表示:"在现有情况下没有理由实施这些制裁。"拉夫罗夫指出,俄罗斯对缅甸领导层实行的方针政策及其希望加强同外界联系的意向表示赞同,认为这"可为发展两国在各领域联系提供更多机会"。① 2014年11月,梅德韦杰夫访缅并出席东亚峰会。梅德韦杰夫表示,俄罗斯主张在亚太地区建立平衡的能源市场,以保障所有参与者的利益。

(二) 军事领域

军事技术合作是俄缅关系中的重要方面。位于印度洋的俄罗斯军舰可以利用缅甸港口,还可以帮助缅甸建造自己的军工生产基地,并向缅甸出售不同类型的海上战舰以及各种防空系统。2013年3月,俄罗斯国防部长谢尔盖·绍伊古访问缅甸,这是俄罗斯(包括苏联)国防部长近50年来首次访问缅甸。2013年6月,缅甸国防军总司令敏昂莱访俄,双方一致表示将加强俄缅两国的军事合作。2013年底,俄罗斯海军舰队对缅甸的访问又为缅俄海军装备领域的合作发展注入新的动力。②

缅甸武器市场上的传统大国是中国,但俄罗斯正在努力巩固自己在缅甸市场上的地位,继续与中国展开竞争。与其他国家相比,缅甸更喜欢俄罗斯的武器,远离缅甸以及湄公河地区反而成为俄罗斯开展军品贸易的独特优势。购买俄罗斯武器对缅甸来说不会有任何在政治上过分依赖俄罗斯的风险。俄罗斯除了向缅甸出口米格-29战机以外,③ 2001年俄罗斯向缅甸出口了4架米格-29歼击机,2002年又出口了10架米格-29飞机。2006年10月,米格公司在缅甸开设代表处。2009年12月,俄国防出口公司又与缅甸签署了20架米格-29新型飞机供应合同,交易金额约为5.6亿美元。截至2013年,缅甸已购买了相当数量的俄罗斯武器装备,包括米格-29战斗机、米-17运输直升机和米-24战斗直升机以及"伯朝拉-2M"防空导弹,还有150多名

---

① 《俄外长:俄罗斯支持解除针对缅甸制裁措施》,2013年1月16日,国际在线(http://gb.cri.cn/27824/2013/01/16/6071s3993421.htm)。
② 《俄罗斯与缅甸的军事合作前景广阔》,2013年7月4日,俄罗斯之声(http://sputniknews.cn/radiovr.com.cn/2013_07_04/225628136/)。
③ 2009年,俄缅两国达成20架此型战机的销售协议,价值约4亿欧元。

缅甸学员在俄罗斯军校学习。此外，缅甸还计划在其护卫舰部署俄罗斯的 X – 35 反舰导弹和雷达系统。①

（三）经济领域

俄罗斯在缅甸经济中所占的份额不大。2014 年 8 月，俄罗斯联邦经济发展部部长阿列克谢·乌柳卡耶夫在内比都签署了关于建立双边政府间经贸合作委员会的协议，并称俄罗斯希望在缅甸设立商务代表处，并希望在 2017 年前将两国的贸易额扩大到以前的 4 倍以上，即由 1.14 亿美元/年扩大到 5 亿美元/年。包括俄罗斯石油生产商 Bashneft 公司、"卡玛斯"开放式股份有限公司、苏霍伊民用飞机股份有限公司在内的 60 多家俄罗斯企业参加了委员会的首次会议。② 贸易方面，如表 6—1 和图 6—3 所示，2016 年两国年贸易额仅有 2.6 亿美元。投资方面，如图 6—2 和表 6—2 所示，近年来俄罗斯对缅甸投资额除 2011 年达到 2830 万美元以外，其他年份均极少，可以忽略不计。

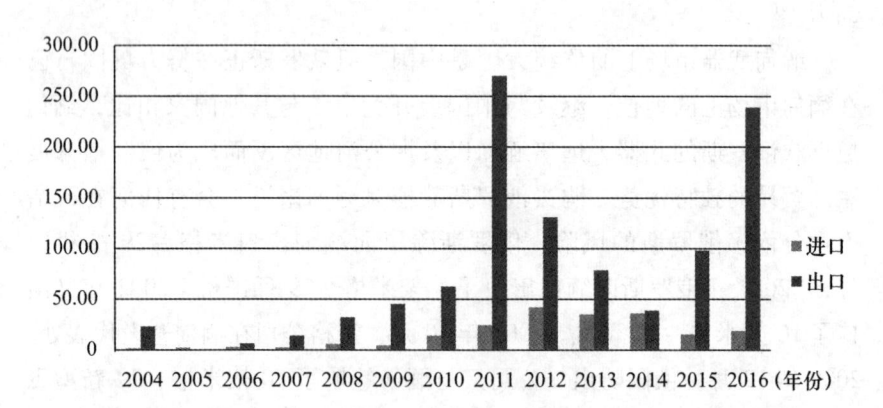

图 6—3　2004—2016 年俄罗斯对缅甸贸易情况（单位：百万美元）

资料来源：United Nations Commodity Trade Statistics Database, https：//comtrade. un. org/data.

---

① 《俄罗斯与缅甸的军事合作前景广阔》，2013 年 7 月 4 日，俄罗斯之声（http：//sputniknews. cn/radiovr. com. cn/2013_ 07_ 04/225628136/）。

② 《俄希望与缅甸的贸易扩大到 5 亿美元/年》，2014 年 8 月 29 日，俄罗斯之声（http：//sputniknews. cn/radiovr. com. cn/news/2014_ 08_ 29/276574463/）。

在能源领域，俄罗斯也积极与缅甸方面开展合作。2014年8月，俄罗斯Bashneft International B. V. 石油公司宣称，该公司和缅甸国营石油天然气公司（MOGE）签署了勘探油田EP-4区块产品的协议。Bashneft International B. V. 石油公司占该项目90%的股份，缅甸"Sun Apex Holdings Ltd"公司占另外10%。根据协议条款，合作伙伴将在3年内实施投资规模为3830万美元的勘探计划。勘探计划规定进行地震研究和两个勘探井的钻探工作。①

俄罗斯原则上支持《东南亚无核区条约》，同时积极参与缅甸、越南等国的民用核能开发。2000年，缅甸请求俄罗斯参与本国的民用核计划，但2003年因资金问题而搁置，不过俄罗斯仍通报国际原子能机构，将为缅甸培训相关技术人员。2007年5月，俄罗斯再次宣布帮助缅甸进行核能开发，两国签署相关合作协议，包括在缅甸建立一座10兆瓦的轻水反应堆，并向后者提供核燃料，以及在缅甸成立核研究中心。②

三 俄罗斯与泰国关系

（一）政治领域

总体来说，俄罗斯与泰国政治关系发展不错，2005年4月，俄罗斯还加入了泰国倡议成立的泛亚经济合作机制——"亚洲合作对话"（ACD）。双方政府近年来在多个领域的合作均取得成果。但一些小摩擦还是偶有发生。例如，2010年11月，泰国将俄罗斯籍军火贩子布特（Viktor Bout）引渡到美国受审，俄泰关系因此受到影响，俄罗斯外交部发表声明称，俄罗斯将继续保护被泰国政府引渡到美国的俄罗斯商人维克托·布特的权利，并称引渡让人对泰国司法独立以及泰国政府能否独立做决定产生疑问。③ 2011年，泰柬两国在柏威夏寺附近争议区先后发生4次严重交火，双方动用火箭炮、大炮等重型

---

① 《俄罗斯将参与在缅甸的油田勘探》，2014年8月11日，俄罗斯之声（http://sputniknews.cn/radiovr.com.cn/news/2014_08_11/275768289/）。
② 宋效峰：《多重安全视角下的东南亚核问题》，《东南亚研究》2007年第5期。
③ 《俄罗斯称美方政治压力致泰国向美引渡俄商人》，2010年11月16日，杭州网（http://news.hangzhou.com.cn/gjxw/content/2010-11/16/content_3520968.htm）。

武器，互有人员伤亡。对此，泰国外交部长甲西·披龙耶表示，俄罗斯"间接煽动泰国与柬埔寨之间的敌对情绪"。他表示，柬埔寨的"入侵是得到莫斯科方面的支持"。甲西表示会将自己上述结论的相关细节向 2 月 14 日召开的联合国安理会会议呈报。甲西曾是泰国驻俄罗斯以及美国大使，也曾是"黄杉军"运动的领导成员。①

（二）军事领域

武器购买是俄罗斯与泰国的主要军事合作。2008 年 11 月泰国陆军建议政府为其采购 3 架俄罗斯米－17V－5 直升机，合同金额估计为 2800 万美元。此前俄泰两国在 2005 年 8 月签署协议，规定向泰国出口 3—6 架米－17 直升机，俄方为此提供 3600 万美元专项贷款。②2011 年，俄罗斯向泰国出售了米格－17 直升机等武器。2015 年 1 月，俄罗斯工贸部表示，泰国或将向俄罗斯购买第三架 VIP 配置的"苏霍伊 100"超级喷气机来装备泰国空军。苏霍伊民用飞机公司（SCAC）在泰国空军 2017 年购置两架该型飞机的招标中中标。此外，"俄罗斯直升机"公司正研究在泰国市场推广其民用直升机产品。泰方对俄罗斯军用直升机表现出了浓厚的兴趣，同时也有望就卡马斯汽车及其零部件的供应开展合作。③

（三）经济领域

泰国是俄罗斯目前的主要贸易伙伴之一，之前尽管泰俄建交 117 年，由于距离遥远、语言障碍以及文化差异等原因，双边经贸关系处于较低水平。2015 年 4 月，俄罗斯总理梅德韦杰夫访问泰国，这是 25 年来俄罗斯总理第一次到访泰国。除了进一步促进俄泰双边贸易之外，梅德韦杰夫还建议泰国商界考虑在俄罗斯远东的发展，并建议泰国考虑与"欧亚经济联盟"建立自贸区的可能性。④

在湄公河国家中，泰国是俄罗斯的重要贸易伙伴国。如表 6—1 和

---

① 《俄罗斯被指责间接煽动泰国与柬埔寨敌对情绪》，2011 年 2 月 10 日，中国网络电视台（http://news.cntv.cn/world/20110210/106748.shtml）。
② 《俄罗斯开拓东南亚军火市场与中国军工激烈竞争》，2011 年 8 月 31 日，新浪军事（http://mil.news.sina.com.cn/2011-08-31/0922663649.html）。
③ 《泰国欲向俄罗斯购买超级喷气机装备皇家空军》，2015 年 1 月 13 日，人民网（http://world.people.com.cn/n/2015/0113/c157278-26376558.html）。
④ 杨春：《俄总理访泰，盼与亚太加强经贸合作》，《南方日报》2015 年 4 月 10 日。

图6—4所示,2008年,俄泰双边贸易额为27.29亿美元,2009年仅为13.71亿美元。2010年和2011年俄泰双边贸易额迅速增长,分别达到29.06亿和34.95亿美元。2014年11月,俄罗斯总理梅德韦杰夫在与泰国总理巴育会面时称,泰国是俄罗斯在东南亚非常重要的伙伴,俄罗斯和泰国两国间的贸易额在最近5年增加了2.5倍。① 2014年12月,俄罗斯工商会表示愿意协助泰国企业打开俄罗斯市场。同时,泰国商业部长助理亚皮拉迪也表示,考虑到俄罗斯国内巨大的市场潜力以及俄政府的热情邀请,泰国政府鼓励本国企业北上进军俄罗斯市场。② 为了实现能源结构多元化,近年来东南亚国家纷纷出台核电计划。除了和越南、缅甸开展核电合作外,俄罗斯也将是泰国的核电市场的有力竞争者之一。如表6—1和图6—4所示,2014年泰俄贸易额达39.8亿美元,其后有所下降。泰国对俄罗斯前三位主要出口商品依次为:汽车及零配件、珠宝首饰和塑料制品。投资方面,2013年俄罗斯对泰国投资额高达1.68亿美元,其后均大幅下降。

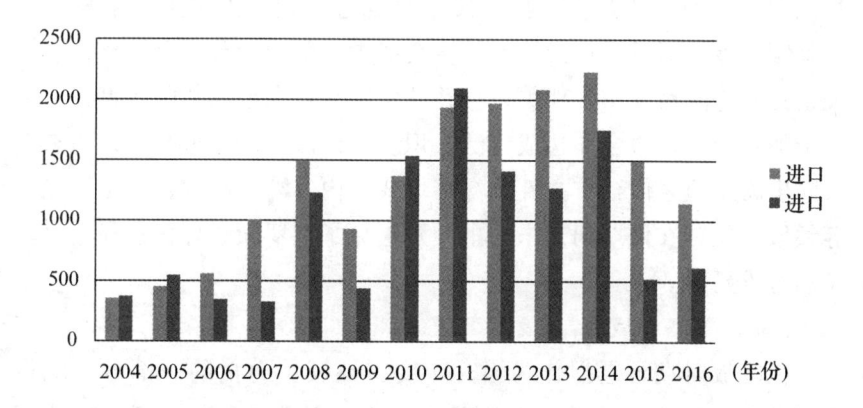

图6—4　2004—2016年俄罗斯对泰国贸易情况（单位：百万美元）

资料来源：United Nations Commodity Trade Statistics Database, https://comtrade.un.org/data.

---

① 《俄泰两国贸易额近五年来增长了2.5倍》,2014年11月12日,俄罗斯之声（http://sputniknews.cn/radiovr.com.cn/news/2014_11_12/279967679/）。

② 《泰国政府鼓励企业北上俄罗斯》,2014年12月10日,中国日报网（http://www.chinadaily.com.cn/micro-reading/fortune/2014-12-10/content_12870754.html）。

四 俄罗斯与老挝关系

（一）政治领域

历史上，老挝就得到了苏联在政治上的诸多支持，历史上的友谊和相互理解的关系将俄罗斯与老挝紧密联系在一起，这就为当前俄罗斯进一步扩大在老挝的存在和加深相互间的合作打下坚实的基础。1960年10月老挝同苏联建交。1975年老挝成立人民民主共和国后，苏联一度成为老挝最大的援助国。1991年，苏联解体后，苏联曾给给老挝的援助全部中止。1991年12月，老挝政府正式宣布承认俄罗斯联邦，在和平共处五项原则的基础上发展同俄罗斯的友好关系。1992年3月，两国互派大使。1994年，两国签署友好关系原则协定。之后，俄老关系持续发展，两国领导及官员多次互访。2003年，俄罗斯免除了老挝7亿多美元的旧债，时任俄总理卡西亚诺夫指出，成功调解债务问题是两国发展所有领域合作，包括军事技术合作的有利契机。①2011年10月，老挝人民革命党总书记、国家主席朱马里·赛雅颂对俄罗斯进行正式访问。在会谈中，两国元首一致同意将老俄关系提升为战略合作伙伴关系，并就两国在亚太地区和国际事务中进一步加强双、多边合作达成广泛共识。会谈后，朱马里与梅德韦杰夫共同出席3项老俄合作文件的签字仪式，内容涉及旅游、司法、卫生等领域合作。在俄期间，朱马里分别会见了俄罗斯总理普京和上议院长马特维延科。②

（二）军事领域

在冷战时期，老挝作为当时印度支那反美力量的一部分，就得到了苏联在军事、政治和经济上的支持，至今老挝军队还全部使用苏制武器和军事装备，但自1990年后，俄老双方军技合作规模急剧下降，几乎停滞。③目前，随着军队建设质量的提高，老挝人民

---

① 《俄罗斯开拓东南亚军火市场与中国军工激烈竞争》，2011年8月31日，新浪军事（http://mil.news.sina.com.cn/2011-08-31/0922663649.html）。
② 《老俄建立战略合作伙伴关系》，2011年10月20日，中华人民共和国商务部（http://www.mofcom.gov.cn/aarticle/i/jyjl/j/201110/20111007789762.html）。
③ 1991年，苏联解体后，苏联曾经给老挝的援助全部中止。

军对外军事合作步伐也日益扩大,俄罗斯又再次成为老挝拓展军事交流与合作的主要国家之一,俄罗斯国防出口公司也一直希望能够全面恢复与老挝的军事技术合作。目前,俄老两国间军技合作联系是建立在 1997 年双方签署的关于俄罗斯恢复对老挝无偿援助协议的基础之上的。

近年来,俄罗斯与老挝间的军事技术合作得到了明显的加强,俄罗斯积极参与老挝军队现役苏制武器和军事装备的维修和改进工作,同时向老挝提供新型军事装备。1997 年老挝与俄罗斯签署了 12 架米 – 17B 直升机的采购合同(单价 400 万—500 万美元),由于无法支付采购费用,俄在向老挝空军交付了首批 4 架直升机之后,中止了合同的执行。2002 年,俄向老挝提供了 3 架轻型多功能伊尔 – 103 飞机,老挝计划筹措资金,再购买 9 架该型飞机。2003 年 6 月,老挝就向俄罗斯订购了一批新式防空武器。2004 年,俄国防部长伊万诺夫与老挝国防部长就双边军技合作问题,特别是费用支付问题进行了会谈,并宣布俄罗斯将继续在武器和军事装备的维修及改进领域向老挝提供援助。同时,老挝方面为缓解军技合作中费用支付不力状况,提出了全部或部分实物支付形式,还建议通过联合开办企业,特别是木材加工企业的方式来解决偿付问题。这也得到了俄罗斯方面的认可。①

(三) 经济领域

目前,老挝财政的最大支柱是旅游业,老挝旅游业的发展也吸引着俄罗斯的注意。2013 年 1 月,俄罗斯旅游局局长兼俄罗斯—老挝政府间经贸科技合作委员会俄方主席亚历山大·拉季科夫到访老挝,他对媒体表示,老挝是俄罗斯投资最具前景的东南亚国家之一。在水力发电、采矿领域、进口俄罗斯机械设备、对俄出口老挝农产品以及发展移动通信和民航等方面,老挝与俄罗斯之间均拥有巨大的发展潜力。② 此外,老挝拥有湄公河支流丰富的水力资源,老挝希望"成为

---

① 《俄将大量维修和改进老挝军队的军事装备》,2004 年 6 月 21 日,新浪军事(http://mil.news.sina.com.cn/2004-06-21/0814205386.html)。

② 《俄罗斯老挝将开展旅游等领域全面合作》,2013 年 1 月 21 日,透视俄罗斯(http://tsrus.cn/news/2013/01/21/20373.html)。

亚洲的蓄电池"。现在，老挝正大规模开发其境内的水电资源，在其投资和合作者中，俄罗斯也占据了一席之地。① 如表6—2和图6—2所示，2011年，俄罗斯对老挝投资额达535万美元，2015年降至141万美元。贸易方面，如表6—1和图6—5所示，近年来俄罗斯对老挝贸易额有所增长。2016年，俄老双边贸易额达4094万美元，同比增长148%。

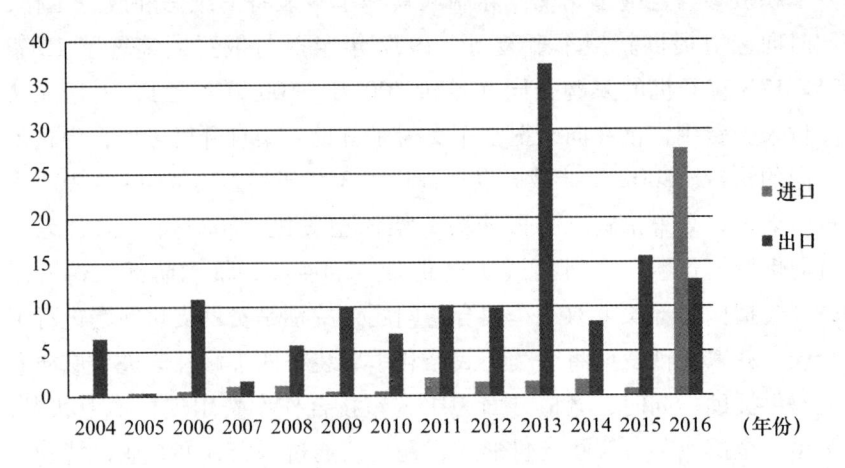

图6—5　2004—2016年俄罗斯对老挝贸易情况（单位：百万美元）

资料来源：United Nations Commodity Trade Statistics Database, https://comtrade.un.org/data.

不过，目前越南与中国与老挝的合作是俄罗斯发展与越南关系的强劲对手。越南除了在老挝进行经济投入外，还不断为老挝进行官员和干部培训，老挝现在的高层官员经常会前往越南进行访问、学习。而中国对老挝的影响力比越南的还大，已日益成为老挝经济发展的依靠。"老挝和柬埔寨的越南色彩正在褪去，新添加的经济元素中，中国最为显眼。"一名老挝官员也承认："我们要发展经济，目前依靠中国显然要比依靠越南实际得多。"②

---

① 《老挝人民革命党：在中越间摇摆探路》，《国际先驱导报》2011年6月24日。
② 同上。

五 俄罗斯与柬埔寨关系

(一) 政治领域

1993年,俄罗斯与柬埔寨恢复外交关系;1995年,两国签订《友好合作协定》,俄罗斯同意对后者进行援助。2014年9月,俄罗斯驻柬埔寨大使梅德·茨维特科夫在与柬埔寨旅游部部长唐坤的会谈时表示,为了加强俄柬两国的合作关系,俄罗斯已同意免除柬埔寨70%的债务,剩下30%的债务将用于投资柬埔寨海滨的旅游业。[1]

(二) 军事领域

柬埔寨是俄罗斯拓展海外武器市场的新目标之一。柬埔寨皇家武装部队很大程度上依赖于苏联/俄罗斯防空技术和设备。例如ZPU-1、ZPU-2、ZPU-4牵引式防空火炮和57毫米自行防空火炮(AZP) S-60。[2] 2009年10月13日,柬埔寨军队在首都金边举行70号旅成立15周年盛大阅兵式。柬埔寨首相洪森及数千名士兵参加阅兵式。在阅兵式上,中俄造武器就成为主角。[3]

(三) 经济领域

柬埔寨经济的四大支柱为旅游业、加工业(制衣业)、建筑业和农业。柬埔寨希望扩大对俄罗斯大米、海鲜、轻工业产品的出口,俄罗斯也希望扩大对柬埔寨能源领域的机械和设备的出口。柬埔寨迫切需要新的电能,俄罗斯和柬埔寨在电力设施包括核能建设方面将进行合作。如表6—1和图6—6所示,2006年,俄柬两国贸易额为1084万美元,2016年已经增至1.44亿美元,两国贸易潜力巨大。[4] 投资方面,如表6—2和图6—2所示,2011年、2012年和2013年,俄罗斯对柬埔寨投资额均在1000万美元以上,2014年以来逐渐减少。

---

[1] 《俄罗斯游客到柬四年增七倍》,2014年9月9日,柬埔寨天空网(http://www.cambodiasky.com/travel/lyzx/2484.html)。

[2] 《越南为柬埔寨军事现代化提供贷款》,2014年9月13日,国防科技信息网(http://www.dsti.net/Information/News/90435)。

[3] 《柬埔寨军队举行盛大阅兵,中俄造武器唱主角!》,2009年10月14日,铁血社区(http://bbs.tiexue.net/post2_3884256_1.html)。

[4] 《柬俄携手扩大农业领域的合作》,2014年9月2日,柬埔寨天空网(http://www.cambodiasky.com/news/jmxw/2375.html)。

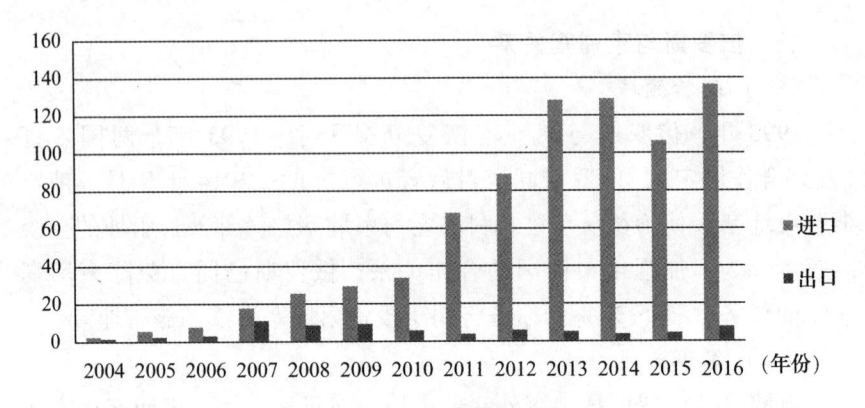

图 6—6　2004—2016 年俄罗斯对柬埔寨贸易情况（单位：百万美元）

资料来源：United Nations Commodity Trade Statistics Database，https：//comtrade. un. org/data.

在旅游业方面，旅游业被柬埔寨视为"绿金"，为柬埔寨国内生产总值（GDP）贡献 15%。柬政府鼓励发展旅游业，为柬国民带来更多收入。当前，柬埔寨成为俄罗斯人旅游的热门选择。近年来，柬埔寨接待的俄罗斯游客不断增长。2010 年，柬埔寨只接待俄罗斯游客 2 万人次，到 2013 年，柬埔寨接待的俄罗斯游客增加至 13 万人次。[1] 2014 年来柬埔寨西港的外国游客大约有 15 万人次，主要来自 13 个国家，相比 2013 年增加 1.5 万人次，增长约 8.45%，其中以俄罗斯人最多。[2] 据柬埔寨暹粒省旅游局的报告显示，2014 年暹粒省共接待国内外游客 500 多万人次，同比增长 16.16%。在暹粒省外国游客数量前十名排行中，俄罗斯名列第七。[3] 2014 年前 9 个月，前来

---

[1] 《俄罗斯游客到柬四年增七倍》，2014 年 9 月 9 日，柬埔寨天空网（http：//www.cambodiasky. com/travel/lyzx/2484. html）。

[2] 《柬埔寨西港今年接待外国游客约 15 万人次》，2014 年 12 月 22 日，柬埔寨天空网（http：//www. cambodiasky. com/travel/lyzx/3490. html）。

[3] 暹粒省外国游客数量前十名排行：一是中国游客，343450 人次，同比增长 26.65%；二是韩国游客，338947 人次，同比下降 5.55%；三是日本游客；四是越南；五是泰国；六是美国；七是俄罗斯；八是英国；九是老挝；十是法国。《柬埔寨暹粒去年接待游客超 500 万人次》，2015 年 1 月 5 日，柬埔寨天空网（http：//www. cambodiasky. com/travel/lyzx/3666. html）。

柬埔寨白马省观光旅游的外国游客达 35658 人次，其中俄罗斯在白马省外国游客数量中排名第六。① 2014 年 10 月，卡塔尔航空与俄罗斯 S7 航空达成代码共享协议，开通柬俄航线，这将进一步促进柬俄旅游业的发展。目前，柬埔寨已成为吸引俄罗斯旅客前往旅行的重要国家之一。② 2014 年 9 月，俄罗斯驻柬大使 Dmitry TSVE TKOV 表示，俄罗斯投资者对柬埔寨发展海滩地区极为感兴趣，建议王国政府为吸引游客，批准"特价"签证，以让更多游客到海滩旅游。俄方也将鼓励俄国投资商参与投资，并将努力推动俄罗斯和海滩地区直航，培训俄语，以服务俄罗斯游客。③ 同时，为了加强俄柬两国的合作关系，俄罗斯已同意免除柬埔寨 70% 的债务，剩下 30% 的债务将用于投资柬埔寨海滨的旅游业。④

在制衣业方面，随着柬埔寨制衣和制鞋业的出口稳定增长，柬埔寨制衣厂商计划打开俄罗斯市场。据柬埔寨劳工部的报告，2014 年柬埔寨全国有近 1000 家制衣和制鞋厂，工人总计 65 万人，出口 60 亿美元。2014 年 12 月，柬制衣厂商会主席文舒扬表示，近年来，柬埔寨服装出口欧盟市场持续增长，几乎与出口美国市场的数量相当。柬服装出口在欧盟市场越来越受到欢迎。柬制衣厂商会计划出口服装到俄罗斯，继续扩大柬埔寨的欧盟市场规模。⑤ 在建筑业方面，在 2014 年投资柬埔寨排行前 10 名国家和地区中，俄罗斯排名第六。⑥

在农业方面，在 2014 年第 46 届东盟经济部长系列会议上，柬埔

---

① 《柬埔寨白马省景区美化致游客大增》，2014 年 10 月 22 日，柬埔寨天空网（http://www.cambodiasky.com/travel/lyzx/2962.html）。
② 《俄罗斯卡塔尔共享代码开通柬俄航线》，2014 年 10 月 15 日，柬埔寨天空网（http://www.cambodiasky.com/travel/lyzx/2864.html）。
③ 《俄方支持柬发展海滩景区，鼓励俄商参与》，2014 年 9 月 5 日，柬埔寨天空网（http://www.cambodiasky.com/travel/lyzx/2445.html）。
④ 《俄罗斯游客到柬四年增七倍》，2014 年 9 月 9 日，柬埔寨天空网（http://www.cambodiasky.com/travel/lyzx/2484.html）。
⑤ 《柬埔寨制衣业将进军俄罗斯市场》，2014 年 12 月 8 日，柬埔寨天空网（http://www.cambodiasky.com/news/jmxw/3357.html）。
⑥ 投资柬埔寨排行前 10 名国家和地区为韩国、中国、英国、法国、泰国、俄罗斯、日本、马来西亚、中国台湾、印度。详情参见《柬埔寨前 9 月建筑业投资总额超创新高》，2014 年 12 月 15 日，柬埔寨天空网（http://www.cambodiasky.com/news/jmxw/3412.html）。

寨商业部长和俄罗斯经济发展部长举行了双方会谈，双方就签署农业合作谅解备忘，扩大柬埔寨农产品对俄罗斯出口等问题深入交换了意见。柬埔寨商业部发言人庚洛塔表示，目前柬埔寨正挑选具有非常大的优势和潜力的农产品，以提交俄方审查，一旦获批准，柬俄双方将立即签署农业合作谅解备忘录。柬埔寨列出具有非常大的优势和潜力的农产品名单包括：大米、玉米、木薯、胡椒和橡胶。庚洛塔表示，2007 年，柬埔寨向俄罗斯提出一份申请，希望俄罗斯正式加入世贸组织后，给予柬埔寨 3000 种农产品免关税免配额待遇。如今，俄罗斯已入世，因此柬方希望俄方给予柬埔寨上述的待遇。他说，在俄罗斯禁止进口西方国家食品之际，柬埔寨除了出口农产品到俄罗斯之外，柬埔寨还可以抓住这一商机，加大对俄罗斯的食品出口力度。他表示，柬埔寨没有能力生产以满足俄罗斯巨大的市场需求，但是柬埔寨可以注重产品质量，提高柬埔寨农产品的品牌形象，以保持拥有俄罗斯市场。[①] 另外，2014 年 8 月 20 日，柬埔寨国务部长兼商业部长孙占托与俄罗斯新任驻柬大使梅德·茨维特科夫举行会谈，俄方决定提供柬埔寨出口俄罗斯的包括大米、木薯、橡胶以及其他农产品在内的 3000 种产品免税优惠政策。对此，俄罗斯大使回应称，俄罗斯政府正设法增加柬埔寨农产品的进口量。同时也正鼓励俄投资商到柬埔寨投资，并支持柬埔寨食品加工和产业培训。[②]

第三节　俄罗斯调整湄公河地区合作策略的绩效分析

从湄公河地区来看，湄公河国家积极发展与俄罗斯的合作关系，是由于"大国平衡"政策决定的。"大国平衡"外交一直是东盟所奉行的重要政策，东盟国家也较为乐于将大国力量引入东南亚地区，以

[①] 《柬俄携手扩大农业领域的合作》，2014 年 9 月 2 日，柬埔寨天空网（http://www.cambodiasky.com/news/jmxw/2375.html）。

[②] 《俄免税优惠进口柬三千种产品》，2014 年 8 月 25 日，柬埔寨天空网（http://www.cambodiasky.com/news/jmxw/2230.html）。

达成一种地区内的均势。作为东盟成员国，湄公河国家自然也奉行"大国平衡"政策。在此背景下，近些年来，许多"有分量"的大国纷纷将目光投向东南亚地区：美国积极高调"重返"东南亚；日本一直谋求以经济外交手段扩大对东南亚的影响力；印度则不断深入推进"东向"政策；中国对东南亚国家的重视与日俱增；欧盟也更多地从经济角度出发，计划以整体身份加入《东南亚友好合作条约》。大国的纷纷介入使东盟的国际地位产生了某种溢价效应，推行"全方位"外交的世界大国俄罗斯自然不会缺席。[1] 而在面对美日印中等大国的介入，湄公河国家也需要借俄罗斯来进行大国力量的平衡。

对湄公河国家来说，俄罗斯是世界上有影响的国家，又是文化大国，其地理上横跨欧亚大陆，既属于欧洲，又属于亚洲，无论在政治、军事，还是安全上都有着广泛的影响力。同时，俄罗斯作为联合国安理会常任理事国和东盟地区论坛的一员，无疑是亚太地区和平、发展、合作、繁荣的积极参与者和建设者。[2] 因此，俄罗斯提出参与湄公河地区合作，湄公河国家自然也对俄罗斯十分重视，积极谋求与俄罗斯关系的发展，将俄罗斯这股力量引进，能够有效地制衡美国、日本、中国、印度等任何一个大国在该地区内一国独大的可能，这符合湄公河国家利用多边外交平衡地区力量的需要。并且在这些大国动态博弈的过程中，湄公河国家能够利用其竞争和矛盾，更好地谋求国家利益的最大化。[3]

一　湄公河国家对俄罗斯的政策因应

（一）越南

加强与俄罗斯的军事合作，是越南一直所坚持的，此举折射出其多种战略考量：[4]

首先，强军思想是越南历届政府的指导思想之一。越南先后同法

---

[1] 宋效峰：《亚太格局下俄罗斯的东南亚政策》，《东北亚论坛》2012年第2期。
[2] 赵洪、黄兴华：《试析冷战后东盟与俄罗斯的关系》，《南洋问题研究》2008年第4期。
[3] 李实丰：《俄罗斯与东盟国家经济合作研究》，硕士学位论文，云南大学，2015年，第22页。
[4] 杨晔：《越南狂买俄罗斯武器》，《环球人物》2013年第2期。

国、日本、美国等大国强国直接发生过战争，拥有强大的武装才能保障国家安全的思想已根深蒂固。经过 20 多年的革新开放，越南经济的发展，以及在南海油气资源收益的不断增加，使越南当局认为具备了加强军备的客观条件。

其次，作为东盟成员之一的越南，军事实力令其他成员国都不敢小觑。越南历史上长期经历战争，对战时状态的心理预期和民众承受力要普遍强于其他东盟国家。而且越南也希望在东盟体系内谋求更大的话语权。

再次，南海问题日益升温。越南等国一直宣称拥有所谓"主权"。越南在南海地区拥有大型海上油田等设施，越南认为，能源勘探和开发项目得到俄罗斯企业的支持，体现了"各大合作伙伴对越南维持和稳定南海局势的政策的信心"[①]。出于现实考虑，越南政府一直把加强该地区军力作为一项重要战略执行。越南强军的重点是海军，越南海军先后制定了"2000 年海军装备发展计划"和"21 世纪海军发展规划"，努力成为东盟内的海上大国。越南军方人士直言："越南计划在 2015 年前建成一支现代化海军，届时，越南海军的远洋护航能力和海上作战能力，将达到相当水准。"越方此言当然不是无的放矢。俄罗斯人看出其中的奥妙，科罗特琴科在接受媒体采访时给了暗示："现在，南中国海局势紧张，能够从俄罗斯得到优良武器，对于越南来说是很重要的。"

最后，亚太地区战略位置重要，历来是大国博弈之所。美国高调重返亚太，俄罗斯强势表态要加强在亚太的地位，其间又掺杂了菲律宾、马来西亚、文莱等国家和地区关于南海相关岛屿的争吵。历史宿怨、现世纷争、既得利益、潜在资源、博取筹码、抢占先机各种复杂因素交织在一起。越南要通过强军占据优势地位。从国家属性上讲，越南具有两面性。在超级大国面前，它是小国，拉大国抗大国的平衡外交是其利器。在地区内其他国家面前又是大国，谋求主导权是其一以贯之的对外思想。因此，发展、强军毫无悬念地成为了越南的必然

---

① 《俄日共同为越南开采南海油田，位置似在中越争议区内》，《环球时报》2015 年 9 月 11 日。

选择。

（二）缅甸

缅甸对于俄罗斯的政策是持积极欢迎的态度。2014年8月，俄罗斯联邦经济发展部部长阿列克谢·乌柳卡耶夫在内比都签署了关于建立双边政府间经贸合作委员会的协议。缅甸方面由国家规划和经济发展部部长康锁（Kang So）签署了协议。康锁指出，俄罗斯和缅甸自从1948年两国建立外交关系以来就保持着多年的友好合作关系。[①]而现在，出于发展本国经济、吸收外国投资、平衡中国和美国等西方国家在缅势力等多方面的考虑，缅甸将继续保持和俄罗斯的友好合作关系。

（三）泰国

泰国对于俄罗斯的政策还是比较支持的。因为泰国一直将俄罗斯市场视为泰国对外经济发展的主要目标之一，近年来泰国政府也在鼓励泰国人到俄罗斯开展经济活动。2011年泰国对俄罗斯出口总值仅11.495亿美元，占泰国出口总值的0.5%，但近年来两国贸易持续高速增长，泰国对俄出口总值增长率高达49.1%，高于为总体出口17.2%的增幅。因此，俄罗斯市场是泰国商品具有潜力的新兴市场，也是泰国在独联体国家中最重要的市场。此外，泰国可从俄罗斯加入世界贸易组织以及推动对外投资和贸易尤其是消除贸易障碍中受惠，这也是促使泰国与俄罗斯之间投资贸易关系进一步密切的重要因素。泰国对俄罗斯出口有望快速增长的重要产品包括汽车及零部件、砂糖、电器及零部件、罐装水果/加工水果以及塑料粒料等。[②]

（四）老挝和柬埔寨

历史上苏联对老挝的帮助，当前俄罗斯对俄老关系发展的肯定，以及老挝为摆脱不发达状态而对他国援助与投资的"来者不拒"的态度，使老挝也非常认可俄罗斯的政策。2014年9月，俄联邦委员会主席瓦连金娜·马特维延科在与老挝国家主席朱马里会晤后表示："老挝认同俄罗斯多极的、公正构建世界秩序的理念以

---

① 《俄希望与缅甸的贸易扩大到5亿美元/年》，2014年8月29日，俄罗斯之声（http://sputniknews.cn/radiovr.com.cn/news/2014_08_29/276574463/）。

② 《2012年俄罗斯大选或为泰国带来新商机》，2012年3月7日，中华人民共和国商务部（http://www.mofcom.gov.cn/aarticle/i/jyjl/j/201203/20120308002659.html）。

及对俄罗斯的外交倡议、就乌克兰局势的相应的权衡的立场也给予正面评价。"①

近年来，柬埔寨与俄罗斯之间发展的顺利进程，以及柬埔寨亟须摆脱不发达国家状态、加速国内经济发展等需要，同时也为了在各大国之间保持平衡外交，都使柬埔寨乐意加强与俄罗斯之间的合作与项目发展。

二　对俄罗斯的作用及影响

（一）政治上拓展了俄罗斯外交空间

苏联解体后的俄罗斯国际地位大不如前，而美国在世界上的单极超强地位已然形成。普京上任时，俄罗斯与西方关系较为紧张，俄罗斯的外交环境不容乐观，为了扭转俄罗斯在欧洲地缘政治上的劣势，普京加强了东西平衡的"全方位"政策，积极参与到亚太地区合作机制中，尤其重视发展与东盟国家的关系。

俄罗斯具有"欧亚国家"的地缘政治禀赋，湄公河地区则处于东南亚地区的枢纽位置，这决定了俄罗斯对湄公河地区的政策必然在其亚太战略布局和东南亚政策下展开，并试图借此对东南亚地区和亚太地区整体格局的塑造产生更大影响。在可预见的时期内，致力于恢复世界大国地位的俄罗斯将对湄公河地区事务有着持续和强烈的参与要求，相应地，湄公河地区在俄外交议程中的重要性也会始终存在。从地缘战略角度以及双方的国际定位来看，俄罗斯与湄公河地区的五个国家不存在根本的利害冲突，它们的关系反映了冷战后东亚乃至亚太地区动态、复杂的力量平衡过程。在面临北约和欧盟压力的情况下，俄罗斯把与湄公河国家发展关系看作全面参与亚太地区合作进程的重要组成部分，从而增强自身的安全和外交回旋余地，在大国博弈中掌握更大的主动权。② 俄罗斯通过能源合作和军品贸易等经济手段，不断巩固与传统盟国越南的友谊，并且也和其他湄公河地区的国家开展了一系列政治、经济合作。俄罗斯对湄公河国家的政策和积极

---

① 《马特维延科：老挝对俄罗斯的对外政策倡议给予正面评价》，2014 年 9 月 22 日，俄罗斯联邦驻华大使馆网站（http://www.russia.org.cn/chn/2735/31301494.html）。

② 宋效峰：《亚太格局视角下俄罗斯的东南亚政策》，《东北亚论坛》2012 年第 2 期。

推动双方各领域合作的战略在某种程度上也提升了俄罗斯在东南亚地区的政治经济影响力,拓宽了俄罗斯的外交空间。同时,俄罗斯进入湄公河地区也有助于地区多极化进程发展,这些都符合俄罗斯地缘政治及战略意义。

(二) 经济上有助于俄罗斯深化对湄公河国家经济合作

在和平与发展成为当今时代主题,以及经济全球化和区域经济一体化的大背景下,经济的发展成为俄罗斯强国战略最为重要的内容。俄罗斯国内自然资源极为丰富的远东和西伯利亚地区地处亚洲,占俄罗斯三分之二的领土,然而这里却是俄罗斯最欠发达的地区。为了发展远东及西伯利亚地区的经济,俄罗斯需要外国的资金、技术和投资,也需要为本国商品寻求销售市场。随着俄罗斯外交战略的东移,俄罗斯与湄公河地区的经济合作为俄国内经济发展带来了新的增长点。俄罗斯通过能源及军品贸易合作,扩大了能源和武器出口渠道,赚取了大量外汇,为本国经济发展积累了一定资本。特别是现在西方国家对俄罗斯实施制裁及俄实施反制裁的情况下,湄公河地区的产品出口,既弥补了俄罗斯国内的相应需求,又重新划分了国际市场。

俄罗斯经济现代化战略的实现要求其欧洲和亚洲部分的区域经济均衡发展,这无疑将促进俄罗斯与湄公河国家的经济合作。在经济体制转轨过程中,俄罗斯的社会经济发展出现严重失衡,这突出表现为俄罗斯欧洲部分与亚洲部分的社会经济发展差距日益扩大。俄罗斯与湄公河国家经济关系的深化发展仍将体现于能源领域的合作,其中以能源开发和深加工为导向的双边和多国合作具有重要意义。随着危机后俄罗斯经济发展战略的调整,俄罗斯与湄公河国家的合作方向将从单纯的垂直型产业间贸易逐步转向以直接投资拉动的资源开发和深加工。这既能发挥俄罗斯的资源禀赋优势并加强其能源产品的出口导向,也能提升二者的合作水平和层次。由此构建的区域能源生产和消费网络,能够提升俄罗斯作为能源供给者的地位,也将有助于湄公河国家推行能源进口渠道的多元化战略。[①]

---

① 富景筠:《后危机时代俄罗斯与亚洲国家的经济关系——基于俄罗斯经济发展战略调整的分析》,《俄罗斯东欧中亚研究》2013 年第 2 期。

（三）安全上为俄罗斯维护亚太安全环境提供保障

湄公河地区是东南亚的陆地区域，是连接太平洋与印度洋、亚洲和大洋洲的十字路口，位于海洋交通要冲，控制着印度洋和太平洋间重要的国际通道，在国际关系格局中处于重要的战略位置。由于俄罗斯逐渐成为东盟国家的主要贸易伙伴国，并且与其他国家的贸易往来也不断发展，因而就特别关注东南亚地区的海运安全，因为东盟国家紧扼马六甲海峡这一世界重要贸易物流的必经之地。俄罗斯通过经济合作进入湄公河地区，进一步加深了对东南亚地区的影响，在多个双边及多边合作机制内积极发展与东盟国家的关系，能够更好地保障俄罗斯对外贸易的顺利进行，有助于俄罗斯维护外部环境安全和国家利益。

三　对湄公河国家的作用及影响

（一）政治上提升了湄公河国家的国际地位

政治与经济的关系密不可分，二者发挥着相互促进和制约的作用。俄罗斯横跨欧亚大陆，湄公河地区则处于连接东亚、东南亚和南亚地区的枢纽位置，这决定了俄罗斯的湄公河地区合作政策必然在其亚太战略布局下展开，并以此对亚太地区格局的塑造产生更大影响。湄公河国家通过与俄罗斯的经济合作，可以消除冷战期间存在的一些芥蒂和误解，增进与俄罗斯的政治互信。同时，湄公河国家从自身的能源安全出发，也希望与世界能源大国俄罗斯进行合作，推动亚太能源保障体系建设。在与俄罗斯政治、经济的良性互动中，湄公河国家的外交空间及对象得以不断扩大，自身政治地位得到不断提高。而且，发展与俄罗斯的经济合作关系符合湄公河国家的"大国平衡"战略，能对美国、日本、中国、印度等大国形成一定制衡，有利于地区平衡。同时，在东盟有关国家与南海周边国家间发生摩擦时，俄罗斯也成为一个潜在的协调者和斡旋者，实现了东盟与有关大国间的平衡。而且俄罗斯的进入也从一定意义上提升了东盟国家在全球范围内的关注度，使东盟国家在外交格局中的重要性进一步提高。

近年来，俄罗斯积极实施"两翼外交"政策，在湄公河地区加强与越南的合作。自2001年俄越建立战略伙伴关系以来，军事合作日益密切，双方签署了数个军事合作协议，越南成为俄罗斯重返东南亚的重要倚重，但也存在诸多制衡因素。其一，从湄公河国家的角度考虑，为实现自身利益最大化，推行大国平衡战略，湄公河国家积极与俄罗斯发展关系本身就有制衡美、日、中等国的目的。但若俄罗斯一味辅助越南，则会遭到湄公河地区其他国家的反感。其二，美、日、澳等西方国家并不希望看到俄罗斯势力的增强，俄罗斯在湄公河地区势必受到其他大国战略的排挤。其三，俄罗斯的亚太战略本身就有制衡的目的。俄罗斯积极与越南发展军事关系，越南本身也是出于制衡考虑。俄越特殊关系不仅制衡着越美关系、越日关系，在南海地区也对中国产生不利影响。俄罗斯对越积极开展军售，使得南海争端等该地区安全问题复杂化，增加了该地区的不稳定因素。

（二）经济上获得了诸多收益

随着世界经济的一体化发展，和平时期的世界各国都把经济发展当作重中之重，各国力求发挥自己在资源、技术、地理等方面的优势，在全球市场上占据一席之地。为了振兴国家经济，参与亚太区域经济一体化进程，湄公河国家积极寻找和扩展经济合作对象。自冷战结束后，俄罗斯与东盟国家经济合作不断深入，已经逐渐成为东盟国家的重要合作伙伴之一。湄公河国家与俄罗斯的经济合作使它们间经济关系严重滞后于政治关系的局面得到一定改善，拓宽了湄公河国家产品出口与投资渠道，通过对俄贸易与吸收来自俄罗斯的投资，部分湄公河国家的基础设施得到完善。同时，俄罗斯对部分湄公河国家进行了大量的经济、技术援助，使得这些国家新兴产业的发展得到支持，为经济发展注入了新的活力。

（三）安全上获得来自俄罗斯的有效合作

俄罗斯通过与湄公河国家的能源合作及军品贸易给湄公河地区的安全带来了很多积极的影响。在能源领域，湄公河国家与俄罗斯在贸易、海上油气资源开发、合作上不断深入，让湄公河国家在能源消费方面实现了多元化，既降低了它们对海湾地区能源市场的过分依赖，也降低了因不确定事件引发的国际能源价格波动可能对本国经济产生的冲击，增强了对能源安全把控的可操作性。同时，湄公河国家也从俄罗斯的技术、装备等方面获益，促进了本国海洋石油技术的发展。

最重要的是俄罗斯的介入让湄公河地区有关国家在海洋专属经济区的"主权"得到宣誓，在周边国家对海洋划分完全达成一致前，对本地区复杂形势产生了一定影响。军品贸易方面，部分湄公河国家通过与俄罗斯的军品贸易和军事技术合作，军事实力、军队技战术水平和人员素质将得到一定程度提高，在打击恐怖主义、跨国犯罪、贩毒方面更具实力，在应对与相关国家的领海、领土争端中也更有底气。总的来说，与俄罗斯的军品贸易使得湄公河国家在应对国外风险和国内不稳定因素时的安全防务能力大有提升。

总之，俄罗斯与湄公河国家加强双边关系，既符合世界经济发展的潮流，也符合双方发展的需要，可看作是一种双赢的局面。俄罗斯以此为契机，既获取了政治、经济上的利益，又扩大了其国际影响力。湄公河国家在引入一个大国因素后，其地区影响力更加凸显，在某些领域内，其工业化水平、国防水平和科技能力会得到提高，满足了其谋求大国平衡的战略需要。当然，这也为一些湄公河国家在南海争端中提升了底气，使问题的解决趋于复杂。

第七章

湄公河国家与区域外大国关系取得新进展的影响

冷战后,作为一个拥有着巨大开发潜力的地区和一块"有待开发的处女地",湄公河地区合作如火如荼,但由于湄公河国家经济发展水平低,内生性资金供给不足,很大程度上要依赖外来发达国家和国际组织提供。这就不免有区域外大国以提供资金支持和项目共同开发等手段介入到湄公河地区合作中来。① 因此,尽管现在湄公河地区合作就其经济规模而言并不大,但合作范围广泛,参与方多。这种多种形式的合作机制并存的复杂状况在当代世界的次区域合作中是少见的,这既反映出湄公河地区合作引起广泛的关注和重视,已成为中国、东南亚、南亚众多经济合作网络的一个连接中枢,牵动了东亚、东南亚、南亚各国、区域外大国和国际组织,但同时也反映出各方的不同利益和侧重,存在着缺乏总体的规划和协调的问题,② 从而导致合作"机制拥堵"。

第一节 对湄公河地区形势的影响

当前乃至今后一段时期,区域外大国积极参与湄公河地区合作已

---

① 付瑞红:《亚洲开发银行与湄公河次区域经济合作》,《东南亚研究》2009年第3期。
② 贺圣达:《大湄公河次区域合作:复杂的合作机制和中国的参与》,《南洋问题研究》2005年第1期。

不可避免，中国必须承认这一现实。虽然区域外大国对湄公河地区的战略考量各不相同，各国战略利益在该地区有所重叠，竞争与合作交互上演，各大国在未来的竞争甚至有更加激烈的趋势；但牵制中国却是其共同的基础，其中既有大国协调，美、日等国也提供了一些地区公共产品。美国已在构建 LMI；日本每年举行一次"日本—湄公河地区首脑会议"，其频率已远高于 GMS 领导人会议和澜沧江—湄公河合作（澜湄合作）领导人会议；印度正在着力打造 BIMSTEC 和 MGC。欧盟更提出要打造"多瑙河—湄公河合作倡议"机制的设想。区域外大国在湄公河地区竞相推出的诸多合作机制，导致该地区发展合作的"机制拥堵"现象凸显。这虽然使湄公河国家能够有效推行大国平衡战略，在各大国的纵横捭阖之间获取利益，但也造成湄公河国家在推进合作的进程中，不仅经济成本提高，政治和安全成本也在不断增大，这值得湄公河国家认真思考。

一 "外部主导"引发"机制拥堵"

在美国"重返亚太"以及"再平衡"的战略布局下，其他各大国也试图提供一些地区公共产品，为自己赢得利益最大化。面对区域外大国的博弈，湄公河国家实施"大国平衡"战略，在大国竞争中谋取利益。当然，湄公河国家两面下注不是为了与区域外大国或中国对抗，而是为了掌控或化解与任何大国或新兴大国打交道所带来的系统风险。这是因为湄公河国家担心美国等区域外大国在本地区的承诺是否能长久，但同时对崛起的中国未来的意图也保持警惕，无法确定美中关系的走势。

不可否认，区域外大国积极介入湄公河地区合作，一方面可为该地区的发展带来新的资金、技术、经验和人才等支持，有利于湄公河国家生产要素的优化配置，从而加快该地区的开发与合作。[①] 另一方面，区域外大国力量相对较强，与湄公河国家力量对比悬殊，区域外大国的一举一动对湄公河地区合作有着明显的影响，继而凸显"外

---

① 张文韬：《云南参与大湄公河次区域合作的经验研究》，《经济问题探索》2014 年第 11 期。

部主导"这一问题。加之由于各大国在湄公河地区的战略利益大相径庭，各种合作机制和合作项目多轮驱动、难以协调，导致在推进合作的过程中出现"机制拥堵"现象，甚至发生战略碰撞。大国博弈给地区形势和国际关系带来新的不确定因素，势必加剧湄公河地区合作的复杂性，导致次区域合作的碎片化，进而影响湄公河地区合作的整体进程。

美国"重返亚太"战略纵然正在付诸实施并取得一些效果，但其"再平衡"带来了新的不平衡，也面临着诸多挑战，进展并不顺利。虽然奥巴马政府非常重视亚太，但总是被牵扯到更急需关注的地区，例如中东地区。亚太地区只会是美国战略重点之一，而非唯一。因此，无论是安全层面，还是外交和经济层面，美国对推动这一战略部署都显得有些力不从心，美国夺取湄公河地区合作领导权也面临诸多挑战。其一，美国需要处理好与中国的关系。美国宣布"重返亚太"，实施LMI，加强在南海问题上的干涉力度，其对湄公河地区政策的转变明显是针对中国。虽然美国承认需要中国的参与和支持，但中美两国在湄公河地区的博弈，将长期存在。其二，美国在湄公河地区发挥领导作用，引起了印度和东盟的警惕。美国近年来加强与印度的合作，有共同遏制中国之意。但美国提出对湄公河地区合作的领导，积极扩张其影响力，这在客观上缩小了印度东进的空间。对湄公河国家来说，美国的介入可以平衡中国在该地区的影响，对此持欢迎态度，但也不想与美国走得太近，以免影响对华关系。从东盟的角度来说，虽然东盟积极筹谋美俄加入东亚峰会，但东盟并未改变其一直奉行的大国平衡战略。美国试图借TPP和LMI等公共产品领导亚太地区的企图，威胁到东盟的主导地位，并不利于东盟的大国平衡战略。美国的"重返亚太"和"再平衡"战略使得力量天平向美国倾斜，越南和菲律宾等国借机拉美国与中国对抗，这反而肢解了东盟的整体平衡战略。[①] 所以，对于美国单方面提出对亚太和东南亚的领导权，东盟不见得乐见其成。特别是对于美国只邀请被精心挑选过的东盟部分成员国加入TPP谈判，东盟表示了强烈不满，认为此举分裂

[①] 张洁、朱滨：《中国—东盟关系中的南海因素》，《当代世界》2013年第8期。

了东盟，削弱了东盟在区域一体化中的核心地位。其结果就是，东盟十国与中国、日本、韩国、印度、澳大利亚和新西兰六国在 2012 年 11 月正式启动了"区域全面经济伙伴关系"（RCEP）谈判。可以说，RCEP 是对 TPP 的一种因应策略。①

而对于日本来说，日本在日美同盟框架下所施行的经援外交和价值观外交成果还十分有限。其一，日本的经援外交攻势并未达到理想的政治目的。日本与湄公河国家的合作由来已久，自安倍晋三首次担任首相以来，日本将湄公河国家列入"价值观外交"体系，意图扩大制衡中国的阵营。② 日本借援助加强与湄公河国家的合作，但湄公河国家在欣然接受日本援助的同时，在政治方面同日本保持一定距离。日本借 ODA 来离间湄公河国家与中国关系的企图，并未完全成功。其二，日本与中国的竞争使得其与湄公河国家的发展合作效益受到限制。为抵制对中国主导建设的南北经济走廊，日本大力援建东西经济走廊，斥巨资援助湄公河国家建立国际物流通道，但忽略了相互合作以达到更好的资源整合以及更高的经济效益，东西经济走廊作为国际大通道并不名副其实。其三，日本与湄公河国家的合作空间受到挤压。面对美国、印度、欧盟、澳大利亚等纷纷参与湄公河地区合作，日本与湄公河国家的合作空间受到压制。不仅如此，日本此前想借助湄公河地区达到其政治大国的目标也受到挫折。

同时，俄罗斯与其他大国之间也出现了明显的战略制衡。近年来，俄罗斯积极实施"两翼外交"政策，在湄公河地区加强与越南的合作。自 2001 年俄越建立战略伙伴关系以来，军事合作日益密切，双方签署了数个军事合作协议，越南成为俄罗斯重返东南亚的重要倚重。但也存在诸多制衡因素。其一，从湄公河国家的角度考虑，为实现自身利益最大化，推行大国平衡战略，湄公河国家积极与俄罗斯发展关系本身就有制衡美、日、中等国的目的。但若俄罗斯一味辅助越南，则会遭到湄公河地区其他国家的反感。其二，美、日、澳等西方国家并不希望看到俄罗斯势力的增强，俄罗斯在湄公河地区势必受到

---

① 陆建人：《东亚一体化出现亚太化趋势》，《人民日报》2012 年 11 月 29 日。
② 《野田政府欲在亚太地区推行"价值观外交"》，2011 年 10 月 8 日，日本共同通信社（http://china.kyodonews.jp/news/2011/10/17717.html）。

其他大国战略的排挤。其三,俄罗斯的亚太战略本身就有制衡的目的。俄罗斯精英认为,俄罗斯远东地区的威胁主要来自于美、日、中、韩等国。俄罗斯积极与越南发展军事合作关系,越南本身也是出于制衡考虑。俄越特殊关系不仅制衡着越美关系、越日关系,在南海地区也对中国产生不利影响。俄罗斯对越积极开展军售,使得南海争端等该地区安全问题复杂化,增加了该地区的不稳定因素。

湄公河地区属于欠发达地区,该地区最发达的泰国 2010 年人均 GDP 为 4992 美元,最不发达的缅甸仅为 742 美元。① 该地区国家希望引入区域外资金、技术和经验等来加快开发进程,并将大国引入该地区的合作机制,通过大国间的力量平衡来拓展自身政治、经济和安全空间,但过多的合作机制反而造成各机制之间的重叠,并增加了交易成本乃至机会成本。区域外大国对东亚地区经济合作进程的领导权的争夺,导致了该地区经济合作的"制度过剩"。一方面,它增加了政治谈判的成本。另一方面,多重机制的共存从总体上破坏了构建一个统一的集团身份认同的努力,呈现出"意大利面条碗效应"(spaghetti bowl effect),加剧了成员国身份认同的模糊。② 对此,本书更愿意用"机制拥堵"来解释这一现象。在湄公河地区合作进程中,由于区域外大国主导的合作机制蜂拥而上,已经远远超出了该地区实际的现实需求,不仅发展水平低下,保障力度不够,且各机制之间相互倾轧,彼此掣肘,反而妨碍了该地区开展更加深入的发展合作,这对于一个欠发达地区来说并非幸事。③

二 政治互信不足导致合作成本提升

在政治安全方面,区域外大国在湄公河地区博弈,不利于地区内部政治互信,影响了地区稳定。越南和泰国同为该地区的重要成员国,相互间建立了基本的政治互信和经济互利共赢局面。但是,区域

---

① ASEAN-Japan Centre, ASEAN-Japan Statistics 2011, March, 2012.
② 李巍:《东亚经济地区主义的终结?——制度过剩与经济整合的困境》,《当代亚太》2011 年第 4 期。
③ 毕世鸿:《机制拥堵还是大国协调——区域外大国与湄公河地区开发合作》,《国际安全研究》2013 年第 2 期。

外大国利用政治和经济等诸多手段增加在该地区的政治影响，使得越南和泰国之间的竞争也在加剧。① 其次，大国博弈使得该地区的安全困境凸显，给地区的安全带来诸多不确定因素。这使得湄公河地区总体形势呈现出经济上益发倾向中国，而在安全上却日益依靠美国的两极态势，给该地区的经济合作乃至一体化进程蒙上一层阴影。一方面，湄公河国家之间本身存在疆域争端，并且在吸引外部资金、技术方面存在竞争关系。各大国参与湄公河地区合作目的各有不同，存在利用湄公河国家内部矛盾实现自我政治目标的现象。俄罗斯借助军售积极加强与该地区各国的联系，使得该地区出现逆裁军倾向。自2011年以来，美越军事关系解冻且迅速升温。不论是越美军事合作还是越俄军事合作，甚至包括越日军事合作和越印军事合作，都无形中增加了南海争端的影响因素，海上安全压力的不确定性也在增大。况且，美国刺激中小国家"拉美制华"的冲动，也有可能使美亚太战略被第三方绑架，最终使美国刚从"中东沙漠"抽身又陷入"南海汪洋"。② 另一方面，大国之间的博弈亦会产生相互制约。例如，越南用金兰湾在各大国之间左右逢源，这令大国彼此间会产生微妙复杂的权力博弈与制衡，突出表现在任何一方都不愿意金兰湾成为战略对手的囊中之物，且每一方手里都握着能影响越南安全与发展的筹码。例如，美国曾在2015年3月劝告越南"不要让俄罗斯使用金兰湾"。在东盟内部，有国家担心越南将南海问题过度国际化，会弱化东盟作为地区组织的功能。还有人反感曾经的侵略国家日本的旭日旗重新飘扬在东南亚。"这些势必迫使越南谨慎行事，即便个别国家妄图借助金兰湾展示军事存在，越南也不会允许其变成外部势力部署军事行动的前沿阵地。这也是为什么越南反复强调，金兰湾的开放仅供停靠补给，而不同意外国军队长期驻扎。"③

在经济合作方面，区域外大国积极参与湄公河地区合作，合作机制多样，给湄公河国家经济和社会发展带来巨大支持。从区域外大国

---

① 毕世鸿：《泰国与越南在湄公河地区的合作与竞争》，《东南亚研究》2008年第1期。
② 黄晴：《美国亚太搅局或弄巧成拙》，《人民日报》（海外版）2012年7月12日。
③ 胡欣：《越南营造金兰湾战略新磁场》，《世界知识》2015年第23期。

参与的合作机制来看,有 LMI、GMS、FCDI、AMEICC、JCLV、BIM-STEC、MGC、10+3 等合作机制,这些合作机制在合作范围、层次和程度上各不相同,但都是围绕着湄公河地区合作展开,其目的是要在该地区内削减贫困,实现产业发展,消除贸易投资障碍,实现生产要素的自由流动和资源的优化配置,促进区域内各国经济的共同发展和繁荣。湄公河国家由此获得了区域外大国的资金和技术援助和支持,为其发展和繁荣奠定了基础。然而,区域内外合作"机制拥堵",不仅导致各方利益难以协调,且上述合作机制都普遍存在着机制建设不完善的问题。在湄公河国家之间、湄公河流域上游和下游国家之间也存在利益之争。各国间竞争有余而互补不足,各国的市场主要是外向的,内部国家的市场并不占据重要地位。这决定了参与方不能同意让渡主权,也不愿意建立强制性的制度安排。况且,受到各大国的战略制约,导致外部支持的持续性差,从而影响地区内部经济发展的持续性。目前,资金问题是影响湄公河地区合作的一大困难。虽然区域外大国对该地区一直进行援助,但是资金缺乏还是困扰着湄公河地区的发展合作,加之区域外大国的投资和 ODA 直接受到其政治行为的影响,导致一些项目难以有效实施或持续开展。

三　美日印、美澳印、美日澳等三边合作可能引发相互矛盾

近年来,为了遏制中国,美国积极助推美日印、美日澳、美澳印三边合作,并取得进展。印度出现在这样一些三角关系中,某种程度上说明中国面临非常严峻的形势。就美日印来说,虽然美、日都希望加强与印度的战略合作,但印度一直希望与日本加强经济领域的合作。或者说经济合作是印度发展与日本关系的重点领域,战略合作居于次要地位。这使得美日印的三边合作很难取得切实进展。2011 年 12 月,美国主持美日印三边会议,此举被视为三国有意对在东海、南海及印度洋扩大影响力的中国形成制约作用,[1] 但其效果如何,尚待观察。

---

[1] 《美日印首次举行三边对话,欲打压中国亚太影响力》,《中国青年报》2011 年 12 月 21 日。

其次，2011年11月，澳大利亚外长陆克文曾提出美澳印三边安全合作，但随后印度断然否定了缔结美印澳三边安全条约的可能，依然坚决奉行其一贯立场，即严格地在双边基础上与他国加强防务合作。印度仍然警惕中国，但新德里希望在目前亚太地区的中美地缘政治敌对状态中扮演"中立角色"，而不想被拖入这场"新的大博弈"。印度防长安东尼明确表示，虽然印美建立了全面防务关系，但印度并未制订与美、日、澳建立针对中国的三边或四边战略轴心这种更为宏大的计划。①

再次，美国与盟国的军事安全合作会引发该地区的军备竞赛，从而加重该地区的不稳定。例如美国与日、韩之间不断强化的军事安全合作会给中国施加巨大的安全压力。再者，美国与东南亚各国以及印度之间不断深化的军事合作将会强化该地区的复杂安全局势。② 这事实上有悖于美国希望亚太地区尽量保持安全稳定的战略目标，且与湄公河国家希望本地区保持稳定的愿望背道而驰。③

第二节 对湄公河国家对华政策的影响

在全球化时代，世界上任何一对重要双边关系都可能对相关国家产生或大或小、或多或少的影响。通过上述对区域外大国对湄公河地区合作策略调整的分别论述，可以看出，区域外大国已经进一步密切了与湄公河国家的关系。区域外大国通过调整对湄公河地区合作策略，先后发起诸多新的多边合作机制，并采取以援助换取政治影响力等手段，业已初见成效，也使自己获得了外交加分，并对湄公河国家对华政策产生了一定影响。

---

① 《印澳否认与美拼凑反华轴心》，2011年12月3日，新华网（http://news.xinhuanet.com/world/2011-12/03/c_122370792.htm）。

② ［新加坡］彭念：《美国亚太战略面临诸多现实挑战》，2011年12月22日，联合早报网（http://www.zaobao.com/zg/zg100401_006.shtml）。

③ 毕世鸿、尹君：《区域外大国参与湄公河地区合作的进展及影响》，载刘稚主编《大湄公河次区域合作发展报告2011—2012》，社会科学文献出版社2012年版，第66—67页。

一 对柬埔寨对华政策的影响

1993年柬埔寨新政府成立以后,推出了其外交政策的总体指导思想,即以经济外交为中心,立足周边,广交朋友,在大国间寻求新的战略平衡。在这一原则下,柬埔寨积极推行务实的外交政策,尤其重视发展同区域外大国的经济外交,这为正处于恢复和重建中的柬埔寨经济带来了巨大收益。当然,柬埔寨也非常重视发展对华关系,两国高层近年来互访频繁,双边关系明显改善,柬埔寨首相洪森也多次强调"中国是柬埔寨的战略依托和坚强后盾"。但柬内部仍有一些不和谐的声音传出,一些人认为,中国在柬埔寨获得战略立足点,将对柬埔寨的独立和自主带来负面效应,并担心"和中国过于接近会使柬对外政策的可选项受到限制,从而难以得到西方国家的援助"[1]。洪森身边的一位助手甚至比喻说:"中国就像一团火焰,如果你太接近它,就会被燃烧,但远离它又会感到寒冷。"[2] 目前柬埔寨唯一的反对党——桑兰西党领袖桑兰西就毫不掩饰自己的亲西方反共立场,他主张依靠美日等西方国家来平衡中国在湄公河地区以及柬国内的影响。[3] 一旦该党上台执政,其外交政策势必会向西方国家倾斜。其次,基于柬埔寨和越南之间的特殊关系,柬埔寨在南海问题上曾表现出对中国的不满。再次,在湄公河水资源问题上,由于近年来柬埔寨最大的淡水湖泊——洞里萨湖水量减少,柬认为这与中国在湄公河上游修建水坝有关,在多个场合公开表示反对中国在湄公河干流上修建水电站。[4]

如前所述,区域外大国对柬埔寨的援助和经贸合作促进了双边经

---

[1] [日] 铃木真:《中国在柬埔寨影响日益扩大》,《东京新闻》2002年12月7日。

[2] Nayan Chanda, "Southern Hospitality", *Far Eastern Economic Review*, Vol. 164, No. 20, May 2001, p. 31.

[3] 唐世平、张洁、曹筱阳:《冷战后近邻国家对华政策研究》,世界知识出版社2005年版,第79页。

[4] Kayo Onishi, *Politics of International Watercourse in Case of China and the Downstream Countries in the Mekong River Basin*, the Master's thesis of the University of Tokyo, February 2006, p. 21; Philip Hirsch, "Water Governance Reform and Catchment Management in the Mekong Region", *The Journal of Environment Development*, Vol. 15, No. 2, June 2006, p. 189.

济合作的发展，扩大了其在柬埔寨的市场，使柬埔寨对其信任和依赖已经扩展到了政治立场上。对于中柬关系的迅速发展，一些区域外大国表现出了强烈的危机感，并频频施以一些小动作来丑化和攻击中国。例如，日本一些官员诬蔑中国对柬基础设施援建项目不考虑环保和对当地居民搬迁补偿等问题。① 美国和日本等国的一些组织甚至暗中支持柬埔寨反对中国在湄公河上游的澜沧江修建水电站和整治河道，并营造国际舆论，试图对中国形成压力，逼迫中国让步。此外，日本对柬埔寨"审红"也异常关心和支持，不仅负担了"审红"法庭所需的一半费用，还派遣日籍法官直接参与"审红"工作。区域外大国为"审红"推波助澜呼声最高的时期，正是中国威胁论在湄公河地区最为流行的时期。回顾推动"审红"的整个过程，不难看出区域外大国"审红舞剑、意在中国"的心态。

受区域外大国的影响，尽管近年来柬埔寨对华关系在不断升温，但柬埔寨对中国始终有所保留，刻意与中国保持一定距离，在各大国之间大搞平衡战略，以获取利益最大化。例如，为换取日本的更多援助，对于日本成为联合国安理会常任理事国、被朝鲜绑架日本人、朝鲜核武器开发、减少温室气体排放等问题，柬埔寨由原先的保持沉默转变为明确支持日本的立场。为表示对日本援助的关注和重视，柬埔寨政府于 2003 年 4 月 4 日发行使用的 500 元柬币面额的新钞上，印着由日本无偿援助建设的横跨湄公河的柬日友好桥的雄伟景象。柬埔寨首相洪森表示"这是为了庆祝柬日建交 50 周年的纪念"②。同年，该桥的图像也被柬埔寨做成邮票予以纪念。对于柬埔寨的上述表现，日本政府曾一度非常满意，将柬看作是阻止中国势力南下湄公河地区的重要国家，一些官方文件也沾沾自喜地把柬埔寨称之为新的"亲日国"③。但随着近年来中柬关系的不断深化，柬埔寨在南海争端等

---

① 《分析：中国大力援助柬埔寨令日本产生危机感》，2009 年 10 月 3 日，日本共同通信社（http：//china. kyodo. co. jp/modules/fsStory/index. php？storyid = 74413% 26sel_ lang = tchinese）。

② 钟楠：《浅析日本对柬埔寨的援助外交》，《东南亚纵横》2003 年第 12 期。

③ ［日］外务省：《政府开发援助（ODA）国别数据 2008》，2008 年，第 27 页；［日］参议院：《第 5 次参议院政府开发援助（ODA）调查派遣报告书》，2008 年 11 月，第 43 页。

问题上，还是考虑到了中方的立场，并未与区域外大国保持一致。在 2015 年 11 月于马来西亚召开的东亚首脑峰会上，美日和越南、菲律宾等国批评中国在南海建造岛礁，但柬埔寨首相洪森则强调"应在当事国之间解决问题"，与批评中国的其他与会国领导保持了距离。①

二 对老挝对华政策的影响

冷战结束后，随着国际和地区形势的变化，老挝对其对华政策进行了重大调整，对华睦邻友好和合作关系得到恢复和发展。1989 年 10 月老挝部长级会议主席、人民革命党总书记凯山·丰威汉访华和 1990 年 12 月中国总理李鹏访老，是两党两国关系恢复、发展的转折点，也标志着老中两国友好关系和全面合作进入新的发展阶段。1991 年 10 月中老两国政府签署了《边界条约》，1993 年 12 月又签署了《老中边界制度条约》，这从制度和法制上确保老中边界成为一条和平安宁友好的边界。自此，老中高层互访频繁，睦邻友好关系迅速发展。在发展双边关系和对一些重大国际问题的看法上，两国领导人共识增多，两国间政治关系稳步发展。老挝的对华政策可概括为：政治上睦邻友好，外交上突出国家关系，经济上则逐步挖掘合作潜力，军事交流与合作也逐步深入，文化和教育合作得到加强。两国在 GMS 合作、中老缅泰"黄金四角"经济合作、禁毒替代种植合作等领域的合作逐步扩大。老中睦邻友好合作关系进入全面发展的新时期。② 老挝对华政策表现出灵活务实、独立自主、注重经济和全面发展的特点。③ 对于中国自 2013 年以来提出的"一带一路"倡议，老挝表示支持，希望借助中方的支持推动经济合作区、高速公路、中老铁路等基础设施建设取得新进展，打造湄公河地区互联互通的典范工程。在 2015 年 11 月于马来西亚召开的东亚首脑峰会上，对于其他国家领导人批评中国在南海问题上的立场，面对区域外大国的挑拨，老

---

① 《东亚首脑会议就南海问题行程对华包围网》，《读卖新闻》（日本）2015 年 11 月 23 日。
② 卓礼明：《冷战后老挝的对华政策》，《东南亚研究》2001 年第 1 期。
③ 卓礼明：《冷战后老挝的对华政策》，《当代亚太》2000 年第 9 期。

挝总理通邢也回避谈及该问题。①

在同一时期，在其以谋求经济援助为主的务实外交背景下，老挝与区域外大国的双边关系也有了长足发展。如前所述，老挝与区域外大国主要是发展经贸合作和人才交流关系，以及争取区域外大国对老挝的援助。自1991年以来，区域外大国一直对老挝提供大量援助。②同时，区域外大国还加强了对老挝科技领域方面的援助，特别是对老挝人才培训方面的援助，培植亲西方势力。老挝在经济上注重争取区域外大国和国际组织的援助，客观上造成老挝对华需求相对减少。由此，老挝高度重视对区域外大国关系，多位领导人先后多次访问这些国家，在政治、经济和安全等方面保持密切合作关系。其中比较值得注意的事件就是在第63届联合国大会上，老挝对日本竞选安理会非常任理事国投赞成票，而在此之前，考虑到中国方面的需求，老挝曾一度持反对意见。在中国与区域外大国之间，老挝既需要中国的政治、经济方面的支持，防止包括西方国家的"和平演变"，又需要区域外大国的经济援助，同时又以对区域外大国的关系来制衡中国的影响力。

三 对缅甸对华政策的影响

近年来，对于中缅关系的日趋密切，区域外大国的关心程度不亚于缅甸的其他邻国，美日印等区域外大国担心中缅亲近会威胁到它们的安全。在美日印等区域外大国看来，中国军事影响力向印度洋的延伸，更是直接威胁到其依赖波斯湾、印度洋，经过东南亚到太平洋的商品及能源海运生命线。从长远的战略观点看，同中国争夺缅甸的外交主导权和丰富资源，对美日印等区域外大国维护海上生命线也是十分重要的。③ 区域外大国不愿失去缅甸这一战略要地，更不希望看到缅甸成为中国事实上的附庸国，而让自己处于战略劣势。

---

① 《东亚首脑会议就南海问题行程对华包围网》，《读卖新闻》（日本）2015年11月23日。

② 马树洪、方芸编著：《老挝》（列国志），社会科学文献出版社2004年版，第336页。

③ 《中国南进外交——应从保卫海上航线的角度进行警戒》，《世界日报》（日本）2006年9月4日。

为了维持在湄公河地区特别是在缅甸的传统影响力，保持区域外大国在湄公河地区的主导地位，防止中国势力的渗透，一些区域外大国不得不对缅甸实施怀柔政策。例如，日本、印度和欧美保持一定的距离，和缅甸军政府来往密切，并试图用胡萝卜而非大棒政策来诱导仰光政府与中国保持一定的距离。① 日本一直是缅甸最大的外援和债权国，也经常利用这两种工具阻止缅甸过于偏向中国。美日印等区域外大国为了抵消中国对湄公河国家的影响，一直散布"中国南下威胁论"。特别是面对综合国力的差距越拉越大的现实，缅甸越发恐惧和担心中国有朝一日会势力"南下"②。换言之，美日印等区域外大国不希望中国的势力透过缅甸而达到印度洋。这种战略考量成为日本和印度对缅甸军方 2007 年 9 月镇压游行示威不便做过多指责的主要因素。这从一个侧面反映了中国与区域外大国关系发展中的竞争日益加剧，表现了区域外大国对中国崛起的担忧。

事实上，日本使用经济援助的影响力明显优于欧美各国的外交及政治压力。日本的压力被广泛地认为是影响军政府改变其经济政策的主要因素。同样，缅甸政府对日本也非常看重，缅甸人在感情上对日本人不反感。在缅甸人看来，二战期间毕竟是日本人应缅甸人的邀请，帮助缅甸人打败了英国人，让缅甸人看到了亚洲人可以战胜西方人的实例，第一次同意缅甸独立（尽管是名义上的）。缅甸军政府上台以来，日本是西方国家中对缅政策最为宽松的，甚至曾反对美国把缅甸问题提交到联合国安理会讨论。缅甸军政府也把日本视为打破西方外交封锁的一个重要突破口。此外，日本对缅甸的 ODA 始终居于世界其他国家之首。对于日本希望与缅甸进一步发展关系的意图，缅甸政府自然是心知肚明。这使得缅甸的国际环境得到很大改善，且获取不少实利，承受西方压力的筹码增强，也有助于缅甸缓解经济困境。因此，缅甸政府极力利用一切渠道和机会向日本示好，以寻求日本政府对其政权的支持。外部环境的相对改善将会使缅甸对华依赖程

---

① J. Mohan Malik, "Myanmar's Role in Regional Security: Pawn or Pivot?", *Contemporary Southeast Asia*, Vol. 19, No. 1 (June 1997), p. 60.

② 王介南：《缅中关系与中国西南周边安全》，《世界经济与政治论坛》2004 年第 4 期。

度相对降低,也为政府内部本就存在的质疑缅对华友好政策的势力提供活动空间。①

自缅甸吴登盛政府上台以来,区域外大国政府高官相继访问缅甸,并引导本国企业赴缅考察,试图大举参与缅甸的经济建设。以日本为例,自20世纪90年代以来,日本一直积极援助湄公河国家的东西经济走廊建设,试图打通自越南岘港经老挝、泰国至缅甸土瓦港的东西经济走廊,以构建横跨湄公河地区的陆上交通要道,并借此阻止中缅经济走廊的顺利建设。在各种会见场合,日本官员已经多次强调打通东西经济走廊的重要性,暗示缅方若"配合"日方的话,还会获得额外的"奖励"。日本如此重视缅甸,使得饱尝西方经济制裁的缅甸政府自信心盲目增强。在区域外大国的各种怂恿之下,缅甸官员和精英人士对缅甸在国际上的地位看得过高,认为缅甸地缘位置重要,在大国之间搞平衡的空间得以扩展,其期待区域外大国并降低对华依赖的考量会有所增强,对于中缅经济合作项目会提一些不合理的要求,漫天要价,甚至要求中方全部埋单。

当然,基于缅甸中立外交的传统,在一些重要问题上,缅甸还是避免选边站队。在2015年11月于马来西亚召开的东亚首脑峰会上,缅甸总统吴登盛也避免就南海问题批评中方。②

四 对泰国对华政策的影响

自近代以来,泰国为使本国免遭殖民统治,一直在各列强的夹缝中求生存,采取"以夷制夷"的外交思想实行其对外政策,并逐渐演变为现在的大国平衡外交政策。由于自身安全的脆弱性和经济发展空间的有限性,泰国不得不积极发展同区域内外所有大国更为紧密的关系,这就决定了泰国不可能完全依赖同某一大国的同盟来维持自身的政治经济安全。泰国需要维持与日本一定程度的合作,也需要保持同中国非常密切的关系。③

20世纪80年代,中泰关系发展为"准战略伙伴关系",其内容

---

① 岳德明:《冷战后缅甸对华政策刍议》,《外交评论》2005年第4期。
② 《东亚峰会面对面讨论南海问题》,《日本经济新闻》2015年11月23日。
③ 李优坤:《泰国对华外交中的防范因素分析》,《历史教学》2008年第2期。

主要包括战略磋商、武器运输和武器销售等。80年代末，印支问题解决在望，中泰关系的侧重点从军事和政治方面转为经济方面。冷战后，国际政治中意识形态因素的作用大幅度减弱，这使泰国在安全上的对外依赖减轻，为泰国调整对华政策奠定了良好的基础。由于泰国的周边地区没有出现其他军事力量，这使中国成为冷战后影响东南亚局势的重要战略力量。冷战的经历使泰国认识到，发展与中国的战略伙伴关系对确保泰国的安全至关重要。特别是中泰两国在解决柬埔寨问题上进行了成功合作后，双方建立了较为深厚的互信关系。为此，泰国开始奉行一种调适性政策（policy of accommodation），即一方面谨慎处理对华关系，因势利导地迎合中国的利益需要，以避免不必要的冲突；另一方面，为避免过于依赖中国和免受中国的控制，泰国又开展大国平衡外交，注意发展与区域外大国的合作关系，以平衡中国的力量增长。① 1997年美日修订完成《新安保防卫指针》后，其对"周边事态"的解释曾引起中国的极力反对。就泰国而言，在如何对待美日同盟和中国的反应问题上，其心情颇为复杂。从安全上来看，泰国是比较欢迎美日同盟的，因为它一直把美国在东南亚地区的军事存在视为保持地区稳定所必不可少的。其次，泰国对日本的军事地位并不感到担忧，认为1993年日本的派兵法案并不会复活军国主义。尽管如此，泰国深刻认识到美日的新防卫指针会引起中国的不安，特别是"日本周边事态"的解释会刺激中国，泰国不会不理自己邻居的态度。在美日安全同盟和对中国的含义问题上，泰国的态度表明它是理解中国的利益诉求的。②

总体而言，虽然区域外大国调整其对湄公河地区政策对泰国对华政策和对华关系产生了一定影响，但一贯在大国的夹缝之间实行平衡战略的泰国为了实现国家利益的最大化，也不太可能因与区域外大国亲近而过分疏远与中国的关系。因为这样不仅会使泰国丧失原本可以从对华友好交往中获得的好处，甚至树立中国这样一个其根本无法应付的强大对手，还会缩小本国外交回旋的余地，将本国的命运完全置

---

① 李小军：《论战后泰国对华政策的演变》，《东南亚研究》2007年第4期。
② 同上。

于一些大国的控制之下。这是泰国不希望看到的结局。对于一贯奉行"以夷制夷"的泰国而言，只要中国与区域外大国之间尚未发生不可调和的正面冲突，泰国就必然会以同步进行的多边外交方式发展同中国和区域外大国的双边关系，形成有利于泰国的各大国之间相互竞争和相互制约的态势。就目前的情况看，相较于经济长期低迷的区域外大国，在全球经济不景气的环境下仍能保持高增长的中国无疑是泰国的首选。与中国在经济领域进行战略性合作，不仅有利于泰国优化出口布局以扩大出口，还能借中国之力使泰国在双边和多边经济合作中处于有利态势。[①] 而与中国在澜湄合作及 GMS 经济合作等机制内开展合作，还将极大推动泰国东北边远贫困地区经济的发展。

五 对越南对华政策的影响

自 1991 年中越两国关系恢复正常以来，政治互信关系迅速提高。双方本着"结束过去、开辟未来"的精神，为巩固和加强两国友好关系做出了不懈努力。1999 年，两国领导人确定了 21 世纪指导两国关系的十六字方针，即"长期稳定、面向未来、睦邻友好、全面合作"。近年来，两国领导人又一致同意把两国关系的定位为"好邻居、好朋友、好伙伴、好同志"的"四好"关系。越南对华政策的主要内容可概括如下，第一，保持高层互访，以密切的政治交往推动与中国的关系从较低的传统睦邻友好层面发展到长期稳定和全面合作的较高层次；第二，通过不断发表联合公报或联合声明，确立与中国关系的基本框架，强调和重申对华政策的基本原则和方针；第三，根据平等原则、注重实效、优势互补、形式多样、共同发展的原则，不断扩大对华经贸和科技合作；第四，鼓励对华开展各层次、各领域的交往。[②]

虽然中越两国已于 2008 年底全面解决了陆地边界问题，但两国之间还存在北部湾划界和南沙群岛及其附近海域的主权和海洋权益争议，越南对中国海洋崛起感到的恐慌和敌意更被刻意放大。为弥补当

---

① 周方冶:《泰国对华友好合作政策的动力与前景》,《当代亚太》2004 年第 11 期。
② 唐世平、张洁、曹筱阳:《冷战后近邻国家对华政策研究》,世界知识出版社 2005年版，第 102—103 页。

前综合实力的不足，越南希望通过引入外部力量，让中国有所顾忌，从而实现对中国的一定制约。特别是越南近期在南海主权问题上频频挑衅中国，大有将南海问题国际化趋势，这对两国关系的发展具有很大的潜在制约作用。近年来，越南以油气招标为诱饵，试图将日美等国拉入南海，使南海问题进一步国际化，同时逐步扩展与日美等国的军事交流，提升越南在本地区的大国地位。而日本也追随美国，以维护南海航道安全为名介入南海，试图借此在日中东海争端中向中国施压。早在1997年版的日本《防卫白皮书》中，就已把国防问题的涵盖面扩大到了南沙群岛，旨在"保护日本的经济利益和战略安全"。1997年4月，日美将南沙群岛列入安保条约新《防卫合作指针》中，目的在于使日美插手南沙群岛争端合法化。① 特别是，由于中日和中越之间都存在海洋主权争端，日本对中国与越南围绕南海问题的分歧十分关注。围绕海洋主权争端，日越两国可谓同病相怜，希望在该问题上共同合作以打压中国，迫使中国让步，并借机离间中越关系。而越南也为了维护一己私利，亦借外力制衡中国，进而和日本等区域外大国合作，试图令日本等区域外大国卷入南海问题，促使南海问题复杂化。近年来，越南每年都主办由国际学者和专家参加的关于"南海领土主权争端的国际研讨会"，其中就有日本学者到场为越南摇旗呐喊。

对于越南来说，当前与长远的战略都是要发展，特别是通过发展经济来带动其他领域的强大。从这个意义上看，越南利用中国与区域外大国之间的竞争，采取促进与美、日、俄等国的互利友好合作关系，参与美国主导的TPP谈判进程，邀请印度参与其在南海的资源开发，借支持日本"入常"、赞同日本在被朝鲜绑架日本人问题上的立场来争取日本更多的资金、技术等帮助越南实现快速发展，无非就是要展现合作姿态，赢得支持，为确立和维持与中国的平等关系创造前提条件。值得注意的是，发展与区域外大国关系是越南大国平衡外交的重要组成部分，特别是在越南对中国经济依赖加剧、南海岛屿争

---

① ［新加坡］张智新：《中越关系的多重隐忧》，《联合早报》（新加坡）2006年11月17日。

端激化的情况下，越南与区域外大国关系的发展可以在一定程度上削弱中国对越南的影响。但越南并不希望中国与区域外大国的关系失控，大国间的关系事实上也不可能因南海等局部问题而陷入深度对抗。很多西方舆论断言越南在"投入美国的怀抱"，因为它与中国有双方都无法退让的领土纠纷，而且这些纠纷会不时发作，越南要借助美国的力量"对抗中国"。越南参加 TPP 被那些舆论看成该国"加入美国体系"的标志。

但中越同为社会主义国家，政体、国体相同，中国的强大与繁荣是对越南体制合法性的天然支撑。中国是越南最大贸易伙伴，越南是中国在东盟国家中的第二大贸易伙伴。越南领导层清楚，与中国的摩擦只是为获取以美日为首的区域外大国经济支持的手段，不能作为越南发展的全部依靠。作为政治制度截然不同的美越两国，绝不会走上结盟的道路。美国不可能在价值观问题上放过越南，当年从南越跑到美国的那批人和他们的后裔一定会推动美国对越搞"颜色革命"，这是越南发展对美关系无法释怀的心腹大患。不同的问题导向和域外力量的干扰可能会从不同方向推动越南做出不同的选择，但与中国保持友好合作的战略关系，不让南海纠纷获得凌驾于这一国家战略之上的能量，这是越南的国家核心利益之一。① 总之，地缘关系的现实使得越南必须正视中越关系的重要性和美越或日越关系的不确定性，越南需要利用中国和美日等区域外大国之间的既合作又斗争的关系，为自己谋求更大的发展空间。②

六　总体评价

由以上论述可以看出，中国与区域外大国在湄公河地区的竞争态势不可避免。区域外大国的战略意图是通过对湄公河国家的制度建设和推进民主化进程等深层领域的战略援助投入，迫使湄公河国家

---

① 《中越是适应了纠纷的"同志加兄弟"》，《环球时报》2015 年 11 月 5 日。
② 潘金娥：《越南外交战略视角中的中日关系》，载北京大学东南亚研究中心主编《2009 北大东南亚研究论文集》，香港社会科学出版集团 2009 年版；转引自潘金娥的个人博客，2009 年 10 月 8 日（http://panjineblog.blog.163.com/blog/static/8462820920099854212192/）。

"远离"中国，形成牵制中国的统一战线。据此，区域外大国积极介入湄公河地区的经济合作，通过加强政治对话，扩大安保合作，借助贸易、投资和援助三位一体的方式，不断拉拢湄公河国家，已对中国与湄公河国家的合作造成了一定困难。同时，美国、日本、印度和澳大利亚等区域外大国联手牵制中国的趋势日益明显，将使湄公河地区局势更加复杂。例如，日本拥有雄厚的资金和技术，在湄公河地区投入巨大，经营时间最长，日本对湄公河国家的贸易、直接投资和援助额均远远超过中国，日本参与湄公河地区经济合作的根基比中国更深更广。对于中国的崛起，日本外务省官员甚至妄称："对东盟来说，冷战后最大'威胁'是中国。"但区域外大国试图遏制中国在湄公河地区影响扩大的意图，显然带有冷战思维的痕迹，既不现实，更有害于湄公河地区各国的经济和社会发展。

从国家视角来看，有关各方参与湄公河地区合作的动机不尽相同：美国希望将越南和缅甸等湄公河国家打造成其"重返亚太"和"再平衡"战略的重要支点；日本关注的是获取市场、资源和湄公河地区合作的主导权；湄公河国家关注的是市场、技术和安全；而中国关注的是市场、资源与和平稳定的周边安全环境。这虽然造成了某种程度上的集体行动困境，但中国和区域外大国亦可由"竞争"转为"竞合"。各大国在湄公河地区各有优势，有合作的可能性，甚至在某些领域可以互补。由于GMS经济合作的开放性及其所需要的大量投入，也由于中国和湄公河国家在引进外来资金、技术人才、管理经验方面的需要，拥有强大资金和技术实力的美、日等国参与湄公河地区合作的状况将长期存在。亚开行关于GMS经济合作规划第二个十年的战略框架也已经提出要在众多伙伴和合作机制之间"建立战略联盟和伙伴关系"①。因此，尽管经济实力较强的国家可以发挥较大的推动力作用，但由某一个国家来主导湄公河地区的经济合作是不可取的。更为可行的是在以澜湄合作和GMS经济合作等为主流合作机

---

① 贺圣达：《大湄公河次区域合作：复杂的合作机制和中国的参与》，《南洋问题研究》2005年第1期。

制充分发挥作用的同时，加强各大国之间的沟通和协商、规划和协调，并完善本国的参与机制，以实现各大国作用的充分发挥和参与合作各方的"共赢"。

对于湄公河国家来说，其地理位置处在中、美（甚至包括印度、日本）等大国影响力的范围之中，"千友零敌"自然成为最符合其国家利益的战略选择。① 基于湄公河国家一贯采取平衡外交战略的传统，巧妙地走着中间路线，游走于大国之间，试图在各大国之间"利益均沾"。由此可以认为，湄公河国家希望各大国在该地区乃至东亚地区继续保持"既合作又竞争"的竞合关系，这才最符合其国家利益。一方面湄公河国家能够在各大国之间保持平衡，另一方面又能利用各大国之间缺乏互信、相互竞争和猜忌的关系，从各大国都获得好处。至少在目前，区域外大国与中国在湄公河地区的竞争已使湄公河国家获益匪浅。

湄公河国家有根据自身利益考虑自主选择外交倾向的需求，即便有些倒向美日等区域外大国，地缘上的邻近性和中国经济的强大辐射力也会使它们在借助区域外大国的同时而不过分刺激中国。保持湄公河地区的稳定，是湄公河国家进行经济建设和开展大国平衡的前提。一方面加入了美日印等区域外大国主导的合作机制，另一方面又加强与中国的经济合作，既着眼于当下，又有长远打算。不得不说，湄公河国家的大国平衡外交已渐入佳境。实际上，湄公河国家比较有利的选择是乘大国之间处于竞争和战略均势的时机，在中国与区域外大国之间"左右逢源"，最不利的情况则是中国与区域外大国对抗或冲突加剧而湄公河国家不得不选边站。② 如果出现这种局面，湄公河国家将面临在两者之间选其一的困难抉择。

对于湄公河国家而言，当前乃至今后一段时期的最大利益就是发展。背靠中国，既可以融入到中国的生产价值链之中，又可以找到一个巨大的出口市场。而双边经济发展水准存在"时差"，也为双边合

---

① 张海洲：《中国要习惯面对更多国家的外交平衡术》，《中国日报》2015年7月20日。
② 陈琪、管传靖：《中国周边外交的政策调整与新理念》，《当代亚太》2014年第3期。

作提供了广阔的空间。就当下而言，湄公河国家经济离不开中国，发展以出口为导向的外向型经济是湄公河国家经济腾飞的基础，而中国则是主要的上游商品的供应者。因此，湄公河国家虽然得到了一些区域外大国的支持，但是无法选择与中国为邻，同时在经济上高度依赖中国，这一基本事实也框定了中国与湄公河国家关系的上限与下限。

第三节 对中国的影响

自20世纪90年代以来，中国与湄公河国家在经济、政治、社会、文化等各个领域的合作不断地加深和扩大，在各种国际事务的处理中也一直是相互支持、密切合作的伙伴，在众多的合作领域也取得了许多合作成果。而区域外大国与湄公河国家关系日益密切，在"机制拥堵"的格局下，湄公河地区成为区域外大国相关战略与中国周边外交战略的重叠区域，必然会在各个领域对中国产生影响。从正面来看，区域外大国对该地区事务的介入，如对湄公河地区气候改善、灾害防治、基础设施建设等项目的投入也势必会给中国澜沧江的开发和澜沧江地区的灾害治理带来积极的影响。而且，欧盟这种生态环境保护理念的带入，使得中国投资该地区的环境保护意识淡薄的企业，也不得不进行转型，从而间接促进中国企业改善自身在该地区的形象。但不可否认的是，这也给中国带来了一些负面影响。

一 给中国深化与湄公河国家的政治互信合作关系造成压力

国际政治空间是有限的，任何政治力量的出现，势必会或多或少地影响和改变原来的力量结构。由于湄公河地区战略地位重要，该地区越来越成为各种国际政治势力觊觎的对象。美国"重返亚太"和亚太"再平衡"力图在政治、安全、经济和文化等诸多领域对湄公河国家实施全方位介入，日本援助、贸易和投资"三位一体"的经济外交和"价值观外交"更试图实现其在该地区的综合性介入。

区域外大国对湄公河地区的介入，势必给中国与湄公河国家的关系带来一定影响，使中国产生压力感，使原有的可控矛盾有可能变得不可控。湄公河国家对中国的强大抱有怀疑心理,它们害怕强大的中国会对地缘位置接近的国家表现出权力欲,况且越南与中国在南海还有争端,所以湄公河国家采取大国平衡战略,以平衡中国在该地区影响力的上升,并在各大国之间左右逢源,以获取最大利益。

未来东亚的政治格局将会发生何种变化主要取决于中国的崛起程度,区域外大国和湄公河国家都清楚地认识到了这点,湄公河国家想要在亚太格局中保持重要地位,这就必须要有效制衡中国的影响力,而区域外大国则十分愿意帮助湄公河国家增加其制衡中国的筹码。在东亚峰会上,区域外大国在会外发挥了十分积极的作用,并且多次强调"在亚太格局的构建中,东盟是能发挥核心作用的力量,具有十分强大的凝聚力"[①]。近年来,区域外大国在湄公河地区事务中的参与越来越多、日益深入,其在湄公河地区的影响力也日渐提高,这对中国造成了不小的压力。

当然,区域外大国与中国在湄公河地区的竞争,并非必然导致敌对现象的出现,协调好的话反而有助于促进区域一体化的发展。各大国之间的良性竞争能使各方都受益,但如果中美日等各大国就区域合作主导权出现竞争甚至出现政治战略层面的敌视,则会给湄公河地区乃至东亚地区的局势带来严峻挑战。

二 使中国周边安全面临更多的挑战

同时,美越两国正在开展的核能合作将使越南具备自主生产浓缩铀的能力。在美国的支持下,越南一旦具备生产浓缩铀的能力,则越南也将具备制造核武器的能力,从而为未来中国周边安全埋下更多隐患。

由于中国在该地区影响力的扩大使湄公河国家感到担心,湄公河国家对与日本开展安保合作持欢迎态度,认为这在某种程度上可以平衡中国在该地区的影响力。2011 年 10 月,日本防卫相一川保夫与越南国防部部长冯光清在东京举行会谈,并在会谈结束后签署并交换了

---

① Keng Ong, "One ASEAN: A Partner for Europe", *Asia Europe Journal*, No. 2, 2008, pp. 443 – 445.

两国有关强化防卫合作与交流备忘录。一川保夫称:"签署备忘录具有重要意义,这也将成为日本与东南亚大国越南加强防卫交流与合作的重要基石。希望借此机会,进一步深化日越两国的合作。"冯光清也表示:"日本与越南成为战略伙伴,这种关系的发展非常重要。"①2012年11月,日越两国举行首次副防长级的国防战略对话,就应对非传统挑战等方面合作的措施达成共识,一致同意将积极参加东盟地区论坛(ARF)、东盟防长扩大会议(ADMM+)等多边论坛并互相支持,以及在遵守国际法的基础上通过和平途径解决海洋与海岛主权争端。②日越两国试图对中国进行联合"反制"的企图昭然若揭。日本明确提出湄公河地区是其"自由与繁荣之弧"的前沿地带,并且加紧对该地区的渗透以遏制中国。日本的上述举动,对中国的战略活动空间形成了压制。

在环境领域,2010年湄公河下游流域的严重干旱引发了中国与湄公河国家的水资源争端,中国"水威胁论"和"大坝威胁论"甚嚣尘上,而美日等区域外大国紧紧抓住此类争端,加快拓展在湄公河地区的影响力,不断挤压中国在该地区的战略空间,使中国的周边安全环境受到一定程度的影响。

三 使中国实施"一带一路"的周边环境更加复杂

在中国实施"一带一路"倡议的沿线国家中,湄公河地区以发展中国家为主,该地区各种区域合作机制十分活跃,诸如AFTA、CAFTA、GMS、LMI、恒河—湄公河合作组织以及环孟加拉湾合作组织等,呈现出相互交叉渗透的趋势。加之"中国威胁论"在湄公河国家仍有一定市场,中越南海争端问题尚未解决,湄公河国家试图在大国之间搞平衡,对华政策易受与其他大国关系的影响。同时,湄公河地区仍面临恐怖主义、分裂主义、极端主义"三股势力"的威胁,毒品走私、传染病、洗钱、非法移民、民族宗教冲突等跨国性问题十

---

① 《日越签署防卫合作交流备忘录》,2011年10月24日,日本共同通信社(http://china.kyodonews.jp/news/2011/10/18669.html)。
② 《越南与日本举行第一次国防战略对话》,2012年11月27日,越通社(http://cn.vietnamplus.vn/Home/201211/20463.vnplus)。

分突出，地区和平与发展面临诸多难题。这些因素对中国实施"一带一路"带来困难和挑战。

首先，各大国对于中国实施"一带一路"有着不同的反应。从美国来看，基于其全球战略和在东亚地区利益的需要，就是要防止该地区其他大国势力取代美国优势地位。美国会加强对中国的战略防范，以防止中国通过"一带一路"建设进一步巩固在东亚地区的优势地位。从日本来看，由于日本把战略重心转向亚洲，试图建立在东亚地区的主导性地位，"一带一路"建设会在某种程度上触及日本在该地区的利益主张，中日之间的摩擦会增多。但日本推动亚洲合作须寻求中国的参与，可以预见中日共同维护东亚秩序依然是主流。2017年5月，中国主办"一带一路"国际合作高峰论坛，日本首相安倍晋三派遣执政党自民党干事长二阶俊博参加该论坛，这反映出日本领导人认为有必要改善对华关系的政治考量，显示出了改善停滞的中日关系的意愿。① 印度对中国建设"一带一路"较为不安，有可能联手美日等国进行制衡。从欧盟来看，欧盟在湄公河地区有着许多的利益分布，出于制衡中国等考虑，欧盟可能会拿中国的人权、民主等问题继续在政治上施压。从俄罗斯和澳大利亚来看，由于湄公河地区不触及其核心利益，俄罗斯和澳大利亚仅会略加关注。

其次，湄公河国家对中国建设"一带一路"各有算计。缅、泰、老、柬、越对中国的"一带一路"倡议乐见其成，基本持欢迎态度。在2017年5月由中国主办的"一带一路"国际合作高峰论坛上，湄公河国家领导人积极响应，老挝国家主席本扬、越南国家主席陈大光、柬埔寨首相洪森、缅甸国务资政昂山素季等亲自参会，同意要"建立更紧密合作伙伴关系，推动南北合作、南南合作和三方合作"，并"秉持和平合作、开放包容、互学互鉴、互利共赢、平等透明、相互尊重的精神，在共商、共建、共享的基础上，本着法治、机会均等原则加强合作"。② 缅甸是中国进入印度洋的最佳捷径，现阶段缅甸在政治经济外交等方面对中国倚重很大，并以此来增大其在大国博

---

① 《日本向一带一路论坛派重量级访华团》，《日本经济新闻》2017年5月15日。
② 《"一带一路"国际合作高峰论坛圆桌峰会联合公报》，2017年5月15日，新华网（http://news.xinhuanet.com/world/2017-05/15/c_1120976819.htm）。

弈中讨价还价的筹码。泰国在推动中国同东盟友好合作关系的过程中，一直起着桥梁和示范的作用，对中国的"一带一路"倡议泰国也会给予积极响应。越南高层积极关注"一带一路"倡议，但许多越南官员却认为"一带一路"会给越南的国家安全带来不利的影响。据此，越南采取两面下注的方式，一方面利用中国建设"一带一路"来突出其在中国—东盟关系中的纽带作用。但在另一方面，越南会拉拢美、日、印、俄等区域外大国来牵制和平衡中国，并在南海问题上施加压力。

四 使中国对该地区经济外交的既有优势受到削弱

自20世纪90年代以来，虽然中国与湄公河国家的经济联系日益密切。但经济发展并不能自发解决所有的安全和政治问题，经济合作也无法破解安全难题。随着中国与湄公河国家经济和总体实力对比的变化以及湄公河地区安全与战略环境的复杂化，中国对湄公河地区的经济外交出现了经济投入成本和政治收益高度不对称的状况，中国在该地区"以经促政"的战略效应开始下降。湄公河国家对在经贸领域过分依赖中国日益表现出担心，中国与湄公河国家经济合作的边际效益正在逐步递减。①

如前所述，湄公河国家出于自身利益的考虑，经常借助于各大国来平衡某一时期影响特别突出或者试图谋取主导权的国家。近年来，随着中国经济的崛起和军事力量的发展，使得湄公河国家一直存在的"中国威胁论"未见降温，甚至开始把制衡的对象转向中国，美国、日本、印度等区域外大国的"重返"则契合了湄公河国家的这种需求。同时，区域外大国不断调整参与湄公河地区合作的策略，并向湄公河国家提供了更为优惠的合作条件，不仅强化与泰国等原有盟国保持密切的合作，还着手与之前关系冷淡的越南、柬埔寨、老挝、缅甸开展合作。对于区域外大国的这些行为，湄公河国家自然乐见其成，其对中国经济外交的冲击也已经开始彰显。②

---

① 高程：《周边环境变动对中国崛起的挑战》，《国际问题研究》2013年第5期。
② 王箫轲、张慧智：《大国竞争与中国对东南亚的经济外交》，《东南亚研究》2015年第1期。

以对缅援助为例，2011年缅甸吴登盛政府上台后，日本迅速恢复了对缅甸的ODA。如表2—3所示，日本对缅ODA一路攀升，由2012年的9278万美元骤升至2013年的25亿美元。特别是在经济技术及工业项目援助方面，日本与中国形成了竞争。日本与缅甸的基础设施建设和科技文化等合作，客观上使缅甸降低了对中国的需求，加之各国在对缅的科技援助及合作方面有重叠部分，也在一定程度上影响中国对缅援助。

五　使中国面临激烈的经济竞争

首先，对中国与湄公河国家贸易关系发展有一定影响，加剧了中国商品与该地区商品的竞争。目前，中国是湄公河国家的最大贸易伙伴，而日美欧印也是湄公河国家的重要贸易伙伴，日美欧印为了提升与湄公河国家的贸易额，正以双边和多边并进的方式大力推进与湄公河国家的FTA谈判，以此来加强与双边经济关系。由于中国与湄公河国家在出口市场和出口产品结构上高度相似，大部分出口产品都是劳动密集型产品，在国际分工中基本处于同一水平，导致双方的一些出口商品在第三国有重叠现象。

在投资领域，使中国在湄公河国家的投资活动面临更加激烈的指责。近年来，中国大力推行"走出去"的战略，鼓励中国企业到湄公河国家投资，但遭到一些国家或地区政治力量的担忧、偏见或嫉恨。例如，美国、日本、澳大利亚和欧盟国家等区域外大国近年常通过打"环保牌"干预GMS合作，从而使中国参与湄公河国家资源开发相关的环境问题日益国际化。2011年9月，缅甸吴登盛总统宣布搁置中缅合作开发的密松水电站，其主要理由就是密松水电站项目可能会破坏当地自然景观，并担心会损害电站附近和下游居民的生计。[①] 其次，近年来随着中国生产成本的提高，日美欧一些企业势必转向工资水平较低的越南、缅甸和柬埔寨等湄公河国家，湄公河国家与中国在吸引外资方面互为竞争关系。加之近年来，中国与欧美经贸

[①] 祝湘辉、李晨阳、刘学军：《2011年缅甸形势及其对大湄公河次区域合作的参与》，载刘稚主编《大湄公河次区域合作发展报告（2011—2012）》，社会科学文献出版社2012年版，第223页。

摩擦不断，这也势必会影响到欧美企业对华投资。再次，随着东盟经济共同体建设不断加快，包括湄公河国家在内的东盟10国即将建成单一市场，这势必带动日美欧等区域外大国企业对湄公河地区的投资热潮，中国在该地区将面临日趋严峻的经济竞争。

2015年10月，参加TPP谈判各国达成基本协议，越南是唯一一个加入TPP的湄公河国家。值得注意的是，TPP的外在动力源于日美希望在亚太经济新秩序中维护自身的利益和地位的诉求，但这并不直接等同于遏制或者反对中国。当然美日维护自身战略利益的行动会同中国产生一定的矛盾，但是性质不是零和的。在未来湄公河地区经济秩序的重新建构过程中，各种机制会长期处于相互竞争的状态，并在竞争中努力提高自身的附加值，同时寻找与其他机制合作与融合的机会，这将是一个非常动态的过程，对此中国需要保持战略思想灵活度才不会失去机会。①

六　使中国在解决南海问题上受到诸多牵制

在区域外大国参与湄公河地区策略调整和实施的过程中，南海海域有着十分突出的地缘战略、地缘经济与地缘安全价值，对各大国实现经济、政治与战略目标均产生着不可忽视的影响。自2010年以来，南海问题逐步升温，美国、日本和印度等区域外大国逐步调整原有政策，积极推动南海问题长期化、复杂化和国际化。从地缘上看，区域外大国并不属于南海争议的六国七方，南海问题并不涉及其核心国家利益。但作为域外大国，美国、日本和印度等国却没有将自己置身事外，反而寻求积极涉入，加强在南海周边海域的存在，借所谓的"航行自由权"等概念设置并炒作议程，通过港口访问、联合军演、联合训练、提供军事装备等方式与越南保持海上防务合作关系，并且借用《国际海洋法公约》来变相地否定中国在南海的九段线主张。俄罗斯和印度及越南还在南海争议区域联合勘探、开采石油。

区域外大国企图利用中越围绕南海争端的矛盾作为遏制或制衡中

---

① ［新加坡］张云：《准确理解TPP的地缘政治意义》，2015年12月7日，联合早报网（http://www.zaobao.com/forum/views/world/story20151207-557154）。

国的一种工具,这让整个南海形势变得更为复杂,不仅使南海问题国际化,甚至使该问题呈现出"大国介入常态化"的局面,为中国与有关各国解决南海争端增添了阻力。但这并不一定表示,区域外大国将会不顾一切地在南海海域卷入与中国的对抗或对立的局面。区域外大国在南海争端中的基本立场可以概括为:既"积极有所作为",表明本国在南海地区的战略存在,支持越南等声索国对中国形成某种牵制,又要表明本国并不寻求与中国的公开对抗。换言之,区域外大国希望能够从中"搅局",但是又不希望"乱局",更不希望"引火烧身"。

就越南而言,尽管美日印俄等区域外大国试图借租借金兰湾军事基地、对越提供军事装备等援助、联合开展军事演习等途径,深度介入南海争端,但越南并没有完全跟随,这说明越南在南海的问题上仍然倾向于和中国协商解决。2011年10月越共总书记阮富仲访华期间两国发表《联合声明》之后,2015年11月中国国家主席习近平访越期间,中越两国发表《联合声明》更进一步强调,"恪守两党两国领导人达成的重要共识,认真落实《关于指导解决中越海上问题基本原则协议》,用好中越政府边界谈判机制,坚持通过友好协商和谈判,寻求双方均能接受的基本和长久解决办法,积极探讨不影响各自立场和主张的过渡性解决办法,包括积极研究和商谈共同开发问题。双方同意共同管控好海上分歧,全面有效落实《南海各方行为宣言》,推动在协商一致的基础上早日达成'南海行为准则',不采取使争议复杂化、扩大化的行动,及时妥善处理出现的问题,维护中越关系大局以及南海和平稳定"。[①] 2017年5月越南国家主席陈大光访华期间,双方发表了《联合公报》,重申要"继续全面、有效落实《南海各方行为宣言》,在协商一致基础上,早日达成'南海行为准则';管控好海上分歧,不采取使局势复杂化、争议扩大化的行动,维护南海和平稳定"。[②] 上述《联合声明》或《联合公报》的发表,

---

① 《中越联合声明》,2015年11月6日,中华人民共和国外交部(http://www.fmprc.gov.cn/web/ziliao_674904/zt_674979/dnzt_674981/xzxzt/xjpdynxjpjxfw_684502/zxxx_684504/t1312772.shtml)。

② 《中越联合公报》,2017年5月15日,中华人民共和国外交部(http://www.fmprc.gov.cn/web/gjhdq_676201/gj_676203/yz_676205/1206_677292/1207_677304/t1461612.shtml)。

无疑有利于中越两国和平解决南海争端。这也表明，越南在南海问题上开始降调，中越双边关系也触底反弹，尤其是两党之间的交往成为两国关系的稳压器。

七 危中有机，中国仍可力挽狂澜

不可否认的是，经过实施 40 年的改革开放，中国实力增长极快，这必然导致地区关系重大而深刻的调整。首先，中国实力变强使得对自身利益的诉求增强，必然会维护和拓展自己的利益空间。例如，以成立亚投行为代表，中国提出的"一带一路"倡议等以开放合作共赢为特征的新型合作范式，对区域外大国各种扎紧的篱笆、紧锁的大门构成了强烈冲击。其次，美日等区域外大国在某种程度上结成"联盟"，力图调动多种资源，以更大的力度防范和制约中国崛起，在其对华"接触加防范"的两面政策中，防范中国的考量明显增强。美国通过实施重返亚太和再平衡战略，加强在中国周边地区的政治、军事、经济存在，挤压中国的战略空间。美国虽然试图将外交及安全保障重心转向亚洲，但其似乎并没有描绘出明确的对华战略。同样，日本等国对湄公河国家的"撒银子外交"攻势也并未达到理想的政治目的，湄公河国家并不希望因密切对区域外大国的关系而牺牲对华关系。

反观美日等区域外大国对参与湄公河地区合作策略的调整，针对中国的意味确实明显，但以此判断上述大国要针对中国开展全面对抗尤其是决心阻止中国继续发展，理由并不充分。今天的中国不是以前的苏联，今天的中美、中日等双边关系也不是以前的美苏关系。在全球化的背景下，中美、中日、中澳、中欧之间每年的巨额贸易和资本互动（包括相互投资和债务关系），因旅游、求学、探亲、工作、交流等原因而引发的大量人员往来，远非冷战时期美苏之间近乎隔绝的状态所能比，各方都从中获得巨大的经济、政治、文化等方面的利益。这种状态决定了美日等区域外大国难以同中国展开全面的对抗。如果区域外大国决心遏制中国，那么它们就必须做好丧失诸多既得利益的准备。而区域外大国目前所处的经济困境也决定了它们没有足够

的战略资源来实施遏制中国的战略。①

况且,在针对中国的一些具体问题上,美日之间也并非铁板一块。2015年11月,日本首相安倍晋三在日美首脑会谈上向奥巴马传达了将研究派自卫队前往南海的意向,此举凸显出欲在该地区加强有效控制的中国与标榜航行自由的日美两国的对立格局,安倍此举在于将继续努力把美国的注意力吸引到南海。为此,日本外务省将和美国配合动员相关国家,试图在其后召开的东亚峰会的主席声明草案中写进针对中国的"关切",而日本防卫省则和美方保持密切沟通。然而显而易见,美国在安全政策上并未将南海对策作为最优先课题。② 为避免因南海问题而使中美关系陷入僵局,美国也正积极与中国展开对话。

目前亚太地区的国际形势对湄公河国家而言,也是一个重要的战略机遇期,大国之间的动态平衡使湄公河国家有了四两拨千斤的能力。对于区域外大国的战略企图,湄公河国家心知肚明,一致采取大国平衡战略,一方面试图从区域外大国获得更多的"奖励",另一方面则借此来缓解中国快速崛起带来的挑战。尽管湄公河国家的对华政策不尽相同,但大都是"两手":一手是发展与中国的关系,另一手是对中国加以防范。这正如新加坡拉惹勒南国际研究院研究员哈里·萨指出的那样:"中国有能力带来巨大经济利益,东盟国家都了解这一点。很多国家即使与中国处于紧张状态,也在经济上欢迎中国。"③

但我们也必须认识到以下事实,即当前的周边环境是新中国成立以来威胁性最小的,不存在一个或者几个外部国家能够进犯中国,或者有能力发动针对中国的战争,明目张胆地侵害中国的利益。④ 在大国之间,小国有可能左右逢源,也可能左右为难,除了小国行为的节

---

① 王伟男、周建明:《"超越接触":美国战略调整背景下的对华政策辨析》,载刘鸣主编《国际体系转型与利益共同体构建——理论、路径与政策》,社会科学文献出版社2017年版,第87页。
② 《日本担忧美国对南海关注度降低》,2015年11月20日,日本共同通信社(http://china.kyodonews.jp/news/2015/11/109620.html)。
③ 《中国扩大在东南亚投资,各国欢迎态度鲜明》,《参考消息》2016年12月13日。
④ 张蕴岭:《中国的周边区域观回归与新秩序构建》,《世界经济与政治》2015年第1期。

制之外，还看大国战略博弈的程度，这在湄公河地区更是如此。湄公河国家都希望与中国深化合作关系，共同维护地区和平、促进本国发展。2015年10月，越南国防部长冯光青在北京参加中国—东盟国防部长非正式会晤时表示，中国对维护地区和世界和平、稳定与安全具有重要意义，加强与中国长期、稳定、全面、互惠互利的合作关系是东盟各成员国的愿望和优先目标。越南特别重视推动越中全面合作与互惠互利关系。[1] 2015年11月，在东盟各国出席的APEC领导人会议这一舞台上，南海问题没能成为议题，日美的企图无果而终。[2] 而在其后于马来西亚举行的日本与东盟峰会的主席声明中，虽然强调了根据海洋安全、航行自由和国际法的原则用和平手段解决争端的重要性，但曾在往年均有出现的"南海"这一字眼也已不见踪影，这也从一个侧面显示出越南等东盟国家对照顾中国感受的考量。[3]

---

[1]《中国—东盟国防部长非正式会晤：加强务实合作巩固相互信任》，2015年10月17日，越通社（http://zh.vietnamplus.vn/中国东盟国防部长非正式会晤加强务实合作巩固相互信任/43471.vnp）。

[2]《日美欲就南海问题制衡中国无果而终》，2015年11月19日，日本共同通信社（http://china.kyodonews.jp/news/2015/11/109536.html）。

[3]《日本与东盟峰会主席声明草案未见"南海"字眼》，2015年11月20日，日本共同通信社（http://china.kyodonews.jp/news/2015/11/109576.html）。

第 八 章

中国进一步加强湄公河地区合作的对策思考

中国在过去40年的改革开放中取得了巨大的成就，这不仅和中国自身的努力分不开，也和周边和平的国际环境分不开。中国作为新兴大国，其正向的外溢效应迅速增强。但这也意味着中国要担负更大的国际责任，且中国所面对的周边及国际环境比过去更加复杂。随着中国综合实力和影响力的迅速增强，区域外大国和湄公河国家也加深了对中国和平发展的怀疑，并为此协调对华战略，加强对中国的防范。这使中国面临着复杂的结构性压力和趋于严峻的周边环境，势必干扰中国的周边合作战略，客观上削弱了中国的影响力，并加大了中国参与湄公河地区合作的复杂性和竞争性。但毋庸置疑的是，在全球化和市场化将中国与各大国经济从根本上联系在一起的今天，美、日等国也难以对中国实施封锁政策。

对于中国而言，当前最为急迫的任务，仍然是要解决国家的发展问题，中国需要一个良好的周边环境为自身解决发展问题创造时间和空间。但与此同时，中国也需要意识到自身的崛起改变了该地区的权力格局，周边国家都需要一个适应的过程。因此，中国更需要通过加强对话与合作来让湄公河国家和区域外大国准确了解中国的国家意图。当然，作为一个拥有诸多邻国的地区大国，要实现复兴之梦，中国就需要与邻国构建新的关系，无论从发展上还是安全上，湄公河地区是中国的战略依托带。既然是战略依托带，就要把关系搞好，要把关系搞好，就要实现双赢，即"先谋于局，后谋于定"。

第一节 中国深化湄公河地区合作的对策

新自由制度主义认为，随着相互依赖的加深，一系列的全球性或地区性问题需要国际社会协调行动，加强合作，传统的一国范围内解决的规则已不适应现实需要，建立与超越国界行为相适应的国际机制成为必然。[①] 面对湄公河地区合作过程中出现的新形势和新变化，中国应重新考虑和设计新的湄公河地区总体战略，以发展合作为抓手，以互利共赢为目标，不断提升中国提供地区公共产品的能力，增强惠及周边国家的可能，从而达到优化周边环境、实现地区稳定的目的。

一 继续坚持"睦邻、富邻、安邻"的周边外交政策，做负责任的大国

2015年10月，中国共产党十八届五中全会在关于"十三五"规划的建议中提出了"创新、协调、绿色、开放、共享"五大发展理念，强调"要以着力实现合作共赢为出发点，提出发展更高层次的开放型经济，积极参与全球经济治理和公共产品供给，提高我国在全球经济治理中的制度性话语权，从而构建广泛的利益共同体"，[②] 这充分体现了中国的大国胸怀和视野。这也反映出，在新常态之下，国际和地区经济合作以及竞争格局正在发生深刻的变化，中国的劳动力、土地、能源等传统竞争优势也在逐渐减弱。中国亟须通过进一步提升开放型经济水平培育国际经济合作和竞争新优势，以扩大开放带动创新、推动改革、促进发展，[③] 这就要求中国更加坚定地坚持"睦邻、富邻、安邻"的周边外交政策。

对于中国外交而言，通常说"大国是关键、周边是首要、发展

---

① ［美］罗伯特·基欧汉、约瑟夫·奈：《权力与相互依赖》，门洪华译，北京大学出版社2012年版，第13页。

② 《中国共产党第十八届中央委员会第五次全体会议公报》，2015年10月29日，中国共产党新闻网（http://cpc.people.com.cn/n/2015/1029/c399243-27755578.html）。

③ 田俊荣、白天亮、朱隽、刘志强：《中国经济新方位》，《人民日报》2016年12月13日。

中国家是基础、多边是重要舞台"。构建健康稳定的大国关系始于周边，加强同发展中国家团结合作始于周边，推进多边外交以及推动国际体系和全球治理改革同样始于周边。① 鉴于中国与湄公河国家构成独特的周边关系和地缘格局，湄公河地区是中国维护国家权益的重点，是发挥大国作用的首要选择，也是中国提升国际地位的主要支撑点与战略依托。"把包括湄公河地区在内的周边地区作为中国走向大国、强国之路的战略依托带，构建基于共同发展、共同安全的命运共同体，这是对周边地区的一个全新认识。这就意味着要让湄公河地区不再成为中国安全威胁的根源，不再是麻烦不断的包袱，而是中国发展和安全的依托带，是休戚与共的命运共同体。"②

中国应把推动与湄公河国家的全方位合作作为中国全方位对外开放战略的重要组成部分。由于大多数湄公河国家是发展中国家，中国与发展中国家坚持正确义利观、加强团结合作的思想同样适用于湄公河地区，那就是要有原则、讲情谊、讲道义，道义为先、义利并举，尤其是对那些对中国长期友好而自身发展任务艰巨的国家，要更多考虑对方利益。③ 鉴于与湄公河国家合作的战略重要性和已有的广泛基础，中国应更积极、主动地扩大与湄公河国家的合作，提升参与合作的整体水平，加大经贸合作的力度，加强与湄公河国家在多领域、全方位的合作，增加投入，把通过合作繁荣和发展次区域经济，与加快中国西南的发展推进西部大开发，实现睦邻、安邻、富邻、富边，作为一个全面的明确战略，作为中国—东盟自由贸易区和加强周边外交的重要组成部分，始终高度重视继续深化和扩大与湄公河国家的合作。截至目前，中国在1997年亚洲金融危机期间坚持人民币不贬值、参加东南亚友好合作条约、基本上让东南亚国家来制定解决南海争端的准则等，体现了中国通过实行自我克制和愿意接受约束来传达中国是个负责任的地区大国的善意。

近年来，周边在中国整体外交中的首要地位得到了充分肯定，中

---

① 高祖贵：《中国周边战略新构建》，《求实》2015年第3期。
② 张蕴岭：《中国的周边区域观回归与新秩序构建》，《世界经济与政治》2015年第1期。
③ 高祖贵：《中国周边战略新构建》，《求实》2015年第3期。

国的周边战略日益清晰。中国在保持外交大政方针延续性和稳定性的基础上，更加突出周边在外交全局中的重要作用。2013年10月，周边外交工作座谈会召开，周边外交的重要性被提升至实现"两个一百年"奋斗目标的战略高度。坚持与邻为善、以邻为伴，坚持睦邻、安邻、富邻，成为周边外交的基本方针，"亲、诚、惠、容"理念成为周边外交战略的新亮点。今后，中国可进一步对湄公河国家开放国内市场，增加投资，设法减少双边贸易中中方的出超，促进双边和多边经贸关系的顺利发展，以共同利益为纽带，以实现互利共赢为基本出发点，让湄公河国家真正与中国分享发展机会，使湄公河国家能更好地接受中国的经济增长，将中国的发展视为机遇而不是威胁。

二 积极推进顶层设计和制度创新，实现各种合作机制间的互联互通

湄公河国家均有着古老的文明，语言、民族、宗教和国情差异较大，导致在价值观念、组织体制、运行机制甚至微观的习俗、规范和惯例等管理规范方面也存在着很大差异。[1] 如何克服这些制度性障碍，需要该地区的重要国家发挥主导作用。而要提高中国的制度性话语权，就需要加快主动参与国际经济合作的顶层设计，从国际社会的积极融入者转变为主动塑造者。作为GMS合作机制中唯一的大国，在未来的地区一体化的进程中，中国应本着互利共赢的原则，依托"一带一路"倡议相关规划以及《GMS合作新十年战略框架（2012—2022年）》和《交通与贸易便利化行动计划》的实施，采取点面结合、定量与定性结合的方式，采取由易到难、循序渐进的方式，推进现有双边、多边以及次区域、次国家层次的众多机制实现互联互通，为中国和湄公河国家最终构建"澜沧江—湄公河国家命运共同体"等新机制提供法律和制度上的保障，从而为迈向亚洲命运共同体打下坚实的基础。要通过加强对区域合作新形势、新问题的前瞻研究，发现合作各方利益交汇点以及实践的方式，提出具有可操作

---

[1] 赵可金：《"一带一路"重在制度设计》，2015年7月1日，中国网（http://opinion.china.com.cn/opinion_92_132592.html）。

性的倡议，构建区域经济一体化新格局。以多边经济合作制度为依托，利益共同体和命运共同体就有了更多的制度性依靠。

事实上，自2013年以来，中国和东盟双方共同启动CAFTA升级版谈判进程、加快互联互通基础设施建设、构建地区金融合作与风险防范网络、加强安全交流与合作并积极探讨签署中国—东盟国家睦邻友好合作条约等务实措施被归纳为"2+7合作框架"，已初步勾勒出"中国与东盟未来钻石10年的路线图"[①]。需要注意的是，虽然中国有能力承担区域治理，但要讲究"度"的问题，在推进湄公河地区合作的顶层设计和制度创新过程中，中国要避免把自己的观念和思想强加于湄公河国家，应该潜移默化地施加影响；要积极承担发展的责任，避免承担过多的安全和政治责任；同时也要避免四面出击，要确定和坚持合理的战略重点，要仔细区分就不同问题和国家而言的具体形势，制定具体的战略规划，并顺势而为，分阶段实施。

三 根据形势发展和现实要求提出新的合作理念

中国与湄公河国家关系的发展应建立在建设性、开放性和非排他性、包容性及灵活性的基础上。中国自2000年正式提出西部大开发战略，并逐渐超越国内视域，开始以区域稳定与发展的维度来推动中国西部地区的发展。通过加强与湄公河国家的经济联系，促进地区稳定，是中国长期追求的目标。

中国重心向西转移的"再平衡"蕴含两层诉求：第一是国内层次，即发展中国西部地区，缩小国内东西部差距，以平衡发展促进西部地区稳定；第二是周边层次，即将中国西部的发展与周边国家特别是湄公河国家联系起来，分享中国发展，形成区域发展合力，营造地区的发展与稳定。[②] 2013年，中国提出了包括建设"中国—东盟命运共同体"在内的一系列具有开创性的新政策，并在李克强总理提出

---

① 刘稚主编：《大湄公河次区域合作发展报告（2014）》，社会科学文献出版社2014年版，第35页。

② 吴兆礼、张洁：《周边安全形势的主要挑战与中国的应对》，《环球财经》2014年第1期。

的"2+7合作框架"① 中得到集中表述,这引起了东盟国家的高度重视和期待。同年,中国和印度共同倡议建设 BCIM 经济走廊,并得到了孟加拉国和缅甸的赞同和支持。今后,可在"一带一路"倡议构想下研究如何进一步加强互联互通建设,增大农业、制造业等领域的合作力度,加强在减贫等领域的合作。

政治方面,应积极探讨一些深层次的合作议题,开展一些有利于双方加深互信的活动,诸如对亚洲价值观、新安全观、东南亚发展模式、次区域文化比较研究等展开讨论;进一步推动双方的社会、文化教育的交流与合作,特别是要加强媒体的合作和交流,共同增强东亚的声音和话语权,可提出与湄公河国家共同建立新闻基金;注意加强湄公河国家年轻一代人对中国的认知和了解的有关工作,可在双方主要大学进一步增设 GMS 留学基金以及青年交流基金等。

安全方面,应进一步解放思想,积极推动新安全观的合作研究,在加强官方安全合作的基础上,鼓励"双轨"的安全对话和进行相关项目的共同研究,如就预防性外交议题加强双方的合作研究,以有效地促进双方的相互了解和理解;注意落实在非传统安全领域的合作项目,应加强现有的"反恐"和打击跨国犯罪方面的合作力度,加强跨境环保合作,积极推动与湄公河国家建立双边和多边危机预防与管理机制。

四 将"澜湄合作"打造成为周边外交和次区域合作的亮点,服务"一带一路"

目前在湄公河地区,还没有一个能真正覆盖全区域的地区性经济合作组织。MRC 虽然是一个地区组织,但该机构的工作主要涉及水资源管理,且中国和缅甸还只是其对话国,并不能代表整个区域及所

---

① 在2013年10月9日召开的第16次中国—东盟领导人会议上,李克强提出了中国与东盟的"2+7合作框架"论。"2"即两点政治共识:一是推进合作的根本在深化战略互信,拓展睦邻友好;二是深化合作的关键是聚焦经济发展,扩大互利共赢。"7"即加强七个领域的合作:一是积极探讨签署中国—东盟国家睦邻友好合作条约;二是启动中国—东盟自贸区升级版进程;三是加快互联互通基础设施建设;四是加强本地区金融合作与风险防范;五是稳步推进海上合作;六是加强安全领域交流与合作;七是密切人文、科技、交流等合作。

有领域。而亚开行主导的 GMS 合作机制，虽然在促进次区域各国各领域的合作方面发挥了巨大作用，但该机制也没有设立一个进行日常管理和沟通的具有权威性的国际机构。目前，虽然有 3 年一度的 GMS 合作领导人会议，但也缺乏常设的决策和功能性机构，致使该协商机制成为空中楼阁。GMS 六国想办的事情，亚开行不一定同意。而亚开行认为可以办的事，不一定完全符合 GMS 六国的愿望。

　　这方面，可以借鉴欧盟的经验。为了更好地利用和管理莱茵河，其流域国家瑞士、德国、法国、荷兰和卢森堡等成立了一个防止河水污染的国际委员会，后转变成一个政府间的国际组织。2014 年 11 月 13 日，在缅甸内比都召开的第 17 次中国—东盟领导人会议上，中国和湄公河国家领导人表示支持更紧密的次区域合作，欢迎六国探讨建立相关合作架构可行性的努力。为落实领导人的共识，首次澜湄合作高官会议于 2015 年 4 月 6 日在北京举行。各方同意启动磋商进程，争取早日建立澜湄合作机制。① 2015 年 11 月 12 日，澜湄合作首次外长会在中国云南省景洪市举行，澜湄合作机制正式启动。各国外长决定在政治安全、经济和可持续发展、社会人文三大重点领域开展务实合作，共同打造更为紧密、互利合作的澜沧江—湄公河国家命运共同体。② 2016 年 3 月 23 日，中国与湄公河国家领导人在三亚举行了澜沧江—湄公河合作首次领导人会议，决定将"政治安全、经济和可持续发展和社会人文作为澜湄合作的三大支柱"，并把"互联互通、产能、跨境经济、水资源和农业减贫合作作为澜湄合作初期的五个优先领域"，同意每两年举行一次澜湄合作领导人会议。③

　　这一新的合作机制应秉承协商一致、平等互利、统筹协调，尊重《联合国宪章》和国际法的基本原则；在政治上致力于加强互信和相互理解，维护和平与稳定；在经济上促进可持续发展，减少贫困，缩

---

① 《澜沧江—湄公河对话合作机制下月正式启动，将打造六国命运共同体》，2015 年 10 月 17 日，新华网（http://news.xinhuanet.com/asia/2015-10/17/c_1116855469.htm）。
② 《澜沧江—湄公河合作首次外长会联合新闻公报》，2015 年 11 月 12 日，新华网（http://news.xinhuanet.com/world/2015-11/12/c_1117126335.htm）。
③ 《澜沧江—湄公河合作首次领导人会议三亚宣言》，2016 年 3 月 23 日，新华网（http://news.xinhuanet.com/world/2016-03/23/c_1118422397.htm）。

小发展差距等;在社会文化上提升人文交流,增进睦邻友好。① 该合作机制所需资金来自中国和湄公河国家。其中,中方可利用援助资金、优惠贷款、区域合作资金等大力支持有关项目。若能顺利开展合作,作为一个国际组织,地区合作就有了机制上、法理上的保障。在国际组织的框架下,可以达成一系列综合性和单项的多边合作协议和谅解备忘录,并且通过该组织建立健全调研机制、监督机制和解决冲突机制。中国与湄公河国家间在合作中的各种矛盾,主要来源于相互间缺乏沟通、协调、了解和信任,地区组织可以通过各种渠道、方式和途径密切各方的关系,从而达成相互理解、谅解与合作。②

中国与湄公河国家建立澜湄合作机制,有利于湄公河国家实现可持续发展,缩小东盟国家发展差距,助力东盟共同体建设。通过举办澜湄合作高官会以及外长会议,全面启动澜湄合作机制,将会进一步加强中国与湄公河国家的政治互信、经贸合作和社会人文交流,促进整个湄公河地区的可持续发展,③继而增强中国在此机制中的倡议权和规则制定权。

这一合作机制的总目标是打造澜沧江—湄公河国家命运共同体。具体而言,应致力于三个共同体的建设:一是建设责任共同体,加强政治安全对话,不断增进战略互信,维护地区和平稳定;二是建设利益共同体,大力推进经贸合作,夯实共同利益基础,促进各国发展繁荣;三是建设人文共同体,积极推进民生建设,加强人民友好交流,促进各界和谐共处。这一机制同中国—东盟(10+1)、GMS合作、东盟—湄公河流域开发合作机制(AMBDC)等机制并行不悖,互为补充,协调发展,④将为提升次区域整体发展水平和东亚区域合作发

---

① 《澜沧江—湄公河6国打造新"朋友圈"》,2015年10月17日,中国新闻网(http://finance.chinanews.com/gj/2015/10-17/7574786.shtml)。
② 张锡镇:《中国参与大湄公河次区域合作的进展、障碍与出路》,《南洋问题研究》2007年第3期。
③ 《中国举办首次澜沧江—湄公河对话合作外交高官会》,2015年4月6日,新华网(http://news.xinhuanet.com/fortune/2015-04/06/c_1114880204.htm)。
④ 《澜沧江—湄公河6国建立对话合作机制,打造命运共同体》,《环球时报》2015年4月7日。

挥积极作用。

当然，就现实的角度而言，较为明智的选择是在 GMS 合作机制下，继续积极扩大和深化相关领域的合作。同时，可以将一些 GMS 合作机制涉及尚少的跨境运输安全、跨境水资源、减贫、边境管控、金融、人文交流等议题纳入澜湄合作机制，使该机制成为"一带一路"建设中的一个亮点和一个重要环节，继而取得"一带一路"建设早期收获的标志性成果。只有这样，中国才能夯实湄公河地区合作的基础，否则不可能阻止美国、日本等区域外大国在中国的大门口挖墙脚。

五 发挥既有优势，打造 GMS 合作升级版

自 1992 年亚开行倡导并启动 GMS 合作机制以来，GMS 合作已成为国际次区域合作典范，是深化中国与东南亚区域经济一体化的重要引擎。在新的形势下，如何打造 GMS 合作升级版，发挥其在"一带一路"建设中次区域合作的高地和辐射作用，尤显重要。在 GMS 合作框架下，中国与湄公河国家相关地方政府已经先后建立了"云南—泰北合作工作组""云南—老北合作工作组""中越五省市经济走廊合作会议""滇越边境五省协作会议""滇缅经贸合作论坛"等双边次国家合作机制。作为参与 GMS 合作的主体省份，云南和广西始终把推进连接湄公河国家的立体交通、能源、通信等基础设施互联互通作为参与 GMS 合作的重点。经过十多年的合作与建设，已基本建成东、中、西三个方向连接湄公河国家的公路、铁路、航空、水运立体综合运输体系和跨境能源信息通道。

未来，中国与湄公河国家应依托 GMS 经济走廊建设，完善跨境交通、港口、码头、口岸等基础设施。在走廊沿线重要交通和物流节点城市，发展运输物流业，不断完善供应链服务体系，并进一步加强功能性领域的合作。一是推进跨境经济合作区和边境经济合作区建设。积极推进中越凭祥—谅山和河口—老街跨境经济合作区、中老磨憨—磨丁跨境经济合作区建设，加快推进中缅瑞丽—木姐跨境经济合作区相关机制建设。以中越、中老、中缅跨境（边境）经济合作区建设作为 GMS 南北经济走廊建设的重要节点。

二是构建沿边开放经济带。以边境经济合作区、跨境经济合作区建设为重点,完善跨境交通、口岸以及沿边干线公路等基础设施,培育和发展商贸物流、跨境旅游,重点发展外向型特色加工制造业,加快形成沿边经济带。

三是继续加强功能性领域的合作。完善互联互通基础设施建设,建立 GMS 多形式运输体系。推动能源和电力市场一体化进程;加强电信互联互通,推广信息通信技术运用。推进旅游便利化,打造 GMS 统一旅游目的地。以 GMS 旅游走廊为核心,积极开发沿线旅游精品线路,完善旅游基础设施。仿效申根协定,探索推出通行 GMS 六国的 GMS 旅游签证,进一步简化跨境旅游手续。

四是加强农业合作和环境合作。促进有竞争力、环境友好和可持续发展农业支持人力资源开发,推进次区域一体化进程,积极引导和支持云南和广西教育培训机构与湄公河国家开展合作办学。①

六 加强安全合作,维护地区稳定,实现和谐共生

澜湄合作和 GMS 合作的顺利推进需要有关各方加强政治、安全等方面的合作。在"一带一路"建设过程中,如果没有"安全",则该倡议就不可能实现。可先易后难,由小及大,不断积累,在"一带一路"建设中让湄公河国家变得更加安全,从而保障"一带一路"建设顺利推进。应秉承习近平于 2014 年 5 月在亚信峰会上提出的"共同、综合、合作、可持续"的新安全观,始终坚持以互信、互利、平等、协作为核心的合作精神,倡导全面安全、合作安全、共同安全理念,力争做到同湄公河国家相互尊重、求同存异、和睦相处。

针对区域外大国与湄公河国家的军事合作以及对中国的围堵和遏制,中国可凭借现有发展合作的优势,增强与湄公河国家的政治互信,推动安保合作,采用双边与多边相结合的方式,在美日遏制的链条上打开缺口。

目前,除了传统安全领域以外,中国与湄公河国家在反对恐怖主

---

① 《各国积极付诸行动,中国云南不遗余力,打造 GMS 合作升级版》,《中国新闻》2014 年 7 月 31 日。

义、打击跨国犯罪、防治传染病以及环境保护、信息、防灾减灾等非传统安全领域也正在进行积极的合作。《大湄公河次区域发展未来十年战略框架》《大湄公河次区域贸易投资便利化战略行动框架》《南海各方行为宣言》等政府间文件的发表,是中国与湄公河国家共同努力的结果。未来,中国与湄公河国家应继续携手前进,在司法、海关、情报等部门建立长期、直接的联系合作渠道,使非传统安全合作经常化、制度化。这不仅有利于为 GMS 合作的顺利实施提供保障,也有利于湄公河地区的全面发展,并为打造周边命运共同体打下坚实的基础。

七 为湄公河地区各国提供适当的地区公共产品

公共产品除了物质层面的因素以外,也包括很多非物质东西,特别是一些观念、规范和制度。到目前为止,中国在物质层面已经做出很多贡献,但是在国际规范、国际道义、信用、制度等领域,尚待进一步提升。提供公共产品是一种双向获利的行为,从长远来看,其最终成本和收益基本一致。近年来,中国领导人在不同场合都一直强调中国梦与亚洲梦融合共荣,提出与湄公河国家等亚洲国家构建利益共同体、命运共同体和责任共同体,这反映了中国在推动地区公共产品供给以及建设相关机制方面的积极意愿。

中国应倡导和实践先进的发展理念,承担相应的发展责任,确立高水平的公共产品供给者角色,促进与湄公河国家的命运共同体建设,消除它们对受中国支配的疑虑,树立中国负责任、可信赖、建设性、讲道义的国际形象。中国可进一步发挥地缘相连、经济相互依赖和人文相通的优势,合理运用自身日益丰富的实力资源,借鉴美日欧等西方国家社会发展性援助经验以及中国—东盟自贸区"早期收获"的成功经验,有针对性地加强对湄公河国家的公共产品供给。中国可以把基础设施建设、贸易和金融等优势领域作为提供公共产品的优先方向,并考虑在某些领域"多予少取"甚至"只予不取",允许湄公河国家"免费搭车",使湄公河国家切实感受到参与中国倡导的合作理念和合作机制所带来的益处。借此,中国才能占据湄公河地区合作的制高点,以进一步巩固同湄公河国家的睦邻友好,深化互利合作,夯实利益共同体和命运共同体的基础。

中国可提供的地区公共产品主要包括贸易、金融、援助、基础设施建设等领域。具体表现在，通过与各国共建亚洲基础设施投资银行，提升丝绸之路基金的投资功能，推动交通、通信和能源等基础设施的互联互通，通过一些关键项目、关键节点和关键工程实现各国产业间的互联互通，实现管理制度与规范的衔接，继而为推进制度性互联互通创造必要前提；推动人民币结算点的建立和区域性货币的统一。① 中国可为加强与湄公河国家的经贸合作提供政策便利，继续对该地区欠发达国家实行减债，扩大优惠关税和免税等政策，大力推动双边投资，提升相互之间的经济依存度，使湄公河国家充分分享到与中国开展合作带来的机遇和实惠。要不断提升区域多边外交中的倡议能力，积极影响区域机制及相关规则的制定。多边机制能够有效弥补双边合作的不足，即通过具有约束性的区域多边机制提供公共产品并发挥主导作用，往往比直接介入更容易降低相关方的利益敏感性，减少湄公河国家对被支配的担心。

中国在提供此类公共产品时，应以真正符合中国、双边及多边的战略利益为出发点，讲求实效。在国际公共产品供给受惠面上，应使其与湄公河国家的需求相符合，不仅要使该国政府受惠，同时还应使普通民众受惠。这有助于提高其社会认知度，并进一步改善中国的形象。同时，要保证公共产品的供给能有助于促进中国与湄公河国家间共同利益的形成和分享。中国要跳出过于倚重资源开发的思路，更广泛地参与湄公河国家的经济社会发展，把资金投向一些与普通民众关系更为密切的项目，以产生更积极的社会影响。② 中国可拿出部分外汇，成立"中国—湄公河国家合作基金"，将其直接投入该地区的基础设施建设、环保和社会发展等领域，这样既可以促进该地区的发展合作，本身又可为中国不断积累财富，还可以得到该地区各国的肯定和称赞，可谓一石三鸟。③

---

① 卢光盛：《国际公共产品与中国—大湄公河次区域国家关系》，《创新》2011年第3期。

② 宋效峰：《湄公河次区域的地缘政治与公共产品供给》，《江南社会学院学报》2014年第4期。

③ 魏景赋、邱成利等：《大湄公河次区域经济研究——GMS机制内的产业与贸易合作》，文汇出版社2010年版，第228页。

当然，尽管中国已成为世界上第二大经济实体，在澜湄合作成员国中也最具实力。但要认清的是，湄公河地区公共产品的生产和供给是一个长期的、艰巨性的任务，也是一个需要各国共同参与的过程。中国无力独木而支，也无法承担所有湄公河国家在所有领域"免费搭车"的成本，应量力而行。

八　与东盟共同努力打造 CAFTA 升级版，加快 RCEP 谈判进程

2015 年 11 月，东盟领导人签署了《关于建立东盟共同体的 2015 吉隆坡宣言》，宣布同年 12 月 31 日正式建成以政治安全共同体、经济共同体和社会文化共同体三大支柱为基础的东盟共同体，同时通过了愿景文件《东盟 2025：携手前行》，承诺未来十年继续完善共同体建设。作为东盟最主要的对话和经贸伙伴之一，中国和东盟的合作迎来新机遇。中国和东盟的经贸往来一直是双方合作的一大亮点。随着东盟一体化进程推进，东盟成员国之间的贸易壁垒、市场分割将被打破，贸易自由化和便利化程度将进一步提高，这有利于中国在更高水平上与东盟开展经贸合作，优化资源配置，延伸产业链条。对中国而言，东盟的"后 2015 愿景"将带来巨大的合作机遇。比如，"后 2015 愿景"中包括大力推进基础设施项目建设、积极改善投资环境、吸引外资和技术等内容，这与中国提出的建设"一带一路"和筹建亚投行倡议高度契合，将为中国深化与东盟国家之间的互联互通和投资合作提供难得的机会。[①] 同时，中国和东盟十国通过了《落实中国—东盟面向和平与繁荣的战略伙伴关系联合宣言行动计划 (2016—2020)》。这份文件包含近 300 条合作举措，涵盖政治安全、经济、社会人文、次区域合作等内容，为双方未来 5 年各领域合作做出全面规划。[②] 这是对东盟共同体建设的巨大支持。

同月，中国还与东盟十国签署了 CAFTA 升级谈判成果文件——《中华人民共和国与东南亚国家联盟关于修订〈中国—东盟

[①] 唐奇芳：《东盟"后 2015 愿景"仍需共同努力》，2015 年 11 月 23 日，新华网 (http://news.xinhuanet.com/world/2015-11/23/c_128456181.htm)。

[②] 《刘振民介绍李克强总理出席东亚合作领导人系列会议成果》，2015 年 11 月 23 日，新华网 (http://news.xinhuanet.com/world/2015-11/23/c_128455488.htm)。

全面经济合作框架协议〉及项下部分协议的议定书》。CAFTA 是中国在入世后的经济外交上的最大成就，升级版的自贸区将包括更多更高阶段的经济合作内容，包括贸易环境透明化、消除非关税壁垒、扩大本币结算份额，减少汇率损失，以及加强技术转移等。2002 年，当 CAFTA 刚刚启动时，双边贸易额为 548 亿美元。2014 年中国—东盟双边贸易额达到 4803.94 亿美元，占中国全球贸易总额的 11.2%。12 年间增长了近 8 倍，年均增长 20%。双向投资从 2003 年的 33.7 亿美元增长到 2014 年的 122 亿美元，增长近 3 倍。① 目前，中国是东盟最大的贸易伙伴，东盟是中国第三大贸易伙伴，双方累计相互投资超过 1500 亿美元。CAFTA 升级《议定书》是中国在现有自贸区基础上完成的第一个升级协议，涵盖货物贸易、服务贸易、投资、经济技术合作等领域，是对原有协定的丰富、完善和补充，体现了双方深化和拓展经贸合作的共同愿望和现实需求。

东盟宣布 2015 年底建成东盟共同体，CAFTA 升级《议定书》的成功签署，恰逢其时，将有力地推动双方经贸合作再上新台阶，为双方经济发展提供新的助力，使 CAFTA 成为世界数百个自贸区中的重要板块，加快建设更为紧密的中国—东盟命运共同体。双方力争在 2020 年使贸易额达到 1 万亿美元。如果这一目标成功实现，东盟有可能超过美国，成为中国仅次于欧盟的第二大贸易伙伴，这将进一步巩固东南亚作为中国地缘经济战略后院的重要地位，有利于中国在全球更广泛的地缘空间中进行经济竞争。② 双方应落实好 CAFTA 升级谈判后续工作，共同推动双方经贸往来再上新台阶。通过进一步简化通关手续、升级原产地规则以及操作程序等措施，提升贸易便利化水平，力争实现 2020 年双边贸易额达到 1 万亿美元的目标。深化投资促进和便利化合作，创造稳定、有利和透明的商业环境，扩大服务贸易往来，并在农业、渔业和林业等领域开展经济技术合作。

---

① 《中国与东盟签署自贸区升级协议〈议定书〉》，2015 年 11 月 22 日，新华网（http://news.xinhuanet.com/world/2015-11/22/c_1117221943.htm）。

② 李巍：《自贸区谈判：中美缘经济的战略博弈》，《中国新闻周刊》2015 年 6 月 29 日。

面对 TPP 的压力，东盟一方面担心由此造成东盟自身的分裂，从而妨碍东盟一体化进程，更担心自身在东亚一体化进程中的地位下降。东盟主导 RCEP 谈判的主要目的，即是防止自身在美国的 TPP 攻势中被边缘化，以重塑东盟在东亚经济一体化中的主导地位。[①] 中国顺势对 RCEP 采取坚定支持态度，一来可以借此深化与东盟的战略伙伴关系，二来也可以借此部分分散美国 TPP 的外交压力，三来可以为建立亚太自由贸易区（FTAAP）等更大范围的自贸区铺平道路。2015 年 11 月 22 日，李克强总理与参加东盟峰会各国领导人就 RCEP 发表了联合声明，声明认为 RCEP 对于提高区域民众生活水平、带动经济发展具有重要意义，是本地区经济一体化的重要路径。有利于推动经济公平发展，加强各国间的经济联系。各国领导人欢迎谈判取得的实质性进展，要求谈判团队加紧工作，力争在 2016 年结束谈判。RCEP 如能谈判成功，其成员国人口将占全球人口的 50%，GDP、贸易额和吸引外资接近全球三分之一，是当前亚洲地区规模最大的自由贸易协定谈判，也是中国参与的成员最多、规模最大、影响最广的自贸区谈判。[②] 这将为构建更为完善的地区自贸体系奠定基础，从而实现区域经济一体化的目标。

第二节　中国进一步加强与湄公河国家关系的对策

湄公河国家通过推行大国平衡战略，大大提高了自身地位，并从中获益。中国指望湄公河国家与区域外大国减少往来是不切实际的，今后，湄公河国家仍将一如既往地推行这一战略。对此，中国应该给予更多的理解，并尽量站在湄公河国家的角度来考虑其困难和需求。

[①] 毕世鸿：《RCEP：东盟主导东亚地区经济合作的战略选择》，《亚太经济》2013 年第 5 期。

[②] 《李克强出席〈区域全面经济伙伴关系协定〉领导人联合声明发布仪式》，2015 年 11 月 22 日，新华网（http://news.xinhuanet.com/world/2015-11/22/c_1117220852.htm）。

随着"一带一路"的深入推进,尽快与湄公河国家实现"政策沟通、设施联通、贸易畅通、资金融通、民心相通"的"五通",尤显迫切和重要。中国要坚持"与邻为善、以邻为伴"和"睦邻、安邻、富邻"的周边外交方针政策,秉持"亲、诚、惠、容"的周边外交理念,深化同湄公河国家的互利合作和互联互通,打造周边命运共同体,努力使湄公河地区成为同我政治关系友好、经济纽带牢固、安全合作深化、人文联系紧密的可靠战略依托,共同营造和平稳定、平等互信、合作共赢的地区环境,具体对策如下。

一 正确认识和对待湄公河国家的疑虑,努力推动与周边国家的整体崛起

自进入21世纪以来,随着中国经济、社会和国防力量建设的快速发展,"实现中华民族的伟大复兴""实现中国的崛起""实现中国梦"等观念已深入人心,并成为中国对外交往的终极目标。但对于湄公河国家而言,却引发了一些针对中国的担忧。对中国崛起的担忧折射出湄公河国家的小国情结和弱者心态,这使得湄公河国家以避免最坏而非追求最好的心态,拉着美国、日本、印度等区域外大国"对冲"中国崛起的风险。湄公河国家由此采取的大国平衡战略,就是这种担忧的最好诠释。尽管中国政府和领导人已经多次明确表示中国不会挑战现存的国际体系,但湄公河国家的担忧则提醒我们,中国在深化与湄公河国家等周边国家伙伴关系的进程中,不仅要注重现有的国际法和国际体系,也要在现实和亚洲未来共同发展的基础上寻求新的平衡。

今后,亚洲的真正和平繁荣必将建立在新的国家、民族观念的基础上,同时走出后西方殖民体系和观念的阴影和大中华的历史阴影,使亚洲成为亚洲人自己的亚洲。这绝不是古代亚洲秩序或殖民地体系的再现,而是建立在当今权力、制度与观念分配基础上的超越古代和现代、超越中国和西方的全新秩序。

中国与湄公河国家关系的发展变化从根本上取决于双方的自身利益和共同利益。鉴于湄公河地区大国博弈和国家间关系的复杂性,中

国应强调中国是湄公河地区合作的积极参与者，并支持湄公河国家在发展合作中发挥主导作用。对于湄公河国家实施的大国平衡战略，中国应给予理解和宽容，尊重各国在政治立场上的独立自主。

包括湄公河国家在内的东南亚国家是中国周边外交的首要区域，按照"亲、诚、惠、容"周边外交新理念和"一带一路"倡议，湄公河国家是中国打造亚洲命运共同体、推进"一带一路"建设的重要合作伙伴，澜湄合作具有明显的相互需求和良好的双边基础。中国主张以对话共赢的"非零和"方式跨越彼此之间的矛盾分歧。中国不会谋求在湄公河地区攫取排他性的地区霸权，中国同样也反对其他任何国家、以任何名义在该地区主导建立排他性的霸权。中国坚信湄公河地区的和平稳定是地区发展的必然方向，是满足各方意愿的最大公约数。[①] 这一地区的和平稳定、发展繁荣，不仅符合中国与湄公河国家的共同利益，也将有力促进东盟共同体建设以及东盟一体化进程，并为推动中国—东盟互联互通和东亚区域合作发挥积极作用。

同时，中国需要不断强调湄公河国家的安全、繁荣和发展将大大有利于中国的安全、繁荣和发展。在实现这一目标之前，中国要避免任何一种意识形态霸权观，比如以政体的优势歧视对方，或者以文化优越感歧视对方，抑或以经济优势轻视对方，避免想当然和不尊重对方的单边主义想法和举措，[②] 要虚怀若谷，防微杜渐。我们要谨防流露恩赐心态、"老大"心态和急于求利、"义不及利"倾向。中国庞大的消费市场和经济体量，当然是湄公河国家的理想选择，但却并不是唯一选择。在经济放缓、周边环境复杂的大环境下，中国要实施"一带一路"倡议的宏伟构想，就更应该争取尽可能多的支持。其中，中方可与湄公河国家继续就商签"中国—东盟国家睦邻友好合作条约"保持沟通，为双方关系长期稳定发展提供法律保障，借此

---

① Bi Shihong, "China-Myanmar Engagement May Deepen in Trump Era", *Global Times*, January 28, 2017.

② 王义桅:《正视周边国家对我担忧》，2008年1月9日，中国网（http://www.china.com.cn/international/txt/2008-01/09/content_ 9505184.html）。

向外发出地区发展稳定、可预期的积极信号。

二 坚持正确义利观,加强中国与湄公河国家政府间的信任和相互支持

在拓展中国与湄公河国家经济合作的同时,有必要进一步加强双方的政治对话与合作,增进相互了解与信任,这是次区域全面发展的重要内容。自习近平担任国家主席以来,中国周边外交"一带一路"倡议、"命运共同体"、亚投行、丝路基金等亮点频出,并得到了包括湄公河国家在内的周边国家的热烈支持和积极响应。习近平在博鳌亚洲论坛 2015 年年会上更进一步强调,"只有合作共赢才能办大事、办好事、办长久之事。要摒弃零和游戏、你输我赢的旧思维,树立双赢、共赢的新理念,在追求自身利益时兼顾他方利益,在寻求自身发展时促进共同发展"[①]。通过这一系列推陈出新的举措,中国不断向湄公河国家输出发展红利,推动中国与湄公河国家的互利共赢,促进与湄公河国家的共同发展,为打造亚洲命运共同体夯实基础。

今后,中国与湄公河国家应坚持"相互尊重、平等互利、彼此开放、共同繁荣、协商一致"的次区域合作原则,保持和加强双方高层之间的互访和各级部门的频繁接触,继续利用 APEC、东亚领导人会议、东盟地区论坛和 GMS 合作领导人会议等业已存在的对话磋商机制,增强彼此间的了解和信任。以 GMS 合作第 3 次领导人会议签署的《领导人宣言》为新起点,进一步巩固双方关系的政治法律基础,为打造 CAFTA 升级版、建设中国—中南半岛经济走廊和孟中印缅经济走廊创造良好的合作氛围。继续保持和发展双方已建立的良好关系,进一步夯实和推进双方的政治关系基础。

具体而言,中国与湄公河国家可在以下三个方面进一步开展工

---

① 《习近平主席在博鳌亚洲论坛 2015 年年会上的主旨演讲(全文)》,2015 年 3 月 29 日,新华网(http://news.xinhuanet.com/politics/2015-03/29/c_127632707.html)。

作。一是保持领导人的密切接触、沟通和交流，坚持双边最高领导人年度会晤机制，建立双方领导人深厚的个人感情。2015年4月，中越最高领导人达成了"北京共识"，确定了深化两国全面合作战略伙伴关系的目标和路径，这就为中越两国进一步深化"四好"关系提供了重要的政治保障。二是要做好增进互信，实现发展战略对接的工作。要积极推动"一带一路"建设同湄公河国家发展战略的有效对接，做到既不大张旗鼓地过分宣扬，也要向相关国家及组织适当地"吹风"，甚至必要时适当地做些解释和说明工作，争取其理解和支持。双方可充分发挥中国—东盟互联互通合作委员会的作用，积极参与《东盟互联互通总体规划》，推动重大交通基础设施的建设，共建中国—东盟信息港。三是加强与湄公河国家在国际机构和组织中的磋商协调和协作，特别是加强与湄公河国家在东亚系列会议、亚欧首脑会议以及联合国内的协调。四是鼓励湄公河国家在国际事务中发挥应有的作用，促进党际、社会团体的互访交流，同时加强治国理政经验的交流。

三　坚持上下并重和内外结合，注重顶层设计与公众参与的无缝链接

在以往，战略顶层设计往往被认为是集权国家的计划控制模式，而公众参与被认为带有西方民主化色彩。而到了今天，体制、法制、机制顶层设计的重要性已得到国际社会普遍重视，良好的发展起始于顶层设计，但再好的社会制度设计和发展愿景如果不能得到湄公河国家民众的接纳和有效参与，只会造成合作事业的停滞，使得发展合作未必走向繁荣，而是在发展与安全间呈现出相互掣肘的钟摆运动。

中国必须深入认识湄公河国家充分参与合作的必要性，认识为此进行更长远充分的国际协商的必要性，以真正发挥湄公河国家的主观能动性和积极性；必须将它们真正做成国际集体事业，因为这样才能消减外部阻力，争取它们的真正成功。同时，中国也要综合考虑湄公河地区各国的需求，重视其意见，做到统筹安排和有针对性的战略设

计,以进一步推动该地区的发展合作,帮助该地区各国实现其经济和社会的可持续发展,最终使得这些国家依赖中国的制度设计和市场,从而巩固中国的周边环境。

中国需要将某些重要创议着意留给湄公河国家,为此可以等待,在等待中妥善地"动员",谨防未真干而先大吹。① 近年来,在湄公河、伊洛瓦底江、萨尔温江等跨境河流的水资源开发和水电站建设已屡次发生规划推迟或项目搁置问题,如缅甸密松水电站于2011年9月被缅甸政府搁置,而这些事件的背后都是各国政府与市民社会的利益协调问题。NGO在其中扮演了重要的角色,在过往的外交、经济、文化交往中,中国和湄公河国家都注重官方外交,在公众外交已成为外交战线不可分割的组成部分的今天,应该积极开拓和开展"第二轨道"外交,尤其是重视具有公信力和第三部门特征的社会组织和NGO的培植,促进民间沟通渠道的建立。今后,中国需要更加开放引导和加强NGO等社会组织的培养和能力建设。②

四 坚持合作共赢,大力发展产能合作伙伴关系

中国和多数湄公河国家处于不同发展阶段,尤其是工业化、城镇化正在加快发展的柬老缅越四国,对适用技术装备和基础设施建设需求强劲,但其产业、产品多数仍处在低端,而中国拥有中端装备产能,性价比高、综合配套和工程建设能力强。通过国际产能合作包括三方合作把各自优势结合起来,不仅可以有效对接各方供给与需求,而且可以用供给创新带动需求扩大,从而更好地满足湄公河国家需要,更好地破解产业发展难题并提升产业层次,更好地推动全球产业链高中低端深度融合。③ 通过开展国际产能合作,位于全球价值链上不同位置的国家,通过多方产业、资金及技术合作,共同"分享"经济与社会发展成果,在多方深度合作中重构价值链,实现"多赢"

---

① 时殷弘:《关于中国对外战略优化和战略审慎问题的思考》,《太平洋学报》2015年第7期。
② 周章贵:《中国—东盟湄公河次区域合作机制剖析:模式、问题与应对》,《东南亚纵横》2014年第11期。
③ 田原:《东亚区域合作潜力巨大》,《经济日报》2015年11月21日。

格局。①

今后，中国要围绕"一带一路"的重点领域，结合 CAFTA 升级版和澜湄合作机制建设，与湄公河国家一道，共同挖掘贸易潜力，扩大相互投资规模，在国际产能合作、产业园区合作、跨境经济合作等方面，推动一批重大项目落地。各方应坚持循序渐进的原则，以创新、灵活、多样的方式，兼顾各国不同的发展水平，打造符合本地区实际情况产业合作模式；通过采取差异化的产业合作政策，形成错位竞争，实现中国与湄公河国家产业结构的调整和升级；通过制定投资、保险等领域的新优惠措施，推动中国企业"走出去"，深化与湄公河国家的利益融合。

中国和湄公河国家的相关企业可以利用中国—东盟投资合作基金等金融支持，推动在新兴产业建设方面的项目研发与推广，共同推动新兴产业的发展。面对全球日益突出的环境资源问题，将绿色经济、节能环保、新能源、可再生能源领域的交流合作变为中国与湄公河国家合作的新方向。双方可以在科技部门、大学、科研机构和企业等中建立合作机制，推动新能源产业的发展。中国与湄公河国家要把新能源与新材料以及生物、医药、信息等新兴产业打造成为产业合作的新亮点。② 同时，也要充分利用中国的市场容量和购买力，放松湄公河国家的对华出口，提升其对中国市场的依存度，使湄公河国家优先从中国的经济发展中获益，进一步夯实利益共同体和命运共同体的基础。③

此外，鉴于亚开行一直都是湄公河地区合作重要的资金供给方和合作协调人，为湄公河地区各国的经济和社会发展做出了巨大贡献。由一个国际金融机构作为发起人而形成的一个成功的区域经济合作机制在全世界并不多见，这也是由湄公河地区的复杂的内外环境所决定

---

① 《李克强：国际产能合作打开一扇崭新窗户 1+1+1>3》，2015 年 8 月 12 日，新华网（http://news.xinhuanet.com/politics/2015-08/12/c_128122031.html）。
② 李向阳主编：《亚太地区发展报告（2015）》，社会科学文献出版社 2015 年版，第 54 页。
③ 卢光盛、金珍：《"一带一路"框架下大湄公河次区域合作升级版》，《国际展望》2015 年第 5 期。

的。大国相互制衡使得亚开行成为协调这一地区发展合作的各方都认可的中介。因此，在目前周边环境并不乐观的前提下，积极支持亚开行在湄公河地区合作中发挥主导作用显得尤为重要。从操作上看，在水电建设项目上积极取得亚开行的贷款，不仅有利于减轻资金压力和风险，而且还有助于在一定程度上减轻中国企业的公关压力和国际NGO 的指责。①

五 不断推出并实施"早期收获"项目，扩大与湄公河国家合作的成果

要构建中国与湄公河国家开放与合作的新发展机制，建立开放与合作的大市场，建设互联互通网络。在合作的过程中，中国可以借鉴CAFTA"早期收获"项目的成功经验，把贸易、金融、水资源管理、扶贫、公共卫生、人员交流、基础设施建设、科技等优势领域作为实施"早期收获"项目的优先方向，通过一定的让利措施，从而让湄公河国家优先从中国不断增强的经济实力中受益，给湄公河国家人民带来实惠，继而增大其对中国市场和投入的依赖性。

第一，把老挝和柬埔寨作为推动"一带一路"建设和澜湄合作的支点国家。当前，在湄公河地区，中国在东线与越南、西线与缅甸的合作都存在诸多短期内难以解决的障碍，而与中路的老挝和柬埔寨合作条件相对较好，可将两国作为"一带一路"和澜湄合作的支点国家，加大扶持力度。在 CAFTA 合作中，老柬享受与其他东盟国家同样的优惠条件，但在"一带一路"和澜湄合作中，中国可在资源投入上向老柬两国进行倾斜。

第二，中国与湄公河国家应积极探索新的贸易增长点，实现双边贸易额持续快速增长。一是发展湄公河国家有需求、中国有优势的装备制造业，二是发展太阳能发电、垃圾发电、小型水电等环保项目，三是开展农产品深加工合作。以经济走廊为依托，建立亚洲互联互通的基本框架，进一步提升走廊沿线的贸易便利化水平和吸引投资能

---

① 沈铭辉：《大湄公河次区域经济合作：复杂的合作机制与中国的角色》，《亚太经济》2012 年第 3 期。

力，促进域内经贸水平的全面提升。

第三，全力推动中国—中南半岛经济走廊和孟中印缅经济走廊建设，积极推进中越河口—老街跨境经济合作区、中老磨憨—磨丁跨境经济合作区、中缅瑞丽—木姐跨境经济合作区的机制建设。中国可与老挝和柬埔寨一道，将昆曼公路和中老铁路延长至金边、西哈努克港，打造中老柬经济走廊，使拟建的中老铁路和已建成的昆曼公路发挥更大效益，同时获得新的出海通道。将中老柬经济走廊建设作为澜湄合作旗舰项目，秉承"友好协商，总体规划，共同建设，分段实施"的原则，先期修通昆明—万象和金边—西哈努克港区间的高等级公路和铁路，使老挝和柬埔寨享受早期收获成果，形成示范和带动效应。以建设中老柬经济走廊和磨憨—磨丁跨境经济合作区为契机，夯实中老泰经济走廊内涵，带动昆明—皎漂铁路、昆明—海防铁路、瑞丽—木姐跨境经济合作区和河口—老街跨境经济合作区的建设，实现"一带一路"框架下中国经中南半岛"四路出海"的目标。

第四，可充分发挥亚投行、丝路基金、中国—东盟投资合作基金①等平台的作用，同时利用即将设立 100 亿美元的第二期中国—东盟基础设施专项贷款，为有关项目提供融资支持，深化与湄公河国家在交通、能源、节能等方面的合作；争取上述金融平台的资金支持，继续积极推进泛亚铁路建设，争取中泰、中老铁路等重大项目尽早开工，争取将中缅昆明—皎漂公路和铁路以及陆水联运等重大基础设施项目提上议事日程，促进地区互联互通和信息联通；落实 GMS 便利跨境客货运输协定。

六 坚持心心相印，大力加强人文交流和公共外交

中国近年提出，打造与周边国家的安全共同体、与发展中国家的命运共同体，就是要让崛起的中国实力更好地融入周边地区，从而让周边国家接纳中国崛起。这不只是减少崛起阻力，更在推动中国与周

---

① 2009 年，时任中国总理温家宝在博鳌亚洲论坛上宣布，中国决定设立一个总规模达 100 亿美元的"中国—东盟投资合作基金"。该基金由中国进出口银行主发起成立，为中国与东盟国家企业间的经济合作提供融资支持。基金于 2010 年 4 月正式成立并开始运营。

边国家的相互塑造——中国与周边国家的关系从单向接轨转变为双向建构。① 为此，应秉承"国之交在于民相亲、民相亲在于心相通"的理念，要加大民生帮扶和政策宣示力度，不断提升中国的软实力，让湄公河国家民众能够理解、接受、支持和选择与我合作。一方面，要促成中国和湄公河国家双方有更多的文化和价值认同，有更多的共同爱好和兴趣，这需要人文、教育方面的互动，在不断的交流与切磋中形成更多的价值认同。另一方面，在国家作为外交活动唯一主体的时代，命运共同体只是外交活动要达到的一种理想境界，因为这与威斯特伐利亚体系的主权原则截然有别。② 但是在信息化时代，公共外交、民间外交在政府之外开辟出新的外交领域，个体成为外交的参与者，命运相连的感觉也是可以逐渐培养的。

要着力加强对湄公河国家的公共外交、民间外交、人文交流，创新人文交流方式，把和平、开放、包容、合作共赢等理念作为中国与湄公河国家的共同价值观，深入开展旅游、科教、地方合作等友好交往，巩固和扩大中国同湄公河国家关系长远发展的社会和民意基础，让湄公河国家客观、全面、动态地认识中国新形象，理解复杂中国的内政外交，从而有效提升中国的软实力，讲好中国故事，让湄公河国家理解和接受中国梦，真正实现"民心相通"，把实现中国复兴的"中国梦"与湄公河国家的强国之梦联结起来，让命运共同体意识在湄公河国家落地生根。③

在加强人文交流和公共外交的过程中，要善于发挥佛教等宗教在密切与相关国家关系中的公共外交作用，支持缅甸等有关国家化解本国由民族、宗教问题引发的冲突、矛盾，同时努力避免卷入缅甸等国宗教、民族争端的旋涡。在这个过程中，也要十分注意防止邻国的民族宗教问题向中国溢出。

同时，也要特别重视海外华人华侨这一群体。特别是在泰国等湄

---

① 王义桅：《中国公共外交的自信与自觉》，《红旗文稿》2015年第4期。
② 孙兴杰：《中国周边大外交如何打造命运共同体》，《青年参考》2013年10月30日。
③ 刘稚主编：《大湄公河次区域合作发展报告（2014）》，社会科学文献出版社2014年版，第36—37页。

公河国家，不少华人华侨团体拥有各领域的精英，在当地社会有着巨大影响力，与当地政府和民间各行业有着千丝万缕的关系。因此，要特别注重通过华人华侨使用本土话语体系讲述中国故事，传递中国声音，将有助于加快实现中国人民与湄公河国家民众的"民心相通"①，继而培育客观友善的周边舆论环境。

七 坚持共存共荣，加大对柬、老、缅、越四国的援助力度

对外援助既是一种国际经济行为，同时也是一种国际政治行为。② 对外援助是中国整体对外政策的组成部分，是中国长期的可持续的和平发展战略的一个组成内容，是中国经济外交的具体实施步骤之一。③ 新一届中央领导就任以来，国家主席习近平先后多次在会议和访问场合中做出了相关论述，如"多予少取、先予后取""欢迎搭车"等，并在中央外事工作会议上正式提出"讲信义、重情义、扬正义、树道义"等新理念。2012年的中共十八大也提出要"努力使自身发展更好惠及周边国家"。中国的对外援助是建立在互利共赢、共同发展的基础之上，其指导原则和目的与西方有着本质的差异。为此，未来中国的对外援助，要服务于中国对外战略总目标，这样才能有效地发挥对外援助的作用和效果，推动中国外交战略总目标的实现。

中国对柬、老、缅、越四国的援助，最终的目的就是要促进四国经济发展和社会进步，从而实现双方的共同发展，从而提高与四国关系的质量，并帮助东盟缩小内部发展差距。因此，今后中国对外援助，在实施援助计划、进行项目审批过程中，要结合受援国的具体国情，切实开展实地调研，注意受援国的现实需要。中国尤其要调整和优化援助结构及方式，尽可能发挥援助的综合效益，打破有关国家"连横"制约中国的潜在可能。

---

① 陈奕平：《"一带一路"建设离不开海外华侨华人》，2015年7月5日，人民网（http://world.people.com.cn/n/2015/0705/c397302-27256215.html）。
② 张学斌：《经济外交》，北京大学出版社2003年版，第369—370页。
③ 黄梅波：《中国对外援助机制：现状与趋势》，《国际经济合作》2007年第6期。

不仅要注重大型项目的示范效应，还应更加重视通过小型项目来解决柬、老、缅、越四国相关地区民众急需解决的发展难题，向四国民众展现中国的善意，如此既造福于一方百姓，同时也把友好的种子播撒在当地。针对四国建设资金严重缺乏的问题，可向四国提供多种形式的优惠贷款和无偿援助。今后还应特别强调平等的伙伴关系和自身能力的建设，加强对人力资源开发、环保、卫生、减贫等社会领域的援助，以争取四国的民心、培养知华派和友华派。目前，柬、老、缅、越四国人民对中国援助修建的医院、学校、道路和体育场所等与民生息息相关的项目都给予了高度评价，这表明这些项目是当地人民迫切需要的。这样的援助不仅达到预期目的，起到了很好的效果，同时也将进一步提高中国的国际地位，展现中国的良好形象。

需要特别强调的是，除了继续重视对缅甸和越南提供力所能及的援助以外，可将援助向与中国保持友好合作和密切协调立场的老挝和柬埔寨做适当倾斜。鉴于老挝和柬埔寨领导人高度重视并明确表示支持中国提出的"一带一路"倡议，且其政权相对稳定，而越南因南海主权争端问题对中越合作顾虑重重，缅甸因政治经济转型导致中缅合作短期内出现不确定性，中方可依托中国政府援助老挝和柬埔寨政府编制的《老挝北部九省产业经济发展及合作规划》《柬埔寨高速公路发展总体规划》等，以建设中老磨憨—磨丁跨境经济合作区、万象赛色塔综合开发区、西哈努克港经济特区等境外经贸合作园区为标志，对老挝和柬埔寨在基础设施建设、农业、扶贫、环保、水资源利用、人才培养、金融等领域加大援助力度，让其享受更多与中国深化合作的好处，并择机向缅甸和越南推广。

八 因应形势的改变，重振中国话语体系，妥善处理南海主权争端

虽然南海问题涉及的是中国与东盟部分国家间的双边分歧，不是中国与东盟整体之间的问题，但南海争议的长期化总是难以让越南与中国建立政治和安全互信关系。从目前的形势来看，由于美、日等区域外大国的搅局，南海主权问题不可能在短期内得到根本性解决，中国需要在维权的同时保持南海局势的平稳,不给其他国家制造事端的借口,防止南海争端影响到"一带一路"建设的顺利推进。当前,包括湄公河国家在内的东盟各国在南海问题上意见不一,一个反对中国南海政策的联盟尚未形成,中国要防止越南等国在美、日的唆使下形成一个从反对中国南海政策而扩大为反对中国复兴的联盟。更为重要的是,虽然对于威胁的认知并不一致,但"以和平手段解决领土争端"已成为各声索国的共识。

中国的南海政策不应给人既要挑战美国又要推翻现有国际规范的印象,中国在南海维护主权并保持一定程度的军事威慑力,但主要应通过谈判协商和平解决争议,坚持公开透明,通过机制对话管控争议,积极与越南等东盟声索国谈判新的南海行为准则,以双边与多边双管齐下的方式管控南海争端。① 同时,也要从越南等国的角度来考虑问题,对越南行为的反应有所节制,保持理性的态度,不轻言诉诸武力,力避擦枪走火,② 积极探索通过合作和共同开发实现互利共赢,并全面深化与越南之间的关系,与越南共建"21世纪海上丝绸之路",以此来带动中国与东盟国家在海上的全方位合作。

2014 年 7 月,中国外交部长王毅在出席东盟外长系列会议时提出"双轨"思路,同年 10 月李克强总理出席东亚峰会期间给予确认。目前,中国和东盟已确定处理南海问题的"双轨"思路,即由直接当事国通过谈判协商妥善解决争议,中国和东盟共同维护南海的和平稳定。2014 年 9 月 7 日,王毅在悉尼出席中澳外交与战略对话时表示,在南海问题上应做到"四个尊重",即尊重历史事实、尊重国际法规、尊重当事国之间的直接对话协商、尊重中国与东盟共同维护南海和平稳定的努力。2015 年 6 月 27 日,王毅在第四届世界和平论坛上指出,中国将继续合情合法地维护好在南沙的正当权利。中国

---

① [新加坡] 张锋:《中国的南海政策与海上丝绸之路矛盾吗?》,2015 年 6 月 22 日,联合早报网(http://www.zaobao.com/forum/views/world/story20150622-494521)。
② [新加坡] 蔡永伟:《在南海问题上再展善意,中国表明绝不轻言动武》,2015 年 10 月 18 日,联合早报网(http://www.zaobao.com/news/china/story20151018-538689)。

将与东盟国家一起通过合作,维护南海的和平稳定,维护各国根据国际法享有的南海航行和飞越自由。同年8月5日,王毅在中国—东盟外长会上提出"维护南海和平稳定三点倡议,即南海地区国家承诺全面有效完整落实《南海各方行为宣言》,加快'南海行为准则'磋商,积极探讨'海上风险管控预防性措施';域外国家承诺支持地区国家上述努力,不采取导致地区局势紧张和复杂化的行动;各国承诺依据国际法行使和维护在南海享有的航行和飞越自由"①。王毅在此前更指出,中方在南海问题上将奉行"五个坚持,即坚持维护南海的和平稳定,坚持通过谈判协商和平解决争议,坚持通过规则机制管控好分歧,坚持维护南海的航行和飞越自由,坚持通过合作实现互利共赢"②。

在此基础上,2015年11月22日,李克强总理在出席第十届东亚峰会时,更进一步提出各国共同维护南海和平稳定的五点倡议。即"各国承诺遵守《联合国宪章》的宗旨和原则,共同维护国际和地区包括南海地区的和平与稳定;直接有关的主权国家承诺根据公认的国际法原则,以和平方式解决领土和管辖权争议;有关各国承诺全面有效完整落实《南海各方行为宣言》,加快'南海行为准则'磋商;区域外国家承诺尊重和支持地区国家维护南海和平稳定的努力,不采取导致地区局势紧张的行动;各国承诺依据国际法行使和维护在南海享有的航行和飞越自由"③。中方发表的上述一系列倡议表明,中国试图透过将南海争端"适度地区化"来防止其"全面国际化",④ 从而达到稳定与越南等东盟国家关系的目的。

需要强调的是,作为南海主权声索国的一方,"越南没有能力扮演引导南海争端谈判进程的角色。而作为最大的南海沿岸国,中国应

---

① 《王毅提出维护南海和平稳定"三点倡议"》,2015年8月5日,新华网(http://news.xinhuanet.com/world/2015-08/05/c_1116158507.htm)。
② 《"双轨"思路和"五个坚持"是解决南海问题办法》,2015年8月4日,人民网(http://world.people.com.cn/n/2015/0804/c1002-27410490.html)。
③ 《李克强在第十届东亚峰会上提出南海问题五点倡议》,2015年11月22日,新华网(http://news.xinhuanet.com/world/2015-11/22/c_1117220760.htm)。
④ 薛力:《21世纪海上丝绸之路建设与南海新形势》,载张洁主编《中国周边安全形势评估(2015)》,社会科学文献出版社2015年版,第222页。

彻底摆脱'被外方推着走'的局面,有责任协调并设计出一套体现共赢的南海争端解决方案,在顾及各方共同利益的前提下主导争端解决进程"①。相信在上述"双轨"思路、"四个尊重""五个坚持"和"五点倡议"的指引下,只要中越两国坐下来认真商谈,就能在协商一致的基础上早日达成《南海行为准则》,继而实现扩大合作、增加共同利益、化解争端、管控分歧的目标。

九 坚持守望相助,深化非传统安全合作

在构建更加合理的区域安全合作框架过程中,非传统安全领域是一个突破口。中国应高度重视解决各种跨境非传统安全问题,与湄公河国家共同建立非传统安全合作机制。中国要应用政治互信、经济共赢、非传统安全和生态环保等各种利益纽带,把中国同湄公河国家连成一个有机整体。同时,也要用各种基础设施把中国同湄公河国家连成一个网状的、鸟巢似的地区结构,使你中有我,我中有你,进而打造中国周边的"利益共同体"②。

围绕湄公河水资源开发、生态环境保护、农林渔牧业生产、反贫困以及打击跨境犯罪、防范传染病等问题,中国要与湄公河国家一道,进一步研究如何深化合作及相关利益分配问题,化解其对政治和外交领域可能造成的压力,继而做地区应对非传统安全挑战的贡献者和领导者。

截至目前,中国已与老、缅、泰等国就打击跨国有组织犯罪、保障湄公河航道安全建立了湄公河流域执法安全合作机制以及毒品替代种植合作机制。2002 年,中国与东盟发表了《关于非传统安全领域合作联合宣言》。2004 年,中国与东盟签署了《非传统安全领域合作谅解备忘录》。2004 年、2007 年、2012 年,中国与湄公河国家分别签署了《大湄公河次区域反对拐卖人口合作谅解备忘录》《大湄公河次区域合作反拐进程联合宣言》和《大湄公河次区域合作反拐进程

---

① 薛力:《中国应抓住时间窗口推行南海新方略》,2017 年 6 月 13 日,FT 中文网(http://www.ftchinese.com/story/001072967?full=y)。
② 张锡镇:《中国需要地区一体化的总体战略》,《世界知识》2010 年第 6 期。

第二次联合宣言》。①

未来,中国可与湄公河国家探索更多形式、更深层次的合作。在中国—东盟合作框架内,中方可与湄公河国家早日实现防长非正式会晤机制化,探讨建立防务直通电话。双方应加强打击跨国犯罪、反恐、灾害管理等非传统安全领域合作,并实现执法安全合作部长级对话的机制化。在水资源利用领域,鉴于 MRC 的权威性尚不足以解决技术层面以外的问题,而且各方的认知差异和外部因素的介入也加大了集体行动的难度,须着眼于治理的整体性,积极适应包括 NGO 在内的多元主体参与的区域治理模式,加强与各方的协调并倾听相关利益群体的意见,以更加透明的态度做好对外沟通工作。尤其要解决信息不对称问题,在互信积累的基础上促进相关领域合作的影响正向外溢,扭转彼此间存在的经济与安全关系背离的现象。

十 坚持知彼知己,加强人才培养,深化对湄公河地区和国家的研究与交流

对一个国家和地区的学术研究往往最能反映出对这个国家和地区的重视程度。从中国目前学术界的研究状况来看,大量的学术资源和人才仍然集中在对西方发达国家的研究方面,而对于包括湄公河地区在内的周边地区的研究则仍处于粗放阶段,主要体现在缺乏国别研究和研究领域狭窄方面,这与改革开放以来中国重视大国和发达国家的战略不无关系。同样,类似的状况在湄公河国家也不同程度存在,一些湄公河国家对中国的了解程度甚至不如对西方国家的了解。

因此,中国要大力加强对湄公河国家的语言、文化、宗教和其他基本形势的学习,充分了解其国情、政情与民情,进一步加强相关人才培养,以便消减中国自身与相关邻国对对方的知识欠缺、技能欠缺和经验欠缺,而且应该是双向的教育和人才培养,从而渐进性地构建中国在湄公河国家的"软性基础设施"。

在研究导向上,中国的研究机构应该进一步向周边研究倾斜,国

---

① 刘瑞、金新:《大湄公河次区域非传统安全治理探析》,《东南亚南亚研究》2013年第2期。

家也应从资源和人才培养方面给予更大的支持,既要开展区域性的整体研究,也要加强国别研究,要将新型智库建设从宏观研究推向微观、实证和境外调研层面上。尤其应加大支持湄公河国家对中国的研究和交流,使其增进对中国的了解和理解,为未来的战略关系打好基础。[①] 可从澜湄六国各择取2—3个高端智库,共建澜湄智库网络,轮流在湄公河国家召开年度智库网络会议,就澜湄合作的重大问题和前瞻性问题进行研讨,为澜湄合作建言献策。以澜湄智库网络为平台,既可更好地了解其他澜湄国家的立场与需求,又可借助周边国家智库在本国的影响力,进一步传播我国的周边外交与合作理念。

第三节　中国应对区域外大国的介入的对策

对于湄公河地区,中国在地缘政治上拥有其他大国无法比拟的优势,但区域外大国也不甘落后。美国使出杀回马枪的招数,日本要加大赌注,印度则东进捞取实惠。当前,中国经济总量在东亚已占鳌头,美国等国已经感受到权力转移的压力,湄公河国家更有因"扈从"而失去自主性的恐惧。区域外大国与湄公河国家,都极易沉迷于防范中国的合理怀疑。着眼于湄公河地区—东南亚乃至整个亚太地区格局,该地区的地缘政治经济博弈反映了上述区域外大国"间接对华"的战略意图。尽管资源和市场是各种力量参与地缘经济角逐的焦点,但它不可避免地会在政治层面产生溢出效应,一些经济、社会和环境问题很容易被政治化,从而使湄公河地区低级政治与高级政治议题相互作用,非传统安全与传统安全问题交织。经济外交、"软实力"和"巧实力"外交、环境外交和安保外交,已成为一些大国介入湄公河地区合作的重要手段。虽然近年来美国的经济实力相对下降,但其优势依然明显,日、印、欧等国或地区组织的软实力资源也比较丰富。但在全球化时代,大国之间已成为利益攸关方,最后还是要和平共处。

---

① 于迎丽:《构建中国周边战略:挑战与思考》,《东南亚南亚研究》2014年第2期。

一 以开放和包容的姿态应对区域外大国的介入

约翰·米尔斯海默曾认为,崛起中的大国必须通过扩张来生存,这常常导致它们谋求地区霸权并引发冲突。① 亚洲不是过去的亚洲,亚洲的事务不是某一个国家能够决定的。由于互不信任及缺乏合法性,各大国也无力单独领导亚洲地区。在地区和全球层面,大国之间虽然存在竞争,但也存在合作,彼此之间的相互依赖也在进一步增强。因此大国之间的相互博弈中有一个远景目标,即寻求一种共处之道。尤其是大国之间都应认识到,如果发生全面对抗的话,可能没有赢家。面对由区域外大国主导的湄公河地区合作"机制拥堵"的局面,这在很大程度上取决于主导者在理念倡导、规则制定等方面所体现出的规范能力。

中国期待区域外大国退出湄公河地区是不现实的,应本着"互利互惠、合作共赢"的原则,正确看待在该地区存在的结构性矛盾,以开放包容的心态和理性的姿态积极应对,欢迎区域外大国发挥建设性作用。中国也可以利用各大国之间的矛盾,根据其参与湄公河地区合作的类型和诉求,有针对性地改善和发展同区域外大国的关系,拓宽合作领域,妥善处理分歧,做大共同利益,推动建立长期稳定健康发展的新型大国关系。中国可加强与区域外大国的战略对话和协调,以政治互信促安全合作,以安全合作促地区稳定,从而减轻区域外大国的掣肘。同时,中国也要站在更高和长远的立场,进一步明确和细化在湄公河地区的战略目标,避免对抗,坚持良性竞争。

在"机制拥堵"的格局下,中国对区域外大国参与和调整湄公河地区合作应采取开放与包容的姿态,演绎"共赢"的局面。2012年11月召开的中国共产党十八大报告提出"三要三不要"(要和平不要战争,要发展不要贫穷,要合作不要对抗)的外交原则,表明中国要打破国际关系史上"国大必霸""国强必暴"的大国发展逻辑,坚持做一个谦虚的大国。为此,中国需要在不同场合强调中国并非现有国际和地区秩序的破坏者,而是建设者、参与者、改革者。同时,中国更需要一个明晰、具指导性的整体战略,要在国际关系中弘

---

① Amitav Acharya, *ASEAN Can Survive Great-Power Rivalry in Asia*, East Asia Forum, 4 October 2015, http://www.eastasiaforum.org/2015/10/04/asean-can-survive-great-power-rivalry-in-asia/.

扬平等互信、包容互鉴、合作共赢的精神，在谋求与主要大国建立新型大国关系的同时，改变"大国小外交"的惯性思维，注意避免太过自私的做法，努力拓展与周边国家的互利互惠关系，积极参与多边事务，使自身发展更好地惠及周边国家。

在湄公河地区，日、印、澳乃至欧盟等相关方都不同程度地受到美国的战略支配。美国"重返亚太"有扭转美国影响相对下降之意，日本加大经援力度也有挽回失地之图，俄罗斯重返金兰湾有重塑原苏联在东南亚的势力范围的企图。美、日、印、澳等国之间出现的某些外交协调，使得日本主导建设的湄公河地区"东西经济走廊"和"南部经济走廊"更容易得到各大国的支持。区域外大国也正在利用湄公河国家的某些需要和政治转型打入"楔子"，建立制衡或排斥中国的合作机制，离间中国与湄公河国家的关系。这些域外大国与湄公河国家在中国问题上存在着"遏制"与"平衡"的相互需要，前者试图冲抵中国崛起带来的战略压力，后者则希望借此降低对中国的依赖。事实上，湄公河国家的对华政策已受到大国介入的多重影响，这些干预性因素无疑加大了区域集体行动的难度。[1]

当然，湄公河国家也普遍认为，需要在中国和美国等区域外大国之间保持平衡，希望各大国在湄公河地区和平共存，而如果由于误判导致各大国之间出现不良的互动，其后果是灾难性的，各大国之间应该建立起互相平等、互相尊重，符合彼此利益的关系。湄公河地区要实现和平稳定、繁荣，最好的方法就是实行"开放的地区主义"，让有关各国都参与进来。而作为世界第二大经济体，中国对世界各国的巨大吸引力，对湄公河国家的带动力更是不可抵挡的，中国应有充分的自信与湄公河国家继续保持和发展友好合作关系，也要欢迎湄公河国家全面发展对外关系。

当然，中国对区域外大国积极"参与"湄公河地区合作也大可不必带冷战眼光，中国应具有正视这一事实的开放心胸。只要对湄公河地区形势的稳定和湄公河国家的发展有利，中国就乐见其成。实际

---

[1] 宋效峰：《湄公河次区域的地缘政治经济博弈与中国对策》，《世界经济与政治论坛》2013年第5期。

上，让区域外大国在湄公河地区保有足够的影响，对中国并非完全无利可图。在湄公河地区开展大国协调是必需的，也是可能的。一方面中国不可能把这些大国阻挡在外，另一方面也没有必要，因为中国无力提供所有能满足该地区各国政治和利益需求的公共产品。特别是俄美在湄公河地区重新对视，就有可能产生可资利用的战略间隙。湄公河地区的空间并不大，任何力量的介入都会产生多方向的压力。既然这里已经聚齐了亚太各种势力，倒是给中国运作大国协调外交创造了空间。从软实力外交的角度看，要善于通过多边机制来弥补双边合作的不足——通过多边机制间接发挥主导作用，有时比直接介入更容易降低利益敏感性。

中国应抓住合作共赢的机会不放手，加强与区域外大国在湄公河地区的战略对话，建立健全各种合作机制之间的联动和协调机制，通过发展合作的良性竞争，以公平公正的姿态，真正赢得湄公河国家的信任。在深化和扩大与湄公河国家合作的过程中，中国可以也应当有选择地欢迎湄公河国家以外的国家和跨国公司参与。这有助于提高合作效率，一方面减抑区域外大国的战略猜疑，另一方面也防止自己战略自满，同时也符合湄公河国家的愿望和利益。

由于南海问题的国际化已不可避免，国际社会尤其是美国、日本、印度等区域外大国关心的是国际航道安全，其介入南海事务的主要理由也在于此。在这方面，中国要立足现实，承认和强调南海航道安全是所有各方的关注，也是所有各方的责任；中国愿意和美国、日本、印度等国一起担负起这个责任。中国应坚决维护各国依国际法在南海享有的航行自由，不断宣示南海的航行自由从来不存在任何问题。在实际层面，国际航道安全一直是美国等大国在负责的。中国尽管开始具有这方面的能力，但还远远承担不了这个责任，哪怕是区域性的航道安全。美国批评中国"搭便车"，维护国际航道安全就是其中一方面。在这个领域，中美两国具有很大的合作空间，这样的合作也符合中国的国家利益。①

---

① ［新加坡］郑永年：《南海局势升温，中国如何变"被动"为"主动"》，《联合早报》（新加坡）2011年7月12日。

二　处理好与美国在湄公河地区的竞争性关系，开展选择性合作

对于美国，原先居于"重中之重"地位的美国依然在中国外交中占据重要地位，但相对重要性已经下降，就提升空间而言，显然小于周边国家。中国与美国建立新型大国关系的目的，并非寄望大幅度提升与美国的政治关系或者成为美国的盟国，而是充分意识到"非和平崛起不可行或者风险太大"的前提下，希望美国在中国和平崛起的过程中少使绊子。因此，实现中美两国"不冲突、不对抗、相互尊重、合作共赢"，避免中美冲突的"宿命"，是中美"新型大国关系"战略的核心。迄今为止，中美关系凡是处于对抗状态，则中国的整体外交都处于相对紧张的状态。因此，中国需要精心维护中美"新型大国关系"。

当前乃至今后一段时期，中美关系越来越具有国际性和外延性，早已超越了双边关系范畴，即中美两国处理双边关系的方式，会对湄公河地区乃至整个国际社会产生很大影响。只要中美关系整体上稳定，在湄公河地区即便存在摩擦也会保持在一定的限度之内。这就要求两国把这些问题放置于整个国际关系的格局中来处理，而不仅仅是双边关系。中美两国需要避开或搁置双边关系中一些敏感问题，稳步推进战略互信和长期合作，做大合作"蛋糕"①。

对中国来说，这种局面实际上有利于中国拓展国际空间，即中国可以在全球舞台上和美国互动。尽管受制于美国主导的国际秩序，中国并无必要"另起炉灶"。相反，中国应追求在现存国际秩序里面提升自己的地位，使得自己的地位和自己的能力相适应，并且中国也有能力承担越来越多的国际责任。另外，和美国一样，中国也需要发展自己的国际空间，来消化和抵御美国有可能对中国所构成的威胁。②中国不会损害美国的核心利益，也会尊重美国在湄公河地区乃至东亚地区的各种利益和存在，希望美国放弃牵制中国的"离岸平衡"战略和"超前遏制战略"，采取相向而行的做法。中美两国应进一步加

---

① 何亚飞：《中美国际秩序之争》，《中国新闻周刊》2014年10月23日。
② ［新加坡］郑永年：《与美国冲突是不是中国的宿命》，2015年6月30日，联合早报网（http://www.zaobao.com/forum/views/opinion/story20150630-497515）。

强高层沟通和交往，增进战略互信；在相互尊重基础上处理两国关系；深化各领域交流合作；以建设性方式管控分歧和敏感问题；在湄公河地区乃至亚太地区开展包容协作；共同应对各种地区和全球性挑战。

就美国在南海问题上的搅局而言，中国需要清醒地认识到，美国不可能在南海寻求真正有价值和可执行的交易。南海的"航行自由"涉及美国的军事霸主地位，美国从国家利益出发，不大可能在此领域和中国交易，就像中国不可能在台湾问题上和美国做交易是一样的。特朗普在台湾问题上试探不成，未来在南海问题上假如寻求和中国的交易，有可能会以主动挑衅开始，通过制造摩擦，迫使中国签订"城下之盟"[①]。对此，中国应与美国共同推进南海危机管控机制建设。截至目前，中美之间已经有海上军事安全磋商机制，2013年11月签署了《海空相遇安全行为准则谅解备忘录》。2015年9月习近平主席访美期间，中美又正式签署重大军事行动相互通报机制新增"军事危机通报"附件以及海空相遇安全行为准则新增"空中相遇"附件。今后，中美甚至可将《海空相遇安全行为准则》的适用范围扩大到海警方面。[②]

无论是中国还是湄公河国家所面临的一个现实是，美国过去在湄公河地区乃至东南亚地区和东亚地区，现在在这里，将来也不会离开这里。无论在经济层面还是战略层面，美国对湄公河国家的重要性是显然的。湄公河国家欢迎美国重返该地区有其很大的理性。东亚区域主义是开放式和包容性的，这意味着包括美国在内。如果中国没有能力把美国排除出去，那么就要考虑如何消化美国的问题。实际上，自奥巴马政府提出"重返亚太"和亚太"再平衡"以来，美国战略重心逐渐东移，美国越来越像一个亚太国家。美国提出的上述战略虽然有制衡中国的一面，但并非完全针对中国，其主体部分是要在快速发展的亚太地区寻求美国的更大利益。历史上的诸多经验和教训表明，处于崛起萌动期的大国必须忍辱负重、必要时"忍气吞声"方能赢

---

① 叶海林：《特朗普当选美国总统后的中美南海互动》，载李向阳主编《亚太地区发展报告（2017）》，社会科学文献出版社2017年版，第66—67页。
② 刘琳：《美国炒作"南海军事化"，意图何在》，《世界知识》2015年第20期。

得未来的决定性转机。作为全球头两号经济体，中美双方不能迎头相撞，否则两国的发展都会受到影响。

针对特朗普政府宣布退出TPP，东亚区域经济合作有可能会出现由本地区国家主导的局面，中国可与湄公河国家一道，加快RCEP谈判进程。中美两国应该相互补充而非相互损害，应该在合作与竞争中促进彼此的利益。中国应用更积极的方式来接触美国，也要考虑把美国整合进新的亚洲经济合作与安全合作机制内。两国要努力构建双方在亚太积极互动、包容合作的关系，与湄公河国家一道促进亚太的和平、繁荣、稳定。在针对第三国的问题上，中美两国要把握好整体方向，把第三国的破坏性因素控制在一定范围之内。①

三 避免与日本在湄公河地区开展"撒钱外交"竞争，尝试竞争性合作

在处理与湄公河国家的关系时，中国往往有充当地区领导者的欲望。但中国常常忽略的一点在于中国与湄公河国家和东盟国家的产业结构具有相似性，这意味着二者存在竞争关系。相比之下，日本成功地在东亚地区建立自己主导的垂直分工体系，而中国与日本在产业结构上具有互补性，因此中国在当前阶段积极参与东亚产业分工是一种理性的选择。从长远来看，中日合作有利于中国和东亚地区的经济发展和政治安全互信。②

日本是美国在亚太地区维系其势力范围和同盟阵营的"七寸"，中国若想在与美国的竞合中取得平等的地位，发展对日关系是一个较佳的选择。相反，中日关系如果恶化，反而会进一步巩固美日同盟体系和推动日本重新武装的进程，也会加剧湄公河国家对中国的疑惧。因此，中国必须审慎评估日本对华的重要意义，不能任由中日关系持续恶化。中国可进一步协调好与日本在湄公河地区的利益关系，支持日本在湄公河地区合作中发挥重要作用。在缺乏共同战略目标、因而

---

① 王缉思：《"两个秩序"下，中美如何共同进化》，《中国新闻周刊》总第726期，2015年9月24日。
② 林非儒：《中国究竟要不要韬光养晦？德意志帝国的教训血迹未干》，2016年10月28日，凤凰国际智库（http://pit.ifeng.com/a/20161028/50171012_0.shtml）。

缺乏必要的战略互信的背景下，两国的整体关系显然不可能变得热乎，中日两国很难有大的战略性合作，维持"政温经温"的关系就成了双边的选择。

当然，对于日本执意在南海问题上加剧对华制衡，针对其间接介入，中国可加强与越南等东南亚国家的外交、学术及舆论交流，针对日本战略诱导与战略传播行为，开展多层次、多渠道的增信释疑工作，并通过各种方式增加日本发展"支点"国家的难度和成本，使其失去间接介入的"抓手"。如果日本实施可能刺激地区局势的直接介入行动，则中国可实施明确、直接的回应行动，在注意危机管控等前提下，加剧其介入成本和风险，凸显其能力局限。如果日本能够改弦更张，转而以地区稳定与合作大局为重，则中国亦可根据日本的地缘及海洋利益需求，在地区经济、海上安全等领域与日本开展合作，且可能实现一定的"双赢"效果。①

如前所述，日本在湄公河地区拥有独特的战略利益，且其与湄公河国家关系非常密切，对湄公河国家影响力也甚大。中国应重视日本在该地区的影响，对其在该地区的利益给予适当关注，应以灵活务实的姿态，积极主动地加强与日本的战略对话与合作，寻找共同利益的结合点。鉴于在利用湄公河国家现有铁路线改进运营管理上，日本已经积累了相当的经验，中日双方可以尝试在第三国开展项目合作，如在湄公河地区新建铁路项目方面互相协调，避免恶性竞争。②

中日两国如能在资金、技术、人才培养、制度建设等各个领域加强在湄公河地区的双边或多边合作，无疑将会有利于该地区的合作，从而进一步促进整个湄公河地区的可持续发展，亦会夯实中日两国互信、共赢之基础，甚至推动东亚共同体由理想走向现实。中日两国可加强与湄公河国家及其他东盟国家之间的相互交流与经济联系，与各

---

① 刘华：《日本海洋战略的政策特点及其制约因素——以日本介入南海问题为例》，载林昶、吕耀东、杨伯江主编《日本研究报告（2017）》，社会科学文献出版社2017年版，第102—103页。

② 薛力：《"一带一路"与中日关系的未来》，2015年11月23日，FT中文网（http://www.ftchinese.com/story/001064942?full=y）。

国深化伙伴关系，发展多层次、多形式、多内容的经济技术合作；特别是帮助柬、老、缅、越四国增加就业，消除贫困，促进社会进步和人民生活水平的提高，实现湄公河地区的协调发展；通过对话和实施合作项目，使 GMS 合作得到扩大和发展，营造一个适合国际贸易与投资的地区环境，推动湄公河地区的和平发展，建立稳定而持久的友好合作关系。

早在 2007 年 4 月温家宝访日时，中日两国就宣布要建立"战略互惠关系"，但仍缺乏实质性内容。邻国间战略关系的确定，既能招致地缘竞争也能带来巨大的合作利益，德国与法国在二战后彻底转变思维，通过经济利益融合，变历史上最大的相互威胁为最大的合作发展源泉，从而确立了今日欧盟在世界格局中的地位。当今世界，国家利益的观念正在不断变化，市场因素在不断提高，各国在多方面存在着不同的利益和需要，传统的意识形态之争、地缘之争，已被经济竞争、区域竞争所取代，中日作为地区大国，无论从任何一方面讲，都应是互惠互利的关系。中国倡导区域化合作和多极化，支持多极化也必然支持日本成为其中的一极，在湄公河地区的协调与合作理应成为中日两国走出局限、相互促进的战略合作之路。可喜的是，中日两国政府也已认识到这一点，并已在 2008—2014 年先后举行了五次"中日湄公河地区政策对话"，就实现中国、日本和湄公河国家三方"共赢"等达成了一致意见。①

此外，2016 年 11 月，中国国际经济交流中心（CCIEE）和日本经济团体联合会（经团联）在北京召开了第二轮中日企业家和前高官对话会，并达成《联合声明》。该声明明确指出，"双方认识到基

---

① 《关于第 1 次日中湄公河地区政策对话的召开》，2008 年 4 月 25 日，日本外务省（http://www.mofa.go.jp/mofaj/area/j_mekong_k/taiwa01.html）；《日中湄公河地区政策对话第 2 次会晤召开》，2009 年 6 月 11 日，日本外务省（http://www.mofa.go.jp/mofaj/press/release/21/6/1193108_1100.html）；*The Third Meeting of the Japan-China Policy Dialogue on the Mekong Region*, Ministry of Foreign Affairs of Japan, April 16, 2010, http://www.mofa.go.jp/announce/announce/2010/4/0416_03.html；《日中湄公河地区政策对话第 4 次会晤召开》，日本外务省（http://www.mofa.go.jp/mofaj/press/release/23/9/0901_06.html），2011 年 9 月 1 日；《日中湄公河地区政策对话第 5 次会晤召开》，2014 年 12 月 1 日，日本外务省（http://www.mofa.go.jp/mofaj/press/release/press4_001528.html）。

础设施建设是亚洲经济社会可持续发展的重要基础,并就双方如何推进基础设施建设及合作交换了意见。双方愿意进一步推进包括亚洲地区的基础设施及'一带一路'建设等重大项目在内的第三方市场合作"。这表明中日之间要竞争与合作并存,中日企业家对这一共识的认识越来越深化。①

今后,中日两国可进一步提升对话级别,并确实推动一些重要合作项目的开展,譬如如何实现南北经济走廊与东西经济走廊之间的互联互通,实现跨境运输便利化,扩大湄公河地区的物流和贸易投资,也可在农业、金融、基础设施建设、环保、人力资源开发、减贫等领域开展对话与合作,实现在湄公河地区的"早期收获"。②

四 以共识促合作,与印度落实并共同促进孟中印缅经济走廊建设

针对印度,为推动两国在湄公河地区的合作,需要达成更高层次的政治共识。中印之间已有"孟中印缅地区经济合作与发展论坛"等第二轨道对话机制,可以以此促进第一轨道上的合作。无论从陆上丝绸之路还是海上丝绸之路看,作为连接东南亚和南亚之间的桥梁,孟中印缅经济走廊对于"一带一路"在湄公河地区的互联互通具有至关重要的作用。印度虽然对孟中印缅经济走廊建设表示支持,但无论对陆地方向还是海洋方向的连接,印度似乎都不上心。

事实上,在中国不断深化与湄公河国家的互联互通与合作关系之时,印度也推动了陆地和海上经缅甸的互联互通网络,作为"东向行动"政策的一部分,延伸到东南亚甚至超出湄公河地区范围。中国和印度在湄公河地区的战略空间有所重叠,通过合作不仅可以将四国从地理上连接起来,而且可以以孟中印缅为中心拓展与周边其他国家的互联互通,真正形成以孟中印缅为中心的海陆大网络,而这一点印度方面也心知肚明。只要中印能够"摒弃前嫌",致力于合作,两

---

① 《中日二轨会议达成〈联合声明〉,众多日企希望参与"一带一路"》,《环球时报》2016年11月2日。
② 毕世鸿:《中日两国对湄公河地区经济外交的比较分析》,《印度洋经济体研究》2015年第3期。

国的相互需求与合作潜力就可以得到有效的释放。①

在处理中印关系的过程中,应牢记"四言",即顶层设计,系统配套,态度真诚,措施得力。首先,应该坚定地明确印度在中国周边战略中的地位和外交全局中的意义。2013年5月,李克强总理将印度作为担任总理后首访国,向印方及国际社会传递了加强中印关系的强烈信号。10月,中国邀请辛格总理访华,并进行了不同寻常的接待安排。中国国家主席习近平与辛格进行了坦诚友好的会谈,李克强总理陪同辛格参观故宫,前总理温家宝举行家宴款待辛格。中方还特意安排辛格到中央党校进行演讲。中印两国总理在一年内实现互访,是59年来双方关系中的首次。而自莫迪担任印度总理以来,中印两国领导人之间的互访和互动更为频繁、深入。

其次,双方都应该注意在各自国内妥善协调外交与防务、媒体等部门的关系,尽量释放正能量,减少副作用,化解安全疑虑,夯实战略互信的政治基础和社会基础。同时,努力探索解决边界问题的出路,提高边界谈判的效率,保持边界实际控制线地区的和平与安宁。

此外,鉴于中印之间的认知鸿沟,应该大力推动公共外交,大力加强民间往来,大力开展文化交流,争取媒体的良性互动,加深彼此了解,从而夯实两国睦邻友好的社会基础。发展对印关系应该是以国家利益为出发点,以建立信任为落脚点,以文化融通为结合点,以民间交流为切入点,具体来说,要不断释放善意、做加法,尽量削除疑虑、做减法,维护领土利益有想法,开展地缘合作有方法。在国际局势纷繁复杂的情况下,更要坚持"四不",即不为乱局所迷,不为干扰所动,不为困难所惧,不为媒体所惑。②

五 与俄罗斯开展战略协调,树立新型大国关系的样板

对于俄罗斯,自20世纪90年代以来,中俄两国已经建立了全面战略协作伙伴关系这一新型大国关系,都坚持不把自己的主张和信念

---

① 朱翠萍:《"一带一路"倡议的南亚方向:地缘政治格局、印度难点与突破路径》,载汪戎主编《印度洋地区发展报告(2017)》,社会科学文献出版社2017年版,第30—31页。

② 马加力:《南亚地区形势的特点及其走向》,《和平与发展》2014年第1期。

强加于人。中俄关系的影响也超越了双边范畴，为各大国构建新型关系提供了经验和"样板"。中俄两国都需要良好的稳定的外部环境，却又都受到来自美国的种种压力。

今后，中国要进一步加强与俄罗斯的战略互信，尽力减少俄罗斯对中国的战略疑虑和戒心，不挑战俄罗斯在独联体地区的特殊地位和影响，与俄罗斯积极协调在亚太地区的战略立场，提前预防并及时化解双方在亚太地区可能出现的分歧与矛盾，减少美国和日本在中、俄之间打入楔子和挑拨离间的机会，尽力降低俄罗斯利用美日牵制中国的影响。

与此同时，努力争取俄罗斯在中国与美日的战略竞争和矛盾争端中给予中国更多的支持。为此，中国应在美国、日本威胁及损害俄中两国共同政治与安全利益的亚太问题上，切实加强与俄罗斯的实际战略协作，[1] 从而真正实现中俄两国在政治上互信、经济上互补、军事上互动、文化上互通、外交上互商。

六 与欧盟探索在多边、双边和跨区域层次上的互利共赢

欧盟、中国和湄公河国家之间的关系在多边、双边和跨区域不同层次上进行。通过不同层次上的合作，欧盟、中国和湄公河国家已经签订了各种合作协议，提供了机制化保障条件，并使各方关系得到了规范。在过去三四十年的时间里，欧盟与东盟以及湄公河国家的关系迅速发展，不断加强而且已经取得了显著的成效，欧盟在湄公河地区的形象和影响力得到了极大的提升。

但是与中国不同，欧盟作为一个整体，想要发展与东盟跨区域之间的关系仍将面临许多问题，特别是在欧盟扩大以后，需要制定一个对东盟的共同政策并不是一件容易的事情。针对欧盟及其成员国与东盟以及湄公河国家关系的发展，中国需要明确其在湄公河地区甚至整个东南亚地区的战略利益，并且制定出合理而具体的战略目标和内容，明确中国双边、多边和跨区域不同层面的利益诉求。

---

[1] 王海滨：《21世纪初期俄罗斯的亚太平衡战略》，《俄罗斯东欧中亚研究》2013年第6期。

从多边层面来看，中国要利用好美国、欧盟和东盟的三角关系，与湄公河国家合作，提高自身在亚欧会议和 APEC 中的谈判能力，同时与欧盟合作平衡各方在亚太地区的影响力。但是欧盟仅仅是湄公河国家对话伙伴中的一个，美国、俄罗斯、印度、日本等也在强化其在湄公河地区的存在，中国面临的形势会更复杂，对此应该长期保持战略警觉。[①]

七 加强与湄公河委员会的合作，建立湄公河流域水资源综合利用协调机制

对于湄公河委员会，中国可进一步加强与其合作并择机加入该合作机制。鉴于区域外大国越来越多地介入资源开发、环境保护等低级政治领域，中国需要对跨国水资源的共享性与国家主权之间的矛盾予以更充分的认识，加强与湄公河委员会的多边对话与合作，时机成熟时可考虑加入湄公河委员会而自主接受制约。同时要坚持共赢理念，积极采取分享水文数据等透明化措施；在上游修建水坝的同时，加强与下游国家在水资源利用和生态保护等方面的协调治理，使各方均能从合作中获益。

事实上，在湄公河地区的合作中能否坚持可持续发展，增进相关国家民众尤其是弱势群体的福利，也会影响到参与国的国际形象。为了避免水资源利用问题向高级政治领域转化而对中国造成更大的不利影响，在水资源利用问题上诉诸一个权威性的国际机构，长远来看比双边方式更有利于化解矛盾。[②]

总之，尽管目前湄公河地区大国关系错综复杂，但该区域的经济发展与政治稳定符合各方的根本利益。相关方在地区事务中加强协调与合作的余地仍然很大。加之湄公河地区合作一直以开放灵活而著称，中国应该积极利用此条件，充分发挥地缘优势，不断深化澜湄合作与 GMS 合作等合作机制，并适时提供符合本地区国家利益的地区

[①] 冯杏伟：《冷战后欧盟与湄公河地区国家关系的发展及其影响研究》，硕士学位论文，云南大学，2015 年，第 54—55 页。

[②] 宋效峰：《湄公河次区域的地缘政治经济博弈与中国对策》，《世界经济与政治论坛》2013 年第 5 期。

公共产品。如果中、美、日等国真能在湄公河地区乃至东亚地区回应相互的重大关切，维持持久和平，促进本地区繁荣，那么，这不失为一种好的战略选择。相信一个开放合作的湄公河地区可以容纳各方力量。

对于中国来说，实现和平崛起和"中华民族的伟大复兴"、实现"中国梦"是中国在21世纪的新目标。由于地缘、历史、民族等方面的关系，湄公河国家是与中国有着特殊地缘关系的周边国家群体，对中国现代化建设与和平崛起有着直接的重要影响。中国倡议澜湄合作，在政治上，可以营造有利于中国和平崛起的稳定的周边环境；在经济上，可以与湄公河国家发展全面合作，促进共同繁荣。湄公河国家与中国山水相连、经济合作密切，是能够实现各国共赢的理想地区，也必然成为"中国威胁论"的消弭之地。可以说，这是中国"睦邻、安邻、富邻"周边外交政策的具体体现，也是中国与东盟经济合作的一个龙头项目，对正式启动建立 CAFTA 和推动东亚共同体建设，无疑具有先锋和范本的双重意义。从这个意义上来说，澜湄合作正在成为东亚国家构建平等互信、互惠互利的新型国际关系的一个平台。

我们有理由相信，通过贯彻"亲、诚、惠、容"的周边外交新理念，坚持睦邻友好、守望相助，多做得人心、暖人心的事，将使湄公河国家对中国更友善、更亲近、更认同、更支持，进而增强中国在周边国家和地区的亲和力、感召力和影响力。期待在不久的将来，在湄公河国家、中国和有关各国的共同努力之下，这条源于中国、蜿蜒流经湄公河国家的"东方多瑙河"——湄公河，成为一条次区域和东亚共同发展之河，澜湄合作目标全面实现之日，就是东亚地区经济全面腾飞之时。

展望未来10年，中国与包括湄公河国家在内的东盟将进入"钻石10年"，"共建21世纪海上丝绸之路"倡议无疑将推动双方建立更为紧密的命运共同体。一旦中国—东盟命运共同体的示范效益显现，将促进中国—南亚共同体、中国—中亚命运共同体、中国—东北亚命运共同体的建立、相互补充与共同发展，共同构建中国—周边命运共同体。与此同时，中国—周边命运共同体应与东盟共同体、东亚共同体、亚太共同体等相互包容、相互借鉴,共同推动亚洲文明的复兴。在实现"中国梦"的同时,中国也能与各国一道实现 21 世纪的"亚洲梦",乃至"亚太梦",从而为 21 世纪人类文明做出自己的贡献。

参考文献

一 中文文献

(一)专著、译著

Nicholas Thomas、聂德宁主编:《东南亚与中国关系:持续与变化》,厦门大学出版社2006年版。

白雪峰:《冷战后美国对东南亚的外交:霸权秩序的建构》,厦门大学出版社2011年版。

毕世鸿:《冷战后日本与湄公河国家关系》,社会科学文献出版社2016年版。

毕世鸿主编:《GMS研究(2010)》,云南大学出版社2010年版。

曹云华:《东南亚国家联盟:结构运作与对外关系》,中国经济出版社2011年版。

陈奕平:《依赖与抗争——冷战后东盟国家对美国战略》,世界知识出版社2006年版。

冯绍雷、相蓝欣:《俄罗斯与大国及周边关系》,上海人民出版社2005年版。

李向阳主编:《亚太地区发展报告》,社会科学文献出版社2011—2016年版。

李一平、庄国土主编:《冷战以来的东南亚国际关系》,厦门大学出版社2005年版。

刘稚主编:《大湄公河次区域合作发展报告》,社会科学文献出版社2011—2017年版。

吴心伯:《太平洋上不太平——后冷战时代的美国亚太安全战略》,复旦大学出版社2006年版。

杨黔云：《冷战时期的日越关系》，云南大学出版社 2010 年版。

尹君：《后冷战时期美国与湄公河流域国家的关系》，社会科学文献出版社 2017 年版。

[越] 阮春山、阮文游：《21 世纪前 20 年大国的战略及与越南的关系》，真理—国家政治出版社 2006 年版。

[日] 崛博：《湄公河：开发与环境》，古今书院 1996 年版。

[日] 松本悟：《湄公河开发：21 世纪的开发援助》，筑地书馆 1997 年版。

（二）论文、报告

毕世鸿：《越南参与大湄公河次区域经济合作的回顾与展望》，《东南亚纵横》2006 年第 2 期。

白雪峰：《冷战后美国东南亚政策的调适》，《厦门大学学报》（哲学社会科学版）2011 年第 4 期。

陈宁：《东盟与澳大利亚的经济关系》，《南洋问题研究》2000 年第 2 期。

陈文慧：《中国与东盟国家产业结构现状分析》，《东南亚纵横》2009 年第 4 期。

陈良武：《俄罗斯海洋安全战略探析》，《世界经济与政治论坛》2011 年第 2 期。

蔡宏波、黄建忠：《东盟对外自由贸易区发展现状及态势》，《东南亚纵横》2010 年第 4 期。

曹云华：《在大国间周旋——评东盟的大国平衡战略》，《暨南学报》2003 年第 3 期。

樊小菊：《从 20 世纪 70 年代初期日本印度支那政策的转变看日本外交的特征》，《东南亚纵横》2007 年第 4 期。

付瑞红：《美国"重返东南亚"的军事外交评析》，《亚非纵横》2012 年第 6 期。

贺圣达：《中国周边大湄公河次区域国家新发展对中国西南边疆的影响及中国的应对》，《创新》2011 年第 5 期。

胡仁霞、赵洪波：《俄罗斯亚太战略的利益、合作方向与前景》，《东北亚论坛》2012 年第 5 期。

黄真、[越]黎氏秋红：《革新开放后的越南外交战略与中越关系》，《东南亚纵横》2010年第1期。

江圣：《俄罗斯东南亚政策的演变及特点》，《东南亚之窗》2013年第2期。

李蓓：《卓有成效 仍需努力——欧盟委员会与东盟知识产权合作项目阶段性成果简述》，《中国发明与专利》2003年第2期。

李鹏：《浅析俄罗斯重返东南亚》，《东南亚之窗》2009年第3期。

李绍辉：《革新开放以来越南外交政策与实践研究》，博士学位论文，厦门大学，2012年。

李忠林：《越战后越美关系的发展》，《红河学院学报》2011年第5期。

李益波：《浅析奥巴马政府的东南亚外交》，《东南亚研究》2009年第6期。

刘静：《澳大利亚、新西兰——东盟自由贸易区的背景、意义及展望》，《亚太经济》2005年第4期。

刘卿：《美越关系发展及前景》，《国际问题研究》2012年第2期。

刘劲聪：《日本企业加速对越南投资及越、中、泰投资环境的比较》，《东南亚研究》2008年第4期。

兰强、董冰：《越南入世和越日关系的新发展》，《和平与发展》2009年第2期。

卢光盛：《东盟与美国的经济关系：发展、现状与意义》，《当代亚太》2007年第9期。

林利民：《以攻为守：美国"战略东移"的战略本质评析》，《当代世界》2012年第9期。

廖沛伶：《日本对越南的政府开发援助研究》，硕士学位论文，暨南大学，2012年。

廖沛伶：《浅析日本对越南的政府开发援助（ODA）》，《东南亚纵横》2011年第9期。

卢昌鸿：《俄罗斯战略东进：任重而道远》，《延边大学学报》2014年第1期。

李文俊：《冷战时期澳大利亚与东南亚的安全关系》，《东南亚南亚研究》2010年第1期。

马蓓：《当代俄罗斯与东盟关系评析》，硕士学位论文，外交学院，2008年。
马燕冰：《美越关系升温及其发展趋势》，《亚非纵横》2010年第5期。
马燕冰：《奥巴马政府的东南亚政策》，《和平与发展》2010年第1期。
潘广云：《后冷战时期俄罗斯与东盟政治经济关系分析》，《俄罗斯中亚东欧市场》2009年第3期。
任远喆：《奥巴马政府的湄公河政策及其对中国的影响》，《现代国际关系》2013年第2期。
宋强、周启鹏：《澜沧江—湄公河开发现状》，《国际资料信息》2004年第10期。
宋效峰：《湄公河次区域的地缘政治经济博弈与中国对策》，《世界经济与政治论坛》2013年第5期。
宋效峰：《亚太格局视角下俄罗斯的东南亚政策》，《东北亚论坛》2012年第2期。
唐小松、刘江韵：《论东盟对中美的对冲外交困境及其原因》，《南洋问题研究》2008年第3期。
王雪：《俄罗斯与东盟国家合作关系探析》，硕士学位论文，外交学院，2013年。
王涛：《日益密切的澳大利亚与越南军事关系》，《现代军事》2013年第6期。
王庆忠：《大湄公河次区域合作：域外大国介入及中国的战略应对》，《太平洋学报》2001年第9期。
吴心伯：《论奥巴马政府的亚太战略》，《国际问题研究》2012年第2期。
吴崇伯：《澳大利亚与东盟的经济关系》，《南洋问题研究》2001年第3期。
韦红、邢来顺：《从居高临下施教到平等对话伙伴——冷战后欧盟对东盟政策评析》，《欧洲研究》2004年第2期。
许梅：《日本与越南的经贸合作及日越关系的发展》，《当代亚太》2006年第3期。
许嘉：《奥巴马政府亚太安全战略探析》，《和平与发展》2010年第

2期。

徐静：《欧盟—东盟合作的动因、机制及前景分析》，《东南亚研究》2010年第6期。

徐万胜：《浅析亚洲危机后的日本对亚援助政策》，《东北亚论坛》2000年第3期。

徐芳亚：《21世纪中越关系的机遇与挑战》，《洛阳师范学院学报》2005年第1期。

阎梁、田尧舜：《东盟国家的经济外交与地区安全秩序的重塑》，《当代亚太》2012年第4期。

于向东：《越南与大国关系的若干动向》，《东南亚研究》2001年第5期。

于向东、彭超：《浅析越南与日本的战略伙伴关系》，《东南亚研究》2013年第5期。

杨成：《从"战略收缩"到"伙伴能力建设"——奥巴马政府战略调整进入新阶段》，《现代国际关系》2010年第7期。

喻常森：《冷战时期美国对东南亚区域合作的政策选择——从东约（SEATO）到东盟（ASEAN）》，《东南亚研究》2014年第5期。

张良民：《试析中国参与大湄公河次区域合作的意义》，《国际论坛》2005年第2期。

张瑞昆：《从老挝看美国"重返"东南亚》，《东南亚之窗》2010年第1期。

张小明：《美国是东亚区域合作的推动者还是阻碍者？》，《世界经济与政治》2009年第11期。

张锡镇：《中国参与大湄公河次区域合作的进展、障碍与出路》，《南洋问题研究》2007年第3期。

张锡镇：《东盟：将继续推行大国平衡战略》，《世界知识》2010年第5期。

赵银亮：《调整中的俄罗斯与东南亚关系及影响因素》，《东南亚纵横》2004年第3期。

赵洪、黄兴华：《试析冷战后东盟与俄罗斯的关系》，《南洋问题研究》2008年第4期。

朱芷萱：《革新开放后的越日关系研究》，硕士学位论文，郑州大学，2014年。

[日] 内海晋：《湄公河委员会的现状及其活动方向》，《农业土木学会志》2004年第2期。

[日] 海外投融资情报财团：《〈东盟新成员国经济持续发展的可能性与经济支援〉研究会报告》，东京，2004年。

[日] 外务省：《ODA白皮书》，历年版。

[日] 木村福成、石川幸一编著：《中国南进及对东盟的影响》，日本贸易振兴机构，2007年。

[日] 白石昌也：《印度支那的跨境交涉及复合走廊的展望》，早稻田大学大学院亚洲太平洋研究科，2006年。

[日] 白石昌也：《20世纪90年代日本对印度支那三国（柬埔寨、越南、老挝）的援助政策——以〈ODA白皮书〉的记述为中心》，《亚洲太平洋讨究》2008年第11期。

[日] 的场康信：《湄公河流域开发的新动向及其展望》，《农业土木学会志》2000年第9期。

[日] 野本启介：《围绕湄公河地区开发的区域合作现状及其展望》，《开发金融研究所报》2002年第12期。

[日] 长谷山崇彦：《21世纪世界和亚洲的水资源危机以及日本的经济安全保障》，《日本国际经济学会第63次全国大会论文集》，庆应义塾大学，2004年。

[日] 末广昭、宫岛良明、大泉启一郎、助川成也、青木卷：《从中国看大湄公圈（GMS）》，东京大学社会科学研究所，2009年。

[日] 森园浩一：《印度支那地区（大湄公圈）合作的现状与课题——以我国的地区发展合作为视角》，JICA，2002年。

[日] 山影进编：《东亚地区主义与日本外交》，日本国际问题研究所，2003年。

[日] 渡边慧子：《ODA关于跨境问题的新的研究方法——以湄公河流域各国为对象的日本的地区性合作案件》，《国际开发研究论坛》2004年第8期。

二 外文文献

Asian Development Bank, *The Program of Economic Cooperation in the Greater Mekong Subregion*, June 2005.

Asian Development Bank, *The Mekong Region: Economic and Social Impact of Projects - new Economic Overview*, June 2005.

Asian Development Bank, *Greater Mekong Subregion: Connecting Nations, Linking People*, 2005.

Australian Government, *The Greater Mekong Subregion: Australia's Strategy to Promote Integration and Cooperation 2007 – 2011*, 2007.

Aw Siew Juan, *Singapore-Russia Economic Relations*, Singapore: Institute of Southeast Asia Studies, 2006.

Australia and the ILO: Regional Office for Asia and the Pacific Partnerships to achieve the Millennium Development Goals through Decent Work in Asia and thePacific (2006 – 2015), *International Labor Organization*, 2006.

Bandarseri Begawan Plan of Action to Strengthen the ASEAN-EU Enhanced Partnership (2013 – 2017).

Chin Kin Wah and Michael Richardson, *Australia-New Zealand & Southeast Asia Relations, An Agenda for Closer Cooperation*, Institute of Southeast Asia Studies, Singapore, 2004.

Clara Protela, *The Association of Southeast Asian Nations (ASEAN): Integration, Internal Dynamics and External Relations*, Singapore: Singapore Management University.

Commission of the European Communities. Com, *Europe and Asia: A Strategic Framework for Enhanced Partnership*, Brussels, September, 2001.

EU-ASEAN: Natural Partners, EU Delegation, Jakarta, June 2013 (7th edition).

Jiro Okamoto, *Australia s Foreign Economic Policy and ASEAN*, Institute of Development Economies (Japan External Trade Organization), Institute of Southeast Asian Studies, Singapore, 2010.

James J. Przystup, *Asia-Pacific Region: National Interests and Strategic Imperatives, Paper from Institute for National Strategic Studies, National Defense University, April, 2009.

Gennady Chufrin et al. , *ASEAN-Russia Relations*, ISEAS/Institute of World Economy and International Relations (IMEMO), Moscow, 2006.

Gennady Chufrin & Mark Hong, *Russia-ASEAN Relations: New Directions*, ISEAS/Institute of World Economy and International Relations (IMEMO), Moscow, 2007.

Gennady Cbufrin, *Russia Perspective on ASEAN*, Institute of Southeast Asia Studies, Singapore, 2006.

G. Jayachandra Reddy, "Look East and West Policies of India and Australia-Trade Liberation: Impact on Bilateral Trade", *Asia Pacific Journal of Social Sciences*, Vol. III (1), Jan-June, 2011.

Hillary Clinton, "America's Pacific Century", *Foreign Policy*, No. 11, 2011.

Kato Mihoko, *Russia's Multilateral Diplomacy in the Process of Asia-Pacific Regional Integration: The Significance of ASEAN for Russia*, Sapporo: Slavic-Eurasian Research Center of Hokkaido University, 2007.

Kuala Lumpur, *Comprehensive Programme of Action to Promote Cooperation between the Association of Southeast Asian Nations and the Russian Federation 2005 – 2015*, 13 December, 2005.

Kurt M. Campbell, "Principles of U. S. Engagement in the Asia-Pacific", before the Subcommittee on East Asian and Pacific Affairs Senate Foreign Relations Committee, January 21, 2010.

Leszek Buszynski, "Russia and Southeast Asia: A New Relationship", *Contemporary Southeast Asia*, Vol. 28, No. 2, 2006.

Lyudmila Alexandrova, *Russia-ASEAN Cooperation is on the Rise*, ITAR-TASS, 2 April, 2014.

Mark E. Manyin, "Specialist in Asian Affairs, U. S. -Vietnam Relations in 2013: Current Issues and Implications for U. S. Policy", *Congressional Research Service*, July 26, 2013.

Mark Hong, *Russia-Singapore Relations: Thirty-seven Years of Cooperation and Dialogue*, Institute of Southeast Asia Studies, Singapore, 2006.

Ravindra Varma, *Austrilia and Southeast Asian-The Crystallisation of A Relationship*, New Delhi: Abhinav Publications, 1974.

Richard Pearson, The Limits to US-Vietnam Ties, *The Diplomat*, June 16, 2011.

Rabul Sen, *Rationale for a Free Trade Agreement between Russia and Singapore and Russia-ASEAN*, Institute of Southeast Asia Studies, Singapore, 2006.

IMF, *Regional Economic Outlook: Asia and Pacific*, October11, 2011.

Ralph A. Brad Glosserman, Michael A. McDevitt, James, Brad Roberts, *The United States and the Asia-Pacific Region: Security Strategy for the Obama Administration*, for New America Security, Feb. 2009.

Rodolfo C. Severino, *ASEAN Engages Russia*, Institute of Southeast Asia Studies, Singapore, 2006.

Shubhamitra Das, *Australia's Defense Policy and South-East Asia*, New Delhi: National Organisation, 2005.

Sergei Lavrov, *Russia and ASEAN Can Achieve a Great Deal Together*, ASEAN Centrein MGIMO-University, the MFA of Russia, 2014.

Sergei Lavrov, "The Rise of Asia, and the Eastern Vector of Russia's Foreign Policy", *Russia in Global Affairs*, Vol. 4, No. 3, July – September, 2006.

The EU and ASEAN – Prospects for Future Cooperation, European External Action Service Chief Operating Officer David O'sullivan.

The United States, *The European Union-15 and Japan as Merchandise Export markets for ASEAN, China and India*, ASEAN Secretariat, Studies unit paper No. 12 – 2006.

Victor Sumsky, *Russia and ASEAN: Emerging Partnership in the 1990s and the Security of South-East Asia*, Stockholm International Peace Research Institute, 2003.

Victor Sumsky et al., *ASEAN-Russia Foundations and Future Prospects*, Institute of Southeast Asian Studies, 2012.

Viacbeslav B. Amirov, *Russia-ASEAN: Problems and Prospects of Economic Cooperation*, Institute of Southeast Asia Studies, Singapore, 2006.

William. T. Tow & Kin Wah Chin, *ASEAN, India, and Australia: Towards Clos-*

er Engagement in a New Asia, Institute of Southeast Asian Studies, 2009.

Yaroslav Lisovolik, *Is a Russia-ASEAN Free Trade Area of Any Use?* ASEAN Centrein MGIMO-University, the MFA of Russia, 2010.

Nguyen Xuan Son-nguyen Van Du, *Chien Luoc Cua Cac Nuoc Lonva Quan he Voi viet Nam Trong Thap ky Dau the ky 21*, HN: Nxb. Chinh tri quoc gia, 2006.

三 主要网站

澳大利亚外交和贸易部（http://dfat.gov.au/）。
东盟—俄罗斯研究中心（http://asean.mgimo.ru/）。
东盟官方网站（http://www.asean.org/）。
东盟秘书处（http://www.asean.org/）。
俄罗斯大全数据库（http://online.eastview.com/）。
俄罗斯外交部（http://www.mid.ru/）。
联合国统计数据库（http://comtrade.un.org/data/）。
美国国务院（https://www.state.gov/）。
莫斯科国际关系学院东盟研究中心网站（http://www.mgimo.ru/asean）。
欧盟书库（https://bookshop.europa.eu/）。
欧盟（http://europa.eu/）。
欧洲委员会中央图书馆（http://ec.europa.eu/libraries/index_en.htm）。
欧盟官方出版署（http://eur-lex.europa.eu/）。
日本外务省（http://www.mofa.go.jp/）。
亚洲开发银行（http://www.adb.org/）。
印度外交部（http://www.mea.gov.in/）。
越南外交部网（http://www.mofa.gov.vn/）。
越南共产党电子报（http://www.dangcongsan.vn/）。
越南人民报网（http://cn.nhandan.org.vn/）。
越通社（http://cn.vietnamplus.vn/）。

后　记

2012年，当我们得知我们申请的"区域外大国参与湄公河地区合作策略的调整研究"（12BGJ012）国家社科基金一般项目获批立项的时候，课题组成员无不欢欣鼓舞，都着实高兴了一阵，但正如申请课题时的预期，在其后来的研究过程中，我们比以往任何时候都切身体验了什么叫治学艰难。

在课题立项后不久，课题组就举行了一次开题报告会暨专家咨询会，与会专家针对项目申请书中的研究提纲存在的问题提出了一些非常宝贵的修改意见，我们根据这些建议对研究提纲做了进一步的细化和修改，并根据新的提纲搜集资料。其后，课题组又根据国内外专家的建议以及参加相关学术研讨会和交流会所获取的信息，并结合我们自己的研究构想，全力以赴收集和分析最新资料，并积极撰写研究成果。特别是在撰写的过程中，2014年10月至2015年5月，课题主持人获得了一次到（日本）东京大学担任客座教授的机会，得以近距离地观察日本在湄公河地区合作政策及其行动选择上的最新动向。在此前后，课题主持人还利用到湄公河国家开展学术交流的机会，与湄公河各国的政府官员、企业界人士、高校和科研机构的研究人员面对面地进行交流，由此又获得了一些最新的资料，因此对原定的研究框架适时地做了微幅的改进，增加对这些新发布的重要资料的研究。尽管由于最新资料的不断更新补充而大大超出原定的完成时间，但我们认为这些"多余"的付出是值得的，也请各位评审专家对此予以谅解。

本书写作具体分工如下：毕世鸿负责全书框架的设计并完成序言、第二章和第八章的撰写，尹君（昆明学院讲师）等完成第一章，宋哲（北京交通大学海滨学院教师）完成第三章，王韶宇（中国人民解放军陆军边海防学院昆明校区讲师）完成第四章，冯杏伟（广州航道局项目经理）完成第五章，李实丰（中共昆明市委宣传部科员）完成第六章，张松（云南大学出版社编辑）和马丹丹（曲靖师范学院外国语学院教师）负责第七章初稿撰写以及课题组的日常联系、资料查找和整理及复印等工作。最终成果由毕世鸿负责统稿、修改、更新和校对而成。

在本书写作期间，课题主持人先后指导了5位硕士研究生完成以下相关学位论文，王韶宇：《冷战后澳大利亚与湄公河地区国家关系发展及其影响研究》（硕士学位论文，云南大学，2014年）；李实丰：《俄罗斯与东盟国家经济合作研究》（硕士学位论文，云南大学，2015年）；冯杏伟：《冷战后欧盟与湄公河地区国家关系发展及其影响研究》（硕士学位论文，云南大学，2015年）；先有才：《冷战后越南对日政策调整研究》（硕士学位论文，云南大学，2015年）；杨小涛：《冷战后越南大国平衡外交策略调整研究》（硕士学位论文，云南大学，2015年）。并协助指导了1名博士研究生完成以下学位论文，尹君：《冷战后美国与湄公河流域国家关系的发展、动因及影响研究》（博士学位论文，云南大学，2015年）。

在书稿即将交付评审之际，我们要由衷地感谢为本书写作提供宝贵意见的咨询专家，为我们提供重要资料的国内外相关机构，为我们搜集大量文献资料提供方便的国内外各图书馆以及接受我们观察和访谈的各界人士。没有这多方面的帮助，本书写作是不可能完成的。

感谢云南大学对本书出版的资助，感谢中国社会科学出版社各位编辑对本书出版所付出的辛勤劳动，他们严谨细致的工作为本书增色不少。

由于作者的水平以及各种客观条件的限制，我们的研究成果肯定还有不足之处，敬请各位专家和读者批评指正。

毕世鸿
2018年8月